Francisco L. Lisi

Einheit und Vielheit des platonischen Nomosbegriffes

BEITRÄGE ZUR KLASSISCHEN PHILOLOGIE

Herausgegeben von Ernst Heitsch, Reinhold Merkelbach
und Clemens Zintzen

Heft 167

Uns trennen Welten, aber der Geist verwin-
det uns, und wo der Geist verweilt, da
bin ich glücklich.
Mit vielem Dank
für alles
Ihr Francisco Lisi
Berlin 10.9.85

Francisco L. Lisi

Einheit und Vielheit des platonischen Nomosbegriffes

Eine Untersuchung zur Beziehung von Philosophie und Politik bei Platon

Verlag Anton Hain

CIP-Kurztitelaufnahme der Deutschen Bibliothek

Lisi, Francisco L.:
Einheit und Vielheit des platonischen Nomosbegriffes : e. Unters. zur Beziehung von Philosophie u. Politik bei Platon / Francisco L. Lisi.
Königstein/Ts. : Hain, 1985.
(Beiträge zur klassischen Philologie ; H. 167)
ISBN 3-445-02354-9

NE: GT

Reproduktion, Druck und Bindung: Hain-Druck GmbH, Meisenheim/Glan
Printed in West-Germany
ISBN 3-445-02354-9

"The obvious meanings of any document
ought, one would think, to be considered
first; and then, of course, if you can
show remoter meanings, so much the better."

J.J. CHAPMAN (Lucian, Plato and Greek Morals,
Oxford 1931, S. 127)

Uxori dilectae

VORWORT

Die ursprüngliche Fassung dieses Buches hat als Dissertation der Fakultät für Kulturwissenschaften der Universität Tübingen im Wintersemester 1983-1984 vorgelegen. Bei der späteren Neugestaltung ist die Untersuchung teilweise geändert worden. Die Einleitung wurde stark gekürzt und ein Teil, der semasiologische Aspekte des Wortes Nomos bei Platon untersuchte, ist in dieser Version nicht enthalten und wird voraussichtlich separat erscheinen. Die beiden jetzt veröffentlichten Teile sind neu durchdacht, und neue Platon-Stellen sind in die Darstellung eingeflossen. Ich war bestrebt, die schier unübersehbare Platon-Literatur soweit wie möglich zu berücksichtigen.

Die Untersuchung wurde 1974 an der Tübinger Universität auf Anregung von Prof. Dr. K. Gaiser begonnen. Damals bin ich durch eine Förderung des Consejo Nacional de Investigaciones Científicas y Técnicas aus Argentinien nach Deutschland gekommen. Nach anderthalbjähriger Arbeit bin ich nach Argentinien zurückgekehrt, wo die politischen Ereignisse, die dieses Land erschütterten, eine Weiterführung der Arbeit erschwerten. Ein Stipendium der Humboldt-Stiftung zwischen Oktober 1977 und Oktober 1979 ermöglichte mir eine Wiederaufnahme und Fortsetzung meiner Forschungen. Meine Tätigkeit seit Juni 1980 als wissenschaftlicher Mitarbeiter am Institut für Griechische und Lateinische Philologie der Freien Universität Berlin bedeutete eine entscheidende Hilfe für die Durchführung des Vorhabens.

Das persönliche Engagement meines Lehrers, Herrn Prof. Dr. K. Gaiser, und seine Kritik förderten diese Arbeit von Grund auf. Herrn Prof. Dr. H.J. Krämer, dessen Werke mir der Sache und der Methode nach richtungsweisend waren, gebührt ebenfalls für seine kompetente persönliche Unterstützung mein aufrichtiger Dank.

Frau Dr. I. Schudoma, die auch an der Entstehung der Arbeit wesentlich beteiligt war, möchte ich für ihre wissenschaftliche Kooperation und menschliche Hilfe einen besonderen Dank aussprechen.

Meine Berliner Kollegen möchte ich an dieser Stelle erwähnen, vor allem Dr. W. Maaz und Frau B. Egger, die meinen deutschen Stil an einigen Stellen verbessert haben. Auch die wissenschaftlichen Hilfskräfte des Aristoteles-Archivs (C. Rapp, C. Ludwig und P. Hutsch) standen mir oft in dieser Hinsicht zur Seite. Prof. Dr. Harlfinger habe ich immer wieder zu Rate gezogen. Das Personal des Instituts für klassische Philologie und der Universitätsbibliothek der Freien Universität Berlin hat mir seine wertvolle Hilfe gewährt.

Und last, but not least, möchte ich meiner Frau, die im Korrekturlesen und durch kritische Anregungen sowie liebevolle Unterstützung einen nicht unwesentlichen Beitrag geleistet hat, herzlich danken.

Keiner der Genannten soll für die Arbeit, wie sie jetzt erscheint, im ganzen oder im einzelnen verantwortlich gemacht werden, aber sie ist gewiß weniger unvollkommen, als sie es ohne ihren Rat gewesen wäre.

Berlin-Zehlendorf 1984

INHALTSVERZEICHNIS

Drittes Kapitel: Nomos und Mathematik

Viertes Kapitel: Die platonische Aufhebung des Gegensatzes Nomos - Physis

Zweiter Teil:

NOMOS UND POLITIK

Erstes Kapitel: Ontologische Notwendigkeit der Differenzierung

Zweites Kapitel:
Die Bedeutung des Nomos für die Paideia

A N H A N G

EINLEITUNG

Die außerordentlich häufige Verwendung des Wortes Nomos in Platons Werk läßt vermuten, daß es einen zentralen Begriff der platonischen Philosophie und Politik bezeichnet (vgl. L. BRANDWOOD, 1976, s.v.). Eine Arbeit, die sich mit dem Nomosbegriff beschäftigt, muß sich interdisziplinär verstehen, denn sie liegt in einem Grenzgebiet, das wenigstens die klassische Philologie, die Geschichte, die Philosophie und die Rechtswissenschaft in Anspruch nimmt. Ein richtiges Textverständnis müßte sich also auf diesen vier verschiedenen Ebenen bewegen, wenn es nicht an Einseitigkeit leiden soll (vgl. H.J. WOLFF, 1970a). Der Wert des vorliegenden Beitrags ist ein beschränkter, da der Verfasser nicht in der Lage ist, die hohen interdisziplinären Anforderungen des Themas zu erfüllen. Diese Arbeit hat nicht alle Aspekte der Problematik als Ziel: Sie wird sich vor allem nicht mit Besonderheiten des griechischen Rechts befassen, sondern diese nur behandeln, insofern sie für die Erklärung des Nomosbegriffes bei Platon von Belang sind. Die geschichtliche Situation wird kaum in Betracht gezogen, so wichtig sie ist und so sehr sich der Verfasser gewünscht hätte, sie zu berücksichtigen. Die Untersuchung setzt sich zum Ziel, einen Teil der durch die Forschungssituation bedingten Lücke zu füllen, nämlich die Verbindung zwischen Philosophie und Politik bei Platon anhand des Nomosbegriffes zu zeigen.

I. Forschungsliteratur zu Nomos bei Platon

Nomos war ein Kernbegriff der griechischen Polisauffassung (Chr. MEIER, 1970, S. 15-25; F. QUASS, 1971, S. 22f.), der auch besondere Beachtung in verschiedenen Untersuchungen gefunden hat. Von der umfangreichen Literatur zu diesem Thema will ich als Beispiele die Beiträge von R. HIRZEL erwähnen, die am Anfang dieses Jahrhunderts eine neue Epoche in der Erforschung dieses Problems einleiteten. Der erste (R. HIRZEL, 1900) beschäftigt sich mit dem Begriff des ungeschriebenen Gesetzes in Griechenland, der zweite (R. HIRZEL 1907) mit verschiedenen untereinander verwandten Begriffen aus dem Rechtsbereich, wo dem Nomos ein gründlicher Abschnitt gewidmet ist. Eine besondere Würdigung verdienen an dieser Stelle die Arbeiten aus vier Jahrzehnten von V. EHRENBERG (1921, 1922, 1957, 1968, u.a.), die verschiedene Aspekte des politischen Denkens der Griechen, besonders der frühen Zeit, geklärt haben. Auf die zahlreichen Beiträge zum griechischen Recht und zum Nomosbegriff einzugehen, bleibt hier unmöglich.[1)]

An diesen großen Leistungen gemessen, sind die Beiträge über Nomos bei Platon eher bescheiden geblieben. Die Anzahl der Arbeiten über das Thema in den letzten beiden Jahrhunderten ist knapp. Mehrere Aufsätze und Kapitel von Büchern befassen sich im speziellen mit Problemen, die mit dem Nomosbegriff im Zusammenhang stehen; umfassende Arbeiten aber

---

1) E. BERNEKER (1968, S. 697-770) hat eine Auswahlbibliographie über das Thema herausgegeben und auf die früheren Bibliographien hingewiesen (S. 697ff.). Für die spätere Literatur vgl. die vom 'Centre de documentation des droits antiques' (Paris) herausgegebene Bibliographie sowie die betreffenden Jahrgänge der 'L'année philologique' unter 'Droit' ('Generalia. Droits Divers' und 'Droit Grec').

sind kaum zu finden. Davon ist nur die Abhandlung von U. GALLI (1937) in Druckform erschienen, während die anderen zwei ausführlicheren Untersuchungen in unveröffentlichten Dissertationen (M. KAHL 1949 und F.B. JONES 1974) bestehen. E. WOLF (1950-1970, IV) bringt ebenfalls eine eingehende Interpretation des Nomosbegriffes. Besondere Erwähnung verdienen die Arbeiten von G.R. MORROW (1941, 1948 und 1960), die verschiedene Aspekte der Problematik beleuchten. Vielleicht resultiert die Tatsache, daß kaum Interesse an der platonischen Nomoslehre vorhanden war, daraus, daß man glaubte, bei Platon diesbezüglich wenig Neues finden zu können (paradigmatisch P. VINOGRADOFF 1917, II, vgl. bes. S. 38). Neuerdings hat die Abhandlung A.B. HENTSCHKES (1971) die Bedeutung der Gesetzgebung und der gesetzgeberischen Kunst in Platons politischer Philosophie wieder in den Vordergrund gestellt, da es ihr gelungen ist, die Gesetzgebung als die spezifisch politische Tätigkeit des Ideenphilosophen nachzuweisen. Nach A.B. HENTSCHKE darf man annehmen, "daß Platon seine Erziehertätigkeit in der Akademie politisch, spezifisch im Sinne der Gesetzgebung verstand und verstanden wissen wollte" (S. 50). Diese Auffassung wird durch den sprachlichen Befund bekräftigt, der die große Häufigkeit der Anwendung des Wortes Nomos und der mit ihm verwandten Termini aufweist (s.o. S. 1). Damit wird noch einmal die Frage nach dem platonischen Nomosbegriff aufgeworfen, die die Untersuchung HENTSCHKES offen ließ, so daß eine umfassende Arbeit darüber in der Forschungslage ihre Rechtfertigung findet.

Angesichts der oben dargestellten Situation habe ich die Forschungsübersicht in zwei Gebiete unterteilt. Zuerst befasse ich mich mit den umfassenden Arbeiten über Nomos; dann behandle ich Beiträge, die auf besondere Aspekte eingehen. Schließlich werde ich die Forschungslage charakterisieren, um damit den Rahmen dieser Arbeit und ihre Aufgabe zu skizzieren.

1. Umfassende Arbeiten über Nomos bei Platon

U. GALLI (1937): Die menschlichen Gesetze als Abbild des kosmischen Gesetzes

GALLI versucht, Platons Auffassung des Gesetzes im Vergleich mit und im Gegensatz zu seinen Vorgängern zu bestimmen. Daß er dies als eine der wichtigsten Aufgaben seiner Abhandlung betrachtet, ergibt sich schon materiell aus der Struktur des Buches: Genau die Hälfte ist den Vorgängern Platons gewidmet.

In GALLIS Interpretationen fallen Platon und Tradition so eng zusammen, daß es schwierig wird, einen Unterschied zwischen beiden festzustellen. Im weiteren verweilt GALLIS Bewertung der Sophistik im bloß Negativen (C. MAZZANTINI 1938, S. 185). Tatsächlich hat sich aber Platon nicht nur bestimmten sophistischen Auffassungen entgegengestellt, sondern auch die Bedeutung dieser Bewegung gespürt und - besonders bezüglich des Nomos - ihre Kritik aufgenommen und weiter verarbeitet.

GALLI nimmt ferner an, daß zwei Grundvorstellungen des griechischen Denkens in der platonischen Philosophie Niederschlag fanden:

a) der Begriff eines Naturgesetzes bei den Vorsorkratikern und

b) die Verehrung des Vaterlandes und der in ihm herrschenden Gesetze bei den Dichtern. Er bleibt uns einen strikten Beweis dieser Interpretation schuldig, zumal er sich im Fall a) vor allem auf die vorsokratische Vorstellung von Dike stützt. Er setzt spekulativ voraus, daß damit in der vorsokratischen Philosophie ein 'Naturgesetz' im modernen Sinn gemeint sei, und darüber hinaus, daß dies mit einem platonischen νόμος τῆς φύσεως identisch sei. Bewiesen wird diese Voraussetzung nirgends anhand von Texten.

Hierher gehört eine weitere Kritik an GALLIS Interpretation. Er trägt gewisse von der damaligen politischen und ideologischen Lage abhängige Vorurteile an den platonischen Text heran und versucht, diese so weit wie möglich zu untermauern.[2)]

GALLI vertritt eine Entwicklung der platonischen Auffassung des Nomos. Er stellt diese Entwicklung folgenderweise dar:

1 - Eine erste Stufe wird im 'Kriton' vertreten: In ihm finde sich im Keim die spätere Lehre Platons, die in der absoluten Notwendigkeit des Nomos im Staat sowie in seiner absoluten Herrschaft bestehe. Zu dieser Periode gehöre auch die 'Politeia'.

2 - Der 'Politikos' stellt eine Krise im Schaffen Platons dar, in der der Rang des Nomos in Frage gestellt wird: Jetzt würden die Wissenschaft und der Politiker höher als der Nomos eingestuft; dieser bleibe immerhin die zweitbeste Lösung.

3 - Die 'Nomoi' sind eine Rückkehr des alten Platon zu den Überzeugungen der früheren Jahre.

Die Konturen dieser Entwicklung bleiben bei GALLI un-

---

2) GALLIS Interpretation erweckt den Eindruck, daß sie von faschistischem Gedankengut stark beeinflußt ist.

scharf. Er entdeckt in den 'Nomoi' Auffassungen, die eigentlich mit ihr unvereinbar zu sein scheinen, z.B. die Überlegenheit des Nus und der Wissenschaft über den Nomos. Es handelt sich außerdem nicht um eine fortschreitende Entwicklung, wie GALLI selbst für die Ideenlehre annimmt (vgl. S. 128, 134), d.h. von einer ursprünglichen Auffassung zu einer endgültigen, die die erste überwindet, sondern um eine Entwicklung im Kreis. Wie ungenau diese Interpretation bleibt, zeigt sich daran, daß es GALLI nicht gelingt, den Unterschied zwischen 'Politeia' und 'Nomoi' zu verdeutlichen, vor allem, was den Nomosbegriff betrifft. Dies hat zur Folge, daß die Rolle des 'Kriton' von GALLI überbewertet wird: Er steht an Bedeutung für GALLIS Darstellung über der 'Politeia', dem 'Politikos' und den 'Nomoi'.[3)]

GALLI hat die Beziehung zwischen Nus und Gesetz falsch eingeschätzt, weil er den Nomos über den Philosophen und den Nus stellt, was kaum der platonischen Auffassung entsprechen kann. Diese Überbewertung des Gesetzes steht wahrscheinlich mit seiner Einschätzung des 'Kriton' im Zusammenhang.

Bei GALLIS Deutung des platonischen Nomosbegriffes ist die Beziehung Makro-Mikrokosmos von Belang. Die menschliche Welt ist ein Abbild der kosmischen, diese ihrerseits Abbild der Ideenwelt. Dabei werde dem Nomos ein abbildhaftes Wesen zugeschrieben. Er wird zum Vermittler der Ideen des Guten im All, und zwar auf doppelte Weise: der νόμος τῆς φύσεως ist das unmittelbare Abbild des kosmischen Gesetzes und dadurch

---

3) Die außerordentliche Bedeutung, die GALLI dem 'Kriton' beimißt, wird von C. MAZZANTINI (1938, S. 187) und vom Rezensenten der 'Archives de Philosophie' (1939, S. 21) hervorgehoben. Die Kritik ist auf GALLIS Entwicklungstheorie nicht eingegangen (vgl. A.C. MAZZANTINI 1938; A.G. AMATUCCI 1939; 'Archives de Philosophie' 1939; E. DES PLACES 1941).

ein mittelbares der Idee des Guten.[4] In jeder dieser Stufen wirkt der Nomos nach GALLI als Vermittler der Idee des Guten im All. Das Gesetz, wie es bei der 'Kriton'-Interpretation hervorgehoben wird, sei mit dem Staat identifiziert. Bei GALLI bleibt unklar, inwiefern der menschliche Nomos ein Abbild des kosmischen Gesetzes sein muß. Was ein Naturgesetz ist und in welchen Bestimmungen sich diese von unseren Vorstellungen unterscheiden, wird nicht behandelt.

GALLI hat ferner mit Recht auf die Bedeutung der Gesetzgebung im Idealstaat hingewiesen, auch wenn er deren Funktion bis zur Behauptung übertreibt, der Nomos sei absoluter Herrscher in diesem Staat. Von Belang ist ebenfalls GALLIS Interpretation über die Verbindung von Nomos und Nus bei Platon und über die Paralellität Demiurg-Politiker, obwohl er auf beide Aspekte nicht ausführlich eingeht.

---

4) Diese Reihenfolge wird von Galli ziemlich unscharf dargestellt, so daß die Rezensenten das eine oder das andere unterstrichen haben. So sieht E. DES PLACES (1941, S. 282) einen Idealnomos, dessen Abbild der menschliche Nomos ist, was im Gegensatz zu den Äußerungen GALLIS steht, bei dem nie die Rede von einem Idealgesetz ist. A.G. AMATUCCI (1939, S. 62) sieht richtig in den menschlichen Gesetzen ein Abbild der kosmischen, übersieht aber, daß die letzeren Abbild der Ordnung der Ideen sind; ähnlich C. MAZZANTINI (1938, S. 184f.); bei dem Rezensenten der 'Archives de Philosophie' (1939, S. 21) bleibt unklar, wie er die Beziehung zwischen menschlichen und kosmischen Nomoi auffaßt.

M. KAHL (1949): Der Nomos als der für die Menschen guten Willens verbindliche Rat

Wie im Falle von U. GALLI (1937) liegt das Hauptanliegen dieser Arbeit in der Bestimmung des Ortes der platonischen Nomoslehre in der Geschichte des griechischen Rechtsdenkens. Dazu benutzt KAHL die Vorarbeiten von R. HIRZEL und unterscheidet sich insofern von U. GALLI (1937), als er mehr an den verschiedenen von den Griechen geprägten Termini für Gesetz festhält. Andererseits läßt ihn sein unkritischer Anschluß an R. HIRZEL (1907) diesem sogar darin folgen, wo die spätere Forschung seine Auffassungen widerlegt hat, so z.B. in der Interpretation von Themis als Rat (vgl. z.B. P. KRETSCHNER 1909 und V. EHRENBERG 1921). Die Arbeit beschränkt sich eigentlich auf die Adaptierung der Forschungsergebnisse R. HIRZELS auf seine eigene Hypothese, daß in den früheren Gesellschaften eine Regierung der Eingeweihten geherrscht habe, deren Widerspiegelung, Themis, später beim platonischen Nomosbegriff weiterlebe.

In der Gleichsetzung des platonischen Denkens mit der Tradition stimmt KAHL mit GALLI überein: Als einzig Neues habe Platon das Element der Überredung und der freiwilligen Annahme der Mysterien durch die Menschen eingeführt. Was den Inhalt der platonischen Lehre angeht, so sei er nur die alte Mysterienweisheit.

KAHLS Bewertung der Sophistik verweilt, wie die GALLIS, im bloß Negativen, ohne deren Einfluß auf Platon zu sehen. Zusätzliche Schwierigkeiten bereitet seine Einbeziehung der unechten Dialoge. So kann es geschehen, daß KAHL den 'Minos' als Hauptbeleg für seine Interpretation des platonischen Nomosbegriffes wählt. Dabei übersieht er die Unterschiede zwischen den in diesen Dialogen vertretenen Auffassungen über den Nomos und den eigentlich platonischen (s.u. S. 28lff.). KAHL behauptet im Gegensatz zu der sonst vertretenen Ansicht Platons, daß es nur gute Gesetze geben könne, und verwechselt so eine vorplatonische Lehre mit Platon selbst (über den vorplatonischen Charakter des 'Minos' vgl. in letzter Zeit C.W. MÜLLER 1975, S. 129-191, bes. 155-160).

KAHL sieht richtig, daß der Nomos sich bei Platon im Göttlichen begründet (S. 93) und selbst ein Abbild der Ideen ist; er untersucht aber diese Eigenschaften des Nomos nicht ausführlich genug. Das Abbildhafte des Nomos wurde schon früher von U. GALLI (1937, s.o. S. 6f.) betont. Nach KAHL betrachtet Platon den besten Staat als einen Staat ohne Gesetze. Es geht nicht deutlich genug hervor, ob er die 'Politeia' selbst als besten Staat oder als ein Abbild des besten Staates sieht (vgl. S. 123 und 127). Seine Identifizierung von Atlantis mit der bestmöglichen Ordnung (S. 177) stützt sich auf seine eigenen Spekulationen, ohne Anhalt im Text. Darüber hinaus stehen seine Hypothesen, daß der Staat der Philosophen keine Gesetze brauche und daß Platon danach strebe, alle Bürger des Idealstaates zu Philosophen zu machen, nicht im Einklang mit den ausdrücklichen Äußerungen Platons.

Die These KAHLS, Platon benutze den Nomosbegriff unreflektiert, wird widerlegt durch zahlreiche Stellen im Werk, vor allem durch die häufigen Definitionen und Ableitungen von Nomos aus νέμειν und νοῦς (vgl. z.B. Politic. 297 A-B; Leg. 2, 674 B; Leg. 4, 714 A; Leg. 8, 862 D - 863 A; Leg. 12, 957 C). KAHL beschränkt sich außerdem auf den politischen Nomos und sieht nicht die Verbindungen, die Platon zwischen den verschiedenen Bedeutungen gezogen hat. KAHL geht so weit, im 'Politikos' Nomos und geschriebenes Gesetz gleichzusetzen, was keinesfalls gerechtfertigt ist (vgl. z.B. Politic. 295 A 4-7).

E. WOLF (1950-1970, IV): Der Nomos als Vernunftordnung

Wolf vermeidet absichtlich eine systematische Interpretation und beschränkt sich auf eine 'unmittelbare' Deutung von Platons Rechtsdenken. Daraus entstehen die beiden methodologischen Hauptmerkmale der Arbeit:

a) eine nach GROTES Art durchgeführte Interpretation nach Dialogen (was immerhin das Ziel zu sein scheint, aber nicht konsequent durchgehalten ist) und

b) eine Trennung des Rechtsdenkens Platons von seiner Gesamtlehre, insbesondere seinen philosophischen Grundsätzen.

WOLF übernimmt eine evolutionistische Auffassung vom politischen Denken Platons. Die Entwicklung wird als eine Enthüllung des wahren Wesens der platonischen Philosophie, des Nomosbegriffes, dargelegt: Sie beginnt mit der eher positivistischen Lehre der 'Apologie' und des 'Kriton', die die dialektische Einheit von Nomos und Dikaion vertritt, und wird mit der Ansicht der 'Politeia' fortgesetzt, die den Unterschied zwischen dem Gerechten und den positiven Gesetzen thematisiert. Der qualitative Sprung wird nach der Erfahrung in Sizilien vollzogen durch die Wendung zum Kosmos und die Entdeckung der Naturgesetzlichkeit als Vorbild des menschlichen Staates. Sie gipfelt schließlich im 'Timaios' und in den 'Nomoi' mit der grandiosen Entfaltung der platonischen Naturrechtslehre. Ich kann diese Auffassung hier nicht im einzelnen widerlegen; es seien aber die Nomoi des Hades im 'Kriton' und die geometrische Gleichheit des 'Gorgias' mit ihrer kosmischen Dimension genannt als Stellen, die der Annahme einer solchen Entwicklung widersprechen.

Das Fehlen einer zusammenhängenden Betrachtung bringt

mit sich, daß es zu einer bloßen Praphrasierung der unterschiedlichsten Themen bei der Besprechung der Dialoge kommt; dabei gehen für das Thema entscheidende Aspekte verloren, während unwichtige Nuancen seitenlang hervorgehoben werden. Die wichtige Stelle des 'Philebos', wo der Nomos als Grenze bestimmt wird (26 B), ist bei WOLF nur am Rande im semasiologischen Teil paraphrasiert.

Wegen der Vernachlässigung der Verbindung zwischen Politik und Philosophie versteht WOLF den Überwindungscharakter der platonischen Lehre nicht: Er interpretiert Platon einfach als einen konservativen Denker, der die Tradition zur Geltung bringen wolle. Das Moment der Kritik an der Tradition, das bei Platon eine sehr wichtige Rolle spielt, fehlt vollständig.

Dies verursacht auch WOLFS starres Verständnis des Verhältnisses Physis - Nomos bei Platon. So kann er z.B. nichts Unplatonisches im 'Minos' entdecken, oder er interpretiert, ins andere Extrem fallend, den Unterschied zwischen Nomos und Dikaiosyne in der 'Politeia' auf eine Weise, die Platon mit der Sophistik zusammenfallen läßt.

Es gibt auch Widersprüche in WOLFS Interpretation selbst. Einerseits bringt er Platon in die Nähe des Rechtspositivismus, indem er behauptet, für Platon gebe es keine falschen Gesetze (vgl. die Deutung der 'Apologie', des 'Kriton' und des 'Minos'). Andererseits nimmt er eben die Existenz von falschen Gesetzen bei Platon an ('Kratylos', 'Politeia'), um sie später wieder zu leugnen ('Phaidon', 'Symposion').

Übertrieben sieht WOLF die Nomothesie als Kern der platonischen Philosophie. Seine Inkonsequenz hindert ihn aber daran, diesem Interpretationsprinzip zu folgen. Leider kommt die Nomoslehre zu kurz; WOLF wiederholt in großen Zügen die übliche Deutung des Nomosbegriffes, ohne Neues zu entwickeln.

Das Verdienst der Arbeit besteht vor allem darin, den Nomos in seinem Bezug zu der Weltordnung, besonders in den Spätdialogen, zu betrachten. Damit ist die von WOLF richtig unterstrichene Bestimmung des Nomos als seinshaft verbunden. Mit Recht vertritt WOLF die Existenz von Nomoi im Idealstaat. Er weist auch darauf hin, daß die Nomoskritik im 'Politikos' die geschriebenen und die ungeschriebenen Gesetze einschließt.

J.B. JONES (1974): Göttliche und menschliche Gesetze: primäre und sekundäre Rechtsregeln

JONES versucht zweierlei:

a) eine Erklärung des platonischen Nomosbegriffes durch den Vergleich mit antiken und modernen Gesetzestheorien und

b) eine Untersuchung des Beitrags Platons zu der Rechtsphilosophie (S. IV).

So wie Platon in seiner Philosophie zwischen zwei Welten unterscheide, sehe er zwei verschiedene Gesetze: das göttliche und ewige Naturgesetz einerseits und das Gesetz, wie es zu den menschlichen Einrichtungen gehöre, andererseits (S. 5f.) Das erste Gesetz finde sich in der 'Politeia', und seine Anwendung in dieser Wirklichkeit seien die 'Nomoi' (S. 129). Die von JONES getroffene Unterscheidung zwischen den Vorschriften der 'Politeia' (secondary rules, die sich auf die Ausübung der Macht beziehen) und der 'Nomoi' (primary rules, Leitprinzipien für gewisse Arten menschlicher Handlung) erklärt nicht die im ersten Staatsentwurf vorkommenden Bestimmungen über die Erziehung der Wächter, die Frauengemeinschaft, usw., die eigentlich 'primary rules' in der 'Politeia' sind.

Die 'Politeia' stellt außerdem kein für alle Völker und alle Zeiten gültiges Modell dar. Sie ist das Modell der griechischen Polis. Deshalb ist sie kein Naturgesetz in JONES' Sinne.

2. Beiträge über partielle Aspekte des Nomosbegriffes

Die Nomosherrschaft bei Platon

Eine Reihe von Beiträgen setzt sich mit der Frage der platonischen Haltung gegenüber dem Gesetz auseinander, damit also, was die angelsächsische Forschung unter der Bezeichnung 'rules of law' kennt. Nach einer Interpretationsrichtung steht Platon in seiner ersten Phase seines Schaffens der Herrschaft des Gesetzes sehr kritisch gegenüber und entwirft in der 'Politeia' einen Staat ohne Gesetze, während er später seine Haltung ändert und in den 'Nomoi' die Herrschaft des Gesetzes als die beste Lösung akzeptiert. Diese Strömung glaubt an eine Entwicklung der politischen Lehre Platons, deren wesentliche Momente schon von E. BARKER (1906) dargestellt wurden. Zu ihren wichtigsten Vertretern zählen W. JAEGER (1947), H. CAIRNS (1949), J. de ROMILLY (1971) und B. EFFE (1976).

Eine andere Richtung, die sich polemisch im Gegensatz zur obigen Auffassung entwickelt hat, vertritt eine einheitliche Haltung Platons. Er habe immer das Gesetz geachtet, die Herrschaft der Gesetze als vorrangig behandelt und auch in der 'Politeia' Nomoi miteinbezogen (G.R. MORROW 1941, 1960; S. MOSER 1952; H. HALL 1956; M. DAVIS 1960; G. VLACHOS 1964; A.C. BAYONAS 1965-1966).

Während die erste Strömung zu sehr den Widerspruch zwischen Gesetz und Erziehung (Wissen) unterstreicht und in der 'Politeia' einen Staat ohne Gesetze sieht, haben die Arbeiten der zweiten Richtung die Existenz von Nomoi im Staatsentwurf der 'Politeia' bewiesen, jedoch der Beziehung zwischen diesem und der in den 'Nomoi' beschriebenen Verfassung sowie dem Verhältnis der Nomoi beider Staaten zueinander keine einleuchtende Erklärung gegeben. Sie zeigen darüber hinaus die Tendenz, die Herrschaft des Nomos zu verabsolutieren. Man kann aber nicht mit einer negativen Einstellung gegenüber dem Nomos in der ersten Periode der philosophischen Tätigkeit des Platons rechnen, wie die evolutionistische Strömung vorschlägt. Aufgabe der Forschung bleibt es also, die Beziehung zwischen den beiden Staatsentwürfen hinsichtlich des Nomos zu klären, wobei zu prüfen wäre, ob Platon sich dieses Problem auch bei den anderen Staatsformen gestellt hat. Es wäre ferner die Frage zu stellen, ob die Verschiedenheit der Staatsformen nicht eine Verschiedenheit in den Gesetzen voraussetzt.

Erkenntnislehre und Nomos

M. ISNARDI (1957) und H. PERLS (1966 und 1973) haben sich mit dem Erkenntniswert des Nomos befaßt und seinen abbildhaften Charakter unterstrichen; aber während M. ISNARDI eine Evolutionstheorie der platonischen Nomosauffassung aufstellt, vertritt H. PERLS eine unitarische Deutung. Nach M. ISNARDI stellt für Platon in einer ersten rationalistischen

Phase ('Politeia', 'Politikos') das Gesetz eine niedrigere Erkenntnisstufe dar und ist ein Eidolon, bloß ein Abbild der Weisheit des Politikers (S. 401f.), während in den 'Nomoi' durch die Hinzufügung der Vorrede eine Aufwertung des Nomos stattfindet (S. 406ff.), der nun zum Bereich der Doxa gehört (S. 411). Nach PERLS ist das Gesetz eine Mischung der Idee des Gerechten und der Materie und daher allen Irrtümern des falschen Teils der Doxa unterworfen. In der Idee des Staates sei die Dialektik das Gesetz (1966, S. 379; vgl. 1973, S. 148 f.). Das Gesetz der üblichen Staaten bewege sich auf der Ebene der Doxa, während die Anwendung des Gesetzes durch die Richter auf der Stufe der Eikasia stattfinde (1966, S. 379-391; 1973, S. 150).

Auf dem Gebiet der Erkenntnislehre ist die abbildhafte Natur des Nomos deutlich erkannt worden. Was noch zu leisten bleibt, ist eine Erklärung, die den tatsächlichen Erkenntniswert des Gesetzes präzisiert und dessen Verhältnis zu der Erkenntnis des Gesetzgebers und zu der Ideenwelt beleuchtet. Auch die Vermittlerrolle des Gesetztes bleibt genauer zu erforschen.

Naturrecht

Heftig debattiert ist in der Forschungsgeschichte die Frage, ob Platon ein Vertreter der Naturrechtstheorie ist oder nicht. Wegen der Schwierigkeiten, die der Begriff Naturrecht (lex naturalis) mit sich bringt (vgl. A. PASSERIN d'ENTREVES 1951, S. 7-15) - vieles hängt von der übernommenen Definition ab -, nehme ich die Definition von BROCKHAUS (s.v.) vorweg, damit deutlich wird, nach welchen Kriterien hier die Existenz oder Nicht-Existenz einer Naturrechtslehre bei Platon entschieden wird. Demnach ist Naturrecht "das in der vernunftbegabten Natur des Menschen begründete, von Zeit und Ort ebenso wie von jeder menschlichen Setzung unabhängige Recht, im Unterschied zum positiven, dem vom Menschen geschaffenen, geschichtlich gewordenen und daher einem ständigen Wandel unterworfenen Recht". Nach dieser Definition handelt es sich um allgemein gültige Grundsätze, die sich bei jeder Setzung ohne Unterschied von Zeit und Ort wiederfinden können. Mit den Worten Ciceros: Es ist von universeller Anwendung, unveränderlich und ewig ('De re publica' III, 22, 33 vgl. A. PASSERIN d'ENTREVES 1951, S. 20f.).

Auf diesem Gebiet können zwei deutlich differenzierbare Positionen gefunden werden. Aus der Existenz von über den Gesetzen stehenden Normen leiten einige Forscher die Präsenz einer Naturrechtslehre bei Platon ab (W.G. TENNEMANN 1792-1795, IV, S. 226-233; R. von PÖHLMANN 1893-1901, I; E. BURLE, 1908, S. 306-310; W. ECKSTEIN 1926; J. SAUTER 1930/1931; F. SOLMSEN 1942; K. KUYPERS 1943; K. POPPER 1945; A. VERDROSS-DROSSBERG 1946 und 1971; P. MAGUIRE 1947; G.R. MORROW 1948 und 1960; E. von HIPPEL 1949^{2}; J. WILD 1953; F. FLÜCKIGER 1954; H. HALL 1956; V.R. GOROSPE 1965/1966; A. LEITZ 1969; M. OSWALD 1977).

Schon K.F. HERMANN (1849, S. 137-141) bemerkte, daß die 'Politeia' kein allgemeingültiges Ideal ist und Platon kaum ein solches Modell für alle Menschen habe aufstellen können:

> "Die Staaten sind ... für Platon nur Menschen im großen; aus derselben Ursache also, aus welcher er nicht alle Mitglieder seines Staats zu Weisen machen zu können glaubte, mußte er auch auf Ausdehnung desselben über die ganze Erde verzichten..." (S. 138f.)

Diese Strömung erklärt ferner nicht das Problem des Übels bei Platon, das auch natürlich ist, wie H. KELSEN

(1957/1958) betonte.[5]

Nur wenige Gelehrte vertreten die abweichende Meinung, es gebe keine Naturrechtslehre in der platonischen Politik (so W. NESTLE 1946 und H. KELSEN 1957/1958). Diese Interpretationsrichtung läßt Platon in die Nähe des Rechtspositivismus rücken.

Beide oben ausgeführten Hauptrichtungen unterstreichen über Gebühr die Einheitlichkeit der Normen oder die Vielheit der verschiedenen Gesetze und fallen auf diese Weise auf eine vorplatonische Ebene in der Diskussion zurück: Platon wird mehr 'sophistisch' gesehen, wobei er die Gültigkeit aller Rechtsnormen wie ein Protagoras vertreten muß, oder mehr 'sokratisch' interpretiert, wobei die Rechtsnormen nur die echten und wahren Gesetze sein können, eine Auffassung, die im 'Minos' und auch in anderen sokratischen Schriften zu finden ist.

Die Anwendung des Gesetzes

Nach E. MICHELAKIS (1956) versucht Platon, durch die Erweiterung des richterlichen Ermessens und durch eine richtige Methode der Rechtsanwendung die Unvollkommenheit und Allgemeinheit des Gesetzes zu verhindern und den Bezug der Normen auf die Tugend zu gewährleisten, eine Interpretation, die sich mehr auf Aristoteles als auf Platon bezieht.

---

5) Über das Problem des Übels und seiner methaphysischen Entität vgl. C.J. de VOGEL (1952, S. 22-27). Für weitere Unterschiede zwischen Platon und den Vertretern der Naturrechtslehre vgl. R.F. STALLEY (1983, S. 33f.).

3. Schlußbemerkung

Die Unterschiede der positiven Gesetze mit dem Gültigkeitsanspruch des Nomos zu vereinbaren, bereitet den oben referierten Deutungen ernsthafte Schwierigkeiten: Es handelt sich hierbei um eine Frage, die im Mittelpunkt der sophistischen Kritik an dem Nomos stand. Die verschiedenen Interpretationsrichtungen betonen bald die eine, bald die andere Seite des Gegensatzes. So wird Platon für eine Strömung zum Verfechter einer Naturrechtstheorie, indem man die Teilnahme der Nomoi an einer oberen Norm hervorhebt (vgl. o. S. 8 f., 12 f., 15 f.). Dadurch werden alle Nomoi als richtig betrachtet und mit universalem Wert belegt; dagegen sprechen aber mehrere Stellen des platonischen Werks, in denen der Wert des Nomos stark relativiert und zugleich mit der Möglichkeit unrichtiger Gesetze gerechnet wird. Auf diese Weise kann man den Unterschied zwischen 'Politeia' und den 'Nomoi' nicht klären, die Frage also, warum bestimmte Einrichtungen, die in der 'Politeia' als maßgeblich erscheinen, in den 'Nomoi' nicht übernommen sind.

Eine andere Richtung macht Platon mehr oder weniger zu einem Positivisten und läßt ihn die Ansichten der Sophisten teilen; das Gesetz ist demnach bloße Konvention (vgl. o. S. 16f.). Sie erklärt aber nicht den hohen Anspruch des Nomos, wie wir ihn durchgängig in Platons Schriften finden; vor allem die ontologische Fundierung des Nomos, d.h. die Verbindung zwischen Seinslehre und Politik wird außer acht gelassen.

Eine dritte Strömung versucht, die Problematik der Nomosinterpretation durch die Hypothese einer Entwicklung in Platons Denken zu lösen (s.o. S. 10 ff., 13). Die Entwicklungshypothesen sind aber widersprüchlich und wurden in wesentlichen Aspekten widerlegt, so daß es ratsam scheint, nur dort eine Entwicklung anzunehmen, wo der vermeintliche Unterschied nicht anders erklärt werden kann.

Ferner muß auch die Beziehung des Nomosbegriffes zur Erkenntnistheorie betrachtet werden, vor allem unter dem Aspekt des Nomos als eines Produktes der gesetzgeberischen Kunst.

Aufgabe der Forschung bleibt es schließlich, das Verhältnis Platons zu seinen Vorgängern zu präzisieren sowie die Nachwirkung der platonischen Lehre genauer zu untersuchen.

II. Plan der Arbeit

Aus der dargestellten Entwicklung und gegenwärtigen Situation der Forschung ergeben sich folgende Aufgaben für eine Arbeit zum platonischen Nomosbegriff, in der die bisher erzielten Ergebnisse ausgewertet und ergänzt werden sollen:

1 - Bestimmung der geistesgeschichtlichen Voraussetzungen des platonischen Nomosbegriffes.

2 - Philologische Erfassung der vielfältigen Anwendung des Nomosbegriffes bei Platon (Semasiologie).

3 - Philosophische Untersuchung des Nomosbegriffes im Rahmen der platonischen Seinslehre (ontologische Strukturierung und Begründung des Begriffes).

4 - Untersuchung der Bedeutung des Nomos für die Staatslehre und das gesamte politische Denken Platons.

5 - Charakterisierung der Nachwirkung der platonischen Auf-

fassung.

Die vorliegende Arbeit wird von diesen Aufgaben nur die dritte und vierte in Angriff nehmen; von letzterer wird die Anwendung der Nomoslehre in den konkreten Gesetzen nicht in Betracht gezogen. Die geistesgeschichtlichen Voraussetzungen und die Nachwirkung Platons können nur teilweise zur Klärung der anderen Fragen herangezogen werden.

Die konkreten Nomoi sind für Platon Widerspiegelungen einer allgemeineren, 'göttlichen' Ordnung. Der Nomos ist hier also nicht mehr - wie bei der sophistischen Lehre vom Widerspruch zwischen Nomos und Physis - Ausdruck einer gesellschaftlichen Willkür, sondern die im Sein begründete und mit der Natur übereinstimmende Ordnung des gesellschaftlichen Lebens.

Als Ordnungsbegriff wird der Nomos von Platon strukturell näher bestimmt. Der normativ gültige Nomos steht nach der platonischen Wertstruktur in der richtigen Mitte zwischen dem Zuviel und dem Zuwenig. Diese Struktur führt zu einem zentralen Punkt der platonischen Seinslehre: Auf den Gedanken der ordnungsstiftenden Einheit gegenüber der chaotischen Unbestimmtheit des Mehr und Weniger. Außerdem ergeben sich Beziehungen zu Platons Versuchen einer mathematischen Beschreibung der Seinsordnung.

Im Verhältnis zwischen Nomos und umfassender Einheit ist die universelle Anwendbarkeit des Nomosbegriffes begründet. Platon hat damit die ältere Vorstellung einer allgemeinen Gültigkeit des Nomos für die menschliche Gemeinschaft von einer ideellen, abstrakten Einheit her völlig neu konzipiert.

Die platonische Lehre gibt aber zugleich auch über die Verschiedenheit der Nomoi Rechenschaft. Platon hat auf allen Stufen der Wirklichkeit die Verbindung von Einheit und Verschiedenheit erforscht. Die Verschiedenheit ergibt sich, allgemein gesehen, aus dem ständigen Werden und Vergehen der Sinneswelt. Die verschiedenen Situationen und Momente erfordern verschiedene Nomoi, die die höheren Normen nach Möglichkeit widerspiegeln sollen. Platons Leistung hinsichtlich seiner Vorgänger müßte wohl darin zu sehen sein, daß er versucht hat, die Bedingungen der Verschiedenheit zu bestimmen. Im Verhältnis Abbild - Vorbild wird vorausgesetzt, daß jeder Nomos eine Nachahmung der höheren Ordnung sein muß. Dadurch wird die Einheit in der Verschiedenheit gesucht, die archaische Vorstellung von Nomos bewahrt und die sophistische Kritik dialektisch aufgehoben.

Die vorliegende Arbeit versucht, gerade die Abstufung des Nomos, d.h. die Differenzierung des Nomosbegriffes in der Spannung zwischen Einheit und Vielheit zu untersuchen und zu erklären. In diesem Zusammenhang wird sich am klarsten zeigen, wie Platon die sophistische Vorstellung einer chaotischen Menge von Gesetzen im Sinne einer konkret realisierten Ordnung aufhebt.

Der aktiv ordnende Charakter des Nomos kommt besonders auch im Bereich der Erziehung zum Ausdruck. Durch die Paideia wird der Nomos der Gemeinschaft auf das Individuum übertragen und wirkt von diesem wieder auf die Gemeinschaft zurück. Deshalb hat Platon die Frage der Paideia so ausführlich in der 'Politeia' und in den 'Nomoi' behandelt. Der Funktion des Nomos bei der Paideia ist dementsprechend ein Abschnitt in dieser Untersuchung gewidmet.

Erster Teil

NOMOS UND ONTOLOGIE

Erstes Kapitel

Das Problem der Begründung

I. Allgemeine Normen und Nomos

Dieser Abschnitt behandelt die Frage nach der Beziehung zwischen Nomos und Arete. Wie P. MAGUIRE (1947) bemerkte, ist der Bezug zu Arete in der platonischen Auffassung das höchste Kriterium zur Bestimmung der Richtigkeit eines Gesetzes.[1] L. ROBIN (1944) hat darauf aufmerksam gemacht, daß Platons geistige Anstrengung auf allen Gebieten darauf gerichtet war, eine Werthierarchie zu bestimmen, um so dem sophistischen Relativismus zu entgehen, und darauf hingewiesen, daß die politische Lehre Platons ohne die Verknüpfung mit den allgemeinen Normen nicht verstanden werden kann.

Ein Beispiel für die von Sokrates-Platon in den Dialogen angefochtene Ansicht der Sophistik ist die von Kallikles vertretene Meinung, der Nomos sei ein Hindernis, das der Verwirklichung der Naturordnung im Wege stehe (Gorg. 482 C - 486 D). Für Thrasymachos in der 'Politeia' vertritt der No-

---

1) Über die Beziehung zwischen Nomos und Arete vgl. W.G. TENNEMANN (1792-1795, IV, S. 227); W. PIERSON (1858, S. 219 ff.); K. HILDENBRAND (1860,I, S.162-166, 179, 195 f.); R. DARESTE (1893, S. 30 f.); O. APELT (1912, S. 173-182); E. SALIN (1921, S. 78-83); R. KLEE (1930-1931, S. 312f.); A. WEIHER (1934), H. AUFRICHT (1939); P. MAGUIRE (1947); H. CAIRNS (1949, S. 42-50); J. GOULD (1955, S. 96-109); J. HALL (1956, S. 173ff.); E. EBERLEIN (1956, S. 34-38); G.R. MORROW (1960, S. 563); G. VLACHOS (1964, S. 193, 195ff., 208); E. SANDVOSS (1971, S. 50-68). Für die 'Nomoi' vgl. in letzter Zeit R.F. STALLEY (1983, S. 35-42).

mos nur den Willen der herrschenden Macht; während Kallikles eine naivere Version der Theorie der Macht des Stärkeren vertritt, findet man bei Thrasymachos eine weiterentwickelte Auffassung dieses Prinzips.[2)]

1. Ziel der Gesetzgebung

Die Frage nach dem Ziel der Gesetzgebung taucht immer wieder auf allen Stufen des platonischen Werkes auf. Um der Deutlichkeit willen soll die Problematik chronologisch in den verschiedenen Dialogen verfolgt werden. Auf diese Weise wird man leichter feststellen können, ob in dieser Hinsicht von einer Entwicklung oder Aspektverschiebung gesprochen werden kann.

Förderung der Arete im einzelnen und im Staat

Die Frühdialoge

Im 'Protagoras' zieht der Sophist einen Vergleich zwischen dem schlimmsten Menschen und dem Unzivilisierten, der weder Erziehung noch Gerichtshöfe, weder Nomoi noch irgendeinen Zwang kennt, der ihn überhaupt zur Pflege der Arete zwingt (327 C-D). Nach Ansicht des Meletos in der 'Apologie' machen die Nomoi die Menschen besser (24 D-E). Beide Stellen

---

2) Nach B. RUSSELL (1950, S. 13ff.) antwortet Platon in diesem Zusammenhang auf Protagoras, seine wahren Gegner seien aber die Empiristen und Demokritos.

zeigen, daß die Arete als Ziel des Nomos nicht ein Novum der platonischen Philosophie war. Dieser Ansicht entspricht auch die im 'Kriton' vorgetragene Meinung der athenischen Nomoi, sie seien die Ursache dessen, was der Mensch sei (50 A - 54 D). Indem die Nomoi die Menschen erziehen (50 D-E), tragen sie Verantwortung für die Arete des Bürgers.

Eine nähere Präzisierung erfährt das Problem innerhalb der Dialoge dieser Periode im 'Gorgias'. Platon versucht hier, die Aufgaben des wahren Staatsmannes zu bestimmen und diesen so vom Rhetor zu unterscheiden. Dazu gilt es vor allem, die echte staatsmännische Kunst von ihren Abbildern oder Nachahmungen abzusondern (darüber vgl. u. S. 94 - 97). An einer Stelle (513 D - 514 A) trifft Sokrates die Unterscheidung zwischen Schmeichelei und wahrer Techne. Die erste sei unedel und verfolge nur die Lust; die wahre Techne hingegen versuche, Seele und Leib so gut wie möglich zu machen. Als Ziel der Politik insgesamt steht in dieser Passage also die Arete der Bürger. Im 'Gorgias' wird die gesetzgeberische Kunst als ein Teil der Politik definiert, und zwar als der höchste (s.u. S. 94-99). Die Gesetze als Produkt der politischen Techne müssen die Verwirklichung der Arete bei den Bürgern als Ziel haben. Dieses Ziel des Politikers und der Gesetzgebung stimmt mit der Aufgabe überein, die sich Sokrates gestellt hatte, wie sie in der 'Apologie' beschrieben wird: Er wolle die Bürger Athens zur Pflege der Seele bringen, damit sie die besten werden (29 D - 30 B; s.u. S. 33 f.).[3]

---

3) Nach E. WOLF (1950-1970, IV 1) stellt Platon in der 'Apologie' die Verkörperung des Gesetzlichen im Phi-

Die 'Politeia'

Das im 'Gorgias' vorweggenommene Problem des Zieles jeder politischen Kunst enthält in der 'Politeia' großes Gewicht, besonders deutlich bei der Bestimmung der Kriterien für die Wahl der Wächter (3,412 B - 414 A). Diese müßten sich durch ihre Vernunft (φρόνιμοι), Fähigkeit (δυνατοί), Vorsorge (κηδεμόνες) und Liebe für die Stadt so auszeichnen, daß sie immer bereit seien, das für die Stadt Nützliche zu tun (412 E - 413 C).

Auf welche Weise die Philosophenherrscher das Beste für die Stadt verwirklichen können, wird an zwei anderen Stellen der 'Politeia' ausführlich erklärt. An einer wird der Vorrang der Philosophen vor den Unwissenden bei der Regierung der Stadt aus ihrem Verkehr mit der im gleichbleibenden Welt der Ideen abgeleitet (6, 484 B). Dadurch seien die Herrscher besser imstande, über die Nomoi und Einrichtungen der

---

losophen dar (S. 44), was den Sinn der Stelle richtig wiedergibt. Seine absolute Identifikation des Nomikon mit dem Dikaion hingegen läßt das Gesetz in unplatonischer Weise als höchste Norm erscheinen und so Platons Auffassung in die Nähe des Rechtspositivismus rücken. So versteht es sich, daß Platon für WOLF kein Reformer gewesen ist, sondern ein Konservativer (S. 45). Diese Auffassung tritt bei WOLFS Interpretation des 'Kriton' zutage: Die dialektische Einheit zwischen Nomos Politikos und dem Philosophos Politikos erfordere, daß in jedem Nomikon auch das Dikaion anwese (S. 65, s. o. S. 10 ff.).

Stadt zu wachen (484 B-C). Da sie ein klares Paradeigma in ihrer Seele haben, können sie das Wahrhaftigste sehen und es genau in die Wirklichkeit übertragen. Sie seien deshalb befähigt, die hiesigen Gesetze (νόμιμα) über das Schöne, Gerechte und Gute zu erlassen oder die schon erlassenen zu bewahren (484 C-D). Platon führt hier das Nützlichste und Beste für die Stadt auf die oberste Norm der Ideen zurück. Die Gesetze in der Stadt müssen eine Widerspiegelung dieser allgemeinen Normen sein (darüber vgl. u. S. 75-98).

An der anderen Stelle wird die Welt der Ideen als eine Ordnung (τεταγμένα , 6, 500 C 2) geschildert, die eine Proportioniertheit besitzt (οὔτ' ἀδικοῦντα οὔτ' ἀδικούμενα ὑπ' ἀλλήλων , 6,500 C 3-4; κόσμῳ δὲ πάντα καὶ κατὰ λόγον ἔχοντα, C 4-5) und auf die Seele des Philosophen ordnungsbringend einwirkt. In den Anordnungen und Befehlen, d.h. in seinen Nomoi (vgl. die auf die Definition des Nomos als δόγμα τῆς πόλεως anspielende Formulierung τὰ τῶν ἀρχόντων δόγματα in 3,414 B 5-6), spiegele sich auch diese Ordnung der Ideen wider, die er für ihren Erlaß als Modell benutzte (500 D; vgl. eine ausführliche Paraphrasierung u. S. 86 f.). Auf dieser Grundlage ruht die Identität zwischen Philosophie, Logos, Nomos und Taxis, die später im 9. Buch hergestellt wird (587 A-B). Was sich vom Logos und Nomos entfernt, muß in Unordnung und Kakia geraten (vgl. 9, 586 D - 587 A; Resp. 10, 604 A-B, s.u. S. 116 ff).

Auch im Mittelteil des 'Theaitetos' wird das Nützliche (ὠφέλιμον) als oberstes Kriterium für den Erlaß von Nomoi angeführt und gegen die rechtspositivistische Auffassung des Protagoras vorgebacht (177 C - 178 B; vgl. u. S. 244).[4)]

---

4) Wie E. SANDVOSS (1971, S. 54) hervorgehoben hat, ist die Nützlichkeit eines der allgemeinsten Kriterien des Guten.

'Politikos' (291 A - 303 C)

Das Problem des Zieles der Gesetzgebung und somit des Kriteriums für die Gesetze begegnet auch im 'Politikos'-Exkurs über den Nomos und die falschen Regierungsformen (für eine ausführliche Behandlung dieser Stelle vgl. u. S. 238-243). Die Nomoi versuchen, das Beste und Gerechteste für alle auf einmal endgültig zu bestimmen, was der Natur der menschlichen Verhältnisse nicht entspreche (294 A-B). Der Nomos scheitert aber bei diesem Versuch (294 B-C). Als Ziel der politischen Techne, von der die gesetzgeberische Kunst ein Teil ist (294 A) wird ausdrücklich die Bewahrung und der Schutz der Bürger bestimmt dadurch, daß man das Beste aus dem Schlechten macht (293 B-C, D-E, 296 C-D, 297 A-B). Als Fehler im Bereich der Politik wird nicht die Herrschaft ohne Gesetze betrachtet, sondern die Verwirklichung der Untugend auf menschlicher Ebene: das Schändliche, das Übel, das Ungerechte (296 C). In seiner gesetzgeberischen Tätigkeit muß der Politiker die Arete durch den Nomos verwirklichen (τὸ προσῆκον , 295 B 2; δίκαια , 296 D 6; vgl. 297 B 1; κρείττων , 297 A 5; ἀμείνονες , 297 B 3; σύμφορα , 296 E 1; βέλτιον , 293 D 9, 296 B 1-2; usw.). Dafür bedarf er der Techne und der Wissenschaft (292 B, 297 B).

Der auf dem Wissen des Politikers beruhende Nomos muß demnach die Gerechtigkeit in der Stadt zustandebringen. Alle anderen Nomoi sind Abbilder von diesem und haben entsprechend dasselbe Ziel. Die Arete ist auf diese Weise das oberste Kriterium, nach dem die Nomoi beurteilt werden.

Die Verwirklichung der Gerechtigkeit setzt eine Ordnung voraus, die auf der Proportioniertheit und Harmonie der Arete beruht. Dazu müsse der Politiker die Wissenschaft und das

Gerechte anwenden (293 D-E), so daß die Politeia zu einem Abbild der Wahrheit werde (300 C 5-7), des Guten, Schönen und Gerechten (H. ZEISE 1938, S. 32).

Offensichtlich ist hier mit Episteme nichts anderes gemeint als das Wissen über den Kosmos der Ideen. Der Nomos erhält somit eine unmittelbare Verbindung zur Welt der Ideen und wird an diesen allgemeinen Normen des Seins, die er abbildet und verwirklicht, gemessen. Dieses Schema des 'Politikos' bewegt sich im Horizont der für den 'Gorgias' und die 'Politeia' eruierten Grundsätzen.

'Nomoi'

Die Frage nach dem Ziel der Gesetzgebung beherrscht den ersten Teil des 1. Buches der 'Nomoi' und kommt auch während des ganzes Dialogs des öfteren zur Sprache. Die Kritik an der lakedaimonischen und kretischen Gesetzgebung wird von diesem Standpunkt aus geübt. Der Nomothetes müsse das Leben in der Stadt nach dem Besten ordnen; das sei nicht der Krieg, sondern der Frieden und die gute Gesinnung sowie die Eudaimonie der Stadt und des einzelnen (628 A-E). Die innere Verbindung zwischen Tugend und Glückseligkeit kommt an einer Stelle des 5. Buches zum Ausdruck. Die Absicht des wahren Politikers (ὁ νοῦν ἔχων πολιτικός; 742 D 2) unterscheide sich vom Ziel, das ihm die Mehrheit der Menschen zuschreibe. Diese glaubten, daß er darauf sehen müsse, daß die Stadt, der er gute Gesetze zu geben gedenke, am größten und am reichsten werde. Sie sähen die Größe einer Stadt nur in ihrem vom Gold und Silber und ihrer Macht zu Land und auf dem Meer. Das Ziel des wahren Politikers müsse hingegen die Arete und die Eudaimonie sein (742 D-E), wobei er versuchen müsse, das Mögliche, nicht das Unmögliche zu erreichen.[5] Dieses Ziel des Politikers sei das Gegenteil von der Vorstellung der Unwissenden, denn der außerordentliche Reichtum und die ihm entsprechende Macht seien eher ein Hindernis für die Tugend, sowohl auf gesellschaftlicher wie auf individueller Ebene (741 E- 743 C, 728 C - 729 B).

Hier wird von Platon deutlich ausgedrückt, daß die Arete als Ziel des Nomos den Unterschied zwischen der von Wissenden und Unwissenden stammenden Gesetzgebung ausmacht.

Die Glückseligkeit und die Tugend implizieren sich nach platonischer Auffassung gegenseitig, denn nur der Gute kann wirklich glückselig sein, wie es in der 'Politeia' vertreten wird. Die Gesetzgebung soll diesem Ziel dienen. Sie muß die Entstehung eines Menschen ermöglichen, der die entsprechende Arete in sich hat. Dabei muß sie berücksichtigen, auf welchen Grundlagen (Beschäftigung, Veranlagung, Streben, Erwerbsart, Meinung, Lehrstoff) dies am besten gedeihen kann (6, 770 B - 771 A). Das ganze menschliche Leben soll so weit wie möglich auf die Erlangung der Tugend gerichtet sein. In den 'Nomoi' wählt Platon die spartanische und die kretische Verfassung als Ausgangspunkt seiner Kritik an den damaligen politischen Verhältnissen, weil diese seiner Auffassung nach die besten Regierungsformen von allen bestehenden sind, insofern sie ihre Gesetzgebung auf die Tugend gerichtet hatten. Sie hatten dennoch nicht die gesamte Tugend vor Augen, sondern bloß ihren untersten Teil (1, 630 D-E). Es sei deshalb richtig, daß die kretische und spartanische Gesetzgebung auf die Arete hinzielten, falsch aber, daß sie nur nach einem Teil von dieser, der Tapferkeit, trachteten:

---

5) Diese Vorstellung läuft auf die verschiedenen möglihen Staatsformen hinaus. Darüber siehe den zweiten Teil der Untersuchung.

"Denn ich nehme ja an, daß nur derjenige Nomos richtig erlassen wird, der wie ein Bogenschütze stets auf jenes zielt, das ständig von etwas Schönem begleitet wird, und alles andere beiseite läßt, sei es Reichtum oder was noch immer von den anderen Dingen ohne das Vorerwähnte (die Tugend) sein mag" (4, 705 E - 706 A).

Aus diesen und anderen Stellen geht deutlich hervor, daß in den 'Nomoi' die Gesamtarete als oberstes Kriterium für die Beurteilung der Gesetzgebung weiterbesteht. Aus der Verwirklichung der Arete ergibt sich das Schöne und das Glück für die Gemeinschaft. Dieselbe Ansicht vertritt der Athener, wenn er auf die gesetzgeberische Tätigkeit der künftigen Wächter eingeht. Ihr Ziel müsse es sein, daß ein guter Mensch entstehen könne, der die dem Menschen entsprechende Arete der Seele besitze. Oberste Intention des Gesetzgebers sei es, daß sich das ganze menschliche Bemühen auf dieses Ziel ausrichte (6, 770 B - 771 A).

Schluß

Die durch die Arbeiten von J. STENZEL (1917, 1924, 1927, 1931) und H.J. KRÄMER (1959) für die Frühdialoge festgestellte Verbindung zwischen Arete und menschlicher Physis als Grundlage einer gerechten Gesetzgebung und deren Bezug auf die Arete läßt sich auch in den Spätdialogen verfolgen. Die wahre Glückseligkeit des Menschen kann nur erreicht werden, wenn der Gesetzgeber durch den Nomos die Arete fördert. Diese ihrerseits ist die Verwirklichung der wahren menschlichen Natur. Über den Nomos erlangt der Mensch dementsprechend seine Verbindung zu den allgemeinen Normen des Seins. Nomos als Ausdruck dieser Ordnung erhält durch Platon ontologische Tiefe, da er die ursprüngliche Bedeutung des Wortes in seiner umfassenden Ontologie begründet.

Die von den Gesetzen zu verwirklichende Wertskala

Die Frage nach der Aretai, die die Gesetzgebung fördern muß, weist unter dem Begriff Gesamtarete auf eine Vielheit, was in unmittelbarem Zusammenhang mit dem Problem der Beziehung der einzelnen Aretai zueinander und der Art, wie der Nomos sie fördern muß, steht. Anders ausgedrückt: Muß der Nomos die verschiedenen Aretai des menschlichen Lebens in gleichem Maß fördern oder muß er irgendeine Hierarchie berücksichtigen, die die Ordnung der Ideen widerspiegeln soll?

Rangordnung der verschiedenen Bereiche des menschlichen Lebens und ihrer Aretai

Von den platonischen Frühdialogen an läßt sich eine Teilung der verschiedenen Bereiche des menschlichen Lebens feststellen. Diese werden in eine Wertordnung gebracht, so daß eine Hierarchie der menschlichen Güter zustande kommt. Im folgenden Abschnitt soll diese Ordnung und ihre Beziehung zum Nomos bestimmt werden.

Die Frühdialoge

Schon in der 'Apologie' kann man eine hierarchische Einteilung der menschlichen Wirklichkeit beobachten (vgl. A.C. BAYONAS 1965-1966, S. 46-49). Sokrates beschreibt seine Aufgabe als Kritik an den Athenern, weil diese eine Umkehrung der Werte vollzogen hätten:

> "Bester Mann, als Athener, aus der an Weisheit und Macht größten und berühmtesten Stadt, schämst du dich nicht darüber, daß du dich um Geld kümmerst, daß du davon am meisten bekommst, sowie um deinen Ruf und deine Ehre; um die Einsicht aber, die Wahrheit und die Seele, daß sie sich aufs Beste befindet, kümmerst du doch weder sorgst du dich? Und wenn jemand dies bestreitet und sagt, er kümmere sich darum, werde ich ihn nicht loslassen noch weggehen, sondern ihn fragen, untersuchen und prüfen; und wenn es mir scheint, daß er die Tugend nicht besitzt, es aber behauptet, werde ich ihn tadeln, daß er auf die wichtigsten Dinge am wenigsten Wert legt und auf die unwichtigsten am meisten ... Denn ich tue nichts anderes, wenn ich herumlaufe, als die Jungen und Alten von euch davon zu überzeugen, daß sie sich weder um den Körper noch um den Besitz mehr als oder gleich viel um die Seele kümmern müssen, daß sie sich aufs Beste befindet" (29 D - 30 A).

An dieser Stelle differenziert Sokrates drei Bereiche: äußere Güter (χρήματα), Körper (σῶμα) und Seele (ψυχή), und behauptet den Vorrang der letzteren vor den beiden anderen. Von Bedeutung ist hier vor allem die Entwicklung einer positiven Auffassung: Das Wichtigste für den Menschen sei die Arete der Seele, die über der Arete der beiden anderen Bereiche stehe. Damit finden wir an dieser Stelle die Grundsätze, die man im späteren platonischen Werk überall verfolgen kann: Ein tugendhaftes Leben setzt eine Hierarchie der verschiedenen Lebensbereiche voraus.[6)]

Diese Wertskala, die in den großen gesetzgeberischen Dialogen zur vollen Geltung kommt, steht in enger Verbindung zu der Auffassung, daß das Ziel der Gesetzgebung die Pflege der Gesamtarete sein soll. Die Legislatur kann die Gesamtarete des Menschen in der Wirklichkeit nur insofern fördern, als sie die Aretai der verschiedenen Bereiche pflegt und in ein hierarchisch organisiertes Ganzes einfügt. In der Widerlegung des Polos im 'Gorgias' stützt sich Sokrates auf eine solche Hierarchie der einzelnen Bereiche der Wirklichkeit und der ihnen entsprechenden Übel (477 A - 478 E). Sokrates versucht, den Nutzen der Strafe mit dem Argument zu beweisen, daß durch sie die Seele besser werde. Denn es gebe drei verschiedene Bereiche: äußere Güter, Leib und Seele. Im Bereich der äußeren Güter heißt das Übel Armut; beim Leib nennt Sokrates Schwäche, Krankheit, Häßlichkeit und derartiges (477 A-B); für die Seele erwähnt er Ungerechtigkeit, Unwissenheit, Feigheit und Ähnliches. Die einzelnen Kakiai werden auf drei Grundübel zurückgeführt, die jeweils einem Bereich entsprechen: Armut, Krankheit und Ungerechtigkeit (477 C). Sokrates interpretiert die verschiedenen Kakiai nach dem Paradeigma der Krankheit und kommt zu dem Schluß, daß die Krankheit der Seele die schlimmste von allen und deshalb ihre Heilung das Wichtigste sei (477 C-E). Daraus wird der

---

6) Apol. 41 E bekräftigt noch einmal den Vorrang der Arete der Seele vor allen anderen Gütern.

Vorrang der Rechtspflege (δίκη) vor der Medizin und dem Gelderwerb abgeleitet (477 E - 478 E). Die Rangordnung kann folgendermaßen dargestellt werden:

Bereiche	Übel	Technai
ψυχή	ἀδικία ἀκολασία δειλία ἀμαθία [7]	δίκη
σῶμα	νόσος αἶσχος τὰ τοιαῦτα	ἰατρική
χρήματα	πενία	χρηματιστική

Der oberste und wichtigste Bereich ist die Seele. Sie hat ontologischen Vorrang vor dem Leib, dieser vor den äußeren Gütern. Der Beweis für die Bedeutung der Gerechtigkeit und der Glückseligkeit des Gerechten setzt diese Unterscheidung voraus, die vom Gesprächspartner des Sokrates als gegeben angenommen wird. Je weiter wir dementsprechend in der Skala nach oben gelangen, desto größer und peinlicher wird ein Übel. Die Bedeutung und der Nutzen der Technai, die dieses Übel heilen, stehen in direktem Zusammenhang mit dem Maß des Übels. Auf dieselbe Weise läßt sich die Bedeutung

---

7) E. SANDVOSS (1971, S. 53) sieht hier implizit die geistig-seelische Wertskala Vernunft, Gerechtigkeit, Selbstbeherrschung, Tapferkeit.

der Güter jedes Bereichs interpretieren. Durch diese hierarchische Ordnung beweist Sokrates den Einklang zwischen Gerechtigkeit und Glückseligkeit. Der Ungerechte kann nur scheinbar glücklich sein, in Wirklichkeit aber entbehrt er das größte und beste Gut und besitzt allenfalls die zweitrangigen Agatha, die für sich allein nicht die Glückseligkeit gewähren können. Eine solche Umkehrung der Werte liegt allen Übeln auf privater wie auf gesellschaftlicher Ebene zugrunde.

Die Identifizierung der Ungerechtigkeit und des Übels in der Seele mit einer Krankheit und der Unordnung in ihr gipfelt in der Bestimmung der Gerechtigkeit und der Besonnenheit der Ordnung (τάξεις καὶ κόσμοι) und Nomos (504 D). Durch die Dike als Heilmittel wird die Ordnung in der Seele des einzelnen wiederhergestellt. Nomos und Arete beziehen sich hier aufeinander.

Die 'Politeia'

Der Grundgedanke der 'Politeia', der die Gerechtigkeit als eine harmonische Ordnung darstellt, in der jeder Teil der Seele und der Gemeinschaft sein eigenes Werk verrichtet und einen bestimmten Platz in der Hierarchie besitzt, steht auf der Basis der im vorigen Abschnitt dargelegten

Rangordnung der Wirklichkeit.[8] Dies tritt besonders deutlich hervor bei der Beschreibung der Entartung der verschiedenen Herrschaftsformen im 8. Buch (für eine ausführliche Paraphrasierung s.u. S. 299 - 302). Während die Aristokratie durch eine wohlgeordnete Verfassung charakterisiert ist, herrscht in der Timokratie spartanischer Prägung nicht der oberste Teil der Seele, sondern das Muthafte. Entsprechend wird der Mann dieser Politeia vor allem die Werte des Leibes pflegen (φιλογυμναστής und φιλόθηρος ; 549 A 7-8). In der oligarchischen Verfassung haben die äußeren Güter den Vorrang (550 E - 551 B): Der oligarchische Mensch ist geldgierig (551 A-B). Im 9. Buch werden die verschiedenen Teile der Seele konkret auf die verschiedenen Bereiche des Staates bezogen. Jeder Teil hat einen spezifischen Gegenstand der Lüste. So wie die Polis drei Teile (εἴδη) hat, erfährt auch die Seele eine Dreiteilung (vgl. K. HILDENBRAND 1860, I, S. 126-130; J. NUSSER 1894, S. 24f.; N.R. MURPHY 1951, S. 68-86): Jedem Teil entspricht eine besondere Hedone und eigene Epithymiai (580 D 7-8). Der unterste Teil, das Epithymetikon, bezieht sich auf die äußeren Güter (580 D - 581 A). Das Muthafte begehrt eher die Herrschaft, den Ruhm und den Sieg (581 A-B). Dem entspricht bei der spartanischen Verfassung die Pflege der Kriegskunst und der leiblichen Güter. Der höchste Teil zielt auf die Erkenntnis der Wahrheit (581 B-C; vgl. Resp. 5,475 B 8-9 und K. HILDENBRAND 1860, I. S. 157f.; N.R. MURPHY 1951, S. 24-44: A. GRAESER 1969, S. 23). Wie die

---

8) Eine andere Auffassung vertritt K. HILDENBRAND (1860, I, S 127f.), der in der Gerechtigkeit kein "objektives, den Institutionen innewohnendes Prinzip" sieht, da bei Platon "der Gedanke eines gegenständlichen Einrichtungen des Staatslebens als bildende Grundkraft innewohnendes Ethos" nicht vorkomme (S. 127). Deshalb sei für Platon die Gerechtigkeit weder Harmonie noch Schönheit noch Freiheit, sondern "durchaus... ethisches Verhalten des Subjekts".

Parallelität zur Stadt zeigt, ist die ganze politische Ordnung der 'Politeia' auf der Basis dieser Werthierarchie ausgebildet und liefert ein praktisches Beispiel (vgl. N.R. MURPHY 1951, S. 1-23), wie nach Platons Vorstellung der Nomos diese Hierarchie in Kraft setzen muß. Die Philosophenherrscher beschäftigen sich mit der Regierung und mit der Sophia im höchsten Sinn. Die jüngeren Wächter müssen die Stadt verteidigen gegen innere und äußere Feinde und pflegen vor allem die leibliche Arete. Der unterste Stand kümmert sich um den Erwerb und die Produktion von äußeren Gütern. Sie sind die einzigen, denen der Besitz von äußeren Gütern erlaubt ist (vgl. Tim. 17 C - 18 C, wo diese Konzeption zusammengefaßt wird). Wie A. GRAESER (1969, S. 22ff.) bemerkte, hat diese hierarchische Seelenstruktur ihre Grundlegung in der platonischen Wissensethik und Ontologie (vgl. auch S. 21f.).

Die 'Nomoi'

Die Frage nach der Rangordnung der Tugenden steht im Mittelpunkt der 'Nomoi', wo diese ausdrücklich in Verbindung mit der Gesetzgebung gesetzt wird.[9] Ich werde zuerst eine programmatische Stelle im 1. Buch ausführlich behandeln und dann andere Stellen in Betracht ziehen.

---

9) T.J. SAUNDERS (1962) wies darauf hin, daß in den 'Nomoi' dieselbe Struktur der Seele und des Staates vorausgesetzt wird wie in der 'Politeia'.

Das 1. Buch (631 B 3 - 632 D 7)

An dieser Stelle geht der Athener auf das Problem der Rangordnung der Güter, die der Nomos bewirken muß, ein. Die Stelle schließt an die Kritik an der spartanischen und kretischen Gesetzgebung, daß sie nicht auf die Gesamttugend hinzielen, an. Der Athener will zeigen, wie eine gute Gesetzgebung eine wohlgeordnete Hierarchie der verschiedenen Bereiche und der entsprechenden Tugenden fördern muß.

Paraphrase

Richtige Gesetze müßten Eudaimonie und alle Agatha bewirken. Es gebe zwei Klassen von Güter: menschliche und göttliche. Die ersten hingen von den letzten ab, weshalb die Polis, die die göttlichen Güter besitze, beides habe. Die Existenz der menschlichen Güter aber sei ohne die göttlichen nicht möglich. Nach ihrer Bedeutung hätten menschliche Güter die folgende Rangordnung: Gesundheit, Schönheit, Körperkraft und der Reichtum, der der Besonnenheit gehorcht. Nach dem Athener haben die göttlichen Güter eine Rangordnung: Einsicht (φρόνησις), der mit Nus besonnene Zustand der Seele (μετὰ νοῦ σώφρων ψυχῆς ἕξις), die aus diesen beiden mit Tapferkeit gemischte Gerechtigkeit und die Tapferkeit. Diese Güter hätten Vorrang vor den menschlichen gemäß der Natur; der Gesetzgeber müsse dieser Ordnung folgen, wenn er Gesetze erlasse. Die menschlichen Güter richteten sich nach den göttlichen, die göttlichen nach dem führenden Nus. Der Gesetzgeber muß, so der Athener, durch Erteilung von Ehren und Unehren alle Einrichtungen und das ganze Leben der Bürger richtig beaufsichtigen. Ebenso müßten Lob und Tadel der Hedonai und Lypai der Bürger durch die Gesetze diesem Ziel dienen. Aufgabe des Gesetzgebers sei es auch, den Umgang der Bürger mit Geld und die unter ihnen getroffene Vereinbarung zu überwachen. Derjenige, der dem Nomos gehorche, müsse vom Gesetzgeber mit Ehrungen belohnt werden; die Verachtung der Gesetze müsse bestraft werden.

Deutung

Die besprochene Stelle enthält das politische Programm, das später im Laufe der 'Nomoi' entfaltet wird und das Punkt für Punkt verfolgt werden könnte. Die verschiedenen Bereiche des menschlichen Lebens bekommen einen festen Platz in einer sehr genauen Ordnung. Der Nomos muß darauf zielen, das Leben der einzelnen und der Stadt nach dieser Ordnung zu organisieren. Die Rangordnung ist also zugleich Grundlage und Ziel des ganzen Daseins. Die schon oben herausgearbeitete Unterscheidung zwischen seelischen (göttlichen) und leiblich-äußerlichen (menschlichen) Gütern sowie der Vorrang der ersten vor den zweiten taucht hier wieder auf. Zum ersten Mal aber erscheint die genaue Klassifizierung und Anordnung der verschiedenen Güter sowie die Herrschaft des Nus, der als waltende Macht über allen anderen Gütern steht. Die Anordnung der göttlichen Tugenden bedarf einer kurzen Erklärung. Die Sophrosyne wird als der vom Nus begleitete besonnene Zustand der Seele definiert. Wie E.B. ENGLAND (1921, I, z.St.) vertrat, trifft Platon hier diese Einschränkung der Sophrosyne, um sie von der populären Sophrosyne zu unterscheiden, die ohne Phronesis ist (vgl. Leg. 4, 710 A) und nach seiner Auffassung keinen großen Wert besitzt (vgl. Leg. 3, 696 D).

Die Gerechtigkeit, die aus der Mischung der anderen drei Aretai besteht, ist wahrscheinlich wie in der 'Politeia' als das Resultat der richtigen Ordnung der Aretai der verschiedenen Seelenteile zu verstehen. Im folgenden soll versucht werden, die anderen drei Tugenden nach dem entsprechenden Seelenteil zu bestimmen.

Im 5. Buch der 'Nomoi' (732 B-C) wird die Erinnerung als ein Zufluß von geschwundener Phronesis bestimmt. Im 2. Buch (665 D) ist die Phronesis die Tugend des besten Teils der Stadt. Offenbar entspricht die Phronesis der Tugend des höchsten Teils der Seele, des Nus. Nus und Phronesis fallen an der hier behandelten Stelle zusammen (vgl. Leg. 12, 963 A, E). Die Andreia hingegen ist die Tugend des Muthaften. Die Sophrosyne ist die Tugend, die die Hedonai und Epithymiai der Seele in Ordnung hält, wie die Diskussion des 1. Buches zeigt (vgl. auch Resp. 4, 430 E; Symp. 196 C; Leg. 10, 906 A-C; Def. 411 E - 412 A). Genauso wie im Schema der 'Politeia' (4, 428 A 8 - 434 C 10) ist die Sophrosyne der Zustand der Seele, der die Herrschaft des obersten Teils der Seele über die unteren, besonders das Epithymetikon, ermöglicht. Sie entspricht also vor allem dem untersten Seelenteil. In der 'Politeia' aber ist sie nicht nur die Tugend dieses Teils, sondern erstreckt sich auf die ganze Seele und auf alle drei Stände der Stadt (4, 431 E - 432 A). So, wie der oberste Stand die Tugend der Tapferkeit voraussetzt, setzen die beiden oberen Stände die Sophrosyne voraus, während dem untersten Stand allein die Sophrosyne als Arete übrig bleibt. Während das Noetische vor allem in der Sorge um die Aretai der Seele zum Ausdruck kommt, entspricht die Pflege des Körpers dem Gebiet des Muthaften. Die äußeren Güter beziehen sich auf den untersten Teil der Seele. Die Schemata der 'Politeia' und der 'Nomoi' stimmen in ihrer Grundkonzeption überein.

Andere Stellen

Aus der Fülle der 'Nomoi'-Stellen, die die Gültigkeit dieser Rangordnung bezeugen, werden im folgenden drei ausgewählt.

Im 9. Buch weist Platon auf eine Umkehrung dieser Rangordnung als die wichtigste Ursache für Mord hin (870 A-C). Die Gier nach zügellosem und unbegrenztem Besitz von äußeren Gütern, die das Resultat einer schlechten Natur und ein schlimmer Mangel sei, verursache die verwilderte Herrschaft der Epithymiai über die Seele. Die überall herrschende Meinung, die den Besitz von äußeren Gütern lobe, sei Grund dafür. So setze man das dritte an den ersten Platz, auch wenn die Wahrheit sei, daß der Reichtum nur wegen des Leibes einen Wert habe, und dieser nur wegen der Seele. Nur sein Bezug auf die anderen Güter lasse den Reichtum selbst ein Gut sein. Die Bezogenheit der unteren Güter auf die oberen, die an der oben analysierten Stelle des 1. Buches erschien, zeigt, daß der Wertcharakter von den oberen Elementen der Skala abhängt.

Dieselbe Ansicht kann man bei den Anweisungen an die Dichter im 2. Buch beobachten (660 D 11 - 661 D 4). Das Werk der Dichter müsse vor allem den Besitz der seelischen Arete vor dem der körperlichen und äußerlichen loben. Alle Güter hätten ohne die entsprechenden seelischen keinen Wert.

> "All diese Dinge sind zwar die besten Besitztümer für gerechte und fromme Menschen; für die Ungerechten aber die schlimmsten, angefangen mit der Gesundheit, und zwar sind für einen solchen das Sehen, Hören, Wahr-

nehmen und das Leben überhaupt das größte Übel, wenn er die ganze Zeit unsterblich ist und alle die genannten Güter ohne die Gerechtigkeit und die Gesamtarete besitzt, das kleinere, wenn er die kürzeste Zeit überlebt" (661 B-C).

Schließlich ist die Vorrede der gesamten Gesetzgebung im 5. Buch der 'Nomoi' auf der Grundlage dieses Schemas aufgebaut (726 A - 734 E). An der Spitze steht der göttliche und noetische Bereich, von dem die Seele ein Teil ist. Im 4. Buch war schon die Ehrung der Götter, Daimonen, Ahnen und Eltern behandelt worden. Hier geht Platon auf die Pflege der Seele ein. Sie sei das dem Menschen teuerste und wichtigste Gut; deshalb habe ihre Pflege Vorrang. Auch in der Aufzählung der zu vermeidenden Irrtümer kann man die oben analysierte Rangordnung entdecken:

1 - Als Unwissenheit kann man die zwei ersten Irrtümer bezeichnen:
   a) der Junge, der bereit ist, zu machen, was seine Seele will, und
   b) der Mensch, der nicht den Willen hat, seine eigene Schuld (d.h. seine Unwissenheit) einzugestehen.

   Die Einsicht ist die entsprechende Arete.

2 - Zügellosigkeit ist der dritte, sechste und siebte Irrtum, in Form von
   a) Pflege unerlaubter Lüste,
   b) Bevorzugung der Schönheit vor der Arete und des Leibes vor der Seele,
   c) Begierde nach Gelderwerb.

   Die entsprechende Arete ist die Besonnenheit.

3 - Als Feigheit kann man die Irrtümer vier und fünf betrachten:

a) Zurückweichen vor den empfohlenen Anstrengungen, Ängsten und Beschwernissen und

b) Angst vor dem Tod.

4 - Der Mangel auf einer oder auf mehreren Ebenen macht die Ungerechtigkeit aus: "Wer von dem, was der Gesetzgeber durch seine Aufzählung als schimpflich und schlecht festsetzte und umgekehrt als gut und schön, nicht jenes mit allen Mitteln meiden will und dieses mit voller Kraft üben ..." (728 A 5-8).

5 - Die leiblichen Güter werden aufgezählt, und wegen ihrer Wirkung auf die Seele rät der Athener, bei ihnen Übermaß oder Mangel zu vermeiden. Sie umfassen: Schönheit, Kraft, Geschwindigkeit, Größe, Gesundheit.

6 - Dasselbe gilt für den Besitz von äußeren Gütern, zu denen auch Freunde gerechnet werden können.

7 - Bei der Aufzählung der verschiedenen Lebensformen kommen die seelischen Güter und die Gesundheit sowie ihr Gegenteil wieder zum Ausdruck (733 D - 734 E). Sie werden einander folgendermaßen entgegengestellt:

φρόνιμος	ἄφρων
σώφρων	ἀκόλαστος
ἀνδρεῖος	δειλός
ὑγιεινός	νοσώδης

Im 7. Brief erscheinen die drei Bereiche wiederum als möglicher Gegenstand des platonischen Rates (331 A-B). Auch die im 8. Brief enthaltene Rede des Dion an die Syrakusaner

macht eine solche Wertskala zur Grundlage der Gesetzgebung (355 A-C). Diese Rangordnung, die das Gesetzt in Kraft setzen soll, erstreckt sich über das ganze platonische Werk.

Ergebnisse

Die Rangordnung der Aretai macht eine hierarchische Einheit aus, die den Ausgleich der verschiedenen Komponenten und die Tugend jedes Teils gewährleistet. Diese Hierarchie soll die Herrschaft des Noetischen und Seelischen bewirken, sowohl in der Stadt als auch bei dem einzelnen (vgl. D. LOENEN 1923, S. 4ff.). Nur die seelischen Werte haben aber absoluten Wert und unter diesen vor allem das Noetische. Die anderen Güter sind, wenn sie von einem Schlechten genossen werden, lauter Übel. <u>Nur innerhalb dieser Ordnung, in der das Noetische führend ist, gewinnen die Aretai des Leibes und der äußeren Dinge den Wert eines Gutes.</u> Zusammenfassend kann alles folgendermaßen dargestellt werden:

		ἀγαθά / ἀρεται		κακά	
θεῖα	ψυχή	φρόνησις σωφροσύνη ἀνδρεία	δικαιοσύνη	ἀμαθία ἀκολασία δειλία	ἀδικία
ἀνθρώπινα	σῶμα	κάλλος τάχος ἰσχύς μέγεθος	ὑγίεια	αἶσχος βραδύτης ἀσθένεια σμικρότης	νόσος
	χρήματα	πλοῦτος		πενία	

Die Dreiteilung der Seele (Noetisches, Muthaftes und Begierde) kann bei den verschiedenen Aretai deutlich erkannt werden. Die Phronesis entspricht der Arete des obersten Prinzips, die Tapferkeit gehört zum Muthaften, und die Sophrosyne ist die Arete gegenüber den Begierden. Dieselbe Struktur läßt sich auch für das Ganze beobachten: Die Aretai der Seele weisen auf die Herrschaft des Noetischen hin. Die Aretai des Leibes stehen im Zusammenhang mit dem Muthaften. Wo dieses die Oberhand gewinnt, werden sie zusammen mit der Tapferkeit bevorzugt, wie es in Sparta der Fall ist. Die Herrschaft der Begierde kommt aber vor allem dort zum Ausdruck, wo der Drang nach dem Erwerb äußerer Güter und Genüsse besonders stark ist, zum Beispiel im Falle einer Oligarchie. Diese Struktur ist deutlich in der Ordnung der Stände im Staat der 'Politeia' zu erkennen. Die Herrscher entsprechen dem seelischen und noetischen Prinzip, ihre Helfer dem muthaften und die Handwerker dem begehrenden. Ihre Aufgaben sind entsprechend verteilt: Die Herrscher regieren und beschäftigen sich mit der philosophischen Erkenntnis; ihre jüngeren Helfer befassen sich vor allem mit der direkten Verteidigung nach innen und nach außen und die Handwerker mit der Beschaffung äußerer Güter. Dies ermöglicht die größtmögliche Glückseligkeit für die Stadt und für jedes ihrer Teile. Jedem Teil der politischen Struktur entspricht demnach eine besondere Arete innerhalb der Seele, und die verschiedenen Güter spiegeln ihrerseits diese seelische Struktur wider. Das Prinzip ist, daß das Obere über das Untere regieren muß. Indem die Gesetzgebung eine solche Rangordnung des Seienden in der Gesellschaft bewirkt, läßt sie die Stadt zum Abbild der Gerechtigkeit werden und soweit wie möglich am Sein teilhaben.[10)]

---

10) F. SOLMSEN (1942, S. 167) erkannte, daß für Platon diese Wertskala auf eine ähnliche Weise im Kosmos ihre Geltung hat.

Der Nomos als ordnungsbringender Faktor: Förderung der Einheit in der Gemeinschaft und im einzelnen

Die Förderung der Gesamtarete und der Wertskala bewirkt eine Ordnung in der Gemeinschaft, in der jede Arete eine präzise Stellung im Ganzen erhält. Auf individueller Ebene garantiert diese Ordnung, daß jeder Seelenteil eine spezifische Aufgabe erfüllt. In der Gesellschaft bedeutet dies, daß jeder Bürger die ihm gebührende Funktion ausüben muß. So wird die Vielheit der Seelenteile und der Bürger durch diese hierarchische Anordnung zum Abbild der Einheit. Diese Einheit in der Vielheit wird von Platon als Gerechtigkeit definiert. Im folgenden soll anhand verschiedener Stellen diese Frage im Hinblick auf den Nomos näher untersucht werden.[11)]

'Gorgias'

Der Dialog 'Gorgias' bietet an zwei Stellen bedeutungsvolle Ausführungen über den Zusammenhang zwischen Nomos und Ordnung. In einem dieser Abschnitte dient die Analogie mit dem Handwerk zur Erklärung der Funktion des Nomos als ordnungsbringenden Faktors. So, wie der Handwerker eine gewisse Ordnung in seinem Werk vollbringe und jeden Teil dazu zwinge, den anderen Teilen angemessen zu sein und sich den anderen zu fügen, bis das ganze Produkt geordnet und mit Schön-

---

11) J. CHANTEUR (1980, S 144ff.) sieht in der Stiftung der Einheit im einzelnen und im Staat Ziel und Wesen des platonischen Nomos.

heit ausgestattet zusammengesetzt sei, müsse der gerechte Mensch versuchen, Ordnung unter den anderen durch Zureden zu bewirken. Nützlich sei alles, was Ordnung (τάξις , κόσμος) habe. Die Ordnung des Körpers heiße das Gesunde; aus ihm entstehe die Gesundheit und die andere Arete des Leibes. Die Ordnung der Seele sei das Nomimon und der Nomos, deren Produkt die die Gesetzlichen (νόμιμοι) und die Anständigen seien, d.h. die Gerechtigkeit und die Besonnenheit (Gorg. 503 D - 504 E; vgl. u. S. 74f.).

Der Nomos wird an dieser Stelle auf den allgemeineren Begriff von Ordnung zurückgeführt. Die Ordnung der Seele ist Nomos; sie bewirkt die Arete und ist nützlich. Für die hier behandelte Problematik ist auch von Belang, daß an dieser Stelle die im vorigen Abschnitt herausgearbeitete Rangordnung der Wirklichkeitsbereiche im Hintergrund steht. Sokrates trägt Beispiele der Technai vor, die sich auf alle Bereiche des menschlichen Lebens beziehen. Das Ziel des Handwerkers ist es, die Arete bei äußeren Gütern zu bewirken, so der Arzt oder der Gymnastiklehrer die Gesundheit als Tugend des Körpers (504 A), während der Politiker (ὁ ἀγαθός ἀνήρ , 503 D) die Arete und Ordnung der Seele mittels des Nomos erzeugen soll. Die vom Nomos bewirkte Arete der Seele besteht nach dieser Stelle aus einem geordneten Gefüge, wo durch die präzise Abstimmung der Teile aufeinander die Einheit erlangt wird. Eine solche Seele sei gut, heißt es an einer anderen Stelle (504 C - 507 A). Nomos, Arete, Einheit und Gutes werden an dieser entscheidenden Stelle aufeinander bezogen und das Gesetz erscheint als jenes Element, das die Einheit der Menschenseele bewirken muß.

Wie man an einer anderen Stelle des 'Gorgias' erfährt (507 E - 508 A), bezieht sich diese Ordnung auf die allgemeinere Ordnung des Kosmos (über diese von der Nomosforschung oft behandelte Stelle vgl. u. S. 158 - 165). In einer Anspielung auf die Pythagoreer behauptet Sokrates, daß die Gemeinsamkeit, die Freundschaft, die Schicklichkeit, die Besonnenheit und die Gerechtigkeit den Himmel, die Erde, die Götter und die Menschen aufrechterhalten. Daher komme dem All der Name Kosmos zu, nicht Begriffe der Unordnung oder Zügellosigkeit.

In der Interpretation des 'Gorgias' soll also die Aufgabe des richtigen Nomos darin bestehen, die Menschen und die Gesellschaft in die höhere Weltdikaiosyne einzugliedern. Sogar die geometrische Gleichheit wird an dieser frühen Stelle als Prinzip angegeben, auf dem die kosmische, menschliche und gesellschaftliche Ordnung beruhen.

'Politeia'

In der Staatskonstruktion der 'Politeia' ist die Ordnung der Gerechtigkeit ganz vom Nomos gefördert und dadurch die Einheit des Staates am meisten verwirklicht (vgl. u. S. 197-256). Die Gerechtigkeit wird als die richtige Ordnung der verschiedenen Staatsteile definiert (4, 432 B - 434 C, 443 C - 444 A). Indem in der Stadt und im einzelnen die richtigen Herrschaftsverhältnisse zustande gebracht und jedem Teil die Förderung der zu ihm passenden Tätigkeit und Arete zugeschrieben werde, verbinde die Dikaiosyne die Stadt und lasse aus der Vielheit die Einheit entstehen (παντάπασιν ἕνα γενόμενον ἐκ πολλῶν ; 443 E 1). Menschen und Staat würden auf diese Weise besonnen und harmonisch. Gerecht sei jede Tätigkeit, die in den verschiedenen Bereichen diese Ordnung gewähre; Weisheit sei die Wissenschaft, die diese Handlung befehle. Ungerecht sei die Handlung, die diesen Zustand zerstöre, und die Meinung, die die Zerstörung verordne, sei Unwissenheit (443 E - 444 A).

Die Arete der Stadt und des einzelnen werde an dieser Stelle als Ordnung bestimmt und die Aufgabe der Politik und des Nomos als Vollzug dieser Ordnung deutlich umrissen. Die Ordnung besteht vor allem aus einem hierarchischen Bau des einzelnen und der Stadt. Da durch diese Ordnung jedes Individuum und jede Arete einen festen Platz in der Systemhierarchie bekommen, entsteht eine Einheit, die sich aus der Harmonie der verschiedenen Teile zusammensetzt. In einem früheren Abschnitt war deutlich geworden, daß die Ordnung der Stadt in der 'Politeia' ein konkretes Beispiel der Verwirklichung der Rangordnung der Aretai darstellt (vgl. o. S. 38 ff.).

Jeder Teil der Stadt erfüllt seine Aufgabe im Hinblick auf das geordnete Ganze. Er darf nicht eigenwillig seinen Nutzen unter Benachteiligung der Allgemeinheit suchen, sondern soll durch Berücksichtigung des Generellen sein eigenes Interesse und seine eigene Arete pflegen. Diese Auffassung der Einheit der Sadt und der Aufgabe des Nomos wird an einer Stelle des 5. Buches (462 A-E) ausdrücklich ausgesprochen. Der Gesetzgeber müsse auf das größte Gut und auf das größte Übel hinblicken, wenn er Gesetze zu erlassen beabsichtige, und sehen, inwiefern er die Spur des Schlechten vermeiden könne. Das größte Übel für die Stadt sei das, was sie zerreiße und zu vielen statt einer mache; das größte Gut hingegen, was sie verbinde und vereinige. Die Einheit werde vor allem durch die Gemeinsamkeit von Lust und Schmerz bewirkt, wenn alle Bürger bei Entstehung und Zerfall derselben Dinge auf ähnliche Weise Freude und Trauer empfänden. Uneinigkeit in diesem Punkt aber löse die Stadt auf: Wenn gegenüber denselben Ereignissen der Stadt einige tief betrübt, die anderen Glücklich seien. Ähnliches geschehe, wenn in der Stadt nicht dieselben Worte über das Meinige und Nicht-Meinige sowie über das Fremde ausgesprochen würden. Eunomos sei jene Stadt, die diese Bedingungen möglichst gut erfülle und am meisten einem Menschen ähnele.

Die hier beschriebene Einheit der Stadt stellt demnach das höchste Gut und wichtigste Ziel der Gesetzgebung dar. Konkret läßt sich der Gedanke in dem Vorrang des Noetischen vor den anderen Seelenteilen zum Ausdruck bringen, der als Kriterium zur Unterscheidung der guten von den schlechten Nomima benutzt wird: Die schönen Nomima sollen die tierische Natur dem Menschlichen, genauer dem Göttlichen im Menschen, unterwerfen; die schlechten hingegen versklaven das Ruhige unter das Wilde (9, 589 C-D).

An einer anderen Stelle der 'Politeia' wird die von der Gesetzgebung bewirkte Ordnung und Einheit auf das Gute selbst als principium principiorum zurückgeführt:

> "Wenn sie fünfzig Jahre erreicht haben, muß man nun diejenigen, die glücklich durchgekommen sind und sich in jeder Hinsicht durch ihre Taten und durch die Wissenschaft ausgezeichnet haben, zum Ziel führen und dazu zwingen, den Lichtstrahl der Seele nach oben zu richten und auf die Quelle des Lichtes selbst zu blicken und, nachdem sie das Gute selbst gesehen haben, es als Vorbild zu benutzen und die Stadt, die Bürger und sich selbst in Ordnung zu bringen, indem sie den Rest ihres Lebens abwechselnd regieren. Die meiste Zeit müssen sie sich der Beschäftigung mit der Philosophie widmen, wenn aber die Reihe an jeden kommt, muß er sich mit den politischen Angelegenheiten befassen und der Stadt zuliebe regieren, nicht aber in der Ansicht, daß er etwas Schönes verichtet, sondern etwas Notwendiges ..." (7, 540 A-B).

Die ordnungsbringende Tätigkeit der Philosophenherrscher, die vor allem in den von ihnen erlassenen Gesetzen zutage kommt, hat ihre Grundlage im Guten selbst. So ist die Ordnung des Idealstaates (Nomos) eine unmittelbare Nachahmung der obersten und allgemeineren Normen, vor allem der Einheit des Guten. Das Proteron-Hysteron 540 A 9 - B 1 zeigt, wie dies geschieht: Der Philosoph errichtet Ordnung in seiner Seele durch die Schau der noetischen Welt. Danach ordnet er die Seelen der einzelnen durch seine Nomoi; dies bewirkt schließlich die Ordnung der ganzen Stadt (über die noetische Vermittlung vg. u. S. 85 - 98). Der Nomos (Ordnung) in der Seele des Philosophen ist also die Voraussetzung für die Ordnung (Nomos) im einzelnen und im Staat.

Der Unterschied zwischen dem philosophischen Nomos und den Nomima der Vielen wird an einer anderen Stelle deutlich gemacht. Die Nomina der letzteren über das Schöne und alles andere schwebten zwischen dem reinen Sein und dem Nichtsein. Dies sei Gegenstand der Meinung, aber nicht der Erkenntnis, und könne nur mit der mittleren Fähigkeit erfaßt werden. Diejenigen, die die Vielheit der schönen Dinge betrachteten, aber nicht das Schöne selbst, hätten eine Meinung, kannten aber nichts von dem, was sie meinten (5, 479 D-E). Die üblichen Gesetze haben keine oder genauer nur eine indirekte Beziehung zum Wissen. Eine richtige Gesetzgebung muß nach der Auffassung der 'Politeia' die Erkenntnis der Prinzipien voraussetzen.

Dasselbe Schema wie in der 'Politeia' läßt sich auch in der Beschreibung der atlantischen Polis nachweisen. Die Atlanter hätten viele Geschlechter hindurch unter dem Einfluß der göttlichen Natür eine gute Verfassung gehabt und die Gesetze geachtet; sie hätten die Tugend der Seele gepflegt und alle anderen Besitztümer der Arete untergeordnet (Criti. 120 E - 121 A). Ihre Gesetzgebung hat in dieser Zeit die richtige Rangordnung in Kraft gesetzt und Arete und Freundschaft bewirkt, was die Einheit der Stadt förderte.

'Nomoi'

In den 'Nomoi' fällt dieselbe Anschauung auf, die schon in den frühen Abschnitten beobachtet wurde. Der Nomos als noetische Verteilung (ἡ τοῦ νοῦ διανομή; 4, 714 A 1-2) muß die Gesamtarete fördern, was die größtmögliche Einheit in der Stadt bewirkt. Die Einheit eines Staates ist eben als entscheidendes Kriterium für die Bestimmung der Qualität einer politischen Ordnung benutzt (5, 739 A-E; vgl. u. S. 202-212.) Die Einheit des Staates unterscheidet auch die richtige Politeia, in der der Nomos Herrscher ist, von den anderen, in denen ein Teil der Stadt unrechtmäßig die anderen unterdrückt (vgl. 4, 714 B - 715 E). Die falschen Verfassungen schaffen Unruhe und Zwiespalt, während eine richtige politische Ordnung für Ruhe und Gerechtigkeit sorgen muß. Aus dieser Perspektive behauptet der Athener, Demokratie, Oligarchie und Tyrannis seien keine Verfassungen, sondern vielmehr Formen der Parteiherrschaft. Sie stellten die Herrschaft eines Teiles durch Zwang her, während eine zum Gemeinwohl tendierende Verfassung, wie jene der 'Nomoi', die größte Ruhe bewirkt, denn alle Teile seien frei und niemals besitzgierig (8, 832 B-D). Freundschaft und Einheit erscheinen als die Hauptziele der Legislation im allgemeinen Prooimium zur Gesetzgebung (5, 726 A - 734 E). Wahrheit und Vertrauenswürdigkeit sind dabei die Hauptwerte, auf denen die Freundschaft untereinander aufgebaut werden muß (5, 730 B-D). Sie fördern die Einheit und die Freundschaft im einzelnen und in der Stadt, während das Gegenteil die Stadt spaltet. Die Philia als Hauptforderung zur Erlangung der politischen Arete führt Platon dazu, in seinem

Entwurf den Gelderwerb zu limitieren. In der Stadt solle nur die Art von Gelderwerb zugelassen sein, die die Bürger nicht vergessen lasse, warum sie das Geschäft trieben, d.h. wegen Körper und Seele, die Pflege durch Erziehung benötigten. Die Sorge um das Geld sei also das letzte, die Pflege des Leibes das mittlere und das erste die Anstrengung um die Seele. Richtige Gesetze seien jene, die diese Wertordnung in Kraft setzen. "Wenn aber in dieser Stadt einer der Nomoi die Gesundheit vor der Besonnenheit ehrt und den Reichtum vor der Gesundheit oder der Besonnenheit, ist er offenbar nicht richtig erlassen" (5, 743 E - 744 A). Der konkrete Nomos und die ganze Gesetzgebung müssen die Wertskala realisieren, damit Freundschaft (vgl. 5, 743 C) und Glückseligkeit möglich werden. Bemerkenswert ist dabei die Forderung, daß jeder Nomos zu einem geordneten Ganzen gehören soll und nicht im Widerspruch zu den allgemeinen Zielen stehen darf.

Das Bedürfnis nach Einheit im gesellschaftlichen Gefüge führt Platon zu der Forderung, daß man möglichst nichts Selbständiges unternehmen dürfe, sondern jede Tätigkeit in der Polis von den Anweisungen der Regierenden geleitet werden müsse, so daß alle Unternehmungen gemeinsam und innerhalb einer wohlgeordneten Ganzheit zustande kämen (12, 942 A-D).

Das 12. Buch (962 D - 966 B)

Gegen Ende der 'Nomoi' findet sich die ausführlichste Erörterung über die Beziehung zwischen Einheit und Gesetzgebung. Da diese Stelle für das vorliegende Thema besonders wichtig ist, soll sie hier eingehend behandelt werden.

Paraphrase

Der Athener lehrt, es sei nicht verwunderlich, daß die Nomima der Städte unstabil seien, denn die Gesetzgebung ziele in jeder Polis auf etwas Verschiedenes, während die richtige politische Ordnung auf die Arete hinblicken müsse. Diese aber sei vierfach, unter der Leitung des Nus, dem die anderen drei sich unterordnen müßten (963 A). Der politische Nus selbst müsse sich auf Eines (ἕν) richten, wie alle anderen Arten von Nus. Der Athener stellt die Frage nach diesem Einen. So wird die Darlegung auf das Problem der Einheit und Vielheit der Arete bezogen. Der politische Nus müsse die Einheit in der Arete beobachten (963 C). Die Arete sei zugleich vier und eins. Ihre Verschiedenheit sei nicht schwierig zu verstehen, wohl aber ihre Einheit (963 D). Der Athener bestimmt zuerst die Verschiedenheit zwischen Andreia und Phronesis: Während die Andreia die Arete hinsichtlich der Angst sei, an der auch die Tiere und die Gemüter der sehr jungen Kinder teilhätten, und ohne Logos der Natur gemäß in der Seele entstehe, könne ohne Logos keine einsichtige (φρόνιμος), Nus besitzende Seele bestehen (963 E).

Der Athener und Kleinias nehmen sich vor, durch Fragen und Antworten die Einheit und Vielheit der Tugend zu klären (964 A-B). Die Wächter müßten imstande sein, Logoi über die vier Aretai geben zu können. Dazu sei eine richtige Ausbildung in Dialektik erforderlich. Der Wächter müsse nicht nur auf die Vielheit (τὰ πολλά) blicken, sondern auch nach dem Einen streben und es erkennen, um später alles andere im Hinblick auf dieses Eine zu ordnen (964 B-C). Es gebe kein besseres Mittel als die Fähigkeit, vom dem Vielen und Ungleichen auf eine einzige Idee (μία ἰδέα) hinzublicken (965 C). Die Wächter der göttlichen Verfassung müßten also zuerst genau betrachten, was man bei der Andreia, Sophrosyne, Dikaiosyne und Phronesis als Arete bezeichnen würde (965 C-E). Es wird festgestellt, daß dies in allen Bereichen geschehen soll (966 A-B). Die Erörterung wird verschoben (966 A), und man bleibt bei der Feststellung ihrer Notwendigkeit.

Deutung

Nach dieser Stelle ist das Ziel der Gesetzgebung die Gesamtarete, in der Phronesis und Nus leitend sind. Darüber hinaus hat der politische Nus einen Gegenstand, auf den er selbst hinblickt; dieser Gegenstand ist die Einheit der Arete, genauer das, was die Arete Eins sein läßt. Schwierigkeiten entstehen bei dem Versuch dieses Eins näher zu bestimmen. Ph. MERLAN (1947, S. 42f.) versteht hier das Eine als den Zweck des Staates, eine formalere Schilderung als das Gute der 'Politeia'. E. DÖNT (1967, S. 12-21) hingegen wendet sich gegen die Identifizierung des Einen an dieser Stelle mit dem Agathon der 'Politeia'. Nach seiner Auffassung darf das Hen der 'Nomoi' "nicht als für die sogenannte platonische Lehre von den Ideen repräsentativ angesehen werden" (S. 13). Es sei nicht abstrakte Lehre, sondern entspreche einer Fülle konkreter Gegebenheiten, wofür das Eine als unbedingte Norm zu gelten habe. DÖNT identifiziert das Eine mit dem Nus (S. 17), daher kann nach seiner Ansicht das Eine hier mit dem Agathon der 'Politeia' oder dem Gott der 'Nomoi' nicht identifiziert werden (S. 13, 17). Das Eine steht auf derselben Ebene wie die vier Kardinaltugenden. "Das ἕν vereinigt also Daten der Sinneserfahrung, die intellektuelle Potenz des Nus und den ideellen Vorbild- und Normcharakter, der vor allem durch die vier Kardinaltugenden repräsentiert wird" (S. 16). Zur Diskussion steht demnach die Frage, ob das hier behandelte Eine sich auf eine höhere Instanz bezieht, wie das Agathon der 'Politeia' (Ph. MERLAN), oder ob es von diesem zu unterscheiden ist (E. DÖNT).

Wenn der Nus an der zur Debatte stehenden Stelle der Phronesis gleichgesetzt wird (963 A), d.h. der dem Nus entsprechenden Arete (vgl. o. S. 42 ff.), entsteht die Frage nach dem Ziel des Nus selbst.[12] Das Ziel (πρὸς ὃν δεῖ βλέπειν) erscheint in diesem Kontext, wie an den oben analysierten Stellen, als ein Übergeordnetes (vgl. ἡγεμών 963 A 8 und Leg. 1, 631 D 5, B 7: ἤρτηται). Dies macht eine Identifikation des hier zur Diskussion stehenden Einem mit dem Nus unmöglich.[13] Die Erörterung geht gleich über in die Frage der Einheit und der Vielheit der Arete: Der Nus muß nach dieser Einheit streben und sie in Zusammenschau (συνιδεῖν) erfassen (963 C). Dazu wird der Versuch eines dialektischen Verfahrens vorgestellt, was wieder auf die Transzendenz des Einen hinweist (963 C - 964 B). Deutlicher noch wird die Unmöglichkeit der Identifikation von Nus und Hen, wenn der Athener fordert, daß die Amtsträger in der Stadt die δύναμις ἣν ἔχει κακία τε καὶ ἀρετή lehren und πάντως zeigen sollen (964 C 2-3). Sie müßten genauer als die anderen in Tat und Logos vorbereitet

---

12) νοῦν γὰρ δὴ κυβερνητικὸν μὲν καὶ ἰατρικὸν καὶ στρατηγικὸν εἴπομεν εἰς τὸ ἓν ἐκεῖνο οἷ δεῖ βλέπειν ... (963 A-B).

13) In Leg. 12, 961 D - 962 B steht nicht die Frage des Einen zur Diskussion, wie E. DÖNT (1967, S. 14f.) interpretiert, sondern die des Zieles der Gesetzgebung, nämlich der Gesamtarete. Auf dieser Ebene ist die Pflege der Arete des Nus das Wichtigste. Hier betritt man aber eine höhere Ebene, die nach dem Ziel des Nus selbst fragt (vgl. H. GÖRGEMANN 1960, S. 220f.).

sein (964 D 3-5). Die Beziehung zwischen Hen und Polla tritt dann als Forderung für jeden Beruf auf, der nach der entsprechenden Einheit die ihm zustehende Vielheit ordnen muß (965 B). Aus dieser Perspektive wird die Behauptung verständlich, daß die Schau der einheitlichen Idee (μία ἰδέα) aus der Vielheit (ἐκ τῶν πολλῶν καὶ ἀνομοίων) die größte Untersuchung sei (σκέψις, θέα; 965 C 1). Die Arete der verschiedenen Tugenden begründet ihr Eins-Sein, welches also als die Idee der einzelnen Aretai dargestellt und über sie gestellt wird (vgl. 965 C-E). Diese Einheit, die als Arete auftritt, ist die Wahrheit der Tugenden (966 B), wie jede Idee die Wahrheit der entsprechenden Gegenstände ist. Daher scheint der Schluß berechtigt zu sein, daß die Einheit auf einer höheren Ebene als die einzelnen Aretai steht: Sie begründet sie, gibt ihnen das Sein, und ihre Schau kann in der Politik nur durch Dialektik zustande kommen. Die Frage nach dem Wesen der Einheit wird verschoben, nur an der Notwendigkeit einer solchen Erkenntnis wird festgehalten (965 E - 966 A). Diese Zurückstellung der Antwort und die Verschiebung auf eine spätere Gelegenheit sind auch deutliche Zeichen auf eine höhere Bedeutung des hier behandelten Einen und auf seine Verbindung zu der mündlichen Unterweisung (vgl. H.J. KRÄMER 1968b; Sp. 223f.; für eine eingehende Diskussion vgl. H.J. KRÄMER 1959, S. 389-399; H.J. KRÄMER 1982, S. 358-369, bringt eine Sammlung der Verweise in den Dialogen).

Ob dieses Eine mit der Idee des Guten der 'Politeia' zusammenfällt, wird zwar an dieser Stelle nicht ausdrücklich gesagt, dennoch lassen entsprechende Abschnitte der 'Politeia' eine solche Interpretation zu. Zuerst muß bemerkt werden, daß an der 'Nomoi'-Stelle die Frage aufgeworfen wird, was denn alle Aretai, nicht nur die vier Kardinaltugenden, zu Aretai macht, d.h. die hier erörterte Problematik hat allgemeineren Charakter. In der 'Politeia' ist das Agathon die Ursache alles Rechten und Guten und verschafft Wahrheit und Nus (7, 517 B-C). Hier wie dort kann man diese Idee nur durch Dialektik gewinnen (vgl. F.M. CORNFORD 1932, S. 185; für die Beziehung zwischen Dialektik und politischer Techne vgl. J. CHANTEUR 1980, S. 144f.). An der Passage der 'Politeia' hat schon H.J. KRÄMER (1966) den Bezug auf das Eine der ungeschriebenen Lehre nachgewiesen. Man kann also mit großer Wahrscheinlichkeit schließen, daß das Eine, das an der 'Nomoi'-Stelle die Einheit der Aretai begründet und die Urerkenntnis des Gesetzgebers ausmachen soll, dasselbe Gute ist, das in der 'Politeia' eindeutig die Grundlage aller menschlichen Gesetzgebung bildet, hier aber unter dem Aspekt der Einheit betrachtet wird. Diese Annahme wird durch das Ende der 'Nomoi' bekräftigt, das Philosophie und Theologie zu Ausbildungsfächern des nächtlichen Rates macht (12, 967 D - 968 A, vgl. u. S. 355 ff.).

Die 'Nomoi stellen das Gesetz und den Politiker vor ähnliche Aufgaben wie der 'Gorgias' und die 'Politeia': Der Nomos wird weiterhin auf die höheren Prinzipien des Seins zurückgeführt und in der Einheit begründet, wodurch er Einheit und Arete dem einzelnen und dem Staat verschafft.

2. Ergebnisse

Ein Gesetz, das die oben skizzierten Voraussetzungen erfüllt, fördert die Einheit der Stadt, indem es das Gemeinsame über das Individuelle setzt. Dies geschieht vor allem im Staatsentwurf der 'Politeia', wo das Gemeinsame vor jedem Teil Vorrang hat. Die Wächter erhalten ihre Ausbildung, damit sie dem Gemeinsamen dienen; jeder Bürger soll dem Gemeinsamen in der Tätigkeit helfen, für die er am meisten fähig ist. Der Nomos benutzt auf diese Weise die Wächter als Mittel zur Vereinigung der Polis. Er ist also ein aktiver Faktor, der die ganze politische Ordnung regelt. Norm und Ordnung zugleich, stellt er sich der unendlichen Bestimmtheit der Begierde und des Willens der einzelnen gegenüber. Im 'Philebos' wird der Nomos als Grenze solcher Unbestimmtheiten definiert (26 B-C, vgl. u. S. 100-106). Er führt die Hedonai der einzelnen zur Einheit des politischen Gefüges. So zeigt sich der Nomos als limitierendes, bestimmendes Element, als Ausdruck einer wissenschaftlichen Norm, deren Ziel es ist, aus der unbestimmten Verschiedenheit der Mitglieder die Einheit der politischen Gemeinschaft aufzubauen.

Durch seinen erzieherischen und ausbildenden Charakter formt der Nomos den einzelnen. Er gestaltet sein Denken, seine Gefühle und seine Wünsche; daher die Identifikation des Nomimos mit dem Dikaios: Die Hedonai und Gefühle des Nomimos fallen mit der Norm des Nomos zusammen, d.h. mit der Norm der Gemeinschaft. Da diese eine Widerspiegelung der Gerechtigkeit ist, muß notwendigerweise der Nomimos auch dikaios sein. Dies geschieht im Staat der 'Politeia', der durch das Wirken des Philosophen zu einer direkten Nachahmung der idealen Ordnung wird (7, 540 A-C), sowie in den konkreten Staatsformen, insofern diese die Ordnung des Idealstaates nachahmen (vgl. u. S. 238-243). Die Gesetzgebung erhält dadurch ein äußeres, über ihr stehendes Maß, die Welt der Ideen und der letzten Prinzipien, nach denen der Staat aufgebaut werden muß. Auf diese Weise soll der Relativismus der sophistischen Auffassung vermieden werden (vgl. J. CHANTEUR 1980). Der beste Staat ist jener, der die Einheit am meisten verwirklicht. Die Gemeinsamkeit der Gefühle und der Auffassungen läßt Freundschaft unter den Bürgern entstehen und vermeidet Neid und Zwist (Resp. 5, 462 A-E). Dem Ziel der Forderung des Gemeinsamen steht das Private und Einzelne entgegen (Leg. 4, 714 B - 715 E). Hier setzt die Kritik Platons an den üblichen Staatsformen an, in denen er eher Ausdruck des Eigennutzes der einzelnen Parteien gesehen hat (vgl. Leg. 8, 832 B-D).

Für die Erlangung seines Zieles verfügt der Nomos über

zwei wichtige Mittel: die Überredung und den Zwang, die sich auf die verschiedenen menschlichen Naturen richten und deren Aufgabe es ist, diese zu einer gemeinsamen Norm zurückzuführen. Die Überredung ist nicht nur zeitlich das erste Mittel vor dem Zwang: Erst wenn sie scheitert, greift der Gesetzgeber zur Gewaltanwendung. Die Einführung der Vorrede zeigt dies deutlich. Die unterdrückende und zwingende Funktion des Nomos ist für Platon nur von zweitrangigem Wert und der bildenden untergeordnet. Die Strafe hat primär erzieherische, ausbildende Aufgaben sowohl für den Bestraften wie für die anderen Bürger (Leg. 9, 862 D - 863 A).

Der bildende Charakter des Nomos tritt in der Rede der athenischen Nomoi im 'Kriton' (50 A - 54 D) zutage. Der Nomos drückt die Weltauffassung einer Stadt, ihre Seinsweise aus. Sein Inhalt ist eine zu erfüllende Norm. Damit steht die Definition des Nomos als δόγμα τῆς πόλεως (Leg. 1, 644 C-D; vgl. Resp. 3, 414 B 5-6; 4, 429 B-D) in unmittelbarem Zusammenhang. der Mensch ahmt durch seine Handlung diese Vorstellung des Guten nach. Indem diese aber auch ein Abbild des wahren Guten ist, nimmt der Mensch an der wahren und richtigen Ordnung der Ideenwelt tei. Das ermöglicht Platon, den Nomos auch als Ordnung der Seele zu definieren. Die Ordnung der Seele ist, indem sie mit der Ordnung der Stadt und dadurch mit der Ordnung der Ideen zusammenfällt, auch Nomos (Gorg. 503 D - 504 E). Wenn der Mensch einer solchen Ordnung folgt, gehorcht er einer Norm, die im Kosmos und im Sein wurzelt (Gorg. 507 E - 508 A). Der Nomos wird so zu einem seinsverleihenden Element.

Jedes konkrete Gesetz soll diese allgemeinen Werte vor Augen haben, damit das ganze Gefüge der Stadt die Arete bewirkt. Der Nomos, der den Reichtum über die Gesundheit oder die Gesundheit über die Besonnenheit stellt, ist, wie erwähnt, nicht richtig (Leg. 5, 743 E - 744 A). Er kann das ganze Gefüge der Stadt zugrunde richten. Für ein konkretes

Experiment, Syrakus, hat Platon Entsprechendes geraten (Epist. 8, 355 A-C).

Zusammenfassend: Der Nomos als Abbild der höheren Ordnung der Ideen soll in der Gemeinschaft und im einzelnen Gerechtigkeit und Tugend bewirken; dazu muß er eine Rangordnung der Werte in Kraft treten lassen, die die Herrschaft des Noetischen über die unteren Teile der Seele, die Seele über den Körper und die äußeren Güter, der Ordnung über die Unordnung verwirklicht. Platon versucht, die gesellschaftliche Norm in einer Seinsordnung zu verwurzeln und sie damit neu zu begründen.

II. Autorisierung des Nomos durch Theos und Nus

Während sich der vorliegende Abschnitt mit der Beziehung des Nomos zu den allgemeineren Normen des Seins befaßt hat, d.h. zu der Arete-Taxis-Kosmos-Ontologie, will der vorliegende die Wiederspiegelung dieser Ordnung und deren Übertragung in die Wirklichkeit durch den Nomos näher bestimmen. Dies steht im Zusammenhang mit der Frage nach dem Ursprung des Nomos, d.h. der Persönlichkeit des Gesetzgebers, aus dem der Nomos entsteht und der ihm Autorität verleiht. Die platonische Vorstellung einer wissenschaftlichen Gesetzgebung und die Stellung der gesetzgeberischen Kunst innerhalb der Politik sind ferner zu klären.

1. Autorisierung durch den Theos

Eine bei den Griechen weit verbreitete Auffassung war es, daß die gesetzliche Ordnung innerhalb der Polis von der Gottheit stamme (vgl. R. DARESTE 1893, S: 34; M.B. FOSTER 1950/1951, S: 210-217; G.J.D. AALDERS 1953, S. 6; M. VANHOUTTE 1954, S. 311-316; A.R.W. HARRISON 1955, S. 27; C.A. SALGUERO 1966, S. 4). Die Vorstellung eines heiligen oder göttlichen Rechts ist bei ihnen immer vorhanden gewesen (E. SALIN 1921, S. 116; W. ECKSTEIN 1926, S. 6; E. SANDVOSS 1971, S. 261).[14] Die Spuren des Einflusses der Religion auf das Recht können leicht bemerkt werden, und K. LATTE (1920) hat eine bahnbrechende Abhandlung diesem Thema gewidmet. Der Anspruch auf absolute Gültigkeit, die bei einer solchen Vorstellung zugrunde liegt, wurde von der aufklärerischen Kritik der Sophistik in Frage gestellt (vgl. F. HEINIMANN 1945). Im folgenden wird versucht, die Haltung Platons gegenüber der traditionellen Auffassung darzulegen: Welche Beziehung, wenn überhaupt eine existiert, hat Platon zwischen dem Nomos und Gott gesehen? Konnte der Nomos seinen Autoritäts- und Geltungsanspruch aus dem göttlichen Ursprung entnehmen? Darüber hinaus, was bedeutet innerhalb der Rechtsphilosophie Platons die Tatsache, daß ein Nomos von Gott erlassen worden ist?

---

14) J. de ROMILLY (1971, S. 1 u.a .) hat die These aufgestellt, es gebe im Falle der griechischen Gesetze keinen göttlichen Garanten, was die Krise des Nomos ermöglicht habe. H.J. WOLFF (1970 b, S. 70) erklärt hingegen, daß die väterlichen Sitten gerade wegen ihres göttlichen Ursprungs bindend seien.

Gott als Gesetzgeber

Eine Reihe von Passagen stellen Gott als Gesetzgeber oder das Gesetz als eine Gabe Gottes dar.[15] Das erste Wort der 'Nomoi' ist Gott, und die erste Frage ist die nach dem Ursprung der lakedämonischen Gesetzgebung: Stammt sie von Gott oder von einem Menschen? (1, 624 A 1-2; vgl. R.F. STALLEY 1983, S. 166). Dies zeigt die Bedeutung dieser Frage für die Richtigkeit der Gesetzgebung. Kleinias und Megillos führen den Ursprung der Gesetze ihrer Städte auf Zeus und Apollon zurück (624 A). Die in Griechenland übliche Auffassung, die die Gesetze der Stadt auf die Schutzgottheit zurückführt, wird von Platon als Ausgangspunkt seiner Kritik gebraucht. Recht göttlichen Ursprungs müsse richtig und gut sein, d.h. sich an der Arete orientieren. Platon bewegt sich hier auf der Ebene einer von der Sittlichkeit entscheidend bestimmten Gottesvorstellung: Nur wenn man in der Gottheit keinen Mangel und nichts Böses sieht, kann man aus dem göttlichen Ursprung der Gesetzgebung folgern, daß solche Gesetze nicht nur auf die Förderung einer Arete gerichtet sein müssen, wie dies in Sparta und Kreta durchaus der Fall war, sondern auf die der Gesamtarete, und noch dazu in einer richtigen Wertordnung (Leg. 1, 630 C - 632 D; s.o. Abschnitt I.). Die Kritik an der traditionellen Auffassung über die Beziehung zwischen Gott und Gesetzgeber steht auf der Basis der platonischen Gottesvorstellung (vgl. M. VANHOUTTE 1954, S. 316-319).[16]

---

15) Auf die Bedeutung der Theonomie für Platons Gesetzeslehre haben die Untersuchungen von A. WEIHER (1934), U. GALLI (1937), A. VERDROSS-DROSSBERG (1946, bes. S. 110), H. CAIRNS (1949, bes. S. 41), S. MOSER (1952), und vor allem M. VANHOUTTE (1954) aufmerksam gemacht E. DONT (1970) geht ebenfalls auf die Problematik ein.

16) Über die Kritik Platons an die traditionelle Theologie vgl. A. DIÈS (1927, S. 523-532).

Im 'Menon' kommt die Ansicht zum Ausdruck, der übliche Politiker handele ohne Wissen und unter göttlichem Einfluß, wenn er etwas Richtiges leiste (99 B - 100 C; vgl. E.G. BERRY 1940, S. 52-57; s.u. S. 90 ff.).[17] Nach dieser Stelle gibt es für Platon ebenfalls in den üblichen Gesetzgebungen richtige Gesetze, die durch göttliche Wirkung, Theia Tyche, entstanden sind (vgl. M. VANHOUTTE 1954, S. 325ff.; H. HERTER 1969, S. 125f.). Die Tätigkeit des Gesetzgebers wird der des Rhetors und Dichters nahe gestellt (Leg. 4, 723 C-D), und sogar die drei Gesetzgeber der 'Nomoi' handeln unter göttlichem Einfluß (7, 811 C; vgl. M. ISNARDI 1957, S. 408; L. ROBIN 1938, S. 244ff.), was sicher mit dem nicht-philosopischen Charakter der 'Nomoi' zu tun hat, die die Philosophie und ihre Prinzipien im Hintergrund lassen (vgl. H. GÖRGEMANN 1960, S. 217; gegen diese Einschätzung der 'Nomoi' richtet sich die Arbeit A.B. HENTSCHKES 1971).

Im 'Kritias' wird auch die Ordnung Ur-Athens als eine Gabe von Hephaistos und Athene dargestellt, die die Ordnung der Verfassung in den Nus der Menschen übertrug (109 C-D). Was hier die Götter übermitteln, ist Wissen, und nicht eine starre Norm.

Im 'Philebos' wird der Nomos als eine Gabe der Göttin Aphrodite an die Menschen gesehen, die ihn gegen Übermut und Schlechtigkeit einführte (26 B; über die Implikationen dieser Vorstellung vgl. u. S. 100-106). Nicht dieser oder jener Nomos hat hier die Göttin als Urheber, sondern der Nomos über-

---

17) E.G. BERRY (1940) überträgt diesen Zustand auf jede politische Handlung; dies trifft aber nur für die Nicht-Philosophen zu (s. u. S. 90 f.). Ähnlich urteilt E. BURLE (1908, S. 292) nach dieser Stelle, daß die Arete weder von Natur aus in uns noch durch Erziehung zu bekommen sei, sondern nur durch die Wirkung Gottes.

haupt erhält einen göttlichen Ursprung.

An diesen Stellen erscheint die Gottheit als eine höhere, übermenschliche Instanz, die dem Nomos Autorität verleihen soll. Aber Platon steht nur scheinbar auf dem Boden der Tradition. Die Gottheit verleiht dem Nomos Autorität nicht, wie es üblich war, weil sie eine höhere Macht ist. Sie tritt eher als Garantie auf, deren Vollkommenheit gewährleistet, daß der Nomos die höheren, allgemeineren Normen der Arete und der Ordnung verwirklicht. Nur die Gewißheit der Übereinstimmung zwischen göttlichem Willen und sittlicher, höherer Norm garantiert die Autorität des Nomos. Gott ist hier demnach kein absoluter Wert, sondern sein Wille wird nach den höheren Normen des Seins gemessen und die Übereinstimmung vorausgesetzt: Gott muß das Gute für den Menschen wollen. Eine solche Vorstellung wäre bei der üblichen Auffassung von der Gottheit nicht möglich gewesen.

Andererseits kann man schließen, daß jede richtige Vorschrift den Willen der Gottheit verkörpern muß. Wer den Nomoi gehorcht, fügt sich dem Willen Gottes. Gute Gesetzgebung ermöglicht die Herrschaft der Vernunft und des Gottes. Der Gehorsam gegenüber den Gesetzen wird als Dienst an den Göttern betrachtet (Leg. 6, 762 E). Die Regenten sind zugleich Diener der Gesetze und der Götter (Leg. 4, 715 C-D). In diesem Gedankenkreis versteht es sich, daß die schönste Vorrede für die Gesetze der Beweis der Existenz der Götter und der Tatsache, daß sie gut sind, ist (Leg. 10, 887 B-C). Auf dieser Grundlage kann man den religiösen Charakter der platonischen Gesetzgebung und die Bedeutung der Religion in ihr verstehen, wie dies von M. VANHOUTTE (1954, S. 357-362) hervorgehoben wird.

Der göttliche Ursprung der Gesetze kann auch im bekannten Marionettengleichnis (Leg. 1, 644 D - 645 C) deutlich erkannt werden. Das Gleichnis wird als Erklärung der Definition des Nomos als Ansicht der Stadt eingeführt. Jeder Mensch sei eine Marionette, in der die inneren Gefühle wie Sehnen und Schnüre wirkten und ihn in entgegengesetzte Richtungen hin- und herrissen. Es gebe aber nur eine goldene, heilige Leitung der Überlegung (λογισμός), das gemeinsame Gesetz der Stadt, der man Folge leisten müsse, während man sich den anderen Sehnen und Schnüren aus Eisen widersetze. Die Stadt habe diese Agoge von Gott oder von jemandem, der im Besitz der Wissenschaft sei, bekommen und als Nomos erlassen. Sie verfahren mit sich selbst und mit den anderen Städten nach der Leitlinie dieses Logos. Später im 7. Buch wird die Gestaltung des Lebens nach dem Willen der Götter als das höchste menschliche Ziel dargestellt (803 A - 804 C). Im Marionettengleichnis kommt deutlich zum Ausdruck, daß der Gesetzgeber - sei es Gott oder der Mensch - nach denselben Prinzipien handeln und die Arete in der Gemeinschaft verwirklichen muß.

Das Gesetz als göttlich und Gott

Aus dem göttlichen Ursprung des Gesetzes kann man leicht verstehen, daß Platon den Nomos als göttlich bezeichnet hat. Im oben analysierten Marionettengleichnis ist das Gesetz heilig (ἱερά; Leg. 1, 645 A 1). Im 12. Buch erscheint der Nomos als göttlich (θεῖος; 957 C 7). Platon geht aber einen Schritt weiter und bezeichnet den Nomos selbst als Gott. Im 4. Buch der 'Nomoi' wird als Name der Verfassung von Magnesien der Name des Gottes vorgeschlagen, der die Nus Besitzenden beherrscht (713 A). Es wurde schon früher bemerkt, daß hier eine Andeutung auf den Nomos zu sehen ist. De Name der entsprechenden Verfassung wäre Nomokratie (vgl. C. RITTER 1896, S. 110; E.B. ENGLAND 1921, I, z.St; G. MÜLLER 1951, S. 161, Anm. 1). Im Dienst an den Göttern der oben analysierten Stelle des 4. Buches der 'Nomoi' (715 C-D; vgl. S. 69 f.) ist wahrscheinlich der Dienst an den Gesetzen zu mitzuverstehen. Darunter wird der Gehorsam gegenüber den Gesetzen verstanden. Es handelt sich um ein Wortspiel, das auf die Deutung der Herrscher als Diener der Nomoi anspielt (vgl. Resp. 3, 412 B - 414 B; Leg. 715 C). Im 6. Buch kommt diese Vorstellung noch deutlicher zum Ausdruck:

> "Jeder Mensch muß über jeden Menschen denken, daß derjenige, der nicht gedient hat, auch kein lobenswerter Herrscher werden könnte, und man muß mehr das richtige Dienen als das richtige Herrschen preisen; zuerst den Nomoi, da dieses ein Dienst an den Göttern ist ..." (762 E).

Der Nomos als Gott erscheint schließlich im Rahmen der Maßproblematik im 8. Brief. Extreme Sklaverei und übertriebene Freiheit seien ein großes Übel, gemäßigt seien sie hingegen ein außerordentliches Gut. Gemäßigt sei der Dienst an den Göttern, ohne Maß der an den Menschen. Für die Besonnenen sei der Gott das Gesetz, für die Unbesonnenen die Hedone (354 E - 355 A). Dies steht in Übereinstimmung mit der Definition des Gottes als Maß aller Dinge (Leg. 4, 716 C-D). Der Nomos als Gott ist das Maß, dem der Mensch Folge leisten soll. Derjenige, der nach den Vorschriften der Gesetze handelt, wird dem Gott ähnlich (vgl. Leg. 4, 716 C-D). Damit verbindet sich das Motiv der Nachahmung Gottes mit dem der gerechten Handlung nach den Vorschriften der Gesetze. Diese Angleichung an Gott ist wegen der Allverwandtschaft möglich (vgl. H. HERTER 1967). Der Nomos wird zu einem Band, das den ganzen Kosmos zusammenbindet, indem er die Gerechtigkeit auf menschlicher Ebene möglich macht. Er muß die geometrische Gleichheit, die die Proportionen der kosmischen Gerechtigkeit enthält, wiedergeben und verwirklichen (vgl. Gorg. 508 A; s.u. S. 158 - 165.)

Zusammenfassung und Ergebnisse

Der göttliche Ursprung der Gesetzgebung weist auf ihren Einklang mit der ganzen Ordnung der Welt und der Ideen hin. Die Arete-Taxis-Ontologie verbindet auf diese Weise die kosmische und die menschliche Ebene. Nach dieser Weltanschauung sind die platonischen Staatsentwürfe aufgebaut. Das Gesetz als Ausdruck dieser Ordnung ist für Platon heilig, göttlich und Gott selbst.[18] Indem Platon Gott zur Quelle der Gerechtigkeit und das Gesetz zum Ausdruck dieser göttlichen Haltung macht, ebnet er einer neuen Religiosität den Weg. Im Bereich der Gesetzesauffassung ist seine Lehre nicht

---

18) Eine Unterscheidung zwischen göttlichem und menschlichem Recht im Sinne von E. SANDVOSS (1971, S. 258ff.) ist schwer zu finden. Der Nomos, insofern er auf konkrete Bedingungen die allgemeinen Normen der übersinnlichen Welt überträgt, fußt immer auf Gott. Selbstverständlich gibt es verschiedene Ausprägungen, die ein Gesetz mehr oder weniger an dieser göttlichen Ordnung teilnehmen lassen. Die Gesetzgebung der 'Politeia' ist in diesem Aspekt göttlicher als die der üblichen Staaten; auf derselben Ebene (innerhalb des richtigen Staates z.B., oder der konkreten Staaten) kann man diese Unterscheidung nicht machen. So wird die Verfassung der 'Nomoi' göttlich genannt (Leg. 12, 965 C). Für die Differenzierung der Staatsformen und der Nomoi vgl. u. S. 197-256.

ohne Bedeutung: Sittlichkeit und Gesetzgebung sind jetzt eng verbunden (E. SANDVOSS 1971, S. 259; K. LATTE 1920, S. 1f.). Diese Vorstellung kommt im 4. Buch des 'Nomoi' zum Ausdruck, wo Gott als das oberste maßgebende Element des Kosmos erscheint (715 E - 716 A): Er halte Anfang, Ende ud Mitte alles Seienden und werde von Dike begleitet, die das göttliche Gesetz (θεῖος νόμος) räche. Der Nomos ist göttlich, weil er in dieser kosmischen Ordnung wurzelt, die von Gott geleitet und von der Dike überwacht wird. Jeder Nomos, der diese Verhältnisse widerspiegelt, stammt - mittelbar oder unmittelbar - von Gott. Das Göttliche wirkt bei Platon immer in der wahren gesetzgeberischen Tätigkeit. So ist die beste Voraussetzung für eine richtige Regierungsform, daß die Macht von denen ausgeübt wird, die von göttlicher Liebe (ἔρως θεῖος) zur besonnenen und gerechten Lebensweise erfüllt sind (Leg. 4, 711 D - 712 A). In der 'Politeia' heißt es, die jetzigen Regierungsmächte bedürften einer göttlichen Eingebung, um sich zur Philosophie zu bekehren und so dem menschlichen Leid ein Ende zu setzen (6, 499 B-C).

Auch der, der im Besitz der Wahrheit und der Erkenntnis ist, ist für Platon göttlich und kann überall entstehen. Er verfügt über eine hervorragende, übermenschliche Natur. Der Verkehr mit diesen sehr seltenen Menschen wird in den 'Nomoi' den Einwohnern von Magnesien empfohlen (12, 951 B). Das richtige Gesetz kann, wie das Marionettengleichnis es verdeutlicht, von einem Gott oder von einem göttlichen Menschen stammen, der im Besitz der Erkenntnis und des Wissens ist (Leg. 1, 645 B).

Die wirkliche Aufhebung der naiveren Gottesvorstellung der früheren Griechen und auch der Auffassung der Sophistik besteht bei Platon darin, daß der Gott nicht mehr unvernünftig handelt, sondern selbst als Ziel die Herstellung der weltlichen Ordnung und ihre Aufrechterhaltung hat. Gott ist nicht mehr unberechenbar und auch nicht unerkennbar.[19] In der Ordnung der Welt läßt sich die göttliche Absicht deutlich erkennen: Gott ist das Maß (Leg. 4, 716 C-D) und als solches erkennbar. Das Göttliche wird so zum Gegenstand der Wissenschaft, und was man wissen kann, kann nur gewußt werden, indem es an der göttlichen Wirklichkeit teilhat. Wer weiß, kann wiederum nur kraft seiner eigenen Teilhabe an dem Göttlichen wissen. Die im 'Menon' thematisierte Lehre der Anamnesis beruht auf dieser Grundlage. Der Ursprung des Nomos in der Gottheit ist ein Aspekt dieser Vorstellung. Durch die gesellschaftlichen Normen waltet der Gott über den Menschen, genauso wie er den Kosmos in Ordnung hält. Durch die Autorisierung des Nomos durch den Theos unterstreicht Platon den Einklang zwischen Natur, Stadt und Menschen (zum Verhältnis zwischen diesen drei Bereichen vgl. K. GAISER 1963, S. 260-276).

---

19) Über Jahre hinaus war für Platons Gottesvorstellung die Arbeit von R. MUGNIER (1930) bestimmend. Gegen seine Interpretation richtet sich H. CHERNISS (1944, S. 603-610) sowie J. van CAMP - P. CANARD (1956). P.J.G.M. van LITSENBURG (1955) legte einen ausführlichen Forschungsbericht über die Interpretationen der platonischen Theologie vor (vgl. bes. S. 102-199, 207-212) vor. S. auch K.F. DOHERTY (1956). Spätere Beiträge wurden auf diesem Gebiet von C.J. de VOGEL (1964-1965), K. SCHNEIDER (1966, S. 15-46), J.B. SKEMP (1967/1968, 1973) und A. FREIRE (1967) geleistet.

Autorisierung durch den Nus

Parallel zu der Autorisierung des Nomos durch Gott findet sich aber eine Reihe von Stellen, wo der Nus als Quelle des Nomos vorkommt. Es stellt sich die Frage, ob diese Vorstellungen in Widerspruch zueinander stehen, und wenn das nicht der Fall ist, welche Beziehungen es zueinander gibt.

Der Nus als Quelle des Nomos

Da die Möglichkeit einer Evolution in Platons Auffassung auf diesem Gebiet gegeben ist, wird das Thema nach der chronologischen Anordnung der Dialoge verfolgt.[20)]

---

20) Eine größere Bedeutung des Nus für die Gesetzgebung in den 'Nomoi' als in den anderen Dialogen wird von G. MÜLLER (1951) und E. DÖNT (1967) festgestellt, während P. MAGUIRE (1967) und G. JÄGER (1967) keine Änderung beobachten. Über dieses Thema vgl. auch W.G. TENNEMANN (1792-1795, IV, S. 226); B. HAVESTADT (1845, S. 19-23); A. LASSON (1882, S. 50-55); P. NATORP (1902, S. 333-349); U. GALLI (1937, S. 125); F. SOLMSEN (1942); W. JAEGER (1947, S. 345); H. CAIRNS (1949, S. 29, 44-48); P. KUCHARSKI (1949, S. 12-15); S. MOSER (1952), J. LUCCIONI (1958, S. 263); G.R. MORROW (1960, S. 565ff.); E. DÖNT (1967, S. 16-20).

Die Frühdialoge

Im 'Kriton' behauptet Sokrates, man müsse der Meinung des Wissenden folgen, da er der einzige sei, der über Gutes und Schlechtes Bescheid wisse (Crito 47 A - 48 B; bes. 47 A 10-11, C 1-3, C 9 - D 3, 48 A 5-7). Sokrates zeigt, daß in jedem Bereich des menschlichen Lebens die Meinung der Wissenden bestimmend ist. Der Weise wird der Menge der Unwissenden entgegengestellt und anhand des Parallelismus Leib - Seele, der später im 'Gorgias' vertieft wird, unterstreicht er die Bedeutung der richtigen Meinung und der Wahrheit. Im Exkurs über die Nomoi (50 A - 54 D) erscheinen die Gesetze Athens als Verkörperung der richtigen Meinung. Auch wenn der Nus hier explizit als Quelle des Nomos noch nicht vorkommt, kann diese Verbindung aus der Bestimmung der Meinung des Wissenden als die beste und aus dem Gebot der Achtung der Gesetze geschlossen werden. Der Nus des einzelnen muß sich nach den Vorschriften des Nus des Weisen richten (vgl. τὸν νοῦν προσέχει ; 47 B 2).

Noch deutlicher kommt die Verbindung zwischen Nus und Gesetz im 'Gorgias' vor. An einer Stelle wird das Ziel bestimmt, das die Meinung des Kundigen vor Augen haben soll (503 D - 504 E; vgl. o. S. 50 ff.). Wie die anderen Handwerker dürfe er sein Ziel nicht aufs Geratewohl auswählen, sondern gemäß dem Werk, das er verrichten wolle. In der Auffassung des Sokrates muß der Kundige eine gewisse Ordnung in seinen Gegenstand einprägen. Da die Ordnung (τάξις und κόσμος ; 504 A) nützlich, die Unordnung aber schädlich sei, müsse der Kundige in der Seele eine gewisse Ordnung schaffen. Diese Ordnung heißt Nomos und Nomimon und bewirkt die Arete der Seele, ihre Gesetzlichkeit, Gerechtigkeit und Besonnenheit (504 D). Der Rhetor muß nach Sokrates sein Werk verrichten, indem er auf die Ordnung des Nomos hinblickt und durch seine Worte die Ordnung der Seele bewirkt (504 D-E). Nach dieser Stelle muß die Meinung des Wissenden die Ordnung des Nomos widerspiegeln und in der Seele verwirklichen. Der Nomos erhält hier einen sehr hohen Wert, da er mit dem Kosmos identifiziert wird, der das Gute und die Arete des Seienden bewirkt (506 C - 507 A ; vgl. o. S. 36 ff.).

Diese Bedeutung des Nomos wird mit dem pythagoreischen Zitat an 507 E - 508 A sogar noch erhöht: Der ganze Kosmos, das All, erscheint da als von der in dem Nomos zustandekommenden Ordnung durchdrungen (über diese Stelle vgl. u. S. 164 f.). Es scheint, als ob man aus dieser kosmischen Ordnung die Prinzipien, die die Handlung des einzelnen führen sollen, ableiten könnte (vgl. P. MAGUIRE 1947, S. 160-163). Zugleich wird aber der Kosmos und entsprechend der Nomos selbst als ein Kunstwerk dargelegt. Der Bezug des Nomos auf die Techne setzt diesen in Verbindung mit dem Nus und macht ihn vom letzteren abhängig. Allein weil er ein Produkt der Vernunft ist, kann er in der Seele Ordnung und Arete bewirken.

Die Stelle im 'Menon', die den üblichen Politikern den Besitz von Nus und Wissen abspricht (99 B - 100 B), setzt eine ähnliche Vorstellung voraus: Die inspiratio divina ersetzt bei ihnen den Nus, so daß die Arete und das Richtige ohne Nus zustande kommen (99 E - 100 A; vgl. 99 C). An dieser Stelle ist deutlich, daß Gott die Funktion des Nus des Philosophen wahrnimmt. Die von Protagoras vertretene Ansicht, die Nomoi seien Entdeckungen der alten und guten Gesetzgeber (Prot. 326 D), läuft im Prinzip auch auf die Bestimmung des Nomos als ein Produkt der Techne hinaus. Platon spürt demzufolge in diesem Bereich den Einfluß der Sophistik.

Der Nomos bekommt in den Frühdialogen seine Autorität von seiner Begründung in der Wissenschaft und im Nus.

'Politeia'

Die Beziehung zwischen Nus und Nomos wird an verschiedenen stellen der 'Politeia' behandelt. Ähnlich wie in den Frühdialogen sind zwei Aspekte zu unterscheiden. Einerseits bewirkt der Nomos Ordnung in der Seele, und dies setzt die Herrschaft des Nus voraus; andererseits stammt er selbst vom Nus des Nomothetes.

Der erste Aspekt kommt an einer Stelle des 9. Buches zum Ausdruck. Als Verbündeter der Einwohner der Polis müsse der Nomos die Herrschaft des besten Teiles der Seele, der in sich selbst das Göttliche als Herrscher trage, über die beiden anderen Teile wollen. Die Herrschaft des Noetischen sei nämlich das Beste für alle (590 C-E). Ähnlich werden vorher Logos, Nomos und Ordnung in Verbindung gebracht (586 C - 587 A; vgl. o. S. 29 und u. S. 117 f.). Wie im 'Gorgias' ist an diesen beiden Stellen der Nomos das Paradeigma, nach dem sich die Seele richten soll. Die Ordnung, die in der Seele aus dieser Nachahmung entsteht, trägt gleichzeitig den Namen Nomos und setzt die Herrschaft des noetischen Prinzips voraus. Das Kriterium zur Differenzierung der guten und schlechten Gesetze und Sitten ist es gerade, ob die Herrschaft des Noetischen oder die des anderen Teils von Nomos bewirkt wird (9, 589 C-D).

Andererseits wird der Nus als Quelle der Gesetzgebung im 6. Buch (484 C-D) vorausgesetzt: In nichts unterscheidet sich von den Blinden derjenige, der jeder Erkenntnis des Seins beraubt sei und kein deutliches Modell in der Seele besitze, nach dem er hier die Gesetze und Sitten über das Gerechte, Schöne und Gute erlassen könne. Der einzige Teil der Seele, der dieses Paradeigma besitzen kann, ist der Nus. Er erscheint also hier als die Quelle der richtigen Gesetzgebung. In ihm verweilt der Logos der Politeia, der für die

Erhaltung der Polisordnung und für den Erlaß von Gesetzen notwendig ist. Die Herrschaft des Nomos setzt die Herrschaft des Nus voraus und macht zugleich diese möglich (vgl. U. GALLI 1937, S. 107). Der Nomos als Ordnung der Stadt und der Seele braucht die Ordnung des Nus, der das notwendige Paradeigma in sich trägt.

Die Dialoge zwischen der 'Politeia' und den 'Nomoi'

Im 'Theaitetos' wird der Nomos wiederum auf die Wissenschaft und den Nus bezogen. In der Kritik an Protagoras versucht Sokrates den Relativismus des Sophisten zu überwinden, indem er - wie schon früher im 'Kriton' (vgl. o. S. 76) - nur den Weisen als einzigen Maßstab für die Gesetzgebung anerkennt. Nur die Meinung des Wissenden, d.h. die auf der Wissenschaft beruhende, könne das Maß aller Dinge sein (177 C - 179 B). Der Nus als Ursprung der richtigen wissenschaftlichen Gesetzgebung steht in dieser Passage im Hintergrund, was sich aus der Verbindung des Nomos mit der Kunst des Wissenden ergibt.

Es ist aber im 'Politikos'-Exkurs über den Nomos, wo die Abhängigkeit des Nomos vom Nus mit größter Deutlichkeit zutage tritt (Politc. 291 A - 303 B; für eine ausführliche Paraphrasierung s.u. S. 238-243). Die Gesetzgebungskunst ist dort als ein Teil der Regierungskunst des Philosophen bestimmt (294 A). Der Politiker müsse sich aber der Gesetze bedienen, um das Beste in der Stadt zu verwirklichen, auch wenn der Nomos nicht das Beste sei (294 C - 295 B). Und dann kommt der berühmte Vergleich mit dem Steuermann:

"Wie der Steuermann durch ständige Beobachtung des Nützlichen für das Schiff und die Seeleute - nicht durch den Erlaß von Gesetzen (γράμματα), sondern indem er seine Techne als Nomos darbietet - seine Seegefährten erhält, würde die richtige Verfassung auf dieselbe Weise durch jene entstehen, die imstande sind zu regieren, indem diese die Kraft der Techne als größer als die Nomoi darbieten? Und es ist doch kein Fehler, was die Kundigen machen, wenn sie regieren, solange sie dem einzig Wichtigen Aufmerksamkeit schenken, durch Verteilung des mit Nus und Techne Gerechtesten die Einwohner der Stadt zu erhalten und nach Möglichkeit aus den Schlimmeren Bessere zu machen?" (Politc. 296 E - 297 B).

An dieser Stelle wird nicht eine Regierung ohne Nomos vorgeschlagen, sondern nur die Befugnis des richtigen Politikers, die Gesetze zu ändern und die nach seiner Meinung besten Nomoi zu erlassen. Dies ergibt sich aus folgenden Punkten:

1 - Schon früher war die Notwendigkeit des Gesetzes trotz seiner Unvollkommenheit bewiesen.

2 - Es wird unterstrichen, daß die Kraft der Techne größer sein muß als die der Gesetze, d.h. der Politiker darf die Gesetze ändern.

3 - Am Ende der Stelle wird auf die Definition des Nomos als Verteilung des Nus angespielt, die später in den 'Nomoi' ausdrücklich vorkommt (4, 713 E - 714 A).

Weit davon entfernt, einen Gegensatz zwischen Nomos und Techne-Nus herzustellen, weist diese Stelle auf die Abhängigkeit des Nomos vom Nus des Gesetzgebers hin. Die starren, verallgemeinernden Vorschriften und Anordnungen der Nomoi können durch die ständige Abhängigkeit vom Nus des Gesetzgebers etwas von ihrer Starrheit und Intransigenz verlieren: durch die Änderung der schon unnütz und schädlich gewordenen Anordnungen. Dies setzt die direkte Herrschaft des Nus über die Politeia voraus (vgl. Politc. 297 B-C). Wenn diese Verbindung zwischen Nus und Nomos nicht wäre, könnte man kaum verstehen, wie die zweitbeste Lösung - die Herrschaft der Nomoi ohne die Anwesenheit des Nus - sein kann. Es geht Platon vor allem darum, den Nus als notwendige Quelle jeder richtigen Gesetzgebung zu zeigen.

Im 'Kritias' erscheint wiederum die in der 'Politeia' vertretene Ansicht, daß sich im Nus der Logos der Verfassung als Paradeigma für die Herrschenden befindet: Da wird erklärt, Athene habe den Ur-Athenern die Taxis der Politeia in den Nus eingeprägt (109 C-D).

'Nomoi'

Verschiedene Untersuchungen (vgl. o. Anm. 20 auf S. 75) haben auf die Rolle des Nus als Fundament der Gesetzgebung in diesem Dialog aufmerksam gemacht. Im Folgenden werden einige Stellen des Werkes behandelt, die für die Autorisierung des Nomos durch den Nus besondere Bedeutung haben.

Die Beschreibung des Kronos-Zeitalters in den 'Nomoi' (4, 713 A - 714 B) stellt auf gesellschaftlicher Ebene die Herrschaft des Göttlichen und Noetischen dar. Die göttliche Betreuung ermöglichte das Leben der Menschen im Einklang mit dem Kosmos (vgl. u. S. 213 - 238). Die göttliche Ordnung soll heutzutage durch die Herrschaft des Unsterblichen in uns auf gesellschaftlicher und privater Ebene nachgeahmt werden. Die Verteilung des Nus, die diese Ordnung verwirkliche, müsse man Nomos nennen. Der Nomos erscheint demnach als eine noetische Verteilung, eine rationale Ordnung der menschlichen Wirklichkeit. Platon spielt hier außerdem auf die Wertstruktur der Gesellschaft und des einzelnen an, die oben behandelt wurde (vgl. o. Abschnitt I.). Indem der Nus das menschliche Leben gestaltet und führt, folgen wir dem Prinzip der Kronos-Zeit, weil das Höhere, Göttlichere regiert und das Untere und Irdische gehorcht. Die Autorisierung des Nomos durch den Nus fußt auf der gleichen Vorstellung wie die Autorisierung durch den Theos (vgl. E. SALIN 1921, S. 108 f.). Der Nomos ist immer Ausdruck einer göttlichen Weisheit, sei es, daß er unmittelbar aus Gott stammt oder aus dem im Menschen wohnenden göttlichen Prinzip (vgl. o. S. 72 ff.). In beiden Fällen hat er dasselbe Ziel, nämlich die Forderung der Einheit, der Ordnung und der Arete.[21]

Der noetische Charakter der Gesetzgebung wird von Platon im 10. Buch unterstrichen. In seiner Polemik gegen die Atheisten hebt er den Vorrang des Nus und des Noetischen vor der materiellen Welt hervor (889 E - 892 C). Die Seele sei vor allem anderen entstanden und bewirke jede Änderung und

---

21) K. GAISER (1963) hat die doppelte Weise der Wirkung des Göttlichen hervorgehoben: Am Anfang der Geschichhabe Gott unmittelbar auf die Menschen eingewirkt. Heutzutage aber solle der menschliche Nus die Funktion des Göttlichen ausüben und es nachahmen. K. GAISER bewertet die 'Nomoi' folgendermaßen: "In der Tat zeigen die 'Nomoi' Platons im ganzen, daß die Gesetzgebung auf die Erkenntnis des Göttlichen, die Geltung der Gesetze auf Gott als Maß aller Dinge (716 C 4) zurückgeführt wird" (S. 280).

Umgestaltung des Körpers (891 E). Der Nomos wird neben der Doxa, Fürsorge und Techne von dem Athener als der Seele verwandt charakterisiert und deshalb als vorrangig vor den Dingen der physischen Welt (892 A-B). Er erscheint also als Produkt der Tätigkeit der Seele und besonders des Nus (vgl. 892 B 5-8). Als noetisches Erzeugnis stammt der Nomos aus der Techne. Der Wert und Vorrang des Gesetzes beruht aus platonischer Sicht auf seinem Ursprung im seelischen Bereich, und zwar im Nus.

Platon hat den Ursprung des Nomos im Nus oft durch Wortspielereien angedeutet. So weist die Definition des Nomos als Verteilung des Nus an der oben analysierten Stelle des 4. Buches (714 A 1-2; vgl. o. S. 81 f.) sowohl auf den Nus als Ursprung des Nomos als auch auf die Ableitung von Nomos aus νέμειν. Der Nomos besteht vor allem aus einer richtigen Verteilung der Ehren und Unehren sowie der Aretai und der Aufgabe innerhalb der Polis durch den Gesetzgeber. Jeder Ordnungsprozeß ist außerdem ein Prozeß der Differenzierung und der Bestimmung. Aus diesem Grund macht Platon von der Etymologie des Wortes Gebrauch, um seinen Charakter als ordnenden Faktor hervorzuheben. Die etymologische Ableitung aus dem Nus wird ausdrücklich im 12. Buch erwähnt: Die Gesetze, heißt es dort, seien der beste aller Lernstoffe, damit der Lernende besser werde, wenn sie richtig erlassen worden seien, "oder vergeblich besäße der göttliche und wunderbare Nomos den dem Nus entsprechenden Namen" (957 C). Hier wird nicht nur behauptet, daß der Nomos zu dem Nus in unmittelbarer Beziehung steht, sondern auch, daß er aus diesem Grund als göttlich zu betrachten ist.[22] Da die auf dem Wissen beruhende Gesetzgebung im Nus des Gesetzgebers ihren Ursprung hat, kann man von mit Nus erlassenen Nomoi sprechen (12, 948 D 3-4). Im 10. Buch wird der Nomos ausdrücklich als Abkömmling des Nus (vgl. νοῦ γεννήματα ; 890 D 7) dargestellt. Der Ursprung des Nomos im Nus ist auch in der Definition des Nomos als ein Logismos erkennbar, der zum Dogma des Staates wird (1, 644 D). Als Logismos ist der Nomos ein Erzeugnis des Noetischen in der Seele, eine Überlegung hinsichtlich der Hedone und der Lype, die durch die Übernahme durch die Stadt normativen und verbindlichen Charakter für den einzelnen hat. Diese Normativität soll nach platonischer Ansicht auf seinem Ursprung im Nus des Gesetzgebers beruhen, sei er ein Gott oder ein Politiker-Philosoph. Schon in der 'Politeia' spielt Platon auf diese Definition des Nomos an, indem er von dem Dogma der Herrscher spricht (3, 412 B - 414 B; bes. 414 B 5-6).

---

22) Eine andere Auffassung dieser Stelle vertritt R. MUGNIER (1930, S. 110 f.): "Maintenant pourquoi la loi est-elle appelée divine? Est-ce à cause de son excellence? Ou bien est-ce parce que, identifiqué à la raison droite que l'a produite, elle mérite, comme celle-ci, le titre de divin? Il est bien difficile de dire quelle a été la véritable pensée de Platon" (S. 111).

Ergebnisse

Als Abkömmling des Nus gestaltet der Nomos die Seele des Menschen. Er bestimmt nicht nur, was geschehen ist, ob es richtig ist oder nicht, sondern auch, was geschehen soll. Er ist auf die Zukunft gerichtet; und wenn er eine Entscheidung im Hinblick auf die Vergangenheit trifft, tut er das, um die zukünftige Verhaltensweise des Menschen besser ausbilden zu können. Platon und die Griechen haben den bildenden Charakter der Gewohnheiten und Sitten anerkannt, diese aber nicht von der Gesetzgebung getrennt. Die Zurückführung des Nomos auf die Doxa, d.h. auf die gesellschaftliche Weltauffassung, enthält viel von der sophistischen Lehre. Sie geschieht dennoch unter verschiedenen Voraussetzungen. Sie beruht nicht mehr auf der Willkür, sondern hat ihren Ursprung in der Vernunft. Sie ist rational erklärbar und begründbar. Das Gebot des Nomos fällt mit der Forderung der Vernunft zusammen, seine Notwendigkeit entspringt aus seiner Rationalität. Platon bleibt auf diese Weise der sokratischen Forderung nach Verbindung zwischen Arete und Vernunft und zwischen Gesetzgebung und menschlicher Arete treu.

Die noetische Vermittlung

Die früheren Abschnitte haben oft auf das im Nus vorhandene Modell hingewiesen, das als Vorbild des Nomos dienen soll. Andererseits hat sich ergeben, daß die Ideen- und Prinzipienordnung das Urmodell des Nomos sein soll. In diesem Abschnitt wird die Beziehung beider Vorstellungen zueinander untersucht.

K. HILDENBRAND (1860, I, S. 139) hat schon auf die vermittelnde Rolle des Politikers in der Lehre Platons aufmerksam gemacht: "Das Wesen und die Aufgabe menschlicher Herrschaft besteht darin, daß der Herrscher der höheren Macht als Vermittler diene, welche das Menschenleben im allgemeinen und das Staatsleben insbesondere ihrer Natur nach beherrschen soll. Diese sind ... nach Platon die Ideen und namentlich die höchste derselben, die Idee des Guten ..." Die Arbeiten von S. MOSER (1952, S. 148) und von M. ISNARDI (1957) haben in diesem Jahrhundert auf die vermittelnde Rolle des Nus für den Nomos hingewiesen. Während S. MOSER (1952) eine unitarische Auffassung vertritt, entscheidet sich M. ISNARDI (1957) für eine evolutionistische Erklärung. J. CHANTEUR (1980) sieht das Fundament der Nomoi in der Einheit, die sie durch die Vermittlung der gesetzgeberischen Kunst widerspiegeln.

In den zentralen Büchern der 'Politeia' findet sich eine ausführliche Beschreibung über die noetische Vermittlung. Im 6. Buch wird der Philosoph als jener bestimmt, der seine Intelligenz bei dem Seienden verbleiben läßt (500 B). Er, heißt es weiter, habe keine Zeit, auf die menschlichen Angelegenheiten herunterzublicken und im Streit gegen die Menschen ihren Neid und Widerwillen zu leiden. Er richte seinen Blick auf die Welt der Ideen, die wohlgeordnet und immer gleichbleibend untereinander weder Unrecht tun noch leiden. In ihrer Welt verhalte sich alles nach Ordnung und Proportion. Durch den Verkehr mit den Ideen entstehe im Philosophen der Eros (ἀγάμενος; 500 C 6), und deshalb ahme er die Welt der Ideen nach und werde ihr am meisten ähnlich, wordurch er wohlgeordnet und göttlich werde. Die politische Tätigkeit wird unten als die Übertragung dieser Prinzipien in die konkrete Wirklichkeit geschildert (500 D). Hier können drei verschiedene Prozesse unterschieden werden:

1 - Schau der Formen in ihrer Reinheit und Ordnung.

2 - Selbstgestaltung durch Liebe und Ähnlichkeit des Philosophen mit den Formen.

3 - Übertragung dieser Ordnung in die Wirklichkeit und Gestaltung der menschlichen Gesellschaft nach ihr.

Der Prozeß wird im 7. Buch noch deutlicher präzisiert. Derjenige, der sich in seinen Taten wie in der Wissenschaft ausgezeichnet habe, müsse mit fünfzig Jahren genötigt werden, durch Erhebung des Lichtstrahles der Seele auf jenes zu blicken, das allen Licht bringe. Indem er auf das Gute schaue und es als Vorbild benutze, müsse er die Stadt, die Bürger und sich selbst den Rest seines Lebens ordnen (540 A-B; vgl. die Übersetzung dieser Stelle o. S. 54). Der Philosoph soll demzufolge seinen Nus auf die Ideen und auf das Gute wenden und so selbst zum Abbild dieser Welt werden (H. HERTER 1962, S. 177). So kann er die Ordnung in die Stadt und in die Menschen übertragen (V.R. GOROSPE 1965/1966, S. 174).

Die Zusammenfassung des Höhlengleichnisses bietet eine ähnliche Auffassung (Resp. 7, 517 A-C). Diese Welt sei dem Aufenthalt im Kerker gleich, das Licht des Feuers in ihm der Kraft der Sonne, der Weg nach oben dem Weg zur noetischen-Welt, die Sonne am Ende der Idee des Guten, die die Ursache des Guten und Schönen in dieser Welt sei. Sie herrsche und gebe Wahrheit und Nus in der noetischen Welt. Derjenige, der privat oder öffentlich richtig handeln wolle, müsse auf sie blicken. Im Nus des Philosophen entsteht also die erste Abbildung der Ordnung der Ideen. Der Nomos wird auf diese Weise eine mittelbare Nachahmung der ideellen Ordnung durch die Wirkung des Noetischen in der Seele des Philosophen. Die philosophisch-dialektische Erkenntnis der wahren Norm ist die Voraussetzung, die die Verwirklichung des an der Praxis gebundenen Gesetzes ermöglicht. Die Idee des Guten fungiert als letzte Instanz und oberste Norm, und auf diese Weise findet die Norm des Nomos über den Nus ihre Begründung im Guten.

Die vermittelnde Funktion des Nus erklärt seine stelle als führender Faktor in der Wertskala (Leg. 1, 631 D; Leg. 12, 963 A; vgl. o. S. 41 ff.): Die Aretai in der Stadt müssen sich nach dem Nus richten, weil sie nur durch ihn an den Ideen teilhaben. Ein Mensch, der den Nus als herrschende Kraft hat, besitzt Ordnung in seiner Seele und zugleich Nomos (Leg. 2, 674 B-C), und dasselbe gilt für die Stadt (Leg. 8, 829 B). Die erste Einprägung der idealen Ordnung im Nus des Gesetzgebers wird gelegentlich auch wahrer Nomos genannt (Leg. 8, 836 E); der einzige, wie es im 7. Buch der 'Nomoi' heißt, der das schönste Drama bewirken kann, nämlich die Nachahmung des schönsten und besten Lebens (817 B-C).

Dieser ontologische und gnoseologische Hintergrund erklärt die Haltung Platons gegenüber der üblichen Gesetzgebung. Im 'Politikos' wird die beste Verfassung im menschlichen Bereich als diejenige definiert, in der der weise und gute Mensch, d.h. der Philosoph, ohne jegliche Einschränkung der Mittel regiert und das Gute für die Stadt verwirklicht (vgl. u. S. 238 - 243). Die Kunst des Gesetzgebers beruht auf seiner noetischen Abbildung der Ordnung der Ideen. Indem er die konkreten Bedingungen jedes Falles in Betracht zieht, kann er das Beste für die Stadt vollziehen. Platon hat bis zum höchsten Alter an diesem Vorrang der Erkenntnis und der Wissenschaft des Gesetzgebers festgehalten. So wird in den 'Nomoi' behauptet, daß eine menschliche Natur, die alle Voraussetzungen erfülle, zwar fast unmöglich sei, dennoch, wenn es eine solche gäbe, würde sie keine Gesetze brauchen, die sie beherrschten, denn weder der Nomos noch eine Ordnung seien besser als das Wissen, und es sei nicht richtig, daß der Nus einem anderen gehorche oder Diener sei, sondern das Richtige bestehe darin, daß er alle regiere, wenn er wahr und wirklich frei der Natur nach sein solle (8, 875 C-D). Dies ist gerade die Frage, die im 'Politikos' erörtert wird. Der Weise soll über der Gesetzgebung stehen und er darf sie ändern. Indem er die Gemeinschaft auf eine Norm und Verhaltensweise führen soll, macht er Gebrauch von Gesetzen, kann aber dabei nicht für jeden Einzelfall das Spezielle befehlen (Politc. 294 E - 295 A; s.u. S. 239 ff.). Indem der Politiker-Philosoph in sich das beste Abbild der Ordnung der Ideen hat, ist er imstande, die Stadt zu regieren. Dies unterscheidet seine Wissenschaft von der Unbeweglichkeit der üblichen Gesetzgebung, die dem schnellen Wechsel und der Komplexität der menschlichen Verhältnisse keine Rechnung tragen kann (Politc. 294 A-C). Sie wird aber von Platon nicht völlig abgewertet und bleibt insofern als zweitbeste Möglichkeit bestehen, als die üblichen Regierungsformen Abbilder der richtigen Verfassung sind (Politc. 297 B-E). Deshalb würde jede von Unwissenden vorgenommene Neuerung diese Nachahmung noch zum Schlechteren kehren.[23)]

Indem Platon für die menschliche Gesellschaft die Beziehung zwischen Original und Kopie, Vorbild und Abbild, übernimmt, kann man deutlich seine Absicht erkennen, die Politik in Einklang mit seiner Ontologie zu bringen. Wie shon Überlegungen Platons stark geprägt (vgl. H.J. KRÄMER 1966/ 1967).

---

23) So erklärt sich der von B. EFFE (1976, S. 313 ff.) vermutete Widerspruch zwischen der Kritik am Nomos und seiner Annahme als zweitbester Lösung.

Die Stelle der Nomothetike Techne innerhalb der politischen Wissenschaft

Die Politik als Wissenschaft und Technik

In der dem Protagoras zugeschriebenen Definition des Nomos als Erfindung (εὕρημα) von guten und alten Gesetzgebern (Prot. 326 D 5-6) kann man die schon von der Sophistik hergestellte Verbindung zwischen Nomos und Wissenschaft beobachten. In dieselbe Richtung orientieren sich die Bemühungen des Sokrates, die Politik als eine Techne aufzufassen, sowie die im 'Minos' vertretene Ansicht, die vor allem in der dort ausgesprochenen Definition des Nomos als Entdeckung des Seins (ἐξεύρεσις τοῦ ὄντος; 315 A) zum Ausdruck kommt.

Im 'Euthydemos' bekommt die politische Kunst die höchste Stelle unter den Wissenschaften, die das menschliche Leben regeln (291 C-D; vgl. 292 D). Die Anstrengungen Platons haben bis zum Ende seines Lebens der Begründung der politischen Wissenschaft gegolten (vgl. A.C.BAYONAS 1965-1966, S. 79-82; A.B. HENTSCHKE 1971).

Am Ende des 'Menon' (99 B - 100 C) versucht Sokrates, den Unterschied zwischen dem wahren Politiker und den üblichen zu verdeutlichen (vgl. A. VERDROSS-DROSSBERG 1946, S. 75). Die letzteren seien Politiker nicht durch Wissen (ἐπιστήμη), sondern gebrauchten eine richtige Meinung (εὐδοξία) für die Verwaltung des Staates. Hinsichtlich des Denkens (τὸ φρονεῖν) unterscheiden sie sich nicht von den Orakelsprechern und Wahrsagern; denn diese, wenn sie eine göttliche Eingebung bekämen, sagten viel Wahres, wüßten aber nicht, wovon sie sprächen. Nach Sokrates kann man diese Menschen göttlich nennen, weil sie in ihrem Tun und Reden viel Richtiges vollbringen, auch wenn sie keinen Nus haben, aber nur der Gute könne tatsächlich göttlich sein, weil er das Göttliche in sich pflege und selbst zu einem Abbild einer Gottheit werde. Wenn es nicht einen Politiker gebe, der andere auch zu Politikern machen könne, müsse man behaupten, die Arete sei weder von Natur aus lehrbar, sondern der Mensch erlange sie durch eine göttliche Schickung ohne Nus; wenn aber ein echter Politiker entstünde, würde er sich von den üblichen unterscheiden, wie nach Homer Teiresias von den anderen Verstorbenen. Nach Ansicht E.G. BERRYS (1940, S. 57-64) gibt es keinen Unterschied zwischen beiden Arten von Politikern, und auch die Arete des wahren beruht auf göttlicher Eingebung. Beide Arten von Politikern lassen sich dennoch an dieser Stelle durch eine Reihe von Merkmalen unterscheiden, die wie folgt systematisiert werden können:

ÜBLICHER POLITIKER	**WAHRER POLITIKER**
Unwissen	Wissen
Göttliche Schickung	
ohne Nus	Nus
Meinung	Wissenschaft
Arete nicht lehrbar	Arete lehrbar
Göttlich wegen der Wirkung der Gottheit	Göttlich durch Nachahmung der Gottheit
Scheinbar gut	Wirklich gut

Die Tabelle zeigt deutlich, daß an dieser Stelle das Wissen und die Wissenschaft die Merkmale sind, die die wahren von den unechten Politikern unterscheiden. Das Wissen über die Arete bestätigt sich in der Möglichkeit seiner Vermittlung, d.h. der Fähigkeit, andere zu Politikern zu machen, sie vom Schlechteren zum Besseren zu führen.

Das Verständnis der Politik als ein Wissen kommt auch in der Forderung der 'Politeia' zum Ausdruck, Macht und Weisheit in einer Hand zu verbinden, um den Übeln zu entgehen (5, 473 C-E), eine Auffassung, die Platon bis zum Ende seines Lebens vertreten hat (vgl. Epist. 7, 326 A-B). Der gesamte 'Politikos' befaßt sich mit der Bestimmung der Politik als einer Wissenschaft und des Politikers als eines Kundigen. Der Exkurs über den Nomos muß vor allem in diesem Licht gesehen werden (vgl. H. ZEISE 1938, S. 27-35). Der Besitz der Wissenschaft unterscheidet den wahren Politiker von jenen, die nur vortäuschen, Politiker zu sein, aber in Wirklichkeit keine sind (Politc. 292 D).[24]

Ausbildung des Politikers

Die führende Rolle der Politik kommt auch in der Ausbildung des wahren Politikers zum Ausdruck, die mit der philosophischen Erziehung zusammenfällt. Die Weisheit ist in der Gesellschaftsordnung der 'Politeia' nur im Besitz der obersten Schicht (vgl. 4, 428 A - 429 A). Im 7. Buch führt Platon die verschiedenen Wissenschaften aus, die die Philosophen beherrschen sollen (521 C - 535 A). Es geht um eine Präzisierung des Höhlengleichnisses, das den vom Philosophen einzuschlagenden Weg von der Welt des Werdens bis in die

---

24) R. JORDAN (1953, S. 264-278) hat gegen K.R. POPPER (1945) die platonische Auffassung der Politik als eine Kunst und als Wissenschaft verteidigt. Über Platons Lehre der Politik als Wissen vgl. R.F. STALLEY (1983, S. 14 f.).

Welt des Seins und zum Ursprung allen Seins und Werdens selbst darstellt. Es handelt sich darum, Lehrstoffe zu suchen, die die Seele von dieser Welt in die andere führen. Platon unterscheidet sechs Disziplinen, die von den Philosophen beherrscht werden müssen, um die Schau des Guten zu erlangen; fünf haben vorbereitende Funktion: Arithmetik (522 C - 526 C), Geometrie (526 C - 527 C), Stereometrie (528 B-E), Astronomie (529 E - 530 C) und Harmonielehre (530 C - 531 C). Bei jedem Fach unterscheidet Platon zwischen einer Beschäftigungsform, die die Tätigkeit des Nus fördert, und einer anderen, die sich auf die Gegenstände dieser Welt richtet (vgl. 525 B-C für Arithmetik, 527 A-B für Geometrie, 528 B-D für Stereometrie, 529 A für Astronomie, 531 B-C für Harmonielehre). Die Dialektik stellt bei diesen Wissenschaften die oberste Stufe dar (531 C - 535 A). Durch sie erreicht der Philosoph die Schau des Guten.

Die Forderung nach einer durchgehenden Untersuchung des Seins wird auch in den 'Nomoi' erhoben (12, 965 B - 968 B; vgl. o. S. 58 f.), indem eine Untersuchung der Bedingungen der Einheit und Vielheit (965 B - 966 B) und der wahren Natur der Götter (966 C - 968 B) als Aufgabe für die Mitglieder des nächtlichen Rates vorgeschlagen wird. Ein umfassendes Wissen über das Sein und die ontologische Ordnung des Kosmos ist die Voraussetzung für die Politik, d.h. die praktische Anwendung der Philosophie.

Stelle der Nomothetike Techne

A.B. HENTSCHKE (1971) wies darauf hin, daß die Gesetzgebungskunst den wichtigsten Teil der Politik ausmacht. Im folgenden möchte ich dieses Ergebnis in unserem Zusammenhang überprüfen.

Die Stelle der gesetzgeberischen Kunst innerhalb der Politik wird von Platon im 'Gorgias' ausführlich dargelegt. Dort werden die Technai für Leib und Seele ihren Abbildern entgegengestellt (463 D - 466 A; vgl. auch 499 B - 503 A, 517 C - 519 D, 520 B; über den Unterschied zwischen Techne und Empirie vgl. J. WILD 1946, S. 49-59). Die Technai des Leibes erhalten keine gemeinsame Benennung, aber sie teilen sich in zwei: Heilkunde und Gymnastik. Die Technai der Seele haben einen gemeinsamen Namen, nämlich Politik. Diese wird in zwei unterteilt, in die gesetzgeberische Kunst und die Rechtspflege. Im Fall der Abbilder werden auch vier unterschieden, und zwar die Kochkunst als Abbild der Heilkunst, die Putzkunst der Turnkunst, die Rhetorik der Rechtspflege und die Sophistik der Nomothetik. Die vier Abbilder fallen unter den Namen Schmeichelei, denn während die wirkliche Techne sich um den guten Zustand von Leib und Seele kümmere und auf das Beste hinziele, hätten diese nicht das Beste vor Augen, sondern lediglich die Hedone der Menschen, d.h. sie kümmerten sich bloß um den Schein eines guten Zustandes (464 A). Im Grunde ist das Merkmal der einen die Weisheit, das der anderen die Unwissenheit. Man kann den Sachverhalt wie folgt darlegen:

	ψυχή		σῶμα	
	πολιτική			
τέχναι	νομοθετική	δικαστική[25]	ἰατρική	γυμναστική
εἴδωλα	σοφιστική	ῥητορική	ὀψοποιική	κομμωτική

Platon stellt auch das folgende Verhältnis fest:

$$\frac{\text{νομοθετική}}{\text{γυμναστική}} = \frac{\text{δικαστική}}{\text{ἰατρική}}$$

Darüber hinaus wird die Nomothetik über die Rechtspflege plaziert. Später (530 B) behauptet Sokrates, daß die Sophistik um so viel schöner sei als die Rhetorik, wie die Nomothetik schöner als die Rechtspflege und die Turnkunst als die Heilkunst. Dies stimmt mit dem früher ausgesprochenen Satz überein, daß es das Beste sei, eine Krankheit des Leibes oder der Seele überhaupt nicht zu erleiden, das Zweitbeste, von ihr befreit zu werden, und das Schlimmste, nicht geheilt zu werden (477 A - 478 E). Das Ziel der Nomothetik und der Turnkunst ist demnach, dem Übel durch Erziehung vorzubeugen und den besten Zustand in Leib und Seele zu erreichen, was ihnen Vorrang vor den anderen Heilkünsten verleiht. Der Aufbau der Wertordnung der Technai läßt sich folgender-

---

25) Die Handschriften bieten bei 464 B 8 verschiedene Lesungen an. Der Codex Bodleianus (B), der Codex Venetus (T) und der Codex Vaticanus Palatinus (P) zusammen mit Aristides und Olympiodor lesen δικαιοσύνην, während die Prolegomena ad Aristidem und der Codex Vindobonensis (F) δικαστικήν überliefern. W.H. THOMPSON (1871, z. St.) behält δικαιοσύνην auf Grund des Quintilian (Institutio Oratoria 2, 15,25; ähnlich H. SAUPPE 1897, S. 44). Wie G.R. DODDS (1959, z.St.) bemerkt, ist die Überlieferung in 520 B 3 überein-

maßen darstellen:

---

stimmend, und zwar steht dort δικαστική . An einer Parallestelle der 'Politeia' steht auch δικαστική (3,409 E 5)wie im 'Politikos' (303 E 10). Hingegen wird im 1. Buch der 'Politeia' eine Techne erwähnt, die den Namen δικαιοσύνη trägt (332 D 2); aber das gehört nicht zu diesem Zusammenhang. Dort wird die Definition des Simonides widerlegt, der die Gerechtigkeit als den Freunden Gutes und den Feinden Böses zu tun bestimmt. Dieser Definition wird später im Laufe des Dialogs die platonische Auffassung der Dikaiosyne als Ausgleich der verschiedenen Teile entgegengestellt. Man kann also auf Grund dieser Stelle nicht davon ausgehen, daß Platon selbst die Gerechtigkeit als eine Techne bezeichnet hat. In den 'Erastai' wird die δικαιοσύνη mit der δικαστική identifiziert (137 D). Im selben Dialog (138 C) erhält die Dikaiosyne als Kunst eine allgemeinere Bedeutung als im 'Gorgias'. Die erste Stelle hängt nach DODDS von der 'Gorgias'- Passage ab, so wie die Stelle im 'Kleitophon'(408 B) vom Text der 'Erastai'. L.S.J (s.v.) zitiert nur die Stellen des 'Gorgias' und des 'Kleitophon' unter dieser Bedeutung. Dikaiosyne als Rechtspflege ist ein außergewöhnlicher Sinn, und hier wird die Rechtspflege unter dem besonderen Aspekt der Strafsetzung als Heilmittel betrachtet (vgl. 477 A - 478 E). Der Scholiast bemerkt zu der betreffenden Stelle: δικαιοσύνην ἀλλ' ού δικαστικὴν προσεῖπεν, ἵνα μὴ τὸ δικαστικὸν μόνον ἀλλὰ καὶ τὸ διανεμητικόν , μᾶλλον δὲ καὶ αὐτὴν τῆς ψυχῆς εἰς ἑαυτὴν ἐνέργειαν περιλάβῃ τὸ ὄνομα (vgl. G. CHASE GREENE 1938; M. CARBONARA NADDEI 1976). Das Verteilende aber steht hier nicht zur Debatte. Was nachgewiesen werden soll, ist, daß es für den Ungerechten das Beste sei, die Strafe zu büßen. Daher glaube ich, daß man mit SCHLEIERMACHER schließen kann: "Denn gemeint ist hier nichts als die Rechtspflege, welche die Gebrechen des Staates heilt, analog der Heilkunst, und weder von dem verteilenden Recht kann die Rede sein, welches auf jede Weise zur Gesetzgebung gehört, noch auch von der Tätigkeit der Seele auf sich selbst" (1804-1810, II 1, S. 325). Es empfiehlt sich also δικαστική zu lesen. Im 'Sophistes' wird dieselbe Wissenschaft κολαστική genannt (229 A).

			Mehr
	E		
	r	νομοθετική	
ψυχή	z	....	
	i	δικαστική	
	e		
	h		
----------	----------	----------	----------
	u		
	n	γυμναστική	
	g		
σῶμα	s	....	
	w		
	e		
	r	ἰατρική	
	t		
			Weniger

Dieses Schema liegt in der 'Politeia' zugrunde, wenn Sokrates den Richter mit dem Arzt vergleicht (3, 408 B - 410 A). Unter richtig erzogenen Bürgern sei eine solche Kunst unnötig. Die Nomothetik hat vor allem einen erzieherischen Charakter: Ihre Aufgabe ist es, die Seele so zu gestalten, daß sie keinen Fehler begeht. Indem die Nomothetik der Sophistik entgegengesetzt wird, nähert sie sich dem philosophischen Wissen. In der Tat erscheint die Nomothetik im 'Politikos' als ein Teil der Politik (294 A),[26] während die Rechtspflege als ein Organon der Politik dargestellt und

26) J.B. SKEMP (1952, S. 49) interpretiert diese Stelle anders und faßt die Nomothetik nicht als den oberste Teil der Politik. J. WILD(1946, S. 67f.) unterscheidet zwischen Politik, Didaktik und Philosophie und schreibt der Didaktik eine Mittelstellung zwischen Philosophie und Politik zu.

entsprechend von ihr abhängig gemacht wird (303 E 10 - 304 A 2). Die Turn- und Arztkunst werden als analoge Tätigkeiten zur Erklärung der Stellung des Politikers im Nomosexkurs benutzt (294 C - 297 E); es ist aber am Beispiel des Turnlehrers daß die Notwendigkeit der Nomoi erklärt wird (294 D - 295 A), was die Geltung der im 'Gorgias' vorkommenden Auffassung beweist. In den 'Nomoi' erscheint schließlich die Aufgabe der Gesetzgebung vornehmlich als eine erzieherische, ausbildende. Es ist deutlich, daß die gesetzgeberische Kunst die erste und wichtigste Stelle im platonischen Schema einnimmt.

H. ZEISE (1938, S. 53-57) machte darauf aufmerksam, daß die Politik eine Art Demiurgik sei, so daß sie im wahren Staat ein so nah wie möglich an die Grenze kommendes Quantum zu verwirklichen hat (S. 54). Indem der Nomos das oberste Produkt einer solchen Kunst unter den jetzigen Bedingungen ist, muß er in irgendeiner Verbindung zu der von ZEISE herangezogenen Problematik des Begrenzenden und und Unbegrenzten stehen, dem Gegensatz des folgenden Kapitels.

Zweites Kapitel

Der Nomos als Grenze und Mitte

Nach den frühen Abschnitten, die den Nomos als eine Erzeugung der Vernunft charakterisiert haben, die in der Seele des Einzelnen und in der Stadt Arete vollbringt, bleibt noch die Frage zu klären, wie er diese Arete in den verschiedenen Bereichen des Menschenlebens verwirklicht. Dazu ist zuerst eine Darlegung der Stellung des Nomos in der platonischen Seinslehre erforderlich und dann eine Untersuchung über den Einfluß der ontologischen Grundsätze auf die Gesetzesauffassung Platons.

I. Stellung des Nomos in der platonischen Seinslehre

Da der Nomos an einer für das Verständnis der platonischen Seinslehre bemerkenswerten Stelle vorkommt (Phil. 23 C - 27 C), hat man schon seit langem versucht, diese Passage für eine Bewertung des Nomos und der Politike Techne zu gewinnen. Es besteht dennoch keine Klarheit über die Stellung des Nomos in der platonischen Seinslehre. Während einige Forscher den Nomos in die Gattung des Peras einordnen (Ch. BADHAM 1855, z.Phil. 26 B; R.G. BURY 1897, zu Phil. 26 B; G.R. MORROW 1960, S. 560f.; I.M. CROMBIE 1962-1963, II, S. 431; P. FRIEDLÄNDER 1964[3]-1975[3], III, S. 303), vertritt G. STRIKER (1970) die Ansicht, Nomos und Taxis seien etwas, "das zu den πέρας ἔχοντα gehört, oder das sie mit sich bringen, nicht selbst πέρας ἔχοντα " (S. 61).

1. 'Philebos' (23 C - 27 C)

Die erste zu lösende Schwierigkeit besteht in der Lesung ἔχοντ' an der für uns entscheidenden Stelle (26 B), die BURNETS Ausgabe bringt. BURNET hat sich an den Codex Venetus (Appendix Classica 4, Codex 1=T) des 9. Jahrhunderts angeschlossen. Als einzige Varia Lectio kommt ἐχόντων im Codex Bodleianus (MS. E.D. Clarke 39 = B) ebenfalls des 9. Jahrhunderts vor. Ch. BADHAM (1855, z.St.) hält B für zuverlässiger, nur daß ἐχόντων an die falsche Stelle geraten sei.[1] R.G. BURY (1897, z.St.) betrachtet ἔχοντ' ἐνέθετο als die beste Lesung. In letzter Zeit hat G. STRIKER (1970, S. 60f.) wieder ἐχόντων vorgeschlagen.

BURYS Konjektur ist paläographisch schwer zu beweisen. Der von ihm zitierte Vorschlag PALEYS, die Schreiber hätten ἔχοντ' vorgefunden und mit einer Abkürzung von ἐχόντων verwechselt, ist auch im umgekehrten Sinn möglich und genauso plausibel. Wenn man einen Genetiv statt eines Akkusativs zu lesen hat, kann dieser auch partitiv verstanden werden und nicht nur possessiv, wie BURY vorschlägt (vgl. K.G., I, § 418, bes. S. 375). Dann hätte er hier das Ziel, Nomos und Taxis der Gattung der πέρας ἔχοντα zuzuordnen. Da die Schwierigkeit paläographisch nicht gelöst werden kann, muß eine Ana-

---

1) BADHAM liest: ὕβριν γάρ που καὶ ξυμπάσαν πάντων πονηρίαν αὕτη καὶ ἰδοῦσα ἡ σὴ θεὸς, ὦ καλὲ Φίληβε, πέρας οὔθ' ἡδονῶν οὔτε πλησμονῶν ἐνὸν ἐν αὐτοῖς ἐχόντων, νόμον καὶ τάξιν πέρας ἔθετο . In der 2. Ausgabe setzt er ἐχόντων hinter das erste πέρας . Wie R.G. BURY (1897, z. St.) bemerkt, macht diese Interpretation ἐνόν überflüssig.

lyse der Stelle die Erklärung durch grammatikalische und interpretatorische Mittel versuchen.

Paraphrase

In der Wirklichkeit könne man vier Gattungen des Seienden unterscheiden: Unbegrenztes (ἄπειρον), Grenze (πέρας), Mischung (συμμισγόμενον) und die Ursache der Mischung (αἰτία ; 23 C-D). Als Aufgabe jeder Untersuchung der Wirklichkeit wird von Sokrates die Bestimmung von Einheit und Vielheit in der entsprechenden Gattung gestellt. Zu dem Genos des Unbegrenzten gehöre alles, was mehr und weniger werde und das gar Starke und gar Schwache, das Zuviel und Ähnliches annehme (24 E - 25 A). Sie hätten kein Ende und seien deshalb unbegrenzt (24 B). Sokrates gibt als Beispiel dafür Wärmeres und Kälteres, Trockneres und Feuchteres, Mehr und Weniger, Schnelleres und Langsameres, Größeres und Kleineres an.

Im Gegensatz zu dieser Gattung umfasse die der Grenze das Gleiche und die Gleichheit, das Doppelte und die Zahl (25 A-B), alles, was mache, daß die Gegensätze aufhören, sich feindlich gegenüber zu verhalten, und sie durch Einführung einer Zahl verhältnismäßig und harmonisch mache (25 D-E).

Die Mischung entstehe aus diesen beiden Gattungen (25 B). Nach Ansicht des Sokrates ist die richtige Gemeinschaft zwischen Grenze und Unbegrenztem, was die Gesundheit, die vollkommene Tonkunst, die Jahreszeiten, die Schönheit, die Stärke und vieles mehr für die Seele bewirkt:

"Denn als diese Göttin den Übermut und jegliche

Schlechtigkeit des Menschen sah, schöner Philebos, und daß keine Grenze weder der Lust noch der Sättigung in ihnen vorhanden war, hat sie Nomos und Taxis, die Grenze besitzen, gesetzt" (26 B).

Die Mischung sei "das Werden zum Sein durch die Wirkung der mit Grenze vollgezogenen Masse (26 D 8-9).

Die Ursache sei die Natur des Zustandebringenden (ποιοῦν ; 26 E 6), die vom Zustandegebrachten befolgt werde (27 A).

Deutung

Seit der Antike hat man in diesen vier Gattungen die platonische Prinzipienphilosophie durchschimmern sehen (vgl. P. WILPERT 1953, S. 576).[2] So hat Porphyrios in seinem 'Philebos'-Kommentar diese Einteilung der Wirklichkeit in Verbindung mit dem Vortrag 'Über das Gute' gebracht (T.P. 23 B). Auch wenn einige Gelehrte diese Auffassung teilen (vgl. z.B. L. ROBIN 1918, S. 202-206), muß man mit J.E. RAVEN (1948, S. 185), H.J. KRÄMER (1959, S. 188ff.; 1968a, S. 111, Anm. 21) und H. HAPP (1971, S. 134) auf den begrenzten Wert dieses Exkurses hinweisen.[3] Einerseits ist 'Über das Gute'

---

2) J.E. RAVEN (1948, S. 180-187) hat versucht, die pythagoreische Grundlage der Stelle herauszuarbeiten und das 'Platonische' zu bestimmen.

3) In letzter Zeit mißt P.J. DAVIS (1979) dem Exkurs eine noch kleinere Bedeutung bei, indem er seine Fragestellung auf das Thema des Dialogs beschränkt und ihm jede Wichtigkeit für das Problem der Beziehung zwischen Ideen und Einzeldingen abstreitet.

wahrscheinlicher umfassender als der 'Philebos'-Exkurs gewesen, andererseits gelten die Prinzipien des 'Philebos' "nur für den Bereich des Werdens" (H. HAPP 1971, S. 134). In 'Über das Gute' galten hingegen die Prinzipien auch für die Ideen, während hier die Ideen selbst höchstwahrscheinlich an der Wirkung des Peras beteiligt sind (vgl. D. ROSS 1951, S. 132-138). Darüber hinaus führt dieser Exkurs die Prinzipien selbst nicht auf das Eine und die unbestimmte Zweiheit zurück.

Die Bedeutung der Stelle für die Nomosproblematik liegt darin, daß sie programmatisch das Ziel des Dialogs vorwegnimmt: Damit eine Hedone zum wirklich Seienden wird, muß sie begrenzt werden. Nur als Mischung von Peras und Apeiron kann die Hedone etwas Schönes und Gutes sein. Die gesamte Analyse gipfelt in der Bestimmung des Nomos als Grenze der Hedonai (26 B).

Eine der letzten Interpretationen der Stelle (G. STRIKER 1970, S. 60f.) versucht, Nomos und Taxis aus der Gattung des Peras auszuschließen und sie der Klasse der Mischung zuzuordnen. Die von G. STRIKER zur Unterstützung ihrer Interpretation vorgeschlagene Änderung von ἔχοντ' in ἐχόντων bringt keine wesentliche Neuerung in der Bedeutung der Stelle: In beiden Fällen gehören Nomos und Taxis zur Gattung der Grenze (vgl. o. S. 100 f.). Die von STRIKER selbst herangezogene Parallelstelle vom Phil. 25 D-E untermauert diese Interpretation. Dort wird behauptet, die Gattung des Grenzartigen stelle Symmetrie und Einklang im Unbestimmten her, indem sie die Zahl einführe (ἐνθεῖσα ἀριθμόν). Die von der Göttin eingeführten Nomos und Taxis müssen ebenfalls an unserer Stelle eine Begrenzung zustandebringen, weil die Menschen keine Grenze für Hedone und Sättigung kannten. Platon spielt mit dem Verb τιθέναι, das als Terminus Technicus für das Erlassen von Gesetzen benutzt (νόμον τιθέναι : ein Gesetz erlassen) und hier in der Bedeutung 'einführen, stellen' verwendet wird, um bildhaft die demiurgische Handlung der Göttin darzustellen: Es ist nicht die Rede vom Resultat dieser Handlung, d.h. der Mischung. Diese war vorher erwähnt worden (26 B 5-7); der γάρ -Satz erklärt die Entstehung der früher erwähnten schönen Dinge als Resultat der Einführung von Nomos und Taxis als Perashabende durch die Göttin. Ferner erklärt die Struktur des Bildes diesen Status des Nomos: Während Hedone und Sättigung zur Gattung des Unbegrenzten und die aus ihrer Begrenzung resultierenden Wesen zu der der Mischung gehören, reiht sich die Göttin als noetisches Wesen eindeutig in die Gattung der Ursache (vgl. 30 C-D). Demzufolge können Taxis und Nomos nur zur Gattung des Peras gehören.[4)]

Eine Stelle in einem Frühdialog, dem 'Gorgias' (504 B-D), zeigt, daß diese Auffassung weder einmalig noch neu bei Platon ist. Dort werden Nomos und Taxis als Prinzipien verstanden, die die Arete der Seele bewirken (s.o. S. 47 f.): Die Taxis des Leibes ist nach Sokrates dort das Gesunde, das die Gesundheit und die ganze Arete des Leibes zustande bringt. Parallel dazu werden Taxis und Kosmos der Seele als Nomos und Nomimon beschrieben, die die Arete der Seele vollbringen, nämlich die Gerechtigkeit und die Besonnenheit. Nomos und Taxis sind also nicht die Arete selbst (das Produkt), sondern sie erzeugen sie. Im 'Philebos' wird eine ähnliche Auffassung vertreten: Die Gesundheit entstehe aus der richtigen Anteilnahme an den Prinzipien der Grenze und des Unbegrenzten (25 E). Hier wie dort ist die Gesundheit ein Produkt, eine Mischung aus beiden Prinzipien. Da im 'Gorgias' das Gesunde als Grund für

---

4) G. STRIKER (1970, S. 61f) hat neuerdings auf die Äquivalenz zwischen πέρας und πέρας ἔχον in diesem Zusammenhang hingewiesen, wie aus der Parallele zwischen Phil. 23 C 10 und Phil. 24 A 2 deutlich hervorgeht.

die Gesundheit stand, kann man annehmen, daß es nach dem Schema des 'Philebos' den Platz der Grenze übernimmt. Der Parallelismus zwischen Gesundem und Nomos legt nahe, daß Nomos an der Stelle des 'Gorgias' auch als Grenze fungiert, nach den Kriterien des 'Philebos' ausgedrückt.

Die Kritik am Gesetz im 'Politikos' (294 A-C), einem dem 'Philebos' chronologisch nahestehenden Dialog, läßt ebenfalls ähnliche Vorstellungen erkennen. Der Nomos sei unfähig, heißt es dort, das Beste zu befehlen, weil er das Beste und Gerechteste für alle zugleich bestimme, während die Ungleichheit der Menschen und die Unruhe der menschlichen Angelegenheiten eine solche allgemeine Bestimmung nicht zuließen (294 A-B). Die menschlichen Angelegenheiten werden auf eine Weise geschildert, die an das Bild des Unbegrenzten im 'Philebos' erinnert (vgl. τὸ μηδέποτε μηδὲν ... ἡσυχίαν ἄγειν τῶν ἀνθρωπίνων; Politc. 294 B 3-4 und προχωρεῖ γὰρ καὶ οὐ μένει τό τε θερμότερον ἀεὶ καὶ τὸ ψυχρότερον ὡσαύτως; Phil. 24 D 4-5). Die Unbegrenztheit der menschlichen Angelegenheit wird in diesem Bild durch die Taxis-Norm des Nomos bestimmt und begrenzt.

Aus dem Vorhergehenden kann geschlossen werden, daß der 'Philebos' den Nomos als Grenze definiert, d.h. daß er eine Quantität in die Hedonai und ihren Gegensatz, die Lypai, einführen soll (für den geschichtlichen Hintergrund der Vorstellung des Nomos als Grenze vgl. H. OPPEL 1937, S. 51-57). Die Verbindung zwischen dem Nomos und dem Gegensatzpaar Hedone-Lype bewirkt eine Mischung. An einer anderen Stelle des 'Philebos' (64 D - 65 B) wird zwischen der richtigen und der unrichtigen Mischung unterschieden: Richtig sei die Mischung nur, wenn sie das richtige Maß erhalte, was nach den Kriterien der Wahrheit, Verhältnismäßigkeit und Schönheit beurteilt werden müsse. Der Zusammenhang zwischen Politik und Meßkunst wird ersichtlich: Die Erkenntnis des richtigen Maßes muß eine entscheidende Rolle in der Nomothetik spielen.

2. 'Politikos' (283 C - 285 C)

Nach der Interpretation des 'Philebos'-Exkurses ist die Bedeutung der 'Politikos'-Stelle über die Meßkunst deutlicher geworden. Die Beziehung zwischen beiden Passagen wurde von den verschiedenen Interpretationsrichtungen bemerkt (vgl. z.B. H. ZEISE 1938, S. 53-58; J.E. RAVEN 1948, S. 186f.; H. CHERNISS 1957, S. 240ff.; H.J. KRÄMER 1959, S. 160, 185, u.a.).

Der Exkurs wird eingeführt, um die Frage nach der Länge oder Kürze des Logos entscheiden zu können (283 C). Dieses scheinbar harmlose Thema bietet Platon die Gelegenheit, grundlegende Gedanken über seine Ontologie einzuführen (vgl. H.J. KRÄMER 1959, S. 159-162). Die Bedeutung des Exkurses wird von Platon selbst unterstrichen: Der Fremde aus Elea vergleicht diese Stelle mit der Passage über das Nichtsein im 'Sophistes' (284 B-C). Die gesuchte politische Kunst stehe im unmittelbaren Zusammenhang mit der Meßkunst (284 A-B), und wer wirklich ein kundiger Politiker sein wolle, müsse die letztere beherrschen (284 C). Der Hinweis auf die Beziehung zwischen dieser Passage und den letzten Prinzipien der platonischen Philosophie selbst (αὐτὸ τὸ ἀκριβές; 284 D 2) bekräftigt noch diesen Eindruck.

Wie das Ende des Exkurses zeigt, handelt es sich um eine Dihairese des Gesamtgefüges der Technai (284 E - 285 C), denn alle Künste nehmen gewissermaßen an der Messung teil (285

A 3-4). Die Zusammenschau soll die Gemeinsamkeit und Unterschiede der Künste überhaupt und ihrer Gegenstände vermitteln. Die Meßkunst als Oberbegriff aller Künste wird in zwei Teile unterteilt: jenen, der Übermaß (ὑπεροχή) und Mangel (ἔλλειψις) in ihrer Beziehung zueinander als Gegenstand hat, und jenen, der diese in ihrer Beziehung zum Angemessenen betrachtet (283 C-D, 284 E). Auf Übermaß und Mangel können alle Gegensatzpaare zurückgeführt werden, die im Laufe des Gesprächs erwähnt werden (μεῖζον - ἔλαττον ; 283 D, 284 A, 284 D; μέγεθος - σμικρότης ; 283 D; μέγα - σμικρόν ; 283 E; πλέον - ἔλαττον ; 284 A-B). Auf das Angemessene (μέτριον ; 283 E 3, 11, 284 A 2, 8, C 1, D 6, E 6; μέτρον ; 284 B 1) kann man andere Elemente wie das Zukommende (πρέπον), das Gelegene (καιρός) und das Gebührende (δέον) zurückführen (284 E). Das Merkmal dieser Gattung ist es, daß sie eine Mitte zwischen zwei Extremen darstellt (μέσον τῶν ἐσχάτων ; 284 E). Indem die Technai dieses Maß bewahrten, vollbrächten sie alles Gute und Schöne (284 B). Dazu sei es erforderlich, daß Übermaß und Mangel nicht nur gegeneinander meßbar seien, sondern vor allem an dem Maßhaften. Dieser Teil der Meßkunst, zu dem die Politik und fast alle Technai gehören, bezieht sich auf die notwendige Seinsart des Werdens (283 D),[5] d.h. die Beziehung vom Großen und Kleinen zum Maß (H.H. BERGER 1961, S. 221). Sein Ziel ist die Erzeugung des Maßhaften (284 C-D) im Gewordenen (285 A). Dieses Merkmal ist für die Politik von besonderem Belang: <u>Indem sie das Maßhafte anerkennt, kann sie es in der Wirklichkeit vollbringen, und dieses besteht in einer richtigen Mitte zwischen einem Zuviel und einem Zuwenig</u> (vgl. A. CAPELLE 1939, S. 47; H.H. BERGER 1961, S. 221). Die Politik wird

---

5) H.J. KRÄMER (1959, S. 160 Anm. 26) verbindet diesen Ausdruck mit dem 'Philebos' (26 D).

denmach zu einer Kunst der Mitte zwischen Extremen (A. CAPELLE 1939, S. 47). Die Nomothetik, der oberste Teil der politischen Kunst (vgl. o. S. 94 - 98), hat als Zweck die Schaffung der Arete (s.o. S. 25 - 65), die sich jetzt als Mitte zwischen zwei Extremen erweist.

Diese Interpretation wird durch eine Stelle der 'Politeia' unterstützt: Die Art der Arete sei eine, heißt es dort, unendlich viele die der Schlechtigkeit (4, 445 C). Das Maßhafte, das vom Nomos verwirklicht werden soll, ist in der Tat nur eins. Unendlich sind aber die Möglichkeiten der Abweichung der Norm in die eine oder in die andere Richtung. Wie es in den 'Nomoi' steht, besteht die Aufgabe des Nomothetes darin, das richtige Maß durch den Nomos zu verkünden (4, 719 E), ein Metron, das quantitativ bestimmt wird (ὁπόσον, 4, 719 E 4).

Der Schlußteil des 'Politikos' gibt weitere Auskunft über die Funktion des Nomos aus platonischer Sicht (308 D - 311 C). Als Aufgabe der politischen Kunst wird die Herstellung von zwei Arten von Verbindung bestimmt, einem göttlichen Band und die menschlichen Banden. Das göttliche Band ist die richtige Meinung über das Schöne, Gerechte, Gute und das Gegenteil, die das Ergebnis der gesetzgeberischen Kunst sein soll (309 C-D), die menschlichen Bande bestehen aus einer richtigen Heiratspolitik, die zwei einander entgegengesetzt Physeis (die tapfere und die besonnene) angemessenerweise vermischt (310 A - 311 C; vgl. u. S. 174 ff.). Die Bestimmung des göttlichen Bandes als richtige Meinung weist auf den Nomos hin (vgl. Leg. 1, 644 C-D; s.o. S. 30 f.). Er wird durch die Erziehung in die Bürger eingeprägt (309 D). Erst durch die Anteilnahme an dem Nomos erzeugen die tapfere und die besonnene Seele die entsprechende Arete, die in der Mitte liegt (309 D-E). Der Nomos muß also der natürlichen

Tendenz der Seele zu einem Extrem entgegentreten und die Psyche zur Mitte führen. So beleuchtet der Exkurs über die Meßkunst die letzte Stelle des 'Politikos': Die Aufgabe der Politik, d.h. die Führung der Bürger zur Arete, kann nur von einem vollbracht werden, der die Meßkunst beherrscht, die Mitte, die die Arete ausmacht, bestimmen kann und durch den Nomos verkündet (vgl. 307 A - 309 B).

3. Ergebnisse

Der Nomos muß im Bereich der Seele die richtige Mitte zwischen den Gegensätzen herstellen. Die unteren Teile der Psyche müssen in der Unbegrenztheit ihrer Hedonai und Lypai begrenzt und bestimmt werden, um die Herrschaft des Noetischen und somit die Ordnung in der Seele zu sichern. Dazu soll der Nomos seine Bestimmungen nicht nur auf den Bereich der Seele beschränken, sondern sie auf den ganzen Menschen und die gesamte Gesellschaft erstrecken. Aus dem Vorhergehenden ergibt sich, daß der Nomos eine maßhafte Bestimmung in die Unbestimmtheit der Hedonai, des gesamten menschlichen Lebens und des Politischen überhaupt einführen soll, die die auseinanderfallenden Elemente aufhebt und durch ihre Vereinigung die Arete in der Mitte des Kontinuums zustande kommen läßt (für diese Arete-Vorstellung vgl. K. GAISER 1963, S. 73ff.). Diese Definition des Nomos und der von ihm geschaffenen Arete macht den Bezug der Politik auf die uns durch die indirekte Überlieferung bekannte ungeschriebene Lehre deutlich (vgl. in letzter Zeit H.J. KRÄMER 1982, S. 168-171).

Inhalt und Bedeutung des Nomos in der Politike Techne werden auf diese Weise bestimmt. Der Gedanke der Mischung geht bei Platon mit dem Gedanken der Bewahrung des Maßhaften zusammen: Eine Mischung die das Metron nicht bewahrt, ist in Wahrheit eine bloß Zusammenschüttung, die zum Unheil wird für jene, die sie besitzen (Phil. 64 D-E). Das Wesen des Maßes und der Verhältnismäßigkeit fällt mit dem der Arete und Schönheit zusammen (Phil. 64 E). Die richtige Mischung, die das Maß und die Verhältnismäßigkeit bewahrt, soll durch die Wirkung der Begrenzung des Nomos vollbracht und erhalten werden. Im 'Sophistes' wird die Schlechtigkeit der Seele als Maßlosigkeit (ἀμετρία) bezeichnet, die keine Harmonie zwischen den verschiedenen Bestandteilen, sondern einen Gegensatz bewirkt (228 C - 230 A). Die Aufgabe der Kolastike und der Didaskalike sei es, die Symmetrie und Metriotes der verschiedenen Bestandteile wiederherzustellen.

Der Gedanke der Schaffung des Maßes und der Harmonie in der Seele durch den Nomos findet sich nicht nur in den Dialogen des späteren Platon, sondern auch in einem früheren Werk wie der 'Politeia'. Die Gerechtigkeit wird dort als die Harmonie der Seele bestimmt, die ihre verschiedenen Teile vereinigt und zusammenfügt. So entsteht die Einheit aus der Vielheit (4, 443 C - 444 A). Die Arete wird hier als eine richtige Mischung charakterisiert: Sie sei eine gewisse Gesundheit und Schönheit und ein guter Zustand der Seele. Die Schlechtigkeit - ähnlich der früher analysierten Stelle des 'Sophistes' - sei Krankheit, Häßlichkeit und Schwäche (444 D-E). Die richtigen Epitedeumata - und damit werden die Nomoi umfaßt - führen zur Arete, die schlechten zur Schlechtigkeit (444 E). Die im 'Philebos' ausdrücklich ausgesprochene Nomoslehre dient als Grundlage für das gesamte Werk Platons.

II. Die Verwirklichung von Mitte und Maß durch den Nomos

H.J. KRÄMER (1959) und K.GAISER (1963) haben der Frage der Arete als Mitte sowohl im Dialogwerk als auch auf der Grundlage der ungeschriebenen Lehre ihre Aufmerksamkeit geschenkt. Der vorliegende Abschnitt befaßt sich auf der Basis der im Vorhergehenden erarbeiteten Grundsätze mit der Bedeutung dieser platonischen Vorstellung für die Nomoslehre. Dabei wird die Teilung der Güter, die früher (S. 34 - 49) eruiert wurde, in den Vordergrund gestellt.

1. Seele

Die im 'Philebos' vorgetragene Vorstellung des Nomos als Peras wird in den 'Nomoi' an einer programmatischen Stelle, die jetzt zum Umriß des Rahmens dieses Abschnitts dienen soll, neu aufgegriffen und in Hinblick auf die ganze Gesetzgebungskunst präzisiert (1, 636 D-E). Jede Untersuchung über die Gesetzgebung, heißt es dort, müsse sich fast ausschließlich mit Hedone und Lype befassen: Die Bestimmung des Ursprungs, des richtigen Zeitpunktes und der Intensität in dieser Frage spielt eine entscheidende Rolle für die Erlangung der Glückseligkeit. Wer nicht die richtige Zeit treffe (ἐκ τῶν καιρῶν), werde nur unglücklich sein. Diese Frage wird hier auf ihrer allgemeinsten Ebene betrachtet: Sie gilt für die Menschen, den Staat und sogar für alle Lebewesen. Die Aufgabe der Politik und des Nomos werden nach denselben Grundsätzen wie im 'Politikos' und im 'Philebos' bestimmt: Der Nomos soll prinzipiell den Kairos und das Metron der Lust und des Schmerzes bestimmen.

Lype und Hedone in der 'Politeia'

Im 9. Buch der 'Politeia' (571 A - 572 B) unternimmt Platon eine Dihairesis der Hedonai und Begierden. Unter den nicht notwendigen (für die Unterscheidung zwischen notwendigen und nicht notwendigen Hedonai vgl. 8, 558 C - 559 D) gebe es einige, die wider den Nomos seien. Sie entstünden in jedem Menschen und würden von den Nomoi oder von den besseren mit Vernunft verbundenen Epithymiai einiger Menschen in Zucht gehalten, so daß sie völlig verschwänden oder als wenige und schwache weiterlebten. Sokrates unterscheidet eine andere Gattung stärkerer und größerer Epithymiai, die während des Schlafes entstehen, wenn der herrschende und rationale Teil der Seele ruht und der tierhafte und wilde Teil frei wird und sich selbst zu befriedigen sucht. Ohne den Einfluß der Schamhaftigkeit und der Phronesis wage dieser Teil der Seele, das Schlimmste zu unternehmen. Nach Ansicht des Sokrates entstehen am wenigsten solche Erscheinungen bei dem, der gesund und besonnen mit sich selbst umgeht. Diese Art von Epithymiai bestehe bei allen Menschen und sei dem Nomos nicht unterworfen (ἄνομον).

Die Beschreibung bezieht sich auf die platonische Dreiteilung der Seele: Das Noetische regiert im gerechten Menschen die anderen beiden Teile. Die Betrachtung konzentriert sich vor allem auf das Verhältnis zwischen oberstem und unterstem Teil der Seele. Die Aufgabe von Gesetz und Vernunft wird hier deutlich skizziert: Sie sollen die unteren Teile der Seele in Zucht halten und schwächen, so daß die Herrschaft des Nus möglich wird. Dies kann aber nur geschehen, wenn die notwendigen Bedürfnisse der unteren Teile maßvoll befriedigt werden (vgl. 572 A; s. J. STENZEL 1928, S. 112). Die absolute Verweigerung der Befriedigung bewirkt Unbehagen und läßt das Vernünftige so wenig sein Ziel erreichen wie die Lust, die durch das Nachgeben entsteht. Die Vernunft, wird argumentiert, müsse beide unteren Teile beruhigen (ἀλλ' ἡσυχάσας μὲν τὼ δύο εἴδη ; 572 A 5-6). Der begehrende Teil dürfe weder Not (ἔνδεια; 571 E 1) noch Überfluß (πλησμονή ; 571 E 2) leiden, damit die Vernunft herrschen könne. Die zugrundeliegende Vorstellung besagt, daß die Vernunft und der Nomos diese Begierde in Schranken halten und daß sie dafür eine maßvolle Befriedigung verwirklichen müssen, indem sie die Extreme von zuviel und zuwenig Nachgeben vermeiden.

Ähnliches kann man im 4. Buch erfahren, als Sokrates die Analyse der vier Grundaretai des Idealstaates unternimmt (427 D - 434 D) und bei der Untersuchung der Besonnenheit auf die Erklärung des Satzes kommt, daß einer "besser als er selbst sein kann" (430 E - 431 D). Die Besonnenheit sei eine Ordnung (κόσμος) und die Beherrschung einiger Hedonai und Epithymiai. "Besser als man selbst sein" heiße, daß das Beste der menschlichen Seele das Schlechtere beherrsche. Wenn aber wegen einer schlechten Erziehung oder wegen des Verkehrs mit Schlechten der bessere Teil, der kleinere, von der Menge des schlechten beherrscht werde, sei dies "schlimmer als man selbst sein"; der so Beschaffene sei zügellos. In der Stadt finden sich nach Sokrates die vielen und vielerlei Epithymiai, Hedonai und Lypai bei Kindern, Frauen und Sklaven und den vielen und schlechten Freien. Die einfachen und gemäßigten (μέτριαι) Epithymiai und Lypai, die von der Überlegung (λογισμός) mit Vernunft (νοῦς) und richtiger Meinung (δόξα ὀρθή) geführt werden, sind bei den wenigsten Menschen, den bestgearteten und besterzogenen, lokalisiert. Im Staat der 'Politeia' seien die Begierden der Vielen und Schlechten, schließt Sokrates, von den Begierden und Einsichten der Wenigen beherrscht, und man könne dementsprechend von ihm behaupten, daß er besser als er selbst sei.

Bemerkenswert ist an dieser Stelle die Unterscheidung zwischen den unbegrenzten Hedonai der Menge, die in der Zügellosigkeit der Schlechten zum Ausdruck kommen und zur Vielheit der Menge gehören, und den begrenzten Hedonai der Guten, die vom Nus zum Maß geführt worden sind. Die letzteren Hedonai werden begrenzt und maßvoll gemacht durch einen vom Nus und richtiger Meinung begleiteten Logismos. Die bei Platon übliche Anspielung auf den Nomos als Dogma des Staates (Leg. 1, 644 C-D), die in der 'Politeia' sehr oft auftritt (vgl. z.B. 3, 414 B; Resp. 4, 429 C, 430 B), kommt hier noch einmal zum Ausdruck. Eine richtige politische Ordnung besteht demnach darin, daß der beste Teil des Staates sich durchsetzt und durch den Nomos sich selbst und die unteren Teile der Gesellschaft zum Maß hinsichtlich der Hedonai und der Lypai führt. In der Seele des Menschen besteht ein ähnlicher Zusammenhang (4, 439 A-D). Durch die Begrenzung des Nomos werden aber die Hedonai und Lypai nicht ausgelöscht, sondern bloß zum Metron geführt, sie werden maßvoll. <u>Der Nomos ist eine konkrete Grenze, durch die das Beste die Unbestimmtheit des Schlechteren zum Maß führt</u>.

Im 9. Buch (580 C - 583 A), bei dem zweiten Beweis der Überlegenheit der Gerechtigkeit, gibt Sokrates eine ausführliche Analyse der verschiedenen Hedonai der Seele und des Staates. Die Seele wird an dieser Stelle in drei Teile geteilt, und jedem Teil wird eine entsprechende Hedone zugeschrieben. Ein Teil sei das, womit der Mensch lerne, der andere der, mit dem er sich ereifere, und der dritte Teil sei vielartig (πολυειδία; 580 D 11; vgl. πλῆθος ; Resp. 4, 431 A 8; sowie 431 B-C) und werde Epithymetikon genannt, weil seine Begierden nach Essen, Trinken, Liebe und Geld außerordentlich heftig und stark seien (μέγιστον , ἰσχυρότατον).

Während dieser Teil in der Darstellung des Sokrates dem eigenen Nutzen folgt, trachtet der zweite hingegen nach Macht, Sieg und Ruhm, und der oberste ist immer auf die Erkenntnis der Wahrheit ausgerichtet. Je nachdem, welcher Teil im Menschen herrsche, erklärte Sokrates, ergäben sich die entsprechenden Menschenarten: Der Geldgierige werde nur danach trachten, was ihm nützt, und alles andere verachten. Der Ehrliebende strebe nach allem, was ihm Ruhm bringe. Die Hedonai des Philosophen bestünden im Umgang mit der Wahrheit (581 D-E). Aus diesen drei Arten von Hedonai werden drei verschiedene Lebensformen abgeleitet und die philosophische Lebensweise als die beste bestimmt: Der Philosoph sei imstande, die Hedonai der anderen zu beurteilen, die anderen könnten aber seine Hedonai nicht richtig einschätzen; er sei der einzige, der die höchste Hedone, die Schau des Seins (ἡ τοῦ ὄντος θέα; 582 C 7-8) genieße. Der Schluß lautet:

> "Da es also drei Arten von Hedonai gibt, wäre die Hedone des Seelenteils, mit dem wir lernen, die lustvollste ..." (583 A).

Nach dieser Stelle ist die Hedone des Nus lustvoller als die des Epithymetikon, wobei die Lösung des 'Philebos' vorweggenommen wird: Die Lust muß, um wirklich Lust zu sein, ihre Unbestimmtheit aufgeben und zum Maß gelangen. Dies wird noch von den Termini unterstrichen, die für die Beschreibung der Tätigkeit des untersten Teils benutzt werden: μέγιστον (580 E 1), ἰσχυρότατον (580 E 1), σφροδρότης (580 E 3). Ähnliche Wörter werden im 'Philebos' für die Beschreibung des Unbegrenzten verwendet (vgl. o. S. 100 - 106). Der Nus hingegen erscheint als Maß der anderen Hedonai, nur er ist imstande, wirkliche Hedone für sich selbst und für die anderen Teile zu vollbringen. Während seine Hedone wahr und rein ist, sind die der anderen nur Schattenrisse (583 B). Die gesamte Darstellung der verschiedenen Hedonai mündet so in eine ontologische und phänomenologische Betrachtung der Hedone im dritten Beweis der Überlegenheit des gerechten Philosophen. Sokrates unterscheidet drei verschiedene Seelenzustände: den Gegensatz Lype-Hedone und einen mittleren Zustand, der weder Lype noch Hedone ist (583 C-E) und nicht von rastloser Bewegung und Veränderung charakterisiert wird, sondern in sich das Merkmal der Ruhe und der Beständigkeit trägt. Das ἡσυχίαν ἄγειν wird im folgenden weiter präzisiert: Für die Schmerzleidenden sei es das Lustvollste, und nicht das Lust-Genießen. Für jene, die Lust empfinden, sei es hingegen schmerzvoll. Es könne aber nur wegen der Unerfahrenheit der Leute mit der Hedone und der Lype verwechselt werden, da sie nicht wissen, was wahrhaft oben, unten oder in der Mitte sei (584 E).

Hier kommt eine scheinbare Unterbrechung des Gedankenganges: Wie bei dem Leib Durst, Hunger und ähnliche Zustände eine gewisse Leerheit darstellten, so seien Unwissenheit und Unbesonnenheit eine Leerheit der Seele. Essen und Nus-Bekommen seien demzufolge zwei Sorten von Anfüllung. Die wahrhafteste sei jene, die am meisten am Sein teilhabe, d.h. das Lernen der Seele (585 A-E). Auf diese Weise knüpft der dritte Beweis an den zweiten an. Die Pflege der Seele nimmt mehr am Sein teil als die Pflege des Leibes. Hier findet sich die Grundteilung der Technai über den Menschen wieder, die im 'Gorgias' (463 E - 465 A) behandelt war und oben untersucht worden ist (s.o. S. 94 - 98). Die Befriedung der höheren Bedürfnisse verschaffe höhere, wirklichere und wahrhaftere Hedone, denn diese sei die einzig wahre (585 D-E). Das Epithymetikon und der Thymos könnten hingegen die ihnen entsprechenden wahren Hedonai nur erhalten, wenn sie sich der Norm der Vernunft unterordneten (586 D-E). Nur durch die Bestimmung der Episteme und des Logos erlangen die Hedonai der unteren Teile ihre Wahrheit (586 E).

Durch die Definition der Gerechtigkeit und die Präzisierung der Norm des Nomos verbinden sich am Ende des Beweises diese nur scheinbar zusammenhanglosen Teile (586 D - 587 D).: Was sich am meisten von Philosophie und Logos entferne, sei auch von Nomos und Ordnung am meisten getrennt. Dies seien die Hedonai des untersten Teils, was auf gesellschaftlicher Ebene in dem Gegensatz zwischen Tyrann und König zum Ausdruck komme.

Dieser Abschnitt der 'Politeia' bildet die Brücke zwischen 'Gorgias' und 'Philebos': <u>Der Nomos als Ordnung der Seele (Gorg. 504 D) besteht in der Bestimmung und Begrenzung der unteren Teile der Psyche</u> (Phil. 26 B). <u>Er stammt aus der Vernunft und seine Norm vollzieht deren Herrschaft.</u> Nach dem Schema des 'Philebos' ist der Nus die Ursache (28 A - 31 A), die die Mischung zwischen der zahlenmäßigen Proportion des Nomos und der Unbestimmtheit der Hedonai zustande bringt (über den noetischen Ursprung des Nomos s.o. S. 75 - 98). Die Hedonai werden durch den Nomos begrenzt, indem dieser die im Nus bestehende und von ihm abgebildete Ordnung und Grenze auf die Hedonai überträgt.

Das Ideal des Ruhe-Bewahrens als Mitte zwischen zwei Extremen wird von Sokrates im 10. Buch der 'Politeia' hinsichtlich der Haltung des guten Menschen (ἀνὴρ ἐπιεικής ; 603 E 3) bei einem Unglücksfall geschildert. In einer solchen Situation erscheinen im Menschen zwei entgegengesetzte Tendenzen: Logos und Nomos befehlen ihm, sich der Lype zu widersetzen, die Leidenschaft aber zieht ihn zum Schmerz hin. Das Bild ähnelt dem Marionettengleichnis (Leg. 1, 644 D - 645 C). Hier wie dort wird der Mensch von entgegengesetzten Zügen auseinandergezogen. Die Passage der 'Politeia' bezieht sich unmittelbar auf die oben analysierten Partien des 9. Buches (s.o. S. 114 ff.). Nomos und Logos finden sich auch hier wie damals verbunden; diesmal aber sollen sie nicht die Hedonai der unteren Teile, sondern die Schmerzen begrenzen; der Nomos enthält nämlich die Norm, die das Leben des Menschen gestalten soll: Er sagt, daß das Beste im Unglück sei, die Ruhe zu bewahren und sich nicht zu erzürnen, weil es nicht klar sei, was dabei das Gute oder das Schlechte darstelle, weil man ferner nicht wisse, ob aus dem Unglück für den Leidenden irgendein Nutzen entstehen werden, und schließlich, weil das Menschliche nicht großer Anstrengungen wert sei. Die Betrübnis sei hingegen ein Hindernis für die Überlegung, wie aus der Lage das Beste zu machen sei.

Das Ruhe-Bewahren, das die rastlosen Bewegungen der Seele vermeidet, ist eine Art Ataraxie, die sich zwischen den Extremen von Lype und Hedone befindet. Indem die Seele die großen Bewegungen vermeidet, bewahrt sie eine Ruhe und eine Einheit, die sie zum bestmöglichen Abbild des Ideenkosmos machen. Der Nomos enthält die Grenze, die Ordnung und die Bestimmung, die die Psyche zu diesem Ziel führt. Diese Vorstellung steht in Zusammenhang mit dem später zu behandelnden Gedanken des mittleren Lebens, das die Gesetzgebung verwirklichen soll (s.u. S. 133 ff.). Nach der Auffassung der 'Politeia' muß der Nomos die richtige Mitte zwischen Schmerz und Lust bewahren, 'retten', verwirklichen.

Das gemischte Leben im 'Philebos'

Die frühere Analyse des 'Philebos'-Exkurses (23 C - 27 C; vgl. o. S. 100 - 106) wies auf die ontologische Dimension des Nomosbegriffes hin. Die Zuordnung des Nomos zu der Gattung der Grenze und seine Definition als Peras der Hedonai in einem Exkurs, der prinzipiellen Charakter hat, beweist zugleich die große Bedeutung des Dialogs für das Verständnis dessen, was Platon unter Begrenzung der Hedonai durch den Nomos verstand.

Der Exkurs (23 C - 27 C) soll eine neue Basis schaffen, die der in die Aporie geratenen Untersuchung des Lebens der Hedone und der Nusexistenz einen neuen Anfang ermöglicht. Schon früh im Dialog (21 D - 22 C) kommt man zu dem Schluß, daß weder das eine noch das andere, sondern eine Mischung beider Elemente das Beste sei, was unmittelbar nach dem Exkurs bestätigt wird (27 C-D). Lype und Hedone gehörten nicht zur Gattung der Mischung, sondern des Apeiron (27 E - 28 A, 31 A). Der Nus wird der Gattung der Aitia zugeordnet und als das waltende Element des Kosmos bestimmt (28 C - 31 B). Er sei die Ursache der Ordnung und der Harmonie in dieser Welt. Auf der Grundlage der Lehre, die in jeder Lype die Zerstörung eines Lebendigen sieht und in jeder Hedone seine Wiederherstellung, wird ein dritter Zustand unterschieden, wo es weder Zerstörung noch Entstehung gibt, der weder Lust noch Unbehagen ist. Nichts hindere den, der das Leben der Phronesis gewählt habe, auf diese Weise zu leben (32 D - 33 B). Diese Lebensweise sei die göttlichste und die Götter müßten mit Sicherheit ein solches Leben führen.

Der Abschnitt über die falschen Hedonai und Lypai (37 A, 38 B) soll die Unvollständigkeit dieser These beweisen (32 B - 43 C, 51 A). Er zeigt, daß es bei großen körperlichen Veränderungen Hedone und Lype gibt, bei den kleinen und gemäßigten (μέτριαι) aber nicht (43 C). Dies läßt die mittlere Lebensform zwischen Hedone und Lype wiederum als für die Menschen möglich erscheinen (43 C-E). In der Tat ist es das Leben des Schlechten und des Kranken, wo die größten Hedonai und Lypai stattfinden und nicht die Arete (45 E, 63 D-E). Der Besonnene halte sich an das μηδὲν ἄγαν , an das Maß, der Unbesonnene hingegen sei von den Hedonai und Lypai beherrscht, vom Apeiron und nicht vom Peras. Seine Seele befindet sich in Auflösung wie der Körper des Kranken (vgl. 42 C-D).

Die Analyse der verschiedenen Arten von Hedone zeigt zwei Gattungen; einerseits die unbegrenzten Hedonai (32 B - 50 E), andererseits die maßvollen (51 A - 53 D). Die unbegrenzten Hedonai rufen gemäß ihrer Natur immer ihren Gegensatz hervor, Lust und Unbehagen treten bei ihnen als gleichzeitige Erscheinungen auf. In dieser Gattung werden drei Arten unterschieden:

1 - Hedonai im Inneren und Äußeren des Leibes (46 A - 47 C)

2 - Hedonai der Seele und des Leibes zusammen, wohin die falschen Hedonai gehören (34 E - 36 C), die auf einer Täuschung der Seele beruhen: Während die Seele in der Erwartung der Befriedigung sich freut, leidet der noch nicht befriedigte Leib.

3 - Die Seele kennt ihrerseits solche unbegrenzten Hedonai in Zorn, Angst, Verlangen, Wehmut, Liebe, Eifersucht, Neid usw. (47 E - 50 D).

In jeder Art ergeben sich drei Mischungen von Hedone und Lype: wenn die Hedone überwiegt, wenn beide gleich sind, und wenn die Lype die Hedone übertrifft.

Bei der Gattung der unbegrenzten Hedonai handelt es sich zwar um eine Mischung. Dennoch ist sie keine richtige, weil sie aus zwei Elementen besteht, die zum Unbegrenzten gehören: Lype und Hedone. Die Bezeichnung der Gattung der maßvollen Hedonai als ungemischt (51 A - 52 C) bezieht sich bloß auf die Abwesenheit von Lypai. Sie sind aber im Sinne des Exkurses (23 C - 27 C) vermischt, weil sie an der ἐμμετρία teilhaben (52 C-D), während die unbegrenzten Hedonai demnach ungemischt sind, weil sie zum Apeiron gehören. Die maßvollen Hedonai werden in zwei geteilt:

1 - Ein Teil gehört zum leiblichen Bereich (51 A-E) und entstammt nicht den großen Veränderungen im Leib, sondern entspricht allem, was sich auf einen kleinen und unwahrnehmbaren Mangel bezieht, das aber die Anfüllungen wahrnehmbar und lustvoll macht.

2 - Der andere Teil besteht aus den rein intellektuellen und noetischen Hedonai (τὰ περὶ τὰ μαθήματα ; 51 E - 53 C).

Das gesamte Schema des 'Philebos' kann folgendermaßen dargestellt werden:

Hedonai
- 1 - Begrenzte Hedonai (ohne Lype)
  - 1 - Noetische Hedonai
  - 2 - Leibliche Hedonai
- 2 - Unbegrenzte Hedonai (Lype und Hedone)
  - 1 - Hedonai der Seele
    - 1 - mehr Hedone
    - 2 - gleiche Hedone und Lype
    - 3 - mehr Lype
  - 2 - Hedonai des Leibes und der Seele
    - 1 - mehr Hedone
    - 2 - gleiche Hedone und Lype
    - 3 - mehr Lype
  - 3 - Hedonai des Leibes
    - 1 - mehr Hedone
    - 2 - gleiche Hedone und Lype
    - 3 - mehr Lype

Die Gattung der maßvollen Hedonai ermöglicht eine Bestimmung des mittleren Lebens hinsichtlich der Hedone, wo sie weder lustvoll noch schmerzhaft im Sinne des Apeiron ist und es keine Veränderung in den einen oder anderen Zustand gibt.[6] Die wahren und reinen Hedonai haben die unbegrenzte Natur des Apeiron aufgehoben und negiert: Die Hedone bedarf ihrer Negation (Grenze, Nus, Nomos), um zu ihrer Wahr-

---

6) Wie der Kontext zeigt, ist der oben erwähnte Zustand auch für alle Lebewesen möglich, wenn sie weder zerstört noch geheilt werden (Phil. 32 D - 33 A).

heit zu gelangen. Das 'gemischte Leben' als eine Mischung zwischen gemäßigten Hedonai, Nus und Phronesis entspricht

---

Man hat versucht, anhand der 'Epinomis' (985 A) die Hedone, vor allem die theoretische, von den Göttern auszuschliessen. Dazu aber wäre zu bemerken:

1 - An der 'Epinomis'-Stelle werden den untersten Göttern die unbegrenzten Formen von Hedone und Lype zugesprochen (θαυμαστῶς ἀσπάζειν, σφόδρα μισεῖν ; 985 A 4-5), dementsprechend wird den obersten Göttern nur diese Art von Hedone und Lype abgesprochen (im Schema 2 - 1). Wie ausdrücklich gesagt wird, nehmen die obersten Götter an Denken (φρονεῖν) und Erkenntnis (γιγνώσκειν) in jeder Hinsicht teil. Die oberste Art von Hedone wird nicht nur nicht ausgeschlossen, sondern vorausgesetzt (vgl. über die theoretische Hedone auch Resp. 9, 582 C - 583 A). Es ist zu bemerken, daß in 985 A 4-7 unterstrichen wird, die untersten Götter nähmen schon an der Lype teil. In der Tat nehmen die höchsten Götter auf gar keine Weise an der Lype teil, wohl aber an der noetischen Hedone (vgl. 985 A 5-6). Der Hauptunterschied liegt also in der Unbegrenztheit von Lype und Hedone. Darüber hinaus ist zu betrachten, daß diese vorläufige Bemerkung des 'Philebos' (32 B-C) sich auf alle Götter bezieht, und wenn man ihr einen absoluten Wert beimessen will, kann man nicht diese Stelle der 'Epinomis' geltend machen, denn hier ist eher von einer Abstufung von Hedone und Lype die Rede , in der mindestens ein Teil der Götter, die untersten, an Lype und Hedone teilnehmen.

2 - Die Philia des Gottes, die mit dem Eros verbunden ist, enthält eine Art Hedone im Verkehr mit dem guten Menschen (Leg. 4, 716 C-D; vgl. Leg. 8, 837 A). Es handelt sich sicher nicht um die niedrigen Hedonai. Im Unneidisch-Sein des Demiurgs könnte man auch eine solche Liebe finden (Tim. 29 D - 30 C). Das Denken wird außerdem im 'Philebos' ohne jede Einschränkung als mit der besten Hedone verbunden betrachtet (Phil. 51 E - 52 A und bes. 63 B). Auch wenn es von Platon nicht ausdrücklich behauptet wird, scheint er nicht sehr weit von der aristotelischen Lehre über die Hedone des sich selbst denkenden Gottes zu sein Metaphysica 12, 1072 b 14-30; Ethica Nicomachea 7, 1154 b 24-26; 10, 1178 b 20-32).

dem 'besten Leben' der 'Politeia' (s.o. S. 112 - 118). Auch hier sind die unbegrenzten Hedonai der unteren Teile der Seele ein Hindernis (63 D 5) für den oberen Teil,[7] denn sie bringen die Seele in Unordnung, verhindern die Herrschaft des oberen Teils,und durch das Vergessen zerstören sie völlig die Abkömmlinge des Nus (τὰ γιγνόμενα ἡμῶν τέκνα; 63 E). Wie schon früher deutlich wurde (s.o. S. 82 f.) ist der Nomos einer dieser Abkömmlinge, der gerade zur Aufgabe hat, die Herrschaft des oberen Teils der Seele zu sichern.

Wenn man dieses Bild des 'Philebos' mit den früheren Ergebnissen aus der 'Politeia' und mit der Bestimmung des Nomos als Grenze vergleicht, wird ersichtlich, daß der 'Philebos' die Analyse der 'Politeia' vertieft. Der Zweck des Nomos ist es, das gemischte Leben zwischen Lype und Hedone so weit wie möglich zu verwirklichen. Dazu muß er die Herrschaft des Nus bewirken, indem er die unbegrenzten Hedonai begrenzt. Die echteste Hedone ist jene, die aus dem Nus selbst stammt. Diese aber ist schon Grenze der Natur nach und braucht nicht die Begrenzung durch den Nomos. Der Nus als Ursache ist das, was durch den Nomos die Hedonai der unteren Teile der Seele begrenzt, und ist ein Element nur in der anderen Mischung, der Mischung der gemischten Lebensweise, an dem die schon begrenzten Hedonai Anteil haben. Der Nomos befestigt durch die Bestimmung der Hedonai der unteren Teile der Seele die Herrschaft des Nus und hilft,das Agathon der Seele zu verwirklichen.

---

7) Vgl. Resp. 10, 604 B-C: Das λυπεῖσθαι ist dort auch ein Hindernis für die Seele und ihre Suche nach dem für sie Besten.

Das beste Leben in den 'Nomoi'

Im 6. Buch der'Nomoi' (782 D - 783 B) behauptet der Athener, daß alle menschlichen Dinge von drei Bedürfnissen und Begierden abhängen: nach Essen, Trinken und Liebe. Durch sie könne für die gut Geführten die Arete oder die Kakia für die schlecht Geleiteten entstehen. Das Verlangen nach diesen drei Grundbedürfnissen sei voll von Unvernunft. Es handelt sich um die Grundtriebe des Epithymetikon, die in der 'Politeia' und im 'Philebos' vorkamen. Der Nomos tritt hier als limitierendes Element zusammen mit der Furcht und dem wahren Logos auf: Alle drei müßten solche Bedürfnisse auf das Beste und nicht auf das Lustvollste hinwenden oder niederhalten (783 A). Es handle sich darum, ihr Wachstum und ihren Zufluß zu hemmen (783 B).

Die im 'Philebos' gedeutete Aufgabe des Nomos kommt an dieser Stelle deutlich zum Ausdruck (s.o. S. 118 - 124). Wachstum- und Zufluß-Hemmen heißt,die gewaltigen und schmerzhaften Veränderungen zu vermeiden und die Grundbedürfnisse und ihre Befriedigung in einem richtigen Maß zu halten. Die ganze Gesetzgebung der 'Nomoi' sei dazu besonders geeignet, die Begierden der Bürger und der Jugend in Schranken zu halten, heißt es an einer anderen Stelle (8,835 D - 836 B). Daß man sich nicht im Übermaß bereichern darf,und die gute Erziehung sind sehr bedeutende Aspekte der Gesetzgebung Magnesiens in dieser Hinsicht.

Die Begierden sollen nicht völlig abgeschafft werden, sondern in einem richtigen Maß zum Ausdruck kommen. Platon macht selbst von den Hedonai und Lypai als Mittel der Gesetzgebung Gebrauch, um die Liebe zur Gerechtigkeit bei den Bürgern zu erwecken (9, 862 D - 863 A).

Die Vollkommenheit eines Staates wird außerdem an seinen Hedonai und Lypai gemessen. Je mehr die Bürger sich über dasselbe freuen oder unter demselben leiden, desto besser ist der Staat. Die größte Einheit in diesem Punkt ist das Merkmal eines richtigen Staates (vgl. Resp. 5, 462 A-E, 464 A-B; Leg. 5, 739 C-D ; s.u. S. 202 - 212). Im Staat der 'Politeia' werden als Wächter jene erkoren, die am meisten die Norm des Nomos hinsichtlich der Hedonai und der Lypai bewahren (4, 429 C - 430 C).

Die praktische Anwendung dieser Prinzipien kann in der großen Vorrede der Gesetzgebung im 5. Buch der 'Nomoi' beobachtet werden (732 B - 734 E). Da wird entsprechend dem 10. Buch der 'Politeia' eine mittlere Haltung angesichts der Hedonai und der Lypai empfohlen. Der Mensch müsse das Übermaß in beiden Fällen vermeiden (732 C). Platon rät zum Maßhalten in Glück und Unglück, indem man übermäßige Freude verbirgt und versucht, im Unglück eine richtige Haltung zu bewahren. Das beste Leben müsse auch die größtmögliche Quantität an Freude und die kleinste an Schmerz bewirken. Der scheinbar hedonistische Ansatz steht im vollen Einklang mit der Lehre des 'Philebos': Das mittlere Leben, indem es die mit Unbehagen verbundenen Hedonai vermeidet und die anderen pflegt, schafft die größte Freude und das kleinste Unglück. Die Analyse der verschiedenen Lebensformen (733 A - 734 E) knüpft unmittelbar an den 'Philebos' an. Das Gesetz soll die Norm für das beste Leben darstellen. Es werden acht Lebensformen, in zwei Gruppen unterteilt, unterschieden. Vier davon gehören zu den Aretai und vier zu den Kakiai. Jeder tugendhaften Lebensweise entspricht eine vom Laster beherrschte Lebensform:

besonnene Lebensweise	-	zügellose Lebensweise
gesunde Lebensweise	-	kranke Lebensweise
tapfere Lebensweise	-	feige Lebensweise
vernünftige Lebensweise	-	unvernünftige Lebensweise

Der Vergleich beginnt mit der besonnenen und der zügellosen Lebensweise und ist dabei am ausführlichsten, weil diese paradigmatischen Wert für jede Gruppe haben. Die besonnene Lebensweise sei sanft, habe ruhige Hedonai und ruhiges Unbehagen, schwache Begierden und gelindes Liebesverlangen. Im Gegensatz dazu sei die zügellose Lebensform heftig in jeder Hinsicht: Ihr Unbehagen und ihre Hedonai sowie ihre Begierden seien stark. Während in der besonnenen Lebensweise die Hedonai die Lypai übertreffen, sei in der zügellosen das Gegenteil der Fall: Deshalb könne keiner, der lustvoll leben wolle, die zügellose Lebensform verfolgen.

Die Analyse der anderen Paare kommt zu demselben Resultat. Die mit Arete an Leib oder Seele verbundene Lebensweise sei lustvoller als die mit Kakia verbundene und übertreffe diese bei weitem an Schönheit, Richtigkeit, Arete und gutem Ruf, so daß sie den Menschen, der sie ausgewählt habe, viel glücklicher mache als die anderen. Die Analyse zeigt die mittlere Lebensart, die extreme Hedone und extremes Unbehagen vermeidet und die Arete fördert, als Vorbild, das im Nomos enthalten sein soll und von ihm verwirklicht werden muß.

Im 7. Buch greift der Athener wieder auf dieses Problem zurück (790 E - 793 A). Bei der Betrachtung der Bewegungen, die der Foetus und das Neugeborene ausführen sollen, kommt er zu der Frage des mißmutigen und des nicht mißmutigen Zustandes der Seele (791 C), von denen im großen Maße die gute oder schlechte Verfassung der Seele abhängt. Ein Übermaß an Erlebnissen von Furcht und Schmerz (791 B,D) verursacht in der Seele der Kinder Feigheit und macht sie kriecherisch, unfrei und menschenfeindlich, so daß sie untauglich für das Zusammenleben werden (791 E). Die Verzärtelung macht die Kinder hingegen mißmutig, jähzornig und leicht erregbar. Deshalb müsse von Anfang an das Mißmutige vermieden und die Kinder nicht einem Übermaß an Lype (792 A-B) oder Hedone ausgesetzt werden (792 C). Das richtige Leben hinsichtlich der Hedonai und der Lypai solle sich in der Mitte halten und Heiterkeit, den Zustand der Götter, besitzen (792 C-E).

Wie im 'Philebos' wird die mittlere Lebensart den Göttern zugeschrieben. Der Mensch ist aber von ihr nicht völlig ausgeschlossen, sondern genauso, wie er göttlich werden kann, muß er diese Lebensweise verfolgen (792 D) als Voraussetzung der Arete.[8] Der Mensch muß versuchen die Mitte zu bewahren (μέσον δέ τινα τέμνειν ἀεί ; 793 A), indem er die ungemischten Formen von Hedone und Lype vermeidet.

Ergebnisse

Sowohl die 'Politeia' als auch der 'Philebos' und die 'Nomoi' vermitteln ein einheitliches Bild über die Funktion des Nomos hinsichtlich der Hedone und der Lype: Das Gesetz soll die ungemischte und unbegrenzte Masse von Mehr und Weniger, Lust und Schmerz begrenzen und bestimmen und zu ihrer Wahrheit in Form der gemäßigten und reinen Erscheinung

---

8) In dem Satz: ταύτην τὴν ἕξιν διώκειν φημὶ δεῖ ἡμῶν τὸν μέλλοντα ἔσεσθαι θεῖον (Leg. 7,792 D 4-5) ist kein unerreichbares Ideal zu sehen, sondern ein für die Menschen erreichbarer Zustand. Das Wort διώκειν greift auf διώκειν in 792 C 9 zurück und steht ihm entgegen: Die richtige Lebensweise verfolgt weder die Hedonai noch vermeidet sie die Lypai, sondern ihr Ziel soll das μέσον, das ἵλεων der Götter sein, was der Mensch mehr oder weniger erreichen wird, je nachdem seine Physis und Erziehung gestaltet sind. Der Philosoph ist völlig imstande, dieses Mittlere und Göttlichere zu erreichen (über die Bedeutung der Nachahmung Gottes für die Gesetzgebung vgl. A.B. HENTSCHKE 1971).

von Hedone und Lype bringen. So verwirklicht es die dritte Lebensweise als Mitte, wo Lust und Schmerz in der ersten Form nicht mehr vorhanden sind: Das ist das Ideal und die Hoffnung der Gesetzgebung. Sie weiß aber zwischen den verschiedenen Möglichkeiten zu unterscheiden. Der Mensch soll soweit wie möglich dieses Ziel verfolgen; nur die besten können es erreichen.

2. Leib

Das vom Nomos im Bereich des Leibes zu verwirklichende Maß hat die Funktion, die Herrschaft der Seele, besonders des Noetischen zu gewährleisten. Da die ganze Gesetzgebung auf die Arete und den Nus hinzielt (s.o. S. 25 - 65), muß zuerst die Beziehung zwischen Leib und Seele genauer untersucht werden, um den Einfluß des Leibes auf die Seele zu bestimmen und so die Funktion des Nomos mit Hinblick auf den Leib besser zu verstehen.

Die anthropologische Grundlage

Platon befaßt sich oft mit dem Einfluß des Leibes auf die Seele. Im 'Phaidon' (64 C - 67 B) wird auf die störende Wirkung des Körpers auf die Seele hingewiesen. Er fülle uns mit Begierden, Ängsten, Schattenbildern und nichtigen Dingen an (66 C) und verhindere auf diese Weise die Jagd des Seins (ἡ τοῦ ὄντος θήρα; 66 C 2; vgl. ὥστε μη δύνασθαι ὑπ' αὐτοῦ καθορᾶν τἀληθές; 66 D 6-7). Er erschüttere die

Seele (66 C- D) und sei ein Hindernis (65 A 10) für den Erwerb der Phronesis. Der Philosoph werde am meisten den Leib verachten und am wenigsten auf seine Bedürfnisse eingehen (64 C-E).

Die Beziehung zwischen Leib und Seele wird im 'Phaidon' unter einem ausschließlich negativen Gesichtspunkt betrachtet: Platon ist daran interessiert, die Bedeutung dieses Lebens für die Seele zu eruieren. Der beste Zustand für die Psyche besteht, wenn sie vom Leib befreit, die Wahrheit an sich betrachten kann. Ein Leben, das nur die Bedürfnisse des Leibes zu befriedigen versucht, kann also nicht die Tugend der Seele möglich machen. Zu demselben Schluß kommt Platon in seiner Kritik an der Lebensweise der Syrakusaner am Ende seines Lebens (Epist. 7, 326 B-D).

Die Anthropologie des 'Timaios', die als Grundlage für die Schilderung der Gesetze der Ur-Athener dienen sollte, behandelt ausführlich die Beziehung zwischen Leib und Seele. Die Verbindung der Seele mit dem Leib (41 D - 42 E) bringe für sie die Sinneswahrnehmung auf Grund von gewaltsamen Eindrücken, Liebe mit Hedone und Lype gemischt, Furcht und Zorn sowie alle anderen gegensätzlichen Seelenzustände (42 A-B). Wer solche Affekte beherrsche, werde ein gerechtes Leben führen, während ihre Herrschaft die Menschen in die Ungerechtigkeit geraten lasse (42 B). Hier wird von Platon die Ordnungsnorm dargelegt, Herrschaft der Seele über den Leib, auf deren Verwirklichung sich die Gesetzgebung konzentrieren muß.

'Timaios' (81 E - 89 D)

Eine ausführlichere Behandlung des Themas findet erst in der Beschreibung der Pathologie des Leibes und der durch den Leib bedingten Seelenkrankheiten statt, eine Stelle, der wegen des Zwecks des Dialogs (Grundlage für die Schilderung der Menschen und Einrichtungen Ur-Athens) besondere Bedeutung beigemessen werden soll. Die Krankheiten werden überwiegend auf ein Mehr oder Weniger zurückgeführt (z.B. die erste Gruppe der Leibeskrankheiten; 81 E - 82 B), wobei Timaios mit der Grundauffassung der griechischen Medizin übereinstimmt, daß die Gesundheit von einem richtigen Ausgleich oder einer verhältnismäßigen Mischung der Elemente des Leibes abhängt (F.M. CORNFORD 1937, S. 332). Für das hier zu behandelnde Thema sind die vom Körper bewirkten Seelenkrankheiten (86 B - 89 D) von Belang, die in zwei Arten unterteilt werden:

1 - Durch rein körperliche Ursachen verursachte Seelenkrankheiten (86 B - 87 B):

Als erste Krankheit dieser Gruppe behandelt Platon die Unvernunft (ἄνοια), die sich in zwei Teile unterscheidet, den Wahnsinn (μανία) und die Unwissenheit (ἀμαθία). Wenn der Mensch ein Übermaß an Glück oder an Schmerz erfahre, strenge er sich an, das erste zu fassen, und zwar ἀκαίρως, und vor dem zweiten zu fliehen, und rasend nehme er am wenigsten an der Überlegung (λογισμός) teil. Die Verbindung zwischen dieser Fragestellung und der Gesetzgebung wird deutlich, wenn man in Betracht zieht, daß der Nomos eben ein zum Dogma der Polis gewordener Logismos ist, und daß die Gesetzgebung die richtige Gelegenheit im Falle der Hedone und Lype neben dem richtigen Maß bestimmen soll (s.o. S. 111).

Es werden zwei Beispiele als Erklärung der Hedone und Lype in körperlichen Zuständen angegeben: Der zu starke Samenfluß wird als Beispiel für Hedone als Hauptursache der moralischen Schlechtigkeit genommen. Ein Mann, dem viel fließender Same am Mark entstehe, werde in seinem Leben große Hedonai und Lypai leiden und seine Seele werde krank und unvernünftig (ἄφρων) sein. Diese leibliche Krankheit beweist für Platon die Richtigkeit des sokratischen Grundsatzes der Unfreiwilligkeit der schlechten Handlung: Keiner sei freiwillig schlecht, heißt es, dies sei vielmehr das Resultat eines schlechten Zustands des Leibes oder einer falschen Erziehung. Die Bedeutung der Heilkunde, vor allem aber der Gymnastik gewinnt hier neue Konturen.

Auch der Schmerz wird zur Ursache des Übels in der Seele. Wenn die Säfte der sauren und salzigen Schleime und die bitteren und galligen keinen Ausgang fänden und im Inneren des Leibes herumirren und ihre Ausdünstung der Bewegung der Seele beimischten, entständen die Krankheiten der Seele.[9] Entsprechend dem Teil der Seele, an den sie gelangen, entstehen:

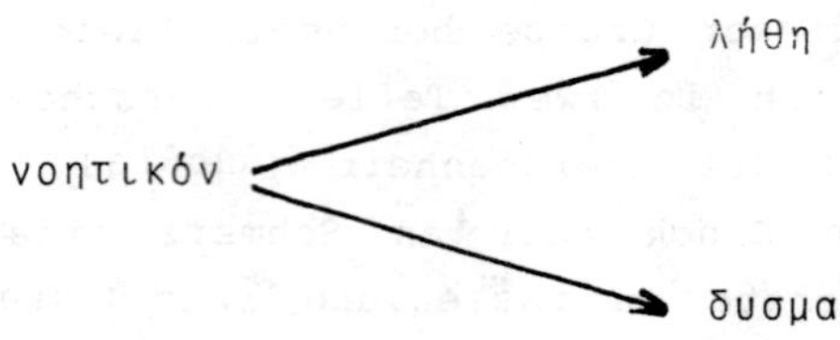

9) Es ist nicht so, daß Platon alle seelischen Krankheiten auf einen leiblichen Ursprung zurückführt. Vielmehr werden hier die Krankheiten beschrieben, die aus einem schlechten Zustand des Leibes entstehen können und von einer schlechten Erziehung noch verschärft werden (vgl. F.M. CORNFORD 1937, S. 37; dagegen A.E. TAYLOR 1928 z. St.)

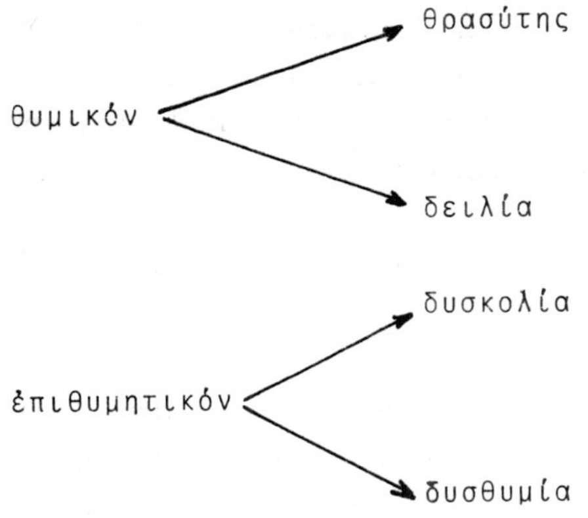

In einer schlechten gesellschaftlichen Ordnung verschlechtere sich die Lage für jene, die an einem solchen Zustand leiden. Eine gute Erziehung könne hingegen diese Übel beseitigen, eine schlechte vergrößere sie (87 B). Die vorliegende Stelle begründet die Aufgabe der Gesetzgebung (Pflege der Seele, s.o. S. 94 - 98) in der Natur des Menschen: Durch die Regelung der Erziehung und der Gymnastik soll die Nomothetike Techne den besten Zustand der Seele ermöglichen. Der Mensch müsse sich bemühen, so wird erklärt, durch Erziehung, Epitedeumata und Kenntnisse vor der Schlechtigkeit zu fliehen und das Gute zu erlangen. Die Darstellung dieser Aufgabe wird von Timaios einer anderen Art von Reden zugeschrieben (87 B), worunter wohl eine Anspielung auf die Gesetzgebung zu verstehen ist. Die richtige Pflege des Leibes, die Voraussetzung für den guten Zustand der Seele sein soll (O. WICHMANN 1966, S. 462), muß verhindern, daß der Körper die Psyche über das Maß stört; dadurch wird eine anthropologisch-biologische Begründung der Gesetzgebung versucht, die als Aufgabe hat, die verschiedene Gebiete des menschlichen Daseins nach einer Rangordnung des Seins zu gestalten. Hier läßt sich die platonische Absicht erkennen, nach der metaphysischen Begründung des Idealstaates in der 'Politeia' zu einer physischen Grundlegung im 'Timaios' fortzuschreiten und zu einem System zu gelangen, wo Metaphysik, Physik und Politik zur programmatischen Erneuerung des Menschen und der Gesellschaft gebraucht werden.

2 - Durch ein Mißverhältnis von Seele und Leib entstandene Krankheiten (87 C - 89 D):

In diesem Abschnitt geht Platon auf die Beziehung zwischen Leib und Seele nicht mehr unter dem Aspekt der Pathologie, sondern unter dem Gesichtspunkt der Pflege von beiden ein (87 C 2). Maß (οὐκ ἄμετρον) und Verhältnismäßigkeit (συμμετρία, σύμμετρον) erscheinen als Ziel der Beziehung beider, was als das Wichtigste für die Bestimmung der Arete oder der Kakia des Menschen bezeichnet wird. Drei Möglichkeiten werden unterschieden:

a) wenn die Seele größer sei als der Körper,
b) wenn das Gegenteil der Fall sei und
c) wenn zwischen Seele und Leib das richtige Verhältnis bestehe.

a) wenn die Seele größer sei als der Körper,
b) wenn das Gegenteil der Fall sei und
c) wenn zwischen Seele und Leib das richtige Verhältnis bestehe.

Die drei verschiedenen Beziehungen können folgendermaßen dargestellt werden:

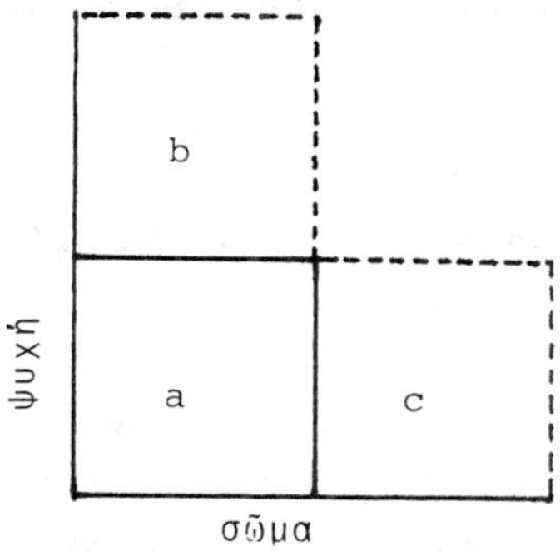

Das Quadrat stellt die richtige Beziehung zwischen Seele und Leib dar, die Rechtecke legen das Übermaß an Körper oder Seele dar, je nachdem die Basis oder die Seite die größere ist. Wenn die Seele stärker als der Körper sei, heißt es weiter, werde dieser erschüttert und gerate in die Krankheit. Das Übermaß des Leibes verhindere die Bewegung der Seele und lasse die Unwissenheit (ἀμαθία) gedeihen. Die Lösung sei die gemeinsame Bewegung der Seele und des Körpers, so daß beide gleichgewichtig blieben. Ferner wird die Pflege beider Bestandteile des Menschen als die Bedingung für die richtige Arete geschildert (88 B-C). Die Darstellung steht in Zusammenhang mit der in der 'Politeia' vertretenen Auffassung, daß der Mensch, der seinen Leib oder seine Seele einseitig pflege, in einer oder der anderen Richtung entarte (3, 410 C - 412 A); um das zu verhindern, seien Musik, d.h. noetische Erziehung, und Gymnastik erforderlich (vgl. Tim. 88 C und Resp. 3, 412 A). Die Harmonie zwischen Leib und Seele setzt die Priorität der Seele vor dem Körper voraus, so daß die Eigenschaften des letzteren nach ihrer Wirkung auf die Psyche gemessen werden müssen (vgl. H,J, KRÄMER 1959, S. 119). Die Aretai des Soma müssen so gestaltet sein, daß sie die Herrschaft des obersten Teils der Seele ermöglichen. Auch hier wird die Aufgabe der gesetzgeberischen Kunst umrissen: Sie muß die Regeln erlassen, die die

Harmonie und die Herrschaft des Noetischen bewirken.

Die praktische Anwendung in den 'Nomoi'

In der Vorrede zur gesamten Gesetzgebung behandelt Platon das Problem der Pflege des Körpers (5, 728 C-E). Das Prooimion entwickelt die im 4. Buch begründete Auffassung eines absoluten, richtigen Maßes (712 A - 716 D; bes. 716 D; vgl. H.J. KRÄMER 1959, S. 194 ff.). Das höchste Gut des Menschen, wird hier bemerkt, sei seine Seele, das einzige, das ihm ermögliche, das Schlechte zu vermeiden und das Gute zu verfolgen. Alle andere Güter haben nach dem Athener eine zweitrangige Bedeutung und müssen an dem Wohl der Seele gemessen werden. In Wirklichkeit, radikalisiert der Athener seine Auffassung, könne man von Aretai des Körpers im eigentlichen Sinn nur sprechen, wenn diese den Aretai der Seele nicht im Wege ständen. Für den Gesetzgeber sei es demgemäß besonders wichtig, zwischen richtigen und falschen Ehren des Leibes zu unterscheiden. Bisher befindet sich Platon im Rahmen der oben analysierten Stelle des 'Timaios' (87 C - 89 D), im folgenden fügt er aber eine neue Bestimmung hinzu: die positiven Eigenschaften des Leibes (vgl. 728 D 8 - E 1) seien an sich nicht ehrenvoll und auch nicht ihr Gegenteil, sondern diejenigen,die sich in der Mitte befänden, seien die besonnensten und bei weitem sichersten; denn die Abweichung in eine Richtung macht die Seele aufgeblasen und verwegen, in die andere niedrig und unfrei.

Die oben analysierte Stelle des 'Timaios' (s.o. S. 131 - 135) brachte zum Ausdruck, daß die richtige Proportion zwischen Leib und Seele nicht als ein starres Maß zu betrachten ist, sondern von den Eigenschaften der Seele abhängt. Je besser die Natur der Seele und ihre Erziehung ist, desto besser müssen auch die Natur und die Eigenschaften des Leibes sein. Das Meson zwischen Zuviel und Zuwenig hinsichtlich der Aretai des Leibes ändert sich von Fall zu Fall. Entscheidend ist aber hier, daß die Gesetzgebung die Verherrlichung der positiven Eigenschaften des Leibes ohne Bezug auf die Aretai der Seele verhindert, was mit der für die Gesetzgebung verbindlichen Rangordnung der Güter in Zusammenhang steht. Die Eigenschaften des Leibes müssen so sein, daß die Seele ihre Herrschaft und ihre Arete behaupten kann. Der hier empfohlene mittlere Weg zielt auch darauf hin, eine für die Mehrheit der Menschheit gültige Norm zu geben: Für den durchschnittlichen Mensch ist nach Platon ein Weg, der nicht nach dem besten Zustand des Körpers strebt, tatsächlich das Beste.

Im 7. Buch finden diese Grundsätze eine praktische Anwendung in der Ausbildung der Jugend. Schon die schwangere Frau müsse mit ihrer Bewegung das Wachstum des Kindes in ihr in Maß und Ordnung halten (788 D - 790 A), denn das erste Wachstum des Kindes sei das größte,und das ohne viele und verhältnismäßige Anstrengungen zustandegekommene Wachstum sei der Ursprung unzähligen Übels für den Leib. Nach dem Athener müssen die Mütter sich bewegen, damit das in ihrem Schoß lebende Kind die notwendigen und angemessenen Bewegungen bekommt; denn die Körper hätten einen Nutzen davon, wenn sie ohne Anstrengungen von solchen Erschütterungen und Bewegungen bewegt würden (789 C-D). Diese Stelle zeigt, wie weit Platon die früher herausgearbeiteten Grundsätzen auf seine konkrete Gesetzgebung angewandt hat. Die gemäßigten Bewegungen der Mutter (789 C2), die die Unverhältnismäßigkeit der Wachstumsbewegungen beim Foetus verhindern und ihnen entgegenwirken müssen, sollen soweit wie möglich Ordnung in die Entwicklung des kindlichen Leibes bringen und von Anfang an für Harmonie zwischen Leib und Seele sorgen. Auch wenn Platon auf eine Regelung dieses Problems durch geschriebene Gesetze verzichtet (789 D - 790 A), bleibt es durch ungeschriebene Gesetze geordnet (793 A-D).

Tanz und Ringen (7, 795 D - 796 B) werden auch auf die oben erwähnten Ziele gerichtet. Ein Teil des Tanzes[10] bestehe in der Nachahmung der Wörter der Muse unter der Bewahrung des Groß- und des Freimuts und pflege das Körperliche in unmittelbarer Beziehung auf die seelischen Aretai. Der andere Teil hat nach dem Athener als Ziel den guten Zustand des Leibes, seine Behendigkeit und Schönheit. Durch geordnete Bewegungen bekomme jeder Teil des Leibes das ihm Angemessene. Im Exposé des Atheners wird die angenommene Art des Ringens mit dem Ziel der Kräftigung und der Gesundheit betrieben, wobei ausdrücklich erklärt wird, daß in der Stadt nur jene Bewegungen und Übungen ausgeführt werden sollen, die nützlich zur Förderung der Arete im Frieden oder im

---

10) Die Dihairesis der Gymnastik sieht folgendermaßen aus:

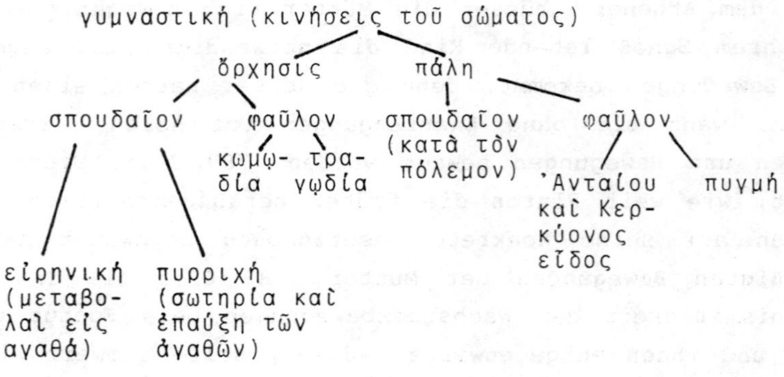

Krieg sind, und die anderen Kineseis als des freien Menschen nicht wert zurückgewiesen werden (796 D).

Im Einklang mit den oben dargelegten Grundsätzen stehen ebenfalls die späteren Ausführungen über die Bewegungen des Leibes (7, 814 D - 816 D). Durch Tanz müsse der Leib, heißt es an dieser Stelle, die vom tugendhaften Menschen im Krieg oder Frieden ausgeführten Bewegungen nachahmen, wodurch der Leib dazu erzogen werde, der richtigen Haltung der Seele zu entsprechen, während die ungeordneten Bewegungen des Feigen oder des Unbesonnenen vermieden werden müßten. Im Tanz als Ausdruck des inneren Zustandes bewegt sich der Tugendhafte nach der hier vorgetragenen Lehre in Ordnung (ἐμμελῶς), während der Schlechte mit seiner Bewegung die Unordnung der Seele zum Ausdruck bringt (πλημμελῶς); demgemäß müssen die körperlichen Bewegungen dem Maß der richtigen (ἔμμετροι) Hedonai entsprechen, damit der Leib einen angemessenen Zustand erlangen kann.

Ergebnisse

Die früher behandelten Passagen zeigen, auf welche Weise die platonische Gesetzgebung die Arete des Leibes zu verwirklichen versuchte und inwiefern dies im Einklang mit der Seinslehre steht: Die ungeordneten Bewegungen des Leibes stellen in Platons Augen ein Zuviel oder ein Zuwenig dar; indem der Nomos sie verhindert, vermeidet die Gesetzgebung sowohl eine übermäßige Leibesentwicklung als auch die Vernachlässigung des Körpers, weil beide sich auf die Seele nachteilig auswirken. Ferner wird die Gymnastik im Gesellschaftsgefüge nicht unbeschränkt angenommen, sondern nur soweit sie - im Einklang mit der

Rangordnung der Güter (vgl. o. S. 34 - 49) - die Herrschaft der Seele ermöglicht, die Harmonie zwischen Leib und Seele bewirkt und die Unverhältnismäßigkeit beseitigt.

Konkret bedeuten diese Ausführungen, daß die Bewegungen des Leibes die Extreme der Erregbarkeit vermeiden müssen und zu einer Haltung führen, die den gemäßigten Hedonai der Seele entspricht: Der kriegerische Tanz soll demnach nicht nur die gute Verfassung des Leibes fördern, sondern vor allem die Tapferkeit der Seele. Eine ähnliche Aufgabe kommt dem ersten Unterteil des friedlichen Tanzes zu, während der zweite Unterteil die Besonnenheit der Seele stärken soll. Damit bezieht sich die Gymnastik mit ihrer Pflege des Leibes auf die beiden unteren Seelenteile: den Thymos und das Epithymetikon.

3. Äußere Güter

Die Habsucht war nach Platons Ansicht ein gewichtiger Grund für die damaligen Parteikämpfe (vgl. L. ROBIN 1913, S. 200 f.; G.H. SABINE 1937, S. 45);[11] seine Achtung

---

11) L. ROBINS (1913) Beitrag charakterisiert folgendermaßen die Bedeutung des Eigentums für Platon: "... die Frage des Besitzes scheint ja, in Platons Augen ein Hauptfaktor der Entwicklung der politischen Gemeinschaften zu sein, und was er darüber in seinem Reformentwurf vorgetragen hat, wird nicht nur von seinem moralischen Idealismus erklärt, sondern auch von Beobachtungen, deren wissenschaftliche Charakter von der glänzenden Farbe der Gestalt kaum verborgen werden kann und die auf der Geschichte oder auf der Beobachtung der Ereignisse beruhen" (S. 219); ähnlich urteilt J. MOREAU (1949).

der spartanischen Politeia beruht unter anderem darauf, daß sie nicht auf der Grundlage des Besitzes organisiert ist (Leg. 3, 696 A-B). Platon erkennt die Ursache der Habgier im untersten Teil der Seele und deren Bedürfnis, die untersten Begierden zu befriedigen (Resp. 9, 580 E - 581 A). Der vorliegende Abschnitt befaßt sich mit der theoretischen Grundlage, auf der die gesetzliche Regelung des Besitzes beruht, und mit deren Widerspiegelung in der konkreten Gesetzgebung.

Die Wirkung von Armut und Reichtum auf den Staat

Die Betrachtung des Themas konzentriert sich im folgenden auf die beiden Staatsentwürfe mit Ausklammerung aller anderen Stellen in Platons Werk, die sich unmittelbar oder mittelbar auf die Frage des Besitzes und dessen Einflusses auf den Menschen oder die Gesellschaft beziehen.

'Politeia'

Platon richtet seine Aufmerksamkeit auf die Folgen der Armut und des Reichtums im 4. Buch, wo deren Einfluß auf den dritten Stand analysiert wird (421 C - 423 D; vgl. G. POLLACI 1930, S. 80-84). Nach Ansicht des Sokrates verhindern beide, daß die Handwerker ihre Aufgabe in der Gesellschaft richtig erfüllen, weil der Reichtum sie faul, nachlässig und schlechter macht, während sie in Armut nicht über die für die Ausübung der Techne nötigen Mittel verfügen, so daß ihre Arbeit schlechter wird und ihre Lehrlinge zu schlechteren

Handwerker aufgezogen werden. Da beide Gegensätze eine solche Verschlechterung des Menschen und seiner Arbeit bewirkten, führt Sokrates fort, müßten die Wächter des Staates ihre Entstehung verhindern (421 E). Dann werden die Folgen von Armut und Reichtum für die Stadt aufgezählt: Der letztere führe Verzärtelung, Faulheit und Neuerungssucht ein, die Armut hingegen Unfreiheit, Untauglichkeit und auch Neuerungssucht, so daß beide eine Stadt in zwei entgegengesetzte Gruppen spalteten (422 B - 423 B). Der Staat der 'Politeia', der diese innere Zersplitterung nicht leide, könne sich gegen solche Städte behaupten, auch wenn er kleiner wäre. Die Stelle schließt mit der Feststellung, daß die zu gründende Stadt weder groß noch klein im Übermaß sein, sondern eine richtige Mitte bewahren soll, die ihre Einheit befestigt und nicht zerstört (423 C).

Ein gemeinsames Merkmal beider an dieser Stelle analysierten Faktoren ist die Neuerungssucht, bei dem Reichtum auf Grund der Unersättlichkeit der eigenen Hedonai und bei der Armut wegen der Unzufriedenheit mit der eigenen Lage; durch die Neuerungssucht lassen beide die Stadt in einen Zustand der Veränderung und der Zerstörung geraten.Die Wirkung von Reichtum und Armut auf die Seele aber ist unterschiedlich: Während die aus dem Reichtum entstandene Verzärtelung einen mißmutigen Charakter erzeugt, machen die Armut und die Unfreiheit die Seele kriecherisch und unfrei. Die von Sokrates an dieser Stelle vorgetragene Lehre befindet sich in Übereinstimmung mit den oben eruierten Prinzipien: Wie im Fall des Leibes wird der Wert der äußeren Güter nicht an sich gemessen, sondern in ihrer Wirkung auf die Seele. Sowohl ein Zuviel an Eigentum (Reichtum) als ein Zuwenig an Besitz (Armut) schaffen die Bedingungen für die Entartung der Seele und müssen deshalb dadurch verhindert werden, daß die Gesetzgebung das richtige Maß an zu besitzenden äußeren Gütern verordnet.

'Nomoi'

Eine ähnliche Auffassung wie in der 'Politeia' kommt in der Vorrede zu der Gesetzgebung im 5. Buch der 'Nomoi' vor, wo die Frage der richtigen Vermögensverhältnisse behandelt wird, die das Gesetz bewirken soll (728 E - 729 B; vgl. G. POLLACI 1930, S. 144-147). Dort wird ein mittlerer Weg vorgeschlagen, weil das Übermaß an äußeren Gütern Feindseligkeit und Zwietracht im Staat und privaten Bereich erzeugt und deren Mangel in den meisten Fällen Knechtschaft bewirkt. Man müsse nicht wegen der eigenen Söhne nach Geld streben, um ihnen möglichst große Reichtümer zu hinterlassen, trägt der Athener vor, weil großer Reichtum weder das Beste für sie noch für die Stadt sei. Als beste Lösung wird von ihm ein Vermögen vorgeschlagen, das keine Schmeichler anlockt und es am Nötigsten nicht fehlen läßt , weil dies im Einklang mit dem Menschen steht, zu ihm paßt und ein Leben ohne Unbehagen möglich macht (729 A 4 - B 1).

Die richtigen Vermögensverhältnisse werden hier als ein Zustand beschrieben, der sowohl Armut (τὰ ἐλλείποντα ; 729 A 2; τῶν ἀναγκαίων μὴ ἐνδεής ; 729 A 5-6) als das Übermaß an Reichtum (τὰ ὑπέρογκα ; 728 E 7; ἀκολάκευτος οὐσία; 729 A 5) vermeidet. Der Reichtum bewirkt Feindseligkeit und Zwietracht, weil er den Menschen in die Verzärtelung geraten und damit nach immer mehr Macht trachten läßt.

Ein bemerkenswertes Zeugnis hinsichtlich des Maßes und der Mitte der äußeren Güter und deren Bezuges auf Hedone und Lype kommt im 11. Buch vor (918 C - 919 C; vgl. H.J. KRÄMER 1959, S. 198 f.) bei der Kritik an dem Kleinhandel und ähnlichen Gewerben. Es gebe eine kleine, der Natur gemäß seltene Gattung von Menschen, die die beste Erziehung (ἄκρα τροφή) besäßen, führt der Athener aus, und die sich bei Bedürfnissen oder Begierden zur Mäßigung zwingen könnten: Vor die Option gestellt, sich zu bereichern, zögen sie das Maßvolle dem Vielen vor. Der Athener stellt diese Art von Menschen der Mehrheit entgegen, die, von den maßlosen Bedürfnissen getrieben, unersättlich (ἀπλήστως) nach Gewinn trachten, und schließt, daß eine gesetzliche Regelung des Handels nötig sei,weil die Maßvollen nicht das Gewerbe trieben und demzufolge der Gesetzgeber sowohl gegen den Reichtum als auch gegen die Armut vorgehen müsse; denn der erste verderbe die Seele des Menschen durch Verzärtelung, während die zweite durch die Lypai seine Seele in die Schamlosigkeit geraten lasse.

Der Gegensatz Reichtum-Armut wird an dieser Stelle auf die Opposition Hedone-Lype bezogen: Durch die Erzeugung von ungebührenden Hedonai oder Lypai zerstören Reichtum und Armut den guten Zustand der Seele und ermöglichen die Herrschaft ihres unteren Teils, die in der Habgier des Pöbels zum Ausdruck kommt (918 D). Noch einmal kann an dieser Stelle die Konsequenz beobachtet werden, mit der Platon die oben dargelegten Auffassungen auf den Bereich der materiellen Habe anwendet Durch die Regelung des Besitzes soll das Gesetz die Hedonai und die Lypai vermeiden, die in das eine oder das andere Extrem fallen, und die gemäßigten Hedonai und Lypai des untersten Teils der Seele fördern.

Ergebnisse

Der Vergleich der Stellen der 'Politeia' und der ,Nomoi' ergibt folgendes Bild:

1 - Wie schon früher im Falle des Leibes, wird die Arete der äußeren Güter in Hinblick auf die Folgen für die Seele gemessen: Ihre Unverhältnismäßigkeit läßt den untersten Seelenteil über Gebühr an Bedeutung gewinnen; dadurch wird die Harmonie der Eigentumsverhältnisse in der Stadt zerstört, und die extremen Gegensätze Reichtum und Armut entstehen, die die Einheit der Stadt zugrunde richten.

2 - Reichtum und Armut werden auf den Gegensatz Hedone-Lype zurückgeführt: Der Reichtum erzeugt ein Zuviel an Hedone, die sich in der Verzärtelung der Seele ausdrückt, während die Armut ein Übermaß an Lype verursacht, das als Folge die Schamlosigkeit und die Unfreiheit hat. Das Meson in diesem Bereich ermöglicht die richtige Seelenhaltung und die entsprechenden Aretai.

3 - Der Nomos soll auch hier das Meson zwischen zwei Extremen pflegen,das als Norm für die Ordnung der Stadt gelten soll und in der Quantität des erlaubten Eigentums zum Ausdruck kommt. Die Stelle der 'Politeia'(4,421 C - 423 D) zeigt, daß eine ähnliche Norm für den Besitz des Staates gelten soll, die verhindert, daß die Polis zu groß oder zu klein wird.

Die praktische Anwendung

Die praktische Anwendung dieser Grundsätze kann nur in den 'Nomoi' beobachtet werden, weil die ,Politeia' auf eine schriftliche Regelung solcher Angelegenheiten verzichtet und sich darauf beschränkt, die allgemeinen Prinzipien darzulegen.

Platon hat in den 'Nomoi' die gesamte politische Ordnung auf dem Grundsatz des Verzichts auf Geldgier aufgebaut (vgl. 5, 737 A). Dazu gehört an erster Stelle eine richtige und gerechte Verteilung des Landes und des Besitzes, die als eine der Hauptaufgaben des Nomos angesehen wird (vgl. 5, 736 C-E). Den Einwohnern der künftigen Stadt wird nachdrücklich empfohlen, sowohl die gegebene Zahl der Landlose als auch die Größe der durch Gesetz bestimmten Habe zu bewahren (5, 741 A-E), wobei die herrschenden Eigentumsverhältnisse ausdrücklich als maßvoll (μέτριον; 741 B 4) bezeichnet werden. Die Besitzer dürfen sie ferner nicht durch Kaufen oder Verkaufen mißachten,und das Gesetz sieht für Verstöße eine Geldstrafe vor. In einer solchen Verfassung, heißt es an einer anderen Stelle, sei viel Gelderwerb nicht möglich (8, 836 A),und eine weitere Folge der hier beschriebenen Ordnung bestehe darin, daß es keinem weder notwendig noch erlaubt sei, eine der unfreien Erwerbstätigkeiten auszuüben, und daß man nicht daran denke, Vermögen zu sammeln (5, 741 E).

Auch wenn in den 'Nomoi' das Privateigentum erlaubt wird und wegen der Ungleichheit der von den Bürgern in die neue Stadt gebrachten Habe verschiedene Vermögensklassen angenommen werden (5, 744 A-D), wird in der Gesetzgebung dafür gesorgt, daß weder erdrückende Armut noch Reichtum entstehen können, weil sie der Ursprung der Spaltung in der Stadt sind (744 D; für die Beziehung dieser Auffassung zu der Mischverfassung der 'Nomoi' vgl. K. von FRITZ 1954, S.

81). Als untere Grenze und Metron gegen die Armut wird ein unveräußerliches Landlos bestimmt und als obere, von keinem zu überschreitende Grenze das Vierfache davon (744 D - 745 B).[12] Es gibt außerdem noch andere Nomoi, die verschiedene damit verbundene Aspekte regeln, wie die Vorschriften über gemäßigten Profit im Handel (11, 920 B-C) oder über die Ausgabengrenze bei Bestattungen (12, 959 D).

Hinsichtlich der Stadt werden ähnliche Vorkehrungen getroffen, wobei zu bemerken ist, daß sowohl Reichtum als außerordentliche Größe abgeraten werden, weil sie mit der Arete unvereinbar sind (5, 742 D-E). Deshalb bestimmt der Athener als Bedingung für die Größe der Stadt, daß sie nur zur Ernährung einer bestimmten Anzahl von besonnenen Menschen ausreichendes Land besitzen soll (5, 737 D), ein Maß, das nicht überschritten werden darf. In ähnlicher Weise darf nach den Vorstellungen des Atheners die Anzahl der Bürger nur so groß sein, daß sie die Polis gegen äußere Angriffe verteidigen und den Nachbarn gegebenenfalls helfen kann (737 D). Wie es deutlich wird, ist die Größe der Stadt und die Anzahl der Einwohner nach den oben dargelegten Grundsätzen bestimmt.

---

12) Über den tatsächlichen Wert des Loses herrscht in der einschlägigen Literatur noch Uneinigkeit. Vgl. darüber T.J. SAUNDERS (1961).

4. Schlußbemerkung

Nach den in diesem Abschnitt ausgeführten Stellen muß der Nomos eine Lebensweise verwirklichen, die alle Extreme des Zuviel und des Zuwenig vermeidet; dazu begleitet und gestaltet er den Bürger sein ganzes Leben (vgl. Leg. 1, 631 D - 632 D). Sowohl die Gesetzgebung der 'Politeia' als auch die der 'Nomoi' sind nach dem Verlauf des menschlichen Lebens organisiert. Eine Stelle am Ende der 'Politeia', die die konkrete platonische Vorstellung dieser Lebensart aufweist, möge zur Zusammenfassung dieses Kapitels dienen.

In der Erzählung des Er, die die Verantwortung des Menschen für sein eigenes Schicksal darlegen soll (10, 616 B - 621 B), werden die oben analysierten Grundsätze für die Gestaltung des menschlichen Lebens kosmisch begründet. Bildhaft wird vorgeführt, wie die Seelen unter auf dem Boden ausgebreiteten Umrissen eine Lebensweise wählen mußten (618 A). Unter den verschiedenen Lebensarten gab es einige, die in der Mitte von allen gegensätzlichen Formen standen (μεσοῦν τούτων; 618 B 6). An dieser Stelle unterbricht Sokrates seine Darstellung, um ein paar grundlegende Gedanken über die Frage der besten und wünschenswertesten Lebensform einzuschalten Die Unterscheidung der richtigen von der schlechteren Lebensweise sei für den Menschen von höchster Bedeutung, heißt es, und der Mensch müsse sich auf die Suche nach einer Erkenntnis begeben, die eine solche Unterscheidung ermögliche (über die Bedeutung dieses Wissens vgl. J. STENZEL 1928, S. 184-190). Dazu müsse man wissen, was mit Armut oder Reichtum verbundene Schönheit an Gutem oder Schlimmem bewirke und bei welchem Zustand der Seele sie beides hervorbringe, und auf ähnliche, Weise welche Folgen gute und schlechte Herkunft, privates Leben, Ämter, Stärke und

Schwäche, gute und schlechte Lernfähigkeit und dergleichen hätten. Sokrates schließt: Schlechter sei jene Lebensweise, die die Seele ungerechter mache, besser die, die sie gerechter mache, eine Auffassung, die den Menschen in den Hades begleiten müsse, damit er nicht, von Reichtum und ähnlichen Übeln beeindruckt, in die Tyrannis und dergleichen verfalle, viele und unheilbare Übel stifte und noch größere erleide, sondern immer die mittlere Lebensweise auszuwählen wisse und vor dem Übermäßigen (τὰ ὑπερβάλλοντα; 619 A 6) in jeder Richtung in diesem Leben und in jedem anderen fliehe und die größte Glückseligkeit erreiche.

Ein Vergleich zeigt die Verbindung der hier vorgetragenen Vorstellungen mit den in den 'Nomoi' als konkrete Aufgabe der Gesetzgebung dargelegten Ansichten. Die mittlere Lebensweise wird auch in den 'Nomoi' als das Wünschenswerteste gepriesen (5, 733 D-E): Sie sei das Eigene, Gemäße, Lustvolle, Beste und Schönste und ermögliche dem Menschen am glückseligsten zu leben (733 E). In der 'Politeia' geht es um die Mischung der verschiedenen Elemente der Lebensbereiche (Seele, Leib und äußere Güter; vgl. 618 C 8, D 5). In der Ausführung des Er müssen auch alle Güter auf die Seele ausgerichtet sein (618 D), und die bessere Lebensweise vermeidet die Extreme und verweilt in der Mitte, die nicht etwas Starres ist, sondern von der jeweiligen Natur der Seele bestimmt wird (618 C-D).

Das Ende der 'Politeia' stellt das Ziel der Gesetzgebung für die Erlangung der Arete im einzelnen dar: Sie muß, wie oben dargelegt wurde, soweit wie möglich das mittlere Leben verwirklichen. Im Grundsatz des mittleren Lebens stehen Politik und Ethik in Einklang mit der platonischen Ontologie: Der mittlere Weg ist erforderlich, um die größte Arete der Seele zu erreichen.

Der Nomos, indem er das richtige Maß in jedem Bereich des Lebens bestimmt, verwirklicht auf gesellschaftlicher und menschlicher Ebene die richtige Ordnung, die in der hierarchischen Zuteilung der Aufgaben und Stellungen der verschiedenen Teile der Seele und der Gesellschaft besteht und erst durch die Verwirklichung der Mitte zwischen den Extremen des Zuviel und des Zuwenig möglich wird, was die Arete und die Einheit der Gesellschaft und des Menschen hervorbringt. Auf diese Art erweist sich der Nomosbegriff als ein Kerngedanke der platonischen Politik, der eine Anwendung der Seinslehre auf gesellschaftlicher Ebene bedeutet.

Drittes Kapitel:

Nomos und Mathematik

Die bisher im Laufe der Untersuchung herausgearbeiteten Ergebnisse über die platonische Nomoslehre berechtigen zur Frage nach der Beziehung zwischen Nomos und Mathematik, da allgemein anerkannt ist, daß die Mathematik in der platonischen Philosophie, vor allem wie diese durch die aristotelischen Berichte wiedergegeben wird,eine bedeutende Stellung hatte. Bei Platon wird bekanntlich die Mathematik zum ersten Mal zu einem umfassenden Modell zur Erklärung der Wirklichkeit,[1] so wurde z.B. die Bedeutung der Zahlen in beiden Staatsentwürfen von E. SALIN (1921, S. 120 ff.) bemerkt, der aber auf die ontologische Grundlage dieser Auffassung nicht eingeht. Die bisher ausführlichste Untersuchung über die Beziehung zwischen Mathematik und Gesetzgebung stammt von R.S. BRUMBAUGH (1954, S. 47-208; für eine kritische Analyse von BRUMBAUGHS Werk vgl. E.M. MANASSE 1957 - 1976, II, S. 157-162), der sich mit der konkreten Rolle der Mathematik in den verschiedenen Staatsentwürfen befaßte. Nach seiner

---

1) P. RUCKERS (1940) hat die Bedeutung der Mathematik für PLATONS Philosophie folgendermaßen charakterisiert: "Die Mathematik mit ihrer Exaktheit, Reinheit, Klarheit und Wahrheit, die alle ihre Sätze auf Grundsätze zurückführt und sie wiederum aus jenen entwickelt, ist... für Platon das Vorbild einer echten Wissenschaft von strengem methodischem Charakter, die wegen der Sicherheit ihrer Voraussetzung und ihrer Begriffsbildung als Vorbild für alles Erkennen überhaupt gilt..." (S. 22, für Platons Stellung in der Geschichte des wissenschaftlichen Denkens vgl. K. GAISER 1963, S. 291-331, für die Mathematisierung der Ontologie bes. S. 293-296).

Interpretation wird eine Form von Harmonie unter den Klassen und Einrichtungen im Staat durch das Gesetz eingeführt (S. 59 f.). In seiner Deutung der 'Nomoi' schenkt BRUMBAUGH der Anwendung der Mathematik in der Staatsverwaltung sowie in der Erziehung und im Strafkodex (S. 61-68) seine Aufmerksamkeit. Die Leistungen BRUMBAUGHS liegen in der Untersuchung der konkreten Anwendungen der Mathematik durch Platon, während der größere Zusammenhang der platonischen Ontologie von ihm nicht betrachtet wird. Der folgende Abschnitt wird sich deshalb nicht mit den einzelnen Aspekten der Anwendung der Mathematik in der von Platon umrissenen Gesetzgebung beschäftigen, sondern auf zwei Punkte dieses umfangreichen Themas konzentrieren: die von Platon selbst der Mathematik beigemessene Bedeutung für den Erlaß richtiger Gesetze und die für die Politik zentrale Frage der Analogie in ihrer Beziehung zum Nomos.

I. Die Bedeutung der Mathematik in der platonischen Gesetzgebung

Die Beziehung zwischen Mathematik und Gesetzgebung wird am ausführlichsten an einer Stelle des 5. Buches der 'Nomoi' behandelt:

> "Nach der Vorstellung der Teilung (διανομή) der Stadt in zwölf Teile müssen wir uns eben darum bemühen, das damit Übereinstimmende (vgl. E.B. ENGLAND 1921, I, z. St.) zu betrachten, auf welche einsichtige Weise das Gesetz die zwölf Teile, die die größte Zahl von Unterteilungen (διανομαί) und das sich daran Anschließende und daraus Entstande-

ne enthalten, bis zu fünftausendvierzig - woraus die Phratrien und Demen und Dorfgemeinden und auch, was die kriegerische Schlachtordnung betrifft, und ferner Münze und Maße für Trockenes, Flüssiges und Gewichte hervorgehen - dies alles als maßvoll (ἔμμετρα) und miteinander in Einklang in Ordnung bringen muß. Man muß ferner nicht einmal aus Furcht vor dem Eindruck von Kleinlichkeit davor zurückschrecken, zu verfügen, daß keines von den besessenen Geräten ohne Maß zugelassen wird, in der Annahme, daß nach einem allgemeinen Grundsatz die Teilungen (διανομαί) und Abwandlungen (ποικίλσεις) nützlich zu jedem Zweck sind, sowohl jene, die sich selbst abwandeln, als auch jene, die Abwandlungen (ποικίλματα) in Länge oder Tiefe sind, und zwar auch in Tönen und geradlinigen Bewegungen nach oben und nach unten oder auch in kreisförmigen. Denn der Gesetzgeber soll in Hinblick darauf allen Bürgern befehlen, nach Möglichkeit die Ordnung dieser Dinge nicht zu verlassen. Denn für die Ordnung im Privatleben, die öffentliche Ordnung und für jede Techne hat kein einziger Lehrstoff eine so große Macht wie der Umgang mit den Zahlen. Und das Wichtigste ist, daß er den, der von Natur aus schläfrig und ohne Lernbegier ist, aufweckt und ihn lernbegierig, gedächtnisstark und scharfsinnig macht, so daß er mit Hilfe der göttlichen Kunst (θεία τέχνη) gegen seine eigene Natur Fortschritte macht. All diese Lernstoffe würden, wenn man mit anderen Gesetzen (νόμοι) und Einrichtungen (ἐπιτηδεύματα) die Unfreiheit und Geldgier aus den Seelen derer entfernt, die sie ausreichend und in nützlicher Weise besitzen sollen, schöne und angemessene Bildungsgegenstände. Wenn aber nicht, würde man unversehens die sogenannte Verschlagenheit statt Weisheit erzeugen, wie man es heutzutage bei den Ägyptern, Phoinikern und vielen anderen von der Unfreiheit der anderen Einrichtungen und ihrer Eigentumsverhältnisse gestalteten Völkern sehen kann, sei es, daß ein schlechter Gesetzgeber bei ihnen dies bewirkte oder ein schlimmes Geschick, das sie traf, oder auch sonst etwas" (746 D - 747 D).

Der Abschnitt gliedert sich in drei deutliche Teile:

1 - Anwendung der Mathematik auf die Gesetzgebung (746 D-E): Gemäß der platonischen Auffassung erscheint hier der Nomos als eine richtige Verteilung (διανομή ; vgl. 746 D 2,5), die eine in jedem Gebiet mathematisch genau definierbare Ordnung einführen soll. Die zahlenmäßige Bestimmung geschieht auf der Grundlage der Einwohnerzahl (5040), deren zwölfter Teil (420) seinerseits durch 1, 2, 3, 4, 5, 6, 7, 10, 12, 14, 15, 20 und 21 teilbar ist, was der Grund für seine Wahl gewesen sein mag (vgl. E.B. ENGLAND 1921, I, z.St.): Die daraus resultierenden Proportionen machen das vom Nomos einzuführende Metron aus. Die Vorstellung, daß das Gesetz durch die Verteilung ein Maß in der Gesellschaftsordnung verwirklichen soll, beherrscht den ganzen Abschnitt und knüpft an die Definition des Nomos als διανομή τοῦ νοῦ im 4. Buch am Anfang des Exkurses über das richtige Maß an (714 A), indem sie dem dort noch allgemein formulierten Grundsatz deutlich mathematische Konturen gibt: Jede Bestimmung, jede Teilung innerhalb der Gesellschaft soll nach festen, mathematischen Proportionen geschehen.

2 - <u>Nutzen der Mathematik</u> (746 E - 747 B): Der mittlere Teil begründet die in der Stadt vom Nomos durchgeführten Proportionen in der mathematischen Struktur der Wirklichkeit, die hier in allen ihren Stufen vertreten ist (Zahlen, Länge, Tiefe, Töne, Bewegungen): Die Verbindlichkeit der vom Gesetzgeber eingeführten Normen liegt in ihrem Einklang mit der Ordnung des Seins, als deren Nachahmung die Gesetzgebung dadurch ausdrücklich bestimmt wird.

3 - <u>Unterscheidung von zwei Arten von Mathematik</u> (747 B-D): Die Fundierung des menschlichen Handelns in der Mathematik ist der Höhepunkt des mittleren Teils (747 A-B) und zugleich der Übergang zum letzten Glied, das die Mathematik nach ihrer Wirkung auf die Seele werten soll. Der Athener unterscheidet zwischen einer Art von Mathematik, die einen positiven Einfluß auf die Seele hat, und einer Form, die Unfreiheit in der Psyche erweckt und aus Geldgier betrieben wird. Die letztere ist schädlich für den einzelnen und für die Stadt, weil sie nicht nach der Erkenntnis der Ordnung strebt, sondern , den Gegenständen dieser Welt verhaftet, dem untersten Teil der Seele dient.

Die für die Gesetzgebung wichtige Unterscheidung zwischen den zwei Arten von Mathematik kommt auch an anderen Stellen des platonischen Werks vor. Im 'Philebos' (56 D - 57 E) werden die von der Mehrheit der Menschen betriebene Berechnungs- und Maßkunst von der Arithmetik und Geometrie der Philosophen unterschieden, die mehr an der Wahrheit teilnehmen (57 C). Während die philosophische Mathematik sich auf die Zahlen und Figuren an sich bezieht, befaßt sich die unphilosophische mit den Gegenständen der sinnlichen Welt (56 D-E). Die handwerkliche Mathematik des

'Philebos' entspricht der unfreien der 'Nomoi',und die philosophische Wissenschaft der Raum- und Zahlengrößen ist dem auf die Seele gut wirkenden Lernstoff an der oben analysierten Stelle gleichzusetzen. Beide Formen der Mathematik werden in ähnlicher Weise in der Zentralstelle der 'Politeia' unterschieden (7, 522 B - 527 D; vgl. A. FRAJESE 1963, S. 195 Anm. 4 für die Beziehung zur 'Philebos'-Stelle), nach der die Arithmetik und Geometrie von den Philosophen wegen des Seins und nicht wegen des Werdens gepflegt werden sollen (vgl. o. S. 92 f.).[2] Auch die Mitglieder des nächtlichen Rates in den 'Nomoi' müssen sich mit der oberen Form der Mathematik befassen (7, 817 E - 820 E), was die Bedeutung dieser Wissenschaft für die gesetzgeberische Kunst unterstreicht. Die oben angeführten Stellen zeigen also, daß die Proportionen, die der Nomos in die Wirklichkeit einbringen soll, aus der philosophischen Mathematik, die die Seele zur Erkenntnis des höchsten Seins kehrt (Resp. 7, 526 D-E), abgeleitet werden müssen und nicht aus der niedrigeren Form.

---

2) A. SZABÓ (1958, bes. S. 21-26) hat die Bedeutung dieser Auffassung der Mathematik bei Platon und Euklides hervorgehoben und die Beziehung zu der Seinslehre des Parmenides deutlich gemacht; für einen Vergleich mit modernen Theorien s. F.C. WHITE (1975).

II. Die Analogie und der Nomos: Geometrische und arithmetische Gleichheit.

Die platonische Vorstellung der geometrischen und arithmetischen Gleichheit geht auf eine in der Antike besonders eingehend behandelte Fragestellung zurück, die bei den Pythagoreern ihren Ursprung hat (für den geschichtlichen Hintergrund vgl. K. BAERTHLEIN 1957 und M.S. BROWN 1972). Archytas von Tarent, den Platon kennengelernt hat, unterschied in seinem Werk über Musik die drei Arten von Proportionen, die später klassisch geworden sind: arithmetische, geometrische und harmonische (D.K.47 B 2); und wahrscheinlich war er selbst derjenige, der zum ersten Mal die zwei ersten Proportionen auf die Politik anwandte (F.D. HARVEY 1965, S. 105).[3] Nach dieser Lehre entspricht die arithmetische Gleichheit der Demokratie, weil alle Zahlen der arithmetischen Proportion durch denselben Abstand getrennt sind (z.B. 2, 4, 6, 8, 10, 12) und die Mitglieder einer Demokratie auf ähnliche Weise alle dieselben Rechte besitzen und die gleichen Ämter ohne Rücksicht auf ihren eigenen Wert übernehmen dürfen.

Gemäß dieser Auffassung ist die demokratische Staatsordnung nur scheinbar eine Gleichheit, während sie in Wahrheit eine Ungleichheit darstellt. Nach dieser Lehre wird die echte Gleichheit von der geometrischen Proportion (z.B. 2, 4, 8, 16, 32, 64) bewirkt, in der das Verhältnis zwischen den verschiedenen Zahlen eine richtige Gleichheit hervorbringt (z.B. $\frac{2}{4} = \frac{4}{8} = \frac{8}{16} = \frac{16}{32} = \frac{32}{64}$, d.h. $\frac{1}{2}$)

---

3) J.S. MORRISON (1956, S. 153-156; 1958) untersuchte den Einfluß der Pythagoreer auf die platonische Lehre der geometrischen Gleichheit und des damit verbundenen Philosophenregiments.

Auf die Gesellschaft übertragen, bedeutet diese Auffassung, daß die Gesellschaftsstellung jedes Bürgers durch seinen eigenen Wert bestimmt wird. Die Anwendung des Gedankens der geometrichen Gleichheit auf die Politik ist also vorplatonisch und war zu Platons Zeit sehr verbreitet (vgl. z.B. Isokrates 3, 14-16; eine ähnliche Vorstellung im demokratischen Lager kann man im thukydideischen Epitaphios finden; 2, 37,1).[4]

1. 'Gorgias'

Die Frage nach der geometrischen Gleichheit wird schon in den Frühdialogen gestellt und durchzieht das gesamte Platonische Werk. Nach den Worten des Prodikos im 'Protagoras' (337 A) sollen Sokrates und sein Gesprächspartner nicht dasselbe bekommen, sondern der Weisere mehr und der Unwissendere weniger, eine Vorstellung, die, wie K. POPPER (1945, S. 256 Anm. 20) bemerkt hat, in Zusammenhang mit der Lehre der geometrischen Gleichheit steht.

Im Dialog 'Gorgias' aber findet sich nicht nur die erste und einzige ausdrückliche Erwähnung des Begriffes

---

4) Die Bedeutung dieser Stelle für das Verständnis des hier zu behandelnden Themas wird dadurch erhöht, daß sie in einer programmatischen Rede vorkommt, wo Perikles die bestmögliche gesellschaftliche Ordnung als eine Demokratie darzustellen versucht (vgl. über die Frage des Idealbildes im Epitaphios K. GAISER 1975, S. 39-45). K. BAERTHLEIN (1957, S. 86-101) hat den Unterschied der griechischen Analogievorstellungen zu der modernen Lehre überzeugend klargemacht.

in Platons Werk (ἡ ἰσότης γεωμετρική; 508 A), sondern auch die ganze Auseinandersetzung des Sokrates mit Kallikles[5] ist auf der Grundlage der Proportionslehre aufgebaut (481 B - 527 E).[6] H.J. KRÄMER (1959, S. 57-83) hat die Bedeutung der Passage für die Nomosproblematik klargemacht: Nach seiner Interpretation geht es Platon an dieser Stelle darum, die Gerechtigkeit und die Besonnenheit als das wahre Wesen des Menschen zu zeigen, womit er die von der Sophistik verteidigte Norm der Hedone überwinden, den Nomos bis in die einzelnen Aretai hinein im menschlichen Wesen verankern und ihn als die wahre Physis des Menschen erweisen will. Der folgende Auslegungsversuch befaßt sich mit der Rolle der geometrischen Gleichheit im Zusammenhang dieser Nomosvorstellung.

Die von Sokrates vorausgeschickte, spöttische Bemer-

---

5) U. GALLI (1937, S. 91) sieht in Kallikles eine Schöpfung Platons (ähnlich J. de ROMILLY 1971, S. 93 f.; dagegen W.K.C. GUTHRIE 1962-1981, III, S. 102). In der Interpretation umstritten ist ebenfalls die von Kallikles vertretene politische Strömung: Einige sehen in ihm einen Oligarchen (z.B. G. GROTE 1849^{2}, VIII, S. 387ff.; E.R. DODDS 1959, S. 282; I.M. CROMBIE 1963, I, S. 248; P. FRIEDLÄNDER 1964^{3}-1975^{3}, II, S. 242-254, D. KEAGAN 1965, S. 126f.; W.K.C. GUTHRIE 1962-1981, III, S. 102-107). Für andere hingegen vertritt er eine demokratische Auffassung (so J. BURNET 1914, S. 120; U. v. WILAMOWITZ-MOELLENDORFF 1918, I, S. 179f.; R. KLEE 1930-1931, S. 327; K. HILDEBRANDT 1933, S. 124-138; J. DERBOLAV 1964, S. 22 Anm. 12; A. LEVI 1966, S. 40f.; G.B. KERFERD 1974), während eine dritte Interpretationsrichtung ihn als einen Anhänger der Tyrannei betrachtet (J. DENIS 1896; Th. GOMPERZ 1895-1909, II, S. 264f.; H. RAEDER 1905, S. 117f.; H.G. GADAMER 1942, S. 324; H. KELSEN 1942/1946, S. 89-94). G. SOROF (1899) hat sich eingehend um eine Bestimmung der Auffassung des Kallikles in Bezug auf die damaligen politischen Strömungen bemüht.

6) R. ROBINSON (1941, S. 202-222) hat die Rolle der Analogie in der 'Politeia' und im 'Gorgias' unterstrichen, sich aber mit dieser speziellen Fra-

kung, er selbst liebe die Philosophie, Kallikles aber das Volk (481 C - 482 C), soll den Unterschied der zur Debatte stehenden Weltsichten von Anfang an hervorheben: Bei Sokrates ist die Meinung des Philosophen zu hören, während Kallikles die Ansicht der Mehrheit vertritt, die nur nach Übermaß in der Befriedigung ihrer Begierden trachtet. Die von Sokrates erweckte Erwartung wird durch das Exposé des Kallikles gesteigert, das die Frage der Gerechtigkeit und der Ungerechtigkeit auf den Gegensatz Nomos - Physis zurückführt, wobei der Sophist seine These auf ein Argument bezieht, das scheinbar den Begriff der geometrischen Proportion in Anspruch nimmt: Die gesellschaftliche Ordnung, heißt es, sei

---

ge nicht befaßt, die auch der Beitrag W. FITES (1934),der den 'Gorgias' als Ausdruck einer von Platons mathematischem Geist stammenden Ethik des Kaküls betrachtet (S. 190-200), nicht zum Untersuchungsgegenstand machte. Ähnlich sieht K. BAERTHLEIN zwar den Unterschied zwischen Kallikles, Platon und der Demokratie thematisiert, aber nicht die geometrische Gleichheit im Dialog. Nach der üblichen Auffassung hat Platon erst in den 'Nomoi' den Begriff angewandt (vgl. K.R. POPPER 1945, S. 156 Anm. 20; F.D. HARVEY 1965, S. 108; G. VLASTOS 1977, S. 23ff.). A. RIGOBELLO (1971, S. 146f.) bringt einen knappen Überblick über den Forschungsstand; hier seien einige bei ihm nicht vorkommende Deutungen vorgetragen. K. HILDENBRAND (1860, I, S. 107) hält die Frage nach der falschen und wahren Befriedigung des Subjektes im Staatsleben für das Thema des 'Gorgias', während H. BONITZ (1875^2, S. 31) die Unterscheidung zwischen Gut und Lust als den Kern des Dialogs betrachtet (vgl. S. 33-43 für den damaligen Status Quaestionis). Das Hauptinteresse des Dialogs liegt für R. KLEE (1930-1931, S. 326ff.) im Gegensatz Macht-Weisheit; und J. BARION (1947, S. 30) bezeichnet die Frage nach dem Wesen der Gerechtigkeit als das Grundthema. In letzter Zeit haben A.B. HENTSCHKE (1971, S. 37) und A. RIGOBELLO (1971) wie schon früher H. von STEIN (1862-1875, I, S. 161-178) und U. von WILAMOWITZ-MOELLENDORFF (1918, S. 177-182) das Problem des Sinnes für das menschliche Leben als das Hauptthema behandelt.

von Schwachen erfunden worden, die das Mehr-Haben der Stärkeren und die damit verbundene Herrschaft verhindern wollten (482 E - 483 C); dadurch wird das Mehr-Haben(πλεονεκτεῖν)[7] zur in der Natur herrschenden Satzung erhoben und der gesetzlichen Ordnung des Gleiches-Haben (ἴσον ἔχειν) entgegengestellt (483 C - 484 B).

Mit diesen Ausführungen steht der Rahmen der Auseinandersetzung fest; denn der Gegensatz Nomos - Physis wird unter dem Gesichtspunkt der Verteilung berücksichtigt, was die Aufgabe des Sokrates deutlich umreißt: Es gilt zu zeigen, daß die vom Nomos verwirklichte Verteilung nicht im Gegensatz, sondern im Einklang mit der Natur steht, d.h. daß sie im Kosmos herrschende Proportionen widerspiegelt.

Auf den ersten Blick erweckt die Auffassung des Kallikles den Anschein, Berührungspunkte mit der platonisch-sokratischen Ansicht aufzuweisen; dies vor allem in der Behauptung, der Bessere müsse die Macht besitzen. Aus dem Besser-Sein leitet aber der Sophist den Anspruch auf Mehr-Haben ab und identifiziert zugleich den Besseren mit dem Stärkeren und Mächtigeren, was Anlaß für die erste Widerlegung durch Sokrates gibt: Die Mehrheit der Menschen, die die Macht ausübe und die Gesetze erlasse, sei stärker, erwidert er, deshalb sei die Auffassung der Gerechtigkeit, nämlich das Gleiches-Haben, der Natur nach (488 E - 489 B), wobei die Gerechtigkeit als eine Art Gleichheit definiert und der Beweis erbracht wird, daß sogar nach den Prämissen des Kallikles die in der Gesellschaft bestehende Ordnung in der Natur der Sache verankert ist.

Der Versuch des Sophisten, die Unzulänglichkeit seiner

---

7) Nach B. KERFERD (1974, S. 50) vertritt Kallikles keine oligarchische Auffassung, sondern lediglich, daß diese Verhaltensregel sich auf alle Menschen erstrecken soll.

These durch die Identifizierung des Besseren mit dem Einsichtsvolleren zu beseitigen, führt zur zweiten sokratischen Widerlegung, die schon auf der Grundlage des Begriffs von der geometrischen Gleichheit geschieht (489 B - 491 A). In einer ausführlichen Beweisführung, die mehrere Arten von äußeren Gütern einschließt, zeigt Sokrates, daß der Einsichtsvollere nicht an dem Übermaß, sondern an dem richtigen Maß festhält, und macht das Gleiches-Haben zu einer richtigen und deshalb gerechten Verteilung der Güter gemäß der Natur der einzelnen.

In einem neuen Anlauf verschärft sich der Gegensatz zwischen beiden Ansichten und wird auf die Seele verlegt (491 A - 505 C): Kallikles verbindet Einsicht und politische Macht (491 A-B), verteidigt das Recht der Herrscher auf Mehr-Haben (491 C-D),und in einer Umkehrung der Werte (H.J. KRÄMER 1959, S. 62f.) macht er die Kakiai zu Aretai (492 A-C) um im krassen Widerspruch zur sokratischen Auffassung (492 D, vgl. H.J. KRÄMER 1959, S. 60-65) für die Herrschaft des untersten Teils der Seele zu plädieren. Die auf den Mythos (492 D - 494 A) folgende Antwort des Sokrates unterscheidet zwischen Hedone und Agathon (494 A - 497 A), weil Hedone und Lype zusammen auftreten und aufhören können, und somit eine Gleichsetzung der einen mit dem Guten und der anderen mit dem Schlechten verhindert wird (497 C-D) und weil der schlechte Mensch an Hedone teilhaben kann, was unmöglich wäre, wenn das Agathon, was den Menschen gut macht, sein sollte (497 E - 499 B). Auf diese Weise wird Kallikles gezwungen, den Unterschied zwischen guten und schlechten Hedonai und dementprechend zwischen Hedone und Agathon zuzugeben (499 B - 500 A), wobei die schon früher gemachte Unterscheidung zwischen Techne und Empeiria (463 D - 465 A) und die Notwendigkeit eines Wissens begründet werden, das das Gute als Ziel hat (500 A - 505 B).

Die Abkoppelung des Agathon von den Hedonai und den

Epithymiai ermöglicht die endgültige Widerlegung des Mehr-Habens und bereitet den Weg für die Lehre der geometrischen Gleichheit vor. Indem Sokrates das Agathon als ein objektives Maß behauptet, das nicht in Zusammenhang mit den Bedürfnissen und Begierden des Menschen steht und das Ziel menschlichen Handelns sein soll, bezieht er die Natur des Menschen auf das Gute und differenziert deutlich die von Kallikles anfangs geforderte Naturgerechtigkeit vom Mehr-Haben-Wollen der Hedonai und Begierden. Die Grundlage, auf der die geometrische Gleichheit beruht, wird dadurch ersichtlich: Nachdem das Mehr-Haben - Wollen als mögliches Agathon ausgeschieden ist, bleibt nur an der Gerechtigkeit als Gleichheit und Proportion festzuhalten; sie kann nur von richtigem politischen Wissen vermittelt werden, dessen Produkt, der Nomos, einzig imstande ist, das Dikaion der Natur nach zu verwirklichen.

Mit dieser Widerlegung des Kallikles, die durch seine Weigerung, das Gespräch weiterzuführen, verdeutlicht wird (505 C - 506 C), ist die gestellte Aufgabe nur teilweise gelöst: Die Sokratische Auffassung soll noch von dem im Referat des Sophisten heftig angegriffenen demokratischen Gleich-Haben abgegrenzt werden, was das Ziel des nächsten Abschnitts ausmacht (506 C - 509 C). Sokrates selbst läßt durch seine Absicht, dadurch dem Logos den Kopf aufzusetzen (505 D; über die Bedeutung des Ausdrucks vgl. G.R. DODDS 1959, z. St.), erkennen, daß er diese endgültige Bestimmung der Gerechtigkeit als den Höhepunkt des Dialogs betrachtet. Die Arete, die auf die Ordnung, Richtigkeit und Techne bezogen wird (506 E), wird mit dem Guten verbunden und so die Überlegenheit der geordneten Seele vor der ungeordneten festgestellt: Die gute Seele, heißt es, tue das Gerechte hinsichtlich der Menschen und das Fromme hinsichtlich der Götter; deshalb besitze der Besonnene alle Aretai; der geordnete Mensch sei gerecht, fromm, besonnen und mutig (507

B-C). So wird der Beweis der Verbindung zwischen der Gerechtigkeit und der Arete mit der Glückseligkeit erbracht,und die Vorstellung der Ordnung im Gegensatz zur Unersättlichkeit und Zügellosigkeit rückt in den Vordergrund. Selbstbeherrschung und Gerechtigkeit als Ordnung der Psyche und der Gemeinschaft setzen voraus, daß jedes Glied eine ihm angemessene Aufgabe erfüllt und dadurch eine geeignete Stellung im Ganzen erhält, die Grundauffassung, die den Staat der 'Politeia' gestaltet und auf dem Boden der geometrischen Gleichheit steht. Der anschließende Abschnitt hat die Funktion, die bisher im Hintergrund stehende geometrische Proportion als die einzige Grundlage zu erweisen, auf der eine menschliche Gemeinschaft möglich ist: Wer in die Zügellosigkeit gerate, schließt Sokrates, sei weder einem anderen Menschen noch dem Gott lieb, weil mit ihm keine Gemeinsamkeit und keine Freundschaft möglich seien.

Der Gedankengang gipfelt in einem Bild, das eine geordnete, der Unordnung und Zügellosigkeit entgegenstellte Welt skizziert: Gemeinsamkeit, Freundschaft und Gerechtigkeit hielten die Welt zusammen, große Dinge vermöge die geometrische Gleichheit unter Menschen und Göttern, und nicht das Übermaß (507 E - 508 A). Die geometrische Proportion erscheint also als das Band, das die Einheit der drei zur Diskussion stehenden Bereiche (Kosmos, Gesellschaft, Mensch) vollbringt (J.P. MAGUIRE 1947, S. 160ff.; H. KUHN 1960, S. 503), eine Auffassung, die in den späteren Dialogen immer wieder zutage kommt.[8] <u>Der Gegensatz zwischen Physis und Nomos ist durch den Gedanken der geometrischen Gleichheit</u>

---

8) Nachdieser Interpretation ist der von K.R. POPPER (1945, S. 262 Anm. 48) bemerkte Gegensatz zwischen dem 'Gorgias' und den anderen Dialogen nicht vorhanden. Nach H.J. KRÄMER (1959, S. 57) weist der 'Gorgias' programmatisch auf die 'Politeia' voraus.

endgültig überwunden. Der eschatologische Mythos am Ende des Dialogs (523 A - 527 A) weist auf, daß dieses Gesetz für den Menschen erhalten bleibt, sei es auch erst durch Bestrafung im Jenseits.

2. **'Menexenos'**

An einer Stelle des platonischen Epitaphios wird die Verfassung Athens als eine auf der guten Urteilskraft der Menge beruhende Aristokratie geschildert. Das Volk, heißt es, übe die Macht aus und übertrage Ämter und Gewalt denen, die immer die besten zu sein scheinen, die im Gegensatz zu anderen Verfassungen einzig geltende Bestimmung für die Regierungsbefugnis; denn keiner sei wegen körperlicher Schwäche, Armut oder Unberühmtheit der Eltern ausgeschlossen oder wegen des Gegenteils geehrt. Sokrates begründet diese Ordnung in der natürlichen Gleichheit der Athener, die anders als in anderen Städten den gleichen Ursprung (ἡ ἐξ ἴσου γένεσις; 238 E 1; ἰσογονία; 239 A 2) haben und daher die im Einklang mit der Natur stehende (κατὰ φύσιν) Gleichheit vor dem Gesetz (ἰσονομία) anstreben, so daß sie sich nur dem Ruf der Arete und der Phronesis unterordnen (238 B - 239 A).

Die hier beschriebene Verfassungsform unterscheidet sich durch ihren Bezug auf die Arete grundlegend von der üblichen Demokratie:[9] Die Isonomie soll vor allem die Herrschaft der Arete und der Phronesis zur Geltung bringen, was eine richtige Verteilung der Ämter und Aufgaben in der Gesellschaft bedeutet, die hier allerdings bloß auf der

---

9) Die Frage, ob Platon mit seiner Totenrede eine mit den Rednern konkurrierende, ernste Darstellung beabsichtigte oder vielmehr ein die Rhetoren ka-

richtigen Meinung beruht,[10] aber auf die Verwirklichung einer Art unvollkommener geometrischer Proportion und nicht der arithmetischen Gleichheit hinauslaufen soll.[11] Das Bild des 'Menexenos' ist demgemäß mit den Grundsätzen des 'Gorgias' kongruent.

---

rikierendes Spiel treiben wollte, ist unterschiedlich beantwortet worden. Während U. GALLI (1937, S. 82) und I. von LOEWENCLAU (1961, S. 10ff.) den 'Menexenos' als eine ernstgemeinte Darlegung interpretieren, sieht G. VLASTOS (1964, S. 22f.) eine Satire. G. ROHR (1932, S. 100f.) nimmt in dieser Frage eine mittlere Stellung ein. K. OPPENHEIMER (1933) betrachtet die Totenrede (Menex. 246 D - 248 D) als echt platonisches Gedankengut, die Lobrede hingegen als nur Imitation und Verarbeitung von traditionellem Material (vgl. S. 56-76). Die eingehende Interpretation N. SCHOLLS (1959, S. 13-69) weist die Deutung des 'Menexenos' als Satire zurück (vgl. S. 68f.); ebenso C.H. KAHN (1963), der den Dialog als eine tendenziöse Protreptik, eine Mischung von Patriotismus und Zorn gegen die damalige Politik Athens betrachtet (S. 229).

10) K. GAISER (1963, S. 250f.) hat hervorgehoben, daß, obwohl im Schema des 'Menexenos' die wissenschaftliche Erkenntnis erst am Ende der Entwicklung möglich ist, die mit Hilfe der Götter am Anfang verwirklichte Verfassung dieses Wissen als Voraussetzung hat.

11) G. VLASTOS (1964, S. 26f.) faßt die hier von Sokrates gepriesene Isonomie unter Berufung auf die 'Politeia' (bes. 8, 561 E) im üblichen demokratischen Sinn(für die Unterschiede zwischen beiden Stellen vgl. auch S. 167 ff.).

3. 'Politeia'

Die von Glaukon am Anfang des 2. Buches vorgetragene Lehre, die die Sehnsucht nach Pleonexie für die wahre Natur des Menschen hält (358 E - 359 C), stellt der platonischen Politik ähnliche Aufgaben wie die früher im 'Gorgias' überprüfte Lehre des Kallikles (s.o. S. 168 - 165): Auch hier gilt es zu beweisen, daß die Gerechtigkeit in der Natur ihre Wurzeln schlägt.[12] Die Abgrenzung von der demokratischen Auffassung findet bei der Kritik an der Demokratie im 8. Buch statt (557 A - 562 A). In einer deutlichen Anspielung auf die in ihr herrschende arithmetische Gleichheit definiert Sokrates die Demokratie als eine Verfassungsform, die in ähnlicher Weise eine gewisse Gleichheit unter Gleichen und Ungleichen verteilt (558 C). Die Unfähigkeit der demokratischen Ordnung, den unterschiedlichen Werten Rechnung zu tragen, wird in der Darstellung des demokratischen Menschen auf die Spitze getrieben.[13] So wie in der Volksherrschaft alle Mitglieder auf die gleiche Ebene gestellt (ἐξισοῦσθαι; 563 A 1; Frauen, Herren, Sklaven und sogar Tiere; 563 B-D) und Freiheit und Gleichheit zu den wichtigsten Werten der Stadt gemacht werden, so daß die Demokratie sich selbst durch die Verachtung der Nomoi zugrunde richtet, kann der Demokrat den unterschiedlichen Wert der Hedonai nicht erkennen, ehrt sie alle gleichmäßig und ver-

---

12) L.W. BEALE (1952) hat im Zusammenhang mit dieser Stelle Kritik an der platonischen Auffassung geübt weil Gerechtes oder Ungerechtes nach seiner Meinung von der gesellschaftlichen Haltung gegenüber einer Handlung und nicht von einem objektiven Maß abhängen (dagegen vgl. E. WATSON SCHIPPER 1952).

13) Die künstlerische Verbindung zwischen Inhalt und Form im Demokratenkapitel wurde von K. VRETSKA (1955) eingehend dargestellt.

wirklicht die reinste arithmetische Isonomie (561 E).[14] Die von der Demokratie bewirkte arithmetische Gleichheit führt zu einer ähnlichen Umkehrung der Werte wie das Recht des Stärkeren und ersetzt Maß und Arete durch Kakia und Hybris (vgl. 560 C - 561 A).

Das im 8. und 9. Buch gezeichnete Gegenbild der üblichen Staatsformen, die von der Pleonexie und der als Gegenreaktion entstandenen Isonomie zu immer größerer Entartung gedrängt werden, hat die Funktion,die Vorzüge der von der geometrischen Gleichheit realisierten Staatsform deutlicher erkennen zu lassen: In der besten Verfassung werden die Ämter und die politischen Aufgaben nach den Aretai der Bürger verteilt (3, 412 B - 414 B), wie es der Mythos der Erdgeborenen bildhaft darstellt (414 B - 415 D), wodurch die verschiedenen Teile der Stadt zu einer Einheit verbunden werden, in der Übereinstimmung über den herrschenden Teil besteht (4, 431 E - 432 A).[15] Die platonische Definition der Gerechtigkeit als Verrichtung des eigenen Werkes (2, 370 A-C, 374 B-D; Resp. 4, 433 A;[16] Resp. 5, 453 B), wobei jeder die ihm gebührende Stelle innerhalb der gesellschaftlichen Ordnung einnimmt und damit zur Einheit der Stadt beiträgt (7, 519 E - 520 A), erweist sich in dieser Weise als

---

14) Die Anspielung auf die arithmetische Gleichheit wird durch die Prägung eines Hapaxlegomenon (ἰσονομικός; vgl. K. VRETSKA, 1955, S. 419) an dieser Stelle unterstrichen.

15) Im Gegensatz zu G. VLASTOS (1964, S. 34; 1977, S. 24ff.), der dem 'Politeia'-Staat die geometrische Gleichheit abspricht, stehen die Interpretationen H.J. KRÄMERS (1959, S. 216 u.a.); J. DERBOLAVS (1964, S. 29-34); F.D. HARVEYS (1965, S. 109); K. SPREYS (1970, S. 277ff.). Die Frage der geometrischen Proportion im 'Politeia'-Staat wurde ausführlich von K. BAERTHLEIN (1957, S. 122-128) behandelt.

16) Für die Interpretation dieser Stelle ist die Auseinandersetzung zwischen K.R. POPPER (1945, S. 84) und W.J. VERDENIUS (1955) unentbehrlich.

ein Grundsatz, der die geometrische Gerechtigkeit verwirklichen soll.

4. 'Nomoi'

An einer Stelle des 6. Buches, die sich unmittelbar auf die in der Antike im Zusammenhang mit der Machtfrage im Vordergrund stehende Verteilung der Ämter bezieht, befindet sich die ausführlichste Behandlung der Problematik in Platons Werk (756 E - 758 A). Nach dem Athener liegt die Wahlform der 'Nomoi' in der von jeder Verfassung immer anzustrebenden Mitte zwischen Monarchie und Demokratie. Die nur durch richtige Gleichheit zu verwirklichende Freundschaft könne nicht, heißt es ferner, unter Herren und Sklaven oder bei gleicher Verteilung der Ehren unter Schlechten und Tüchtigen bestehen. Um die richtige Gleichheit zu bestimmen, werden zwei Arten unterschieden, die zwar denselben Namen tragen, aber entgegengesetzte Wirkung haben: Die durch das Los in der Verteilung geregelte Gleichheit nach Maß, Gewicht und Zahl könne von jedem Staat und von jedem Gesetzgeber verwirklicht werden, sagt der Athener, die wahrhafteste und beste Gleichheit aber, ein Urteil des Zeus, das nur Gutes bewirke und den Menschen in geringem Maß zustehe, teile das jedem Gebührende im entsprechenden Verhältnis zu. Die Gesetze, fährt er fort, sollten weder für wenige Tyrannen noch für einen noch für die Macht des Volkes erlassen werden, sondern immer auf das Gerechte hinzielen, d. h. das der Natur nach Gleiche Ungleichen in jedem Fall zuschreiben, obschon die Stadt manchmal auch die andere Gleichheit zu gebrauchen gezwungen sei.

Wie schon früher im 'Gorgias' und in der 'Politeia' grenzt sich Platon in dieser Passage sowohl von der demokratischen Tendenz ab als auch von solchen, die das Recht des Stärkeren propagieren; im Unterschied zu damals aber erscheint jetzt die Frage der geometrischen Gleichheit auf das Thema der Mischverfassung bezogen: Die vom Nomos vollzogene, so nah wie möglich an die geometrische Gleichheit kommende Verteilung[17] der Ämter soll einen Aufbau der Gesellschaft zustande bringen, der Philia und Einheit so weit wie möglich erlaubt, und dies ist in den konkreten Verhältnissen der 'Nomoi' nur unter Anwendung der arithmetischen Gleichheit zu erlangen (757 D - 758 A), weil eine Verteilung der Ämter nach dem auschließlichen Kriterium der Arete nicht zu verwirklichen ist und der Widerstand der Menge sich erhebt, die nach einer absolut arithmetischen, demokratischen Verfassung strebt. Der Athener stellt deshalb die Verfassung der 'Nomoi' als einen Kompromiß zwischen einer unvollkommenen geometrischen Gleichheit, wo andere Kriterien neben der Arete für die Bestimmung der Besten gelten (monarchischem Prinzip) und der Gleichheit des Loses (demokratischem Prinzip) dar. Beim Verlosen der Ämter haben alle denselben Wert, und jeder kann alle Ämter bekleiden, aber die Verlosung wird durch verschiedene Bedingungen sowohl für diejenigen, die zu wählen haben, als auch für jene, die zu wählen sind, und durch Prüfungen der Gewählten beschränkt (6, 751 D - 768 E).[18]

Die Problematik wird auch im 5. Buch angeschnitten (744

---

17) Die Vorstellung des Nomos als richtiger Verteilung der Ämter wird an den entscheidenden Partien des Abschnitts durch den philologisierenden Gebrauch der Wortfamilie unterstrichen, die gerade dort benutzt wird, wo der Unterschied zwischen beiden Arten von Gleichheit zur Sprache kommt (vgl. 757 B 5, C 2, C 5).

18) Für A. GRAESER (1971, S. 92f.) ist die Gleichheit gegenüber dem Gesetz in den 'Nomoi' geometrisch und nicht arithmetisch.

A - 745 B), wo die unterschiedlichen Vermögensverhältnisse der ankommenden Bürger zur Schaffung verschiedener Stände zwingt, so daß die Ämter, Steuern und Verteilungen nicht nur durch die Beschaffenheit seines Körpers bestimmt wird, sondern auch durch den Reichtum (für die geometrische Gleichheit in den Nomoi vgl. K. BAERTHLEIN 1957, S. 118-122). Die Mischverfassung der 'Nomoi' ergibt sich also durch die Anwendung der beiden Arten von Gleichheit (vgl. H.J. KRÄMER 1959, S. 212 Anm. 133), und unterscheidet sich somit von der Isotes Geometrike der 'Politeia'.

5. **Ergebnisse**

Es würde die Grenzen dieser Arbeit sprengen, die konkreten Anwendungen der Analogievorstellung in den platonischen Staatsentwürfen zu verfolgen; das Ausgeführte genügt aber, um den theoretischen Hintergrund deutlich werden zu lassen. Die von Platon als Ausdruck der Gerechtigkeit angestrebte geometrische Gleichheit unterscheidet sich sowohl von der Pleonexie, die sich in der ungerechten Anhäufung von Macht und Besitz in der Hand einiger weniger zuungunsten der Mehrheit kundtut, als auch von der undifferenzierten Gleichmacherei der demokratischen arithmetischen Gleichheit, die ohne Berücksichtigung des Wertes Ungleichen Gleiches zuteilt. Auf diese Weise erscheint für Platon die jedem das Metrion zuschreibende geometrische Proportion als eine Mitte, die die abweichenden, in der Demokratie und der Tyrannei am krassesten sich äußernden Extreme vermeidet. Der Staat der 'Politeia' verwirklicht sie im für menschliches Maß höchstmöglichen Grad; die Verfassung der 'Nomoi' dagegen, die einen zweiten Weg darstellt und in der Mitte zwischen den entgegengesetzten Verfassungen Monarchie und Demokratie steht, beruht nur in sehr begrenzter Weise auf der geometrischen Verhältnismäßigkeit.

Der Nomos muß nach Platons Auffassung, wie die oben angeführten Stellen zeigen, die der Proportion des Kosmos entsprechende geometrische Gleichheit in die Wirklichkeit umsetzen. Dadurch wird ersichtlich, wie eine Grundvorstellung der platonischen Ontologie in der Nomoslehre ihren Niederschlag fand, und zugleich, wie die von Platon thematisierte Frage der verschiedenen Gleichheiten im größeren Zusammenhang seiner Ontologie begründet und in der Politik systematisch angewandt worden sind.

Viertes Kapitel:

Die platonische Aufhebung des Gegensatzes Nomos-Physis

Aus dem in der Einleitung vorausgeschickten Überblick über die Forschungssituation stellte sich heraus, daß eine erhebliche Schwierigkeit für die Interpretation der Nomoslehre in der Darstellung Platons eigentlichen Beitrags bestand, der ihn sowohl von der Sophistik als auch von den anderen Sokratikern differenziert und vor allem in seiner Auffassung des Gegensatzes Nomos-Physis auf gesellschaftlicher Ebene zum Ausdruck kommt (vgl. o. S. 18 f.).

Die bisher im Laufe der Untersuchung herausgearbeiteten Ergebnisse haben die Richtung gezeigt, in der Platon den sophistischen Gegensatz zwischen Nomos und Physis zu überwinden versucht. Die durch die Nomoi nach einem höheren Modell geordnete Gesellschaft wird in der platonischen Auffassung zusammen mit dem Kosmos zu einem Abbild des Seinsaufbaus, so daß die menschlichen Normen ihre letzte Begründung in einer Seinsordnung finden, die der Gesetzgeber entdecken und in die Wirklichkeit übertragen muß: Natur und Gesellschaft, Kosmos und Mensch, Sein und Werden sind nach denselben Prinzipien aufgebaut; die Wissenschaft des Gesetzgebers zielt darauf, durch die Beziehung des menschlichen Handelns auf solche Prinzipien die Einheit und die Ordnung der Gesellschaft zu schaffen und zu erhalten, womit die Tätigkeit des Politikers sich nur durch den Gegenstand vom Wirken des jetzt zum Paradeigma des politischen Handelns gewordenen Demiurgs unterscheidet.

Wie die in der Einleitung ausgeführte Besprechung der Forschungssituation zeigte (vgl. o. S. 15 ff.), hat die oben skizzierte Grundauffassung Platons dazu geführt, Platon sowohl als den Gründer der Naturrechtstheorie zu betrachten als auch die Existenz einer solchen Lehre in seinem Werk zu bestreiten. Um die gestellte Frage lösen zu können, ist es aber erforderlich, die Physis als konkrete Beschaffenheit der Menschen in Betracht zu ziehen: Nur die Untersuchung der von Platon postulierten Beziehung zwischen Physis und Nomos auf menschlicher Ebene kann eine geeignete Antwort geben, wobei zu bemerken ist, daß Physis bei Platon kein eindeutiger Begriff ist, wie die meisten Arbeiten über das Thema nachgewiesen haben (vgl. O. GIGON 1959, S. 148; D. HOLWERDA 1955; für Platon A. BENN 1896, F.L. BEERETZ 1963; D. MANNSPERGER 1969). Diese Voraussetzungen machen verständlich, daß sich einige Wissenschaftler bei der Behandlung des jetzt angeschnittenen Themas zuerst um eine Bestimmung der Bedeutungen von Physis bemühten (vgl. z.B. J. WILD 1953; V.R. GOROSPE 1965/1966), eine Aufgabe, die jetzt nicht wieder unternommen werden soll.

I. Die auf der menschlichen Natur fundierte Gesetzgebung

1. Physis als von der Gesetzgebung zu berücksichtigende Anlage: besonnene und tapfere Physeis

Am Ende des 'Politikos' (306 A - 311 C), wo programmatisch die Aufgaben einer wirklich naturgemäßen politischen Kunst (ἡ κατὰ φύσιν ἀληθῶς οὖσα πολιτική ; 308 D 1) dargelegt werden, unterscheidet Platon zwischen zwei Arten von Menschen, deren richtige Mischung das Ziel der politischen Kunst sein muß, da der soziale Ausgleich davon abhängt: die sittsamen (κόσμιοι ; 310 C 9; vgl. 307 B) und die tapferen (τὸ περὶ τὴν ἀνδρείαν γένος; 310 D 2). Nach der vom Fremden aus Elea vorgetragenen These entartet die Tapferkeit in Tollheit und die Sittsamkeit wird über Gebühr träge, wenn sie viele Generationen ungemischt bleiben. Jeder Art von Menschen werden besondere Eigenschaften zugeschrieben: Während die Sittsamen eine besonnene (σώφρων; 310 D 7; σωφρονικά ; 307 A 7), stille (ἠρεμαία, ἡσυχαία ; 307 A), nach Frieden strebende (307 E), vorsichtige (εὐλαβῆ; 311 A 7), gerechte (δίκαια; 311 A 7), sanfte (μαλακά; 307 A 9), langsame (βραδέα; 307 A 9; vgl. 307 C), schwere (βαρύτερα; 307 C 1) und heilsame (σωτήρια; 311 A 8) Natur haben, zeichnet sich das tapfere Geschlecht durch Schnelligkeit (ταχύ; 306 E 9; τάχος ; 306 E 4), Heftigkeit (σφοδρόν; 306 E 10; σφοδρότης; 306 E 4), Schärfe (ὀξύτης; 306 E 5), Härte (σκληρότερα; 307 B 10) und Dreistigkeit (δριμύτης, ἰταμότης ; 311 A 8) aus. Der als Aufgabe der Politik gestellte und durch die Mischung (308 A-B) vollbrachte Ausgleich der zwei an sich auseinanderstrebenden Naturen soll die Entartung in eine Richtung verhindern (vgl. H.J. KRÄMER 1959, S. 150-154): Der Gesetzgeber (ὁ ἀγαθὸς νομοθέτης ; 309 D 1) muß bewerkstelligen, daß die jeder Physis zukommenden Eigenschaften im richtigen Maß (καιρός; 310 E 2; vgl. 307 A-C) präsent sind, wozu er neben der Ehepolitik (δμηρειῶν ἐκδόσεις εἰς ἀλλήλους ; 310 E 10-11) die Wirkung des Nomos (περὶ τὰ καλὰ κἀγαθὰ μία δόξα ; 310 E 6-7; vgl. 310 E 9-10) braucht, der als ein göttliches Band die Naturen gegen die ihr eigentümlichen Neigungen zum Ausgleich bewegen soll (309 D - 310 A) und somit durch Strafe (308 E - 309 A) und Erziehung (vgl. bes. διὰ νόμων ; 310 A 2) gestaltend auf die an sich weder guten noch schlechten Physeis hinwirkt.

Die in der 'Politeia' für die Funktion des Wächters getroffene Auswahl der geeigneten Physeis kann auch vor dem Hintergrund dieser Grundsätze verstanden werden; denn die Phylakes müssen in sich die Eigenschaften der beiden Grundnaturen vereinigen (2, 375 A - 376 C): Die sanfte (πρᾶοι), lernbegierige (φιλομαθής), philosophische Natur soll auch die Schärfe in der Wahrnehmung, die Leichtigkeit (ἐλαφρός), die Tapferkeit, die Eifrigkeit (θυμοειδής), die Stärke (ἰσχυρός) und Härte (χαλεποί) vorweisen können, um sowohl mit Mitbürgern als auch mit Feinden in angemessener Form zu verkehren. Diese schwer zu findende, in sich die zwei entgegengesetzten Naturen vereinigende Physis (375 C-D) ist als einzige imstande, die Ausbildung zum Philosophen-Herrscher zu absolvieren, und stellt eine dritte Art neben den im 'Politikos' ausgeführten Gemütsarten dar. Nur in solchen Fällen kann der Nomos die Physis vollkommen gestalten, sonst kann er mitsamt der Erziehung nur eine zu große Entartung in die eine oder andere Richtung verhindern, der Grundneigung aber nicht völlig entgegenwirken (vgl. Politc. 309 D-E).

Die Eigenschaften beider Grundnaturen können folgendermaßen dargestellt werden:

BESONNENE NATUR	TAPFERE NATUR
φιλόσοφος	ἀνδρεῖος
φιλομαθής	ὀξὺς πρὸς αἴσθησιν
δίκαιος	θυμοειδής
σώφρων	δριμύς

κόσμιος	ἰταμός
εὐλαβής	τολμηρός
πρᾶος	χαλεπός
ἡσυχαῖος	σφοδρός
μαλακός	σκληρός
βραδύς	ταχύς
νωθής	ὀξύς
βαρύς	ἐλαφρός
σωτήριος	

Auch nach der Generalvorrede zu der Gesetzgebung in den 'Nomoi' muß der gute und tugendhafte Mensch eifrig (θυμοειδής) und sanft (πρᾶος) sein, so daß er das Thymoeides zur Abwehr der schweren Verbrechen gebrauchen kann, während er das Sanfte für die Besserung der Verbrecher einsetzt, die gebessert werden können (5, 731 B-D).

* * * * * *

Diese Stellen zeigen hinreichend, daß eine naturgerechte Gesetzgebung eine Naturanlage in Kauf nehmen muß, die eine Beschränkung für die Wirkung des Nomos bedeutet, der sie verbessern oder entarten lassen (Resp. 3, 410 D), nicht aber in das völlig Entgegengesetzte umwandeln kann. Die Wahl der geeigneten Physeis ist nach dem 'Politikos' die erste zu lösende Aufgabe (308 D, 309 D), und dementsprechend bemüht sich Sokrates als erstes im Staatsentwurf der 'Politeia' darum, die außerordentliche Natur der Wächter zu bestimmen, die den besten Staat ermöglichen soll und die wahrscheinlich mit der im 7. Brief für das Lernen der Philosophie zur Voraussetzung gemachten Physis (343 E - 344 A) gleichzusetzen ist.

Der Gegensatz zwischen Physis und Nomos bleibt demnach auf dieser Ebene bestehen: Der Politiker verfügt wie der Demiurg über eine ungeformte Masse, die er zur Bestimmung und Arete führen soll, wobei er gewisse Einschränkungen nicht vermeiden kann, weil er sein Werk nur gegen die natürlichen Neigungen des Stoffes zu verrichten vermag (vgl. D. MANNSPERGER 1969, S. 216f.), eine in den 'Nomoi' ausdrücklich vorkommende Auffassung: Der mit der Erziehung der Kinder beauftragte Wächter, heißt es dort, müsse die Physeis der Kinder verbessern (κατευθύνειν), indem er sie immer zum Guten nach dem Gesetz hinlenke (ἀεὶ πρέπων πρὸς τἀγαθὸν κατὰ νόμους ; 809 A 5-6). Physis und Nomos stehen hier wie in der Sophistik im Gegensatz, nur die Bewertung der Opposition hat sich geändert, die jetzt nicht mehr als negativ empfunden wird, weil die Wirkung des Gesetzes auf die Natur zur Voraussetzung für die Erfüllung des menschlichen Daseins gemacht worden ist.

2. Physis als Ziel: Produkt der Anlage und der Gesetzgebung

Das Ziel der politischen Kunst, d. h. der aus der Verbindung einer geeigneten Natur und einer richtigen Paideia entstandene Mensch , ist von Platon gelegentlich auch Physis genannt worden. Dies ist von den Verfechtern der Auffassung, bei Platon gebe es eine Naturrechtslehre (s.o. S. 15 ff.), als eine für alle Menschen geltende Norm interpretiert worden, nach der sich die Gesetze richten müssen. Die in Frage kommenden Stellen aber beziehen sich auf das nach Platons Auffassung sehr seltene Geschlecht der Philosophen (vgl. Resp. 6, 485 A - 487 A), das mit den Worten der 'Nomoi' sich vom Rest der Menschen in der ständigen Bewahrung des Maßes unterscheidet(11, 918 C-D): Seine Epithymiai und Hedonai seien einfach und angemessen (μέτριαι), heißt es in der 'Politeia', denn sie seien von der richtigen Überlegung mit Nus und richtiger Meinung geführt, d.h. Resultat der Verbindung von der besten Physis mit der vollkommensten Paideia (4, 431 C; vgl. 5, 451 C).[1]

Physis bezeichnet an den betreffenden Passagen nicht die Natur, die sich in die Richtung der Philosophie entwickeln kann, sondern das Wesen der philosophischen Seele selbst, was deutlich in der Zusammenfassung der Eigenschafdächtnis, gelehrig, edelmütig, anmutig, freundlich und verwandt mit der Wahrheit ist und dadurch Gerechtigkeit, Tapferkeit und Besonnenheit besitzt (Resp. 6, 485 A - 487 A), zeichnet sich der Weise durch alle Aretai aus, die nur das Resultat einer guten Erziehung sein können.

---

1) Auch bei der Beschreibung des Tyrann (9,571 A - 573 C) kann die Verflechtung beider Faktoren gesehen werden.

Während die Physis der vom Noetischen beherrschten und dadurch gerechten Seele dem Nomos entspricht (Gorg. 504 D, vgl. o. S. 50 ff.)[2] und, der Gesundheit gleichgestellt, zum Maßstab des menschlichen Wesens wird, erscheint die ungeordnete, in Anomie geratene Psyche als Manifestation der Krankheit und der Abweichung von der Norm (Resp. 4, 444 A-E): Die mannigfaltige, sich in fremde Gebiete einmischende Beschäftigung der Seelenteile, die für die Adikia charakteristisch sei, heißt es an dieser Stelle, erzeuge in der Psyche Aufruhr und Zwist und verhindere die Herrschaft des Teiles, der der Natur nach (φύσει) die Macht ausüben solle, wodurch das Gefüge der Seele in Bewegung gerate und sie in das Gegenteil der Arete falle. So wie das Bewirken der Gesundheit beim Körper bedeute, seine Teile nach der Natur (κατὰ φύσιν) in Ordnung zu bringen und die Herrschaft des gebührenden Teils zu ermöglichen, fährt Sokrates fort, während Krankheit die Herrschaft wider die Natur (παρὰ φύσιν) sei, auf dieselbe Weise sei Gerechtigkeit in der Seele die richtige, nach der Natur zustandegekommene Herrschaftsordnung und Ungerechtigkeit das Gegenteil.

Die so definierte menschliche Physis (über den Bezug des Wortes an dieser Stelle vgl. D. MANNSPERGER 1969, S. 6 f.) fungiert hier als Norm, die im Einklang mit dem Nomos steht und die Gerechtigkeit nützlich der Natur nach macht (Resp. 3, 392 C). Auch im 'Phaidon' heißt es, es liege in der Natur der Dinge, daß die Seele als unsterblich und göttlich den Leib beherrsche (79 E - 80 A); und in den 'Nomoi' wird ein Leben nach dem Gesetz als ein Leben der Natur gemäß definiert (12, 958 C-D, über die weiteren Implikationen dieser Frage vgl. o. S. 25 - 65).

---

2) A.C. BAYONAS (1965-1966, S. 132ff.) hat untersucht, wie sich diese Vorstellung von Nomos als Ordnung der Seele vom 'Gorgias' bis in die 'Nomoi' erstreckt.

Dieser Physisbegriff ist, wie schon I. von LOEWENCLAU (1961, S. 49) für den 'Menexenos' bemerkt hat, als Ziel zu verstehen, zu dem der Mensch tendieren soll, und unterscheidet sich dementsprechend von der oben dargestellten Vorstellung (vgl. o. S. 174 - 178) darin, daß sie nicht im Gegensatz zum Nomos steht, sondern mit ihm zusammenfällt: Sie muß vom Gesetz verwirklicht werden, und zugleich ist der Nomos das Wesen von jedem Menschen, der die normative Physis erreicht hat.

II. Die Bedeutung der Physis für die Gesetzgebung

Indem die Gesetzgebung, die die Herrschaft des Unsterblichen über das Sterbliche verwirklicht, als naturgemäß definiert wird, kann Platon von der Richtigkeit oder Unrichtigkeit der Gesetze der Natur nach sprechen (Leg. 1,627 D; vgl. darüber u. S. 283 - 290), und der richtige Nomos ist imstande, das der Natur nach Gerechte und Schöne zu bestimmen (Leg. 12, 966 B), wobei die Bezeichnung der 'Politeia'-Ordnung als eines naturgemäßen Staates (4, 428 E - 429 A) verständlich wird. Es stellt sich hier die Frage, ob Platon an eine universelle, für alle gleichermaßen geltende Gesetzgebung glaubte, wie die Verfechter der Naturrechtstheorie es für richtig halten, oder eher der Meinung war, daß dieses höhere Ziel in unterschiedlichem Maß zu verschiedenen Zeiten unter ungleichen Völkern durch anders gestaltete Gesetze zu erreichen ist, was nur anhand einer näheren Betrachtung der gegenseitigen Wirkung von Physis und Nomos zu beantworten ist.

1. Wirkung des Nomos auf die Physis

'Politeia'

Die Wirkung der vorwiegend erzieherischen Nomoi der 'Politeia' (vgl. W. JAEGER 1936-1947, II, S. 270-338 und III, S. 1-99 als prominentesten Vertreter dieser Auffassung) wird an einer Stelle des 3. Buches dargelegt:

> "Wenn wir also unsere erste Rede bewahren wollen, nämlich unsere Wächter müssen durch die Befreiung von allen anderen Aufgaben vollkommene Werkmeister der Freiheit der Stadt sein und sich nur mit dem, was dazu führt,beschäftigen, dürfen sie ja nichts anderes treiben oder nachmachen. Wenn sie etwas nachahmen, müßten sie gleich von Kindheit an das ihnen Gebührende imitieren: tapfere, besonnene, freie Menschen usw. Sie dürfen aber weder das Unfreie verrichten noch geschickt sein, es zu kopieren, und auch nicht etwas anderes Schändliches, damit sie nicht wegen der Nachahmung Spaß am Sein finden. Oder hast du nicht bemerkt, daß die Imitationen, wenn sie von Jugend an lange Zeit weiterbestehen, sich auf die Gewohnheiten und auf die Natur niederschlagen, sei es im Leib, in der Stimme oder im Denken?"(395 B-D).

Nach dieser Stelle, die den theoretischen Rahmen des Verhältnisses zwischen Physis und Nomos bestimmt, muß die von der Physis als Inhalt zu erhaltende Norm ein wertvolles Modell darstellen, weil sich die Nachahmung des Vorbildes auf die körperliche und seelische Natur des Menschen überträgt, eine Auffassung, die an die im 'Timaios' vorkommende Darstellung der Chora erinnert (48 E - 53 C): Wie die Chora übernimmt die menschliche Physis die Form des Nachgeahmten, wobei die Aufgabe der Erziehung und des Nomos umrissen wird: Sie müssen ein Vorbild darbieten, das die Natur richtig gestaltet. Die im vorigen Abschnitt differenzierten Bedeutungen von Physis kommen an dieser Stelle zur vollen Geltung: Einerseits ist sie die zu bestimmende Grundlage, andererseits aber stellt sie das in der Norm zum Ausdruck kommende Ergebnis dar, das durch die Bestimmung der Veranlagung vollbracht wird; somit wird die Beziehung Physis und Nomos auf die ontologische Struktur 'Vorbild-Abbild', 'Bestimmendes-Unbestimmtes' zurückgeführt, die sich in der platonischen Ontologie durch die Nachahmung und Teilhabe charakterisiert (vgl. darüber o. 2. Kapitel).

Die Wirkung der vom Gesetzgeber angeordneten Musik und Gymnastik auf die Seele entspricht den oben eruierten Grundsätzen (Resp. 3, 410 A - 412 B). Nach der Auffassung des Sokrates entartet die Seele bei einer ausschließlichen Beschäftigung mit einer von beiden Lernstoffen: Während die Musik am Anfang bei harten Gemütern wohltuend wirke,so wird argumentiert, weil sie die betreffenden Naturen aus Nutzlosigkeit und Hartem weicher und nützlich mache, schmelzten die Seelen bei übermäßiger Beschäftigung mit ihr, bis sie den Mut ausgeschmolzen hätten, ein Vorgang, der bei den mutlosen Physeis viel schneller vor sich gehe. Die Gymnastik habe auch zuerst eine gute Wirkung auf den Leib, beim Ausfall der geistigen Beschäftigung aber werde das Lernbegierige (φιλομαθές) zu schwach, so daß ein musenloser, redefeindlicher Mensch entstehe,der nicht durch Logoi überzeuge, sondern wie ein Tier nur Gewalt und Wildheit kenne. Die Menschen hätten deshalb von Gott Musik und Gymnastik für das Philosophische und das Thymoeides erhalten, schließt Sokrates, damit sie zusammenstimmten, indem sie sich anspannten und nachließen, soweit es sich gebühre.

Die Beschreibung der Wirkung der Musik und der Gymnastik auf die menschliche Physis, die eine konkrete Anwendung der theoretischen Grundsätze des 'Politikos' darstellt (vgl. o. S. 174 ff.), zeigt eine Umgestaltung des Menschen, die sogar bis zur Umwandlung ins Gegensätzliche führen kann. Diese radikale Überzeugung von der gestaltenden Macht des Nomos kommt auch in der Auffassung zutage, der Idealstaat lasse sich am schnellsten und am leichtesten mit Kindern durchführen, die ohne den Einfluß der Eltern und der üblichen Sitten in den Gewohnheiten und Nomoi der neuen Polis erzogen würden (7, 540 E - 541 A).

Auch im 'Timaios' (87 A-B) wird der Erziehung und den Nomoi eine hohe Wirkung auf die Struktur der Seele eingeräumt: Während eine schlechte Staatsverfassung, schlechte Einflüsse und das Fehlen geeigneter Lehrstoffe von Kindheit an als die Ursache für die Verschlechterung des Menschen erscheinen, kann nach dieser Stelle die Seele durch die Erziehung und richtigen Sitten zum Guten geführt werden.

'Nomoi'

Während die oben analysierten Stellen der 'Politeia' dem Nomos eine absolute gestaltende Kraft gegenüber der Physis einräumen, zeigen die 'Nomoi' hinsichtlich dieser Frage eine vielschichtigere Haltung.

In einem Abschnitt des 7. Buches erklärt der Athener, wie die Spielgewohnheiten der Kinder auf ihre Einstellung gegenüber den Gesetzen und dadurch auf die Unveränderlichkeit der Gesetzgebung wirken. Nach der Ansicht des Gesprächsleiters werden die im Ernst erlassenen Gesetze beständig bleiben, wenn immer dieselben Kinder an den gleichen Spielen mit festen Regeln auf identische Weise mit denselben Spielzeugen teilnehmen, während eine ständige Erneuerung in der Gestalt und dem Wesen der Spiele später auf die Festigkeit der Gesetze einwirkt, weil die Gemütsart der Kinder sich unbemerkt ändert und das Alte bei ihnen wertlos und das Neue wertvoll erscheinen läßt. Die Veränderung,folgert der Athener, sei bei allem, mit Ausnahme des Schlechten, das Gefährlichste für die Gewohnheiten der Seele, deren Physis von jeder Wandlung erschüttert werde, wie der Körper von jeder Änderung der Ernährung oder der Anstrengungen.[3] Keiner werde versuchen, die Gesetze zu ändern, in denen er aufgewachsen sei und die durch einen glücklichen Zufall während geraumer Zeit unverändert geblieben seien (796 E - 798 B).

Die schon in der 'Politeia' festgestellte Struktur 'Vorbild-Abbild' für die Beziehung 'Nomos-Physis' (s. o. S. 161 f.) liegt diesem Beispiel zugrunde: Von der Art und Weise der Spiele, d.h. der in ihnen von den Kindern entwickelten Nomoi und der Erziehung hängt die Stabilität des gesellschaftlichen Gefüges ab, weil die spielerischen Nomima durch die Nachahmung der ernsten Gesetze in der Beständigkeit an der Einheit teilnehmen, so daß in der Seele der Kinder eine gute Grundlage für die Aufrechterhaltung der Gesetzgebung geschaffen wird.[4] Die gegen die natürliche Nei-

---

3) Auch in Politc. 270 C wird die schlechte Wirkung der Änderung auf die Lebewesen dargestellt.

4) Beständigkeit sogar stilistisch zu erwecken; vgl. in 797 A 9 - B 3 die Wiederholung von Formeln, die sonst auf die Ideenwelt bezogen werden: αὐτός wird fünfmal und ὡσαύτως einmal gebraucht.

gung der Kinder zu Änderungen wirkende Norm gestaltet deren Physis dergestalt, daß sie naturgemäß zu dem werden, was sie dem Nomos nach sind. Es ist aber zugleich eine wechselseitige Wirkung festzustellen: Jede Änderung des Nomos bedeutet eine Ummodelierung der Physis, und jede Wandlung der Physis verursacht eine Neuerung des Nomos.

In anderen Passagen der 'Nomoi' stellt sich das Gesetz auf sophistische Weise der Physis entgegen: Beim Gebrauch der Hände entsteht der Unterschied auf Grund der Gewohnheiten, auch wenn beide Hände von Natur aus gleich fähig sind (7,794 D - 795 D),und ähnlich beruht der Ausschluß der Frauen von der kriegerischen Erziehung und vom Krieg nach dem Athener nicht auf der Physis, sondern auf dem Nomos (7, 804 E - 806 C), ein auf die Gesellschaft negativ wirkender Fehler, den eine richtige Verfassung vermeiden muß.

Die Wirkung des Nomos auf die Physis kennt auch gewisse Einschränkungen: Die Kinder müßten, heißt es im 7. Buch (810 B), Lesen und Schreiben lernen, bis sie es könnten; eine Vervollkommung hinsichtlich der Schnelligkeit oder der Schönheit müsse man auf sich beruhen lassen, wenn die Physis ihnen in der angeordneten Zeit nicht geholfen habe. Nach dieser Stelle ist die Wirkung des Nomos auf die Physis unterschiedlich, wobei deutlich wird, daß die Natur gewisse Bestimmungen hat, die dem Nomos im Wege stehen können.

Einen Gegensatz zwischen den Neigungen der Physis und den Bestimmungen des platonischen Nomos kann man auch in der Heiratsfrage feststellen (6, 772 E - 773 E): Gegen die in der Stadt Ungleichheit in Bezug auf Vermögen oder Gemütsarten schaffende natürliche Neigung, das einem selbst Ähnlichste zu heiraten, müsse der richtige Nomos das Ebenmäßige und Verhältnismäßige in der Stadt verwirklichen, so daß der Ausgleich der Gemütsarten und des Reichtums zustande komme, heißt es an dieser Stelle, die eine praktische Anwendung der Grundsätze des 'Politikos' darstellt (vgl. o. S. 174 ff.)

In der vorher behandelten Passage des 5. Buches (747 B; vgl. o. S. 152 - 156) macht die Beschäftigung mit der Mathematik Schläfrige und Unwissende wach und lernbegierig, während Gesetze und Einrichtungen die Unfreiheit und Geldgier, die die Übung der Mathematik verursachen kann, vermeiden, wobei der Nomos auf eine doppelte Weise in die der Natur entgegengesetzte Richtung wirkt: Einerseits erweckt er die Bürger und macht sie lernbegierig, andererseits nimmt er von ihrer Seele die Geldgier und die Unfreiheit.

Im 9. Buch wird die These vertreten, der Mensch müsse nach den Nomoi leben, sonst unterscheide er sich in nichts von den wildesten Tieren (874 E - 875 A). Die Physis des Menschen, auf sich gestellt und ohne die vom Nomos kommenden Bestimmungen, gerät in völlige Unordnung: Der Nomos ist das, was den Menschen zum Menschen macht.

An all diesen Beispielen ist ein gewisser Gegensatz zwischen Physis und Nomos zu beobachten: Die Physis ist wie ein Stoff, der die Bestimmungen des Nomos aufnimmt, der aber zugleich eine gewisse Bestimmtheit hat und entsprechend Widerstand leistet; die Natur beugt sich der Wirkung des Nomos und ermöglicht auf diese Weise das gesellschaftliche Leben.

In den 'Nomoi' werden auch Physeis erwähnt, die das Gesetz nicht beeinflußt. Im 9. Buch werden zwei Arten von Gesetzen unterschieden: Die eine richte sich auf die guten Menschen, um sie zu erziehen, trägt der Athener vor, die andere entstehe wegen jener, die vor der Erziehung flöhen, weil sie eine unschmelzbare Natur hätten , für die der Gesetzgeber sich gezwungen sehe, bestimmte Gesetze zu erlassen, die er nie gebrauchen möchte (880 D-E). An einer anderen Stelle heißt es, eine solche Gesetzgebung sei unter anderen Verhältnissen nicht nötig, aber heutzutage sei damit zu rechnen, daß sogar in einer Stadt wie Magnesien eine Art von Wesen entstehe, die nicht einmal von starken Nomoi erweicht werden könnten (9, 853 B-D). Für sie sieht der Athener die Todesstrafe vor (5, 735 D-E), den einzig möglichen Nomos (9, 862 D - 863 A).

Diese Art von Physeis, die auch sehr selten sind und eine extreme Form der Grundphyseis darstellen, stehen im totalen Widerspruch zu den Nomoi und können nicht in die Gemeinschaft aufgenommen werden, eine Forderung des 'Politikos' (308 D - 309 A; vgl. o. S. 174 ff.).

Ergebnisse

Die Unterscheidung der verschiedenen Physeis und der Wirkungsmöglichkeit des Nomos, eine der Hauptforderungen des 'Politikos', werden durch die oben behandelten Stellen belegt und zeigen, daß Platon, weit enfernt von der Annahme einer universellen menschlichen Physis, mit verschiedenen Naturen gerechnet hat.

Die Unterschiede zwischen der 'Politeia' und den 'Nomoi' lassen sich mit ihren verschiedenen Ansatzpunkten erklären: Während die 'Politeia' sich auf die außerordentlich seltenen Physeis der Philosophen konzentriert, die von Nomos und Erziehung vollständig ausgebildet werden können, treten in den 'Nomoi' die verschiedenen Schattierungen in den Vordergrund, die den üblichen Menschen entsprechen; die Verschiedenheit der Nomoi in beiden Staatsentwürfen ist letzten Endes auch ein Produkt der unterschiedlichen Physeis der Einwohner. Aus den ausgeführten Passagen ergibt sich auch eine graduelle Abstufung von den philosophischen Physeis, die vom Nomos absolut gestaltet werden können, bis hin zu denen, die das Gesetz nicht zu erweichen vermag. Zwischen diesen beiden Extremen und seltenen Fällen gibt es eine ganze Reihe von Nuancen, die den Unterschied zwischen den Menschen ausmachen; aber nur wer vom Nomos gestaltet wird, erlangt die menschliche Physis im erhabenen Sinn, wobei wiederum mit den Grenzen zu rechnen ist, die die individuellen Physis setzen.

Dieses Bild ist mit der im 'Politikos' vertretenen Auffassung, die die Auswahl der richtigen Physeis zur ersten Aufgabe der politischen Kunst macht (vgl. o. S. 174 ff.), kongruent. Von einer richtigen Lösung dieser Frage hängt für Platon das ganze Gebäude des Staates ab. Denn solche Anlagen bilden die Basis der Gemeinschaft.

2. Wirkung der Physis auf den Nomos

Die im 'Politikos' vorgebrachte Kritik gegen den Nomos, er trage der Verschiedenheit der Menschen, ihrer Kompliziertheit und der Wandelbarkeit ihrer Angelegenheiten nicht genug Rechnung (294 A-C), weist darauf hin, daß das Menschliche eine nuanciertere Führung erfordert als die, die durch den geschriebenen Nomos möglich ist. Die Herrschaft des Philosophen zeigt nach der in diesem Dialog vertretenen Meinung den Vorteil, daß dieser, auch wenn er auf den Nomos nicht völlig verzichten kann (294 C - 295 B), seine Anweisungen den sich ändernden Verhältnissen jeder Zeit anpassen kann. Zu den die Verwirklichung der Arete bedingenden Faktoren, die der Gesetzgeber für den

Erlaß seiner Gesetze in Betracht ziehen soll, gehört die menschliche Physis, wie die obigen Abschnitte dargelegt haben. Der dritte Teil dieser Untersuchung geht auf die konkreten, die Gesetzgebung bestimmenden Bedingungen ein; jetzt sollen nur einige Beispiele vorausgeschickt werden, die der platonischen Interpretation der Geschichte und der 'Politeia' entstammen.

In einer Passage des 'Menexenos' (238 E - 239 A) sind die in den athenischen Nomoi vorkommenden Isonomie und Barbarenfeindlichkeit durch die Physis der Einwohner des Landes bestimmt. Auf ähnliche Weise haben die ursprünglichen Siedlungen,die je eine Familie mit dem Ältesten als Oberhaupt gebildet hatten und aus denen die Städte später entstehen, im Geschichtsbild der 'Nomoi' eigene, ihren Physeis entsprechende Sitten (3, 681 A-B):[5] Die Sittsameren hätten sittsamere Bräuche gehabt und die Tapferen tapfere, die sie ihren Kindern eingeprägt hätten. Die schon früher untersuchten zwei Grundphyseis (vgl. o. S. 174 - 178) erzeugen nach dieser Stelle ihre eigenen Nomoi, die eine Widerspiegelung der Physis sind und ähnliche Fehler wie sie enthalten, so daß die natürliche Neigung nicht zum Ausgleich geführt wird, sondern sich weiter zuspitzt. Die Aufgabe einer richtigen politischen Techne sollte es sein, in die der Natur entgegengesetzte Richtung zu wirken und sie zu korrigieren.

---

5) G. ROHR (1932, S. 66) sieht in diesem Buch die Überwindung des Gegensatzes Nomos-Physis durch den teleologischen Physisbegriff , der Natur und Kultur gleichermaßen umgreift: "Denn in der Entstehung staatlicher Verfassung wird ein Stück Naturgeschichte gegeben, und die Normen, die in der ἀρχή verwirklicht und damit ein für allemal als wesenszugehörig, oder besser: wesenkonstituierend, gesetzt wurden, erweisen sich als Natur-Normen."

Die folgenden Beispiele aus der 'Politeia' sollen anhand des besten Staates zeigen, wie nach Platons Vorstellung der Philosoph in seiner Gesetzgebung die menschlichen Naturunterschiede berücksichtigen muß. Der Hauptgrundsatz, jeder dürfe nur diejenige Aufgabe erfüllen, für die seine Physis geeignet sei (5, 453 B; vgl. 453 E), richtet das soziale Gefüge und dementsprechend die Gesetzgebung nach der Physis des Menschen (vgl. U. GALLI 1937, S. 105f.). Demnach wird jeder Mensch in einen Stand eingegliedert, der seiner Natur entspricht; nur die besten Physeis können zum Stand der Wächter aufsteigen (2, 375 A - 376 C), und nur die besten von diesen gelangen zum Stand der Philosophen-Herrscher. Eine der wichtigsten Aufgaben der Philosophen-Herrscher ist, die richtigen Physeis auszuwählen (vgl. 3, 414 B - 415 D; Tim. 18 D -19 A). Die Besitzverhältnisse entsprechen auch der Natur der Bürger: Nur die Wächter haben gemeinsamen Besitz von Kindern und Frauen, weil sie eine richtige Paideia mit einer guten Physis verbinden (Resp. 5,451 C). Für die Frauen der Herrscher wird eine ähnliche Natur gefordert (5, 451 D-E), weshalb sie dieselben Aufgaben und dieselbe Erziehung bekommen (5,451 D -452 C; vgl. 456 B, 466 C-D). Die einzige in Betracht gezogene und entsprechend in der Gesetzgebung berücksichtigte Differenz ist die schwächere Natur der Frauen (5, 451 E, 455 D-E, 456 A). Diese Beispiele erweisen,daß die Beteuerung des Sokrates, die 'Politeia' sei ein naturgemäßer Staat, sich vor allem auf die Anpassung der Gesetzgebung an die konkreten individuellen Physeis richtet.

III. Ergebnisse

Nach dem Stellenbefund kann bei Platon kaum von einem universellen Naturrecht gesprochen werden, vor allem deshalb, weil die unterschiedlichen menschlichen Naturen die Verschiedenheit des Rechtes erfordern. Seine Lehre ist noch eng mit der Polis verbunden und besitzt nicht die Universalität, die erst später durch die hellenistische Philosophie zutage kam.[6] Die Ansätze zu einem Naturrecht sind freilich zahlreich: die Suche nach der Verwirklichung der Arete, die Ideen, eine für alle Menschen geltende Wertskala, um nur einige zu nennen. Sie haben zwar universellen Wert, werden aber zugleich durch Anteilnahme und nicht durch Identität in den konkreten Situationen definiert: Ihre Konkretisierung variiert je nach Zeit und Lage, und sie können nicht jederzeit für alle gleich erreichbar sein; platonisch ausgedrückt: Es gibt bessere und schlechtere Nachahmungen. Nach dieser Deutung ist die 'Politeia' nur eine Ausprägung der besten Staatsform, die den Bedingungen der Polis entspricht, jedoch nicht die mythische Darstellung der Prinzipien des Naturrechts.

Im Unterschied zu den späteren Naturrechtstheorien ist für Platon die im positiven Recht vorkommende Differenz der Gesetze naturbedingt, wodurch Übereinstimmung und Verschiedenheit zu der Sophistik ersichtlich wird: Während die Sophisten aus der Differenzierung der Gesetze ihre Relativität und ihren Gegensatz zu der Natur

---

6) K. HILDENBRAND (1860, I, S. 168) stellt treffend den Unterschied zwischen Platon und dem Christentum in diesem Thema dar: "Es mangelt (bei Platon) der Gedanke an die Einheit des Menschengeschlechtes und den Beruf aller Menschen zur gleichen ewigen Bestimmung..."

ableiteten, sah Platon in den unterschiedlichen Nomoi eine Forderung der menschlichen Physis, die als universaler Wert in dieser Welt nicht existierte; denn für diesen Kosmos waren nur an einer wahren Natur teilhabende und dadurch differente Physeis möglich. Als Ziel der Politik erscheint demnach, die konkreten Menschen so weit wie möglich an dieser Idee teilnehmen zu lassen, wozu verschiedene Nomoi benötigt werden, denen von der Natur der jeweiligen Menschen Grenzen gesetzt sind. Diese Auffassung weist tief aristokratische Züge: Platon will kein Reich gründen, sondern die Polis retten; es geht ihm nicht um die Einheit des Weltreiches und die Gemeinsamkeiten seiner Glieder, sondern um die Einheit der Polis und ihren Unterschied zu den anderen Staaten.

Zweiter Teil

N O M O S   U N D   P O L I T I K

Erstes Kapitel:

Ontologische Notwendigkeit der Differenzierung

Wenn so das Teilnehmen an den allgemeineren Normen des Seins sich als das Hauptkriterium für die Beurteilung des Nomos herausstellt, bleibt noch die Frage zu untersuchen, ob und inwieweit Platon mit der Notwendigkeit einer Differenzierung der Gesetze gerechnet hat, was im Zentrum seiner politischen Lehre steht und bisher verschieden interpretiert wurde (vgl. o. S. 4 - 7 und S. 15 ff.).

I. Abstufung des Nomos

1. Unterscheidung der verschiedenen Staatsformen

Die Forschungsliteratur hat schon oft auf die Probleme hingewiesen, die aus der Existenz der unterschiedlichen Staatsentwürfe im uns überlieferten platonischen Werk entstehen, eine Unheinheitlichkeit, die besonderes Interesse erregte, weil Platons "konstruktive Utopien" (B. KYTZLER 1973, S. 55) die größte Nachwirkung gehabt haben.[1] Platons Staatsentwürfe gehören zwar zu einer Tradition, die ihren

---

1) Die Nachwirkung der platonischen Staatsentwürfe in der Antike wurde von B. SALIN (1921) untersucht; vgl. auch die Beiträge von L. MUMFORD (1961), B. KYTZLER (1973) und H. FLASHAR (1974).

Anlaß teils in der griechischen Polis (L. MUMFORD 1961, S. 30ff.),[2] teils in den sophistischen Untersuchungen zur Bestimmung der besten Staatsform (H. RYFFEL 1949, S. 1ff.; vgl. auch N.D. FUSTEL DE COULANGES 1907, S. 431) hatte; doch ist das Nebeneinander - oder gar Gegeneinanderbestehen von zwei in ihren konkreten Einrichtungen, vielleicht in ihrer Gesinnung sehr unterschiedlichen Entwürfen etwas Neues im politischen Denken Griechenlands.

Bisher wurden mehrere Hypothesen aufgestellt, um den Sachverhalt aufzuklären; die Frage ist aber einer der Streitpunkte der Platon-Forschung geblieben. In diesem Zusammenhang mag es wohl nützlich sein, die dem Nomos von Platon zugewiesene Rolle in den verschiedenen Verfassungsformen zu beobachten; vielleicht lassen sich auf diese Weise neue Einsichten in die oben erwähnten Aporien erschließen.[3]

---

2) Schon Hippodamos von Milet hatte versucht, einen Idealstaat mit Hilfe von mathematischen Prinzipien zu gründen (Aristoteles, Politica 2, 8, 1267 b 22 - 1268 a 14; vgl. L. MUMFORD 1961, S. 31 ff.). Die Beziehung der platonischen Staatsentwürfe zu ihren Vorläufern ist noch nicht umfassend untersucht worden, wäre aber aufschlußreich für ein besseres Verständnis der platonischen Lehre. Einen Überblick über die Vorgänger bieten F. FLÜCKIGER (1954, S. 125-130)und B. KYTZLER (1973, bes. S. 56) an; vgl. die im letzten erwähnten Beitrag enthaltene Literatur über das utopische Denken bei den Griechen (S. 46ff.). F. DÜMMLER (1891) untersucht anhand der uns erhaltenen Werke und Fragmente des Euripides die zeitgenössische Diskussion über die in der 'Politeia' vorkommenden Themen.

3) Bei der Beantwortung der aufgeworfenen Frage können folgende Hauptrichtungen unterschieden werden:

1 - Nach einer Interpretation ist die 'Politeia'

eine reine, von Platon für nicht durchführbar gehaltene Utopie, deren Zweck es ist, auf die Unzulänglichkeit aller üblichen Staatsformen hinzuweisen. Die 'Nomoi' seien hingegen ein für die Realität konzipierter Staatsentwurf. Aus ganz anderen Gründen als die moderne Forschung spricht schon B. PASCAL (1670, S. 145f.) den politischen Theorien Platons jede Realisierbarkeit ab. Zu dieser Interpretationsströmung sind folgende Arbeiten zu rechnen: F. STAHL (1847², I, bes. S. 10-13); R. DARESTE (1893, bes. S.15-20); S. DAURELLA Y RULL (1926); A. DESCHAMPS (1931); H. Mc. ILVAIN (1932, S. 33), V. BEONIO BROCCHIERI (1934); M.B. FOSTER (1935); E. SABINE (1937); M. CROISET (1946); M. PUGLIESE CARRATELLI (1946), P. GRENET (1948, S. 211ff.); E. UNGER (1949, S. 655-659); G. MÜLLER (1951, grundlegend; vgl. die Kritik von E.M. MANASSE 1957-1976, I, S. 52-61, vgl. II, S. 55); G.J. de VRIES (1952 S. 7, 62); W.C. GREENE (1953, S. 56); J. WILD (1953, S. 58); E. MICHELAKIS (1953, S. 8f., 10f. 13); V. GOLDSCHMIDT (1953, S. 189-197); M. VANHOUTTE (1954, S. 194f.); J. HALL (1956, S. 177f., 189); E. VOEGELIN (1957, S. 92f.); A. VERDROSS-DROSSBERG (1958, S. 31f.); G. VLACHOS (1964); V.R. GOROSPE (1965/1966,S. 169); H. PERLS (1966, S. 380; 1973, S. 148f.); J.H. RANDALL (1967, S. 319); P. WEBER-SCHÄFER (1969, S. 65-94); M. ISNARDI PARENTE (1969, S. 195f.); K. SPREY (1970, S. 285); A.B. HENTSCHKE (1971, S. 127-131, 162-165, 184, 262ff.); F.B. JONES (1974, S. 2f., 10f., 70f., vgl. o. S. 12 f.); H. FLASHAR (1974 S. 10, 12f.); O. GIGON (1976, S. 8f., 350f.); H. ERBSE (1976, S. 169, 179, 188); E.M. SPENCER (1978, S. 101, 113, 117-120); in letzter Zeit R.F. STALLEY (1983, bes. S. 16 f., 180) und K. GAISER (1984). Diesen Deutungen stehen bestimmte Äußerungen Platons entgegen, vor allem die Stelle am Ende des 7. Buches der 'Politeia' (bes. 540 D), wo die Realisierbarkeit des entworfenen Staates ausdrücklich hervorgehoben wird und die der wichtigste Vertreter der oben skizzierten Richtung demnach zu athetieren versuchte (G. MÜLLER 1951, S. 152ff.). Es wurde schon oft darauf aufmerksam gemacht, daß der platonische Staat der 'Politeia' kein geschichtsloser, sondern ein in geschichtlicher Begrenztheit und Gefährdung existierender Staat ist (O. GIGON 1962; vgl. E. ZELLER 1844-1846, II 1, S. 915; F.M. CORNFORD 1935, S. 61; A. LESKY 1957, S. 554, einschränkend aber S. 574; R.C. CROSS - A.D. WOOZLEY 1964 , S. XIVf.; O. GIGON 1976, S. 76). Wie in der 'Politeia' ausdrücklich gesagt wird, hat Sokrates bei seinem Entwurf eine griechische Polis im Sinn (Resp. 5, 470 E; vgl. E. de FAYE 1920, S. 19ff.; K.J. VOURVERIS 1939, S. 13; W. FITE 1934, S. 37-40), was die

---

Deutung der 'Politeia' als universellen Modells für das politische Leben oder als für die ganze Menschheit allgemeingültige Norm sehr unwahrscheinlich macht; es kommt vielmehr darauf an, die konkreten Bedingungen seiner Realisierung aufzuzeigen. Die Mehrheit der Ausleger hat in der Tat die 'Politeia' als eine von Platon für reell möglich gehaltene Staatsform charakterisiert (so schon im vorigen Jahrhundert K. HILDENBRAND 1860, I, S. 151-155).

2 - Eine andere Interpretationsrichtung vertritt eine Entwicklung in Platons Denken aufgrund seiner Enttäuschung: Die eigenen Lebenserfahrungen hätten Pla - ton sich mehr und mehr vom Programm der 'Politeia' entfernen lassen, bis er schließlich in den 'Nomoi' nahezu den ganzen Entwurf revidiere. So E. ZELLER (1844-1846, II 1, bes. 972-978), der zuerst die Echtheit der 'Nomoi' bezweifelte (1839, S. 1-146, bes. 117-135; ähnlich F. AST 1816, S. 579-592, vgl. bes. S.584-592 ; über die Echtheit der 'Nomoi' s. A. LESKY 1957, S. 583 und M. ISNARDI PARENTE 1974, III 2, S. 830-839); Th. BERGK (1883, S. 55); R. von PÖHLMANN (1893-1901 I, S. 169-581; 1925[3], II, S. 8-245); P. WENDLAND (1909); H. von ARNIM (1910, S. 27-75, bes. 67); U. von WILAMOWITZ-MOELLENDORFF (1918, I, S. 334f., 457f., 520f.); J. FLACH (1912, S. 560); H. RAEDER (1905, S. 403-413); G. RODIER (1911); L. ROBIN (1938, S. 277-316); R. von SCHELIHA (1934, S. 76ff.); E. BLOCH (1959, S. 563f.); R. DAHRENDORF (1967 a, S. 249). Im Laufe der Zeit wurde die Frage nach der Natur des Unterschiedes zwischen beiden Staatsentwürfen innerhalb der biographischen Interpretation immer dringender, besonders auch die Frage nach der Stellung der Gesetzgebung in der 'Politeia', wobei hier ebenfalls zwei Deutungstendenzen unterschieden werden können.

1. Nach der einen Auffassung ist die 'Politeia' ein Staat ohne Gesetze,während Platon sich in den 'Nomoi' für die Herrschaft des Nomos als die zweitbeste Lösung entscheidet. Vgl. G. GROTE (1865, II, S. 302, 310); P. MÄRKEL (1881, S. 29); J. NUSSER (1894, S. 32f.); E. BARKER (1918, bes. S. 112-118; über BARKERS Bedeutung für die engliche Forschung s. E.M. MANASSE 1957-1976, II, S. 39-43); E. SALIN (1921, S. 158); W.A. DUNNING (1921, S. 31-43); M. POHLENZ (1923, S. 73-106); A. DIÈS (1930, bes. S. 201-207); J. SAUTER (1930/1931, S. 53); R. KLEE (1930-1931); W. JAEGER (1936-1947, II, S. 312ff.; III, S. 290-293, 432 Anm. 9); M. GENTILE (1940, S. 134-155); H. KELSEN (1942/1946, S. 94-105); A. VERDROSS-DROSSBERG (1946, S. 90-99, 117, bes. S. 135); K. SCHILLING (1948, S.

311ff.); H. CAIRNS (1949, S. 39ff.); M. MICHELAKIS (1953, S. 13); L. GERNET (1951, I, S. XCIV); M. ISNARDI (1957, S. 401ff.); H. KELSEN 1957/1958, S. 42f.); J. LUCCIONI (1958); L. GIL (1965, S. 356); J. de ROMILLY (1971); Y.P. THOMAS (1971); M. OSTWALD (1977); J. BORDES (1982, S. 385-432).

A.B. HENTSCHKE (1971, S. 109 ff.) eruierte, daß die 'Politeia' gerade den Zusammenhang zwischen menschlicher Natur und Gesetzgebung zu zeigen versucht und deshalb von einer Zurückhaltung Platons gegenüber der Gesetzgebung in ihr keine Rede sein kann, was durch zahlreiche Stellen bestätigt wird, an denen die Nomoi des 'Politeia'-Staates erwähnt werden (4, 429 C; Resp. 5, 463 D-E, 465 A, u.a.), sowie durch eine Passage der 'Nomoi' (5, 739 A-E) und das Zeugnis des Aristoteles (Politica 2,1,1261 a 8-9; 4, 1262 b 3-7; vgl. 5, 1262 b 40-41, 1263 b 15-16).

2. Aufgrund der überwältigenden Textzeugnisse vertritt die andere Richtung die Ansicht, daß es sowohl in der 'Politeia' als auch in den 'Nomoi' positive Gesetze gebe. S.E. MEYER (1902, S. 288f.); E. BURLE (1908, S. 310f.); K. STERNBERG (1924, S. 34f., 48); E. de MARTINO (1934); J. BANNES (1935, S. 70-83); P. DONNINI (1937, S. 18ff.); H. FREYER (1936, S. 40, 47, 56ff., 62); U. GALLI (1937, vgl. o. S. 4 - 7); J.B. SKEMP (1952, S. 47-50); L. STEFANINI (1942^{2}, I. S. 359); S. MOSER (1952); F. FLÜCKIGER (1954); G.R. MORROW (1960, S. 587ff.); M. DAVIS (1960), H. HERTER (1940, 1944, S. 12; 1962); E. WOLF (1950-1970, IV, 2, S. 138-143); R. MAURER (1970, S. 32-38); E. SANDVOSS (1971, S. 250ff.).

Neuerdings hat A.B. HENTSCHKE (1971, S. 163f.) auf die prinzipiellen Schwierigkeiten der psychologisch-biographischen Deutung hingewiesen. H. GÖRGEMANN (1960, S. 109f.) zeigte schon früher, daß in den 'Nomoi' keine Rede von Resignation sein kann (ähnlich F. EGERMANN 1959, S. 133f.), während H.G. GADAMER (1942, S. 317ff.) den Beweis erbrachte, daß das Zeugnis des 7. Briefes gerade die Hypothese einer Enttäuschung durch die Erfahrung in Sizilien in Frage stellt.

Alle Vertreter der biographischen Interpretation betrachten beide Staatsentwürfe als auf dieselbe Weise realisierbar. Platon hat jedoch oft von der Beziehung der verschiedenen Staatsformen zueinander gesprochen und bewußt auf die Unterschiede zwischen ihnen hinge-

Die verschiedenen Staatsformen in den 'Nomoi'
Das 5. Buch der 'Nomoi'(739 A-E)

Zuerst sollen die Stellen der 'Nomoi' behandelt werden, die auf das Problem der verschiedenen Staatsformen und ihrer Beziehung zueinander eingehen, um so die historisch wohl letzte Auffassung Platons zu bestimmen. Eine Untersuchung der sich in anderen Dialogen mit derselben Problematik befassenden Stellen wird dann zeigen, ob sich ein sich nicht widersprechendes Gesamtbild der platonischen lehre umreißen läßt oder nicht.

Nach der Bestimmung der Zahl der Bürger, der Landlose und nach der Zuweisung jedes Landloses an eine Gottheit (736 C - 738 E) stellt der Athener in diesem Abschnitt einige Erwägungen über die verschiedenen Staatsformen an und unterscheidet eine beste, eine zweitbeste und eine drittbeste Verfassung. Die beste Polis, die beste Politeia und die besten Nomoi fänden sich dort, behauptet

---

wiesen. Er hat zumal die unterschiedlichen Verfassungen in eine klare Rangordnung eingereiht. Daher müßte die Interpretation zuerst versuchen, dieser Tatsache Rechnung zu tragen, bevor sie eine Entwicklung im platonischen Denken vorschlägt.

3 - Diese Aufgabe wurde von einer dritten Strömung übernommen, die sich darauf konzentriert, die verschiedenen Staatsentwürfe und die empirischen Staatsformen in ein Kontinuum der Verfassungen einzuordnen; vgl. K. HILDENBRAND (1860, I, S: 119, 151-155, 175-181); E. von HIPPEL (1927); P. FRIEDLÄNDER (1964³-1975³, I, S: 124ff., III, S. 275f.); H.J. KRÄMER (1959, S. 201-220). Diese dritte Interpretationsrichtung erkennt zwar die Hauptfragen bei der Bewertung der einzelnen Staatsentwürfe, doch unterläßt sie es, eine exakte Rangordnung der verschiedenen Staatsformen und ihr Verhältnis zueinander zu bestimmen.

er, wo der alte Spruch, daß das Gut der Freunde tatsächlich gemeinsam sei, in der ganzen Polis verwirklicht werde. Es gebe keine bessere Definition hinsichtlich der Arete eines Staates als dieses Ideal, sei es, daß es schon irgendwo bestehe oder in der Zukunft irgendwann Realität werde: Frauen-, Kinder- und Besitzgemeinschaft, Beseitigung alles Eigenen aus dem Leben, so daß sogar das, was der Natur nach eigen sei, gemeinsam werde und soweit wie möglich Einheit im Denken, Empfinden und Handeln entstehe, und die Gesetze, die die Polis nach Möglichkeit zu einer Einheit machten.[4)]

Ein solcher Staat könne - fährt der Athener fort - offenbar nur von Göttern oder Göttersöhnen bewohnt werden, Paradeigma jeder Politeia, genössen seine Bewohner die wahre Glückseligkeit. Die Gesetzgebung Magnesiens stehe der unsterblichen Verfassung am nächsten und sei auf eine zweitbeste Weise einheitlich (ἡ μία δευτέρως, 739 E 4).[5)] Die Beschreibung des drittbesten Staates wird auf spätere Gelegenheit verschoben.

Diese Unterscheidung dreier verschiedener Staatsformen hinsichtlich der Arete stellt eine Reihe von Fragen:

1 - Zuerst sind die Kriterien, nach denen diese Staatsfor-

---

4) Die Struktur dieses Anakoluths wurde von L. REINHARD (1920, S. 44ff.) geklärt.

5) O. APELT (1907, S. 10) korrigiert ἡ μία zu τιμία wie auch unabhängig von ihm R.G. BURY (1921, S. 145; 1922, S. 174). U. von WILAMOWITZ-MOELLENDORFF (1918, II, S. 400) hat ebenfalls die Lesung ἡ μία in Frage gestellt und als Konjektur ἡ πρώτη vorgeschlagen. Ich sehe keinen Grund, den Text zu ändern: Die Einheitlichkeit der Polis entspricht genau 739 D 3-4: οἵτινες νόμοι μίαν ὅτι μάλιστα πόλιν ἀπεργάζονται ; vgl. δευτέρως , 739 A 4. In letzter Zeit ähnlich P. VIDAL NAQUET (1978, S. 140 Anm. 1).

men unterschieden werden, näher zu bestimmen.

2 - Danach gilt,es diese Staatsformen innerhalb des platonischen Werkes zu ermitteln.

3 - Drittens muß die Funktion des Nomos geklärt werden.

4 - Schließlich ist das Verhältnis dieser Staaten zueinander zu erläutern.

Ausführbarkeit der drei Staaten

Während für Th. BERGK (1883, S. 49) die Frage der Ausführbarkeit der besten Staates an dieser Stelle offen bleibt, glauben die meisten Forscher, Platon weise hier die Möglichkeit einer solchen Ordnung für die Menschen grundsätzlich zurück (so z.B. F. SUSEMIHL 1855-1860, II, S. 622). Eine nähere Analyse der Passage scheint BERGKS Auffassung zu bestätigen: Hier wie in der 'Politeia' läßt Platon offen, ob die beste Polis irgendwo existiert oder existieren wird (739 C 2), während die Einschränkung, daß dieser Staat nur von Göttern oder Göttersöhnen bewohnt sein könne (739 D 6-8), darauf zielt, die Möglichkeit einer solchen Verfassung nur für die Menschen der Gegenwart auszuschließen, wie der darauf folgende Abschnitt zeigt (739 E - 740 A), eine Ansicht, die später aus einer geschichtlichen Perspektive zu untersuchen ist (vgl. u. S. 290-317). Über die Ausführbarkeit der anderen Staatsformen gibt es keine Bedenken.

Kriterien zur Differenzierung der Staaten

Hauptkriterium für die Beurteilung der Arete des Staates ist an dieser Stelle die Verwirklichung der Einheit, die nur durch die Herrschaft des Gemeinsamen möglich ist (darüber vgl. o. S. 50 - 62). Einheit und Gemeinsamkeit sind nur durch Freundschaft erreichbar, die ihrerseits aus ihnen resultiert (vgl. φίλοι, 739 C 3). In diesem Abschnitt dienen drei Paare von Kriterien zur Klassifizierung der verschiedenen Staaten:

1 - Einheit - Vielheit[6)]

2 - Gemeinsames - Eigenes

3 - Freundschaft - Zwist[7)]

Ein wichtiger Faktor bei der Stiftung der Gemeinsamkeit und der Pflege der Freundschaft ist für Platon

---

6) Nach R. MAURER (1970) ist die Einigkeit mehr als die Einheit das Ziel des platonischen Staates: "Der Staat wird nicht... als großer Mensch konstruiert, sondern die Einheit des 'Individuums' bleibt für den Staat nur ein Näherungspunkt, eine Art Ideal, von dem ganz außer Frage steht, daß es kein (utopisch) reales, sondern ein bloß regulatives Prinzip ist." (S. 150).

7) Im 'Politikos' werden die jetzigen Würdenträger στασιαστικοί genannt, ein Merkmal, das sie vom wahren Politiker unterscheidet (303 C 2). Der στασιαστικός verteidigt einen Teil der Stadt unter Benachteiligung des Ganzen. Er stiftet Vielheit im Bereich der Einheit des Staates. Wie A.C. BAYONAS (1965-1966, S. 111) hervorhebt, führt die στάσις zu παρανομία.

zweifelsohne das Eigentum, in dem er den Ursprung jeglichen Zwistes in der Gesellschaft sieht (L. ROBIN 1913, S. 212-219; s. o. S. 126 - 132): Die Verwirklichung des Kommunismus ist für ihn eine wichtige Voraussetzung für die Einheit der Stadt. Die besprochene Textstelle soll eben die Verteilung des Landes rechtfertigen und zeigen, daß der Kommunismus dabei unter den Zeitgenossen sich nicht verwirklichen läßt (739 E - 740 A). Die Pflege des Gemeinsamen oder des Eigenen entscheidet sich also auf dem Gebiet der Besitzverhältnisse: Der Unterschied zwischen den verschiedenen Staatsformen kann auch aus diesem Aspekt bestimmt werden. Platons Wortspiel um Nomos kann aus dieser Sicht ausgelegt werden: Der Nomos muß diese für die Gesellschaft entscheidende Verteilung zustande bringen. So beginnt der nächste Absatz mit dem Verb νέμειν (739 E 8). Die drei Kriterien werden vom besten Staat nicht absolut verwirklicht, sondern nur soweit wie möglich (ὅτι μάλιστα, 739 C 2; εἰς τὸ δυνατόν, C 6-7; δοκεῖν , C 8; κατὰ δύναμιν , D 3). Platon beschreibt an einer anderen Stelle der 'Nomoi', wie die Beschäftigung mit dem Privaten den Bürgern keine Zeit zur Pflege der das Gemeinsame fördernden Tugend übrig läßt (8, 831 C - 832 B).

Das hier vorgetragene Kriterium zur Differenzierung der verschiedenen Staatsformen wird an einer anderen Stelle eingesetzt: Im 9. Buch analysiert Platon die Wirkung des Gegensatzes Gemeinsames - Eigenes auf das soziale Gefüge (875 A-B). Das Gemeinsame verbinde die Stadt, das Eigene zerteile sie, weshalb das Ziel der wahren politischen Kunst das Gemeinsame sein soll; denn für beides sei es besser, wenn das Koinon als wichtiger denn das Eigene gesetzt werde.

Diese Stellen zeigen, das nach platonischer Auffassung die Struktur der Stadt sich aus der Spannung zwischen Einheit und Vielheit ergibt: Der Einheit der politischen Ordnung steht die Vielheit der Mitglieder des Staates entgegen. Das Interesse der Gemeinschaft steht im Gegensatz zu dem scheinbaren Interesse der einzelnen Bürger. Die Aufgabe des Politikers ist, aus der Vielheit der auseinanderstrebenden Individuen die Einheit der Gemeinschaft zu verwirklichen.[8] Der Nomos bildet die Einheit, indem er die Gemeinschaft über die Interessen der einzelnen stellt und die Menschen derart gestaltet, daß ihr Verhalten sich nicht auf das Individuelle stüzt , sondern sich vielmehr auf eine allgemeine Verhaltensregel zurückführen läßt. Die Skala der drei verschiedenen Staatsformen kann folgendermaßen dargestellt werden:

---

8) J. NUSSER (1894, S. 21), O. APELT (1912, S. 177f.), E. SALIN (1921, S. 11) und W.A. DUNNING (1921, S. 27-33) haben auf die Bedeutung der Einheit für Platons politische Lehre aufmerksam gemacht. K. STERNBERG (1924 , S. 22ff.) sieht in der Einheit die Sittlichkeit des platonischen Staates (vgl. auch G. POLLACI 1930, S. 97ff.; G.H. SABINE 1937, S. 58; H. CAIRNS 1949, S. 42; F. FLÜCKIGER 1954, S. 138, 152, 157-163). Den Wert der Freundschaft und des Gemeinsamen hat K. MARC-WOGAN (1941, S. 30) unterstrichen, ähnlich H.J. KRÄMER (1959, S. 215). G.C. FIELD (1930, S. 78ff., 91f.) sieht in der platonischen Forderung einen Ausdruck der Ideale der athenischen Polis, die die Demokratie nicht verwirklichen konnte.

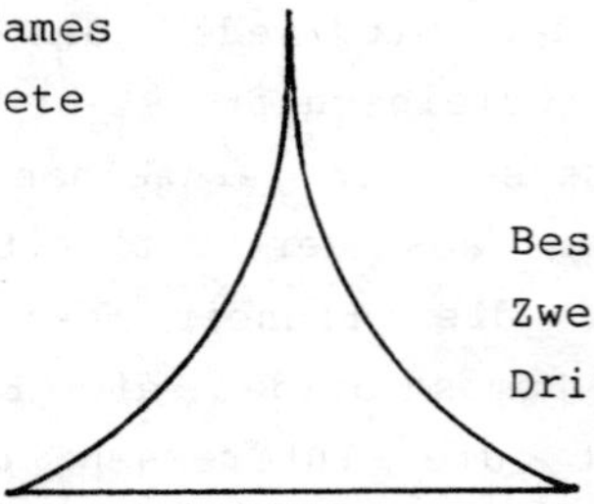

Wie aus der Darstellung ersichtlich wird, handelt es sich um eine Rangordnung, bei der die größere Nähe eines Prinzips die Schwächung und Ablösung des Gegensatzes bedeutet.

Bestimmung der drei Staaten und ihres Verhältnisses zueinander

Die hier besprochene Stelle stand längere Zeit im Zentrum einer Polemik über die Natur der 'Nomoi'. G. STALLBAUM (1859-1860, II, z. St.) setzt die beste Staatsform mit dem Staat der 'Politeia' gleich, was die allgemein herrschende Ansicht darstellt.[9] Dennoch stößt eine solche

---

9) Vgl. Th. BERGK (1883, S. 49); F. KLEINWÄCHTER (1891, S. 28f.); C. RITTER (1896, z. St.); U. von WILAMOWITZ-MOELLENDORFF (1918, I, S. 658 Anm. 1); E.B. ENGLAND (1921, I, z. St.); R. von PÖHLMANN (1893-1901, I, S. 538 f.); H. HERTER (1940, S. 118); W. JAEGER (1936-1947, III, S. 436f. Anm. 6); G. MÜLLER (1951, S. 138); W.K.C. GUTHRIE (1962-1981, V, S. 379).

Identifikation auf zwei Schwierigkeiten.[10]

1 - Während der Kommunismus an der hier behandelten Stelle sich auf die ganze Stadt zu erstrecken scheint (κατὰ πᾶσαν τὴν πόλιν, 739 C 1-2; πανταχόθεν C 6),[11], ist er in der 'Politeia' auf den Stand der Wächter begrenzt (5, 463 B-C, 464 A-E; vgl. M. CROISET 1946, S. 191ff.; H. HERTER 1962, S. 179).

2 - Auf ähnliche Weise beschränkt sich die Einheit von Hedone und Lype in der 'Politeia' vornehmlich auf die Wächter (5, 464 C-D), während sie hier anscheinend die ganze Polis betrifft.

Dementsprechend las R. PÖHLMANN (1893-1901, I, S. 538 f.) an dieser Passage eine Radikalisierung des Kommunismus der 'Politeia' in eine demokratische Richtung. Bei einer solchen Interpretation aber ist eine Gleichsetzung des besten Staates der 'Nomoi' mit der Verfassung der 'Politeia' kaum berechtigt.[12] Es ist aber auch möglich, daß Platon hier eine prägnante Beschreibung des besten Staates anbietet und die Unterschiede zu der 'Politeia' nur scheinbar sind. Diese Vermutung läßt sich anhand einer anderen Stelle in den 'Nomoi' bestätigen: Im 7. Buch (806 D - 807 D) stellt sich die Frage nach der für die Bewohner der Stadt zu

---

10) Schon A. DESCHAMPS (1912, S. 544) hat auf den Unterschied zwischen der 'Politeia' und dem hier beschriebenen Zustand aufmerksam gemacht.

11) F. KLEINWÄCHTER (1891, S. 28) sieht in diesem Staat alles Privateigentum aufgehoben.

12) A. DESCHAMPS (1912; 1931, S. 3ff.), der auf den Unterschied hinwies, hat das Problem offen gelassen.

wählenden Lebensart. Die beste Lebensweise (ταῦτα, 807 B 3; vgl. E.B. ENGLAND 1921, II, z. St.) könne aber nur unter den Bedingungen des absoluten Kommunismus verwirklicht werden (807 B). Im Grunde genommen stellt sich aber das Problem des Eigentums an dieser Stelle nur für die herrschende Schicht, die jeder Art von körperlicher Arbeit fern bleibt; die handwerkliche Tätigkeit wird anderen übertragen und der Ackerbau von Sklaven verrichtet (806 D-E). Während die Ordentlichen (vgl. κοσμίως, 806 E 2) sich auf diese Weise der Pflege der Tugend widmen können (807 C-D), sorgt der Rest der Bevölkerung für das Notwendige in ausreichendem Maß. Die ordentlich lebenden Menschen entsprechen aber den zwei obersten Ständen der 'Politeia', deren dritter Stand hier durch Fremde und Sklaven vertreten ist. Obgleich die Frage des Kommunismus sich radikalisiert zu haben scheint, bleibt sie für Platon auf die herrschende Schicht beschränkt (vgl. H. von ARNIM 1910, S. 67).[13]

Nach Sokrates gewährleistet außerdem die Verfassung der 'Politeia' am meisten die Einheit im Fühlen, Denken und Handeln und ist deshalb die einheitlichste Staatsform (5, 462 A - 465 C), wodurch sie die Glück-

Die Äußerungen über die Ausführbarkeit des Staates stimmen in den 'Nomoi' und in der 'Politeia' überein (vgl. o. S. 204 sowie Leg. 5, 739 C 2 und Resp. 9, 592 B 4). Eine andere wörtliche Koinzidenz findet sich in den Formulierungen über die Frauen- und Kindergemeinschaft (Resp. 5, 449 C 4-5 und Leg. 5, 739 C 2-5).

---

13) Diese Interpretation findet eine indirekte Bestätigung durch die Arbeit T. J. SAUNDERS (1962, S. 43-54), der die Entsprechung zwischen den Klassen Magnesiens (Nächtlicher Rat, Bürger, Fremde) und denen der 'Politeia' (Philosophen-Herrscher, Wächter, Handwerker) gezeigt hat. Ohne überzeugende Gründe wandte sich R.F. STALLEY (1983, S. 111) gegen SAUNDERS Deutung.

Eine Frage, mit der sich die Forschung weit mehr auseinandergesetzt hat, ist die nach der Natur des zweiten Staates. Th. BERGK (1883) stellt die These auf, daß die 'Nomoi' zwei Verfassungsformen in sich verbinden: Eine entspreche dem zweitbesten Staat, der zwar eine Konkretisierung der 'Politeia' sei, aber noch einen ziemlich hohen Grad an Allgemeinheit besitze; die andere korrespondiere mit dem drittbesten Staat, der eine weitere Konkretisierung bedeute. Nach BERGK finden sich beide Staatsentwürfe in dem uns erhaltenen Dialog gemischt, da Platon vor der Vollendung des Manuskripts gestorben ist (S. 50 ff.). Auch wenn die Hypothese der Mischung der beiden Verfassungen in den 'Nomoi' aufgegeben werden mußte, hat sich die Auffassung durchgesetzt, der zweitbeste Staat, die 'Nomoi', hätten einen relativen Allgemeinheitsgrad und der drittbeste Staat sei konkreter.[14]

Die 'Nomoi' sind an einer Stelle vom Athener tatsächlich als Paradeigma behandelt (5, 746 B-D) worden. Die in diesem Dialog besprochenen Verfassungen, heißt es dort, seien Modelle, unter denen der zukünftige Herrscher auswählen müsse und die durch die spätere Anwendung in der Wirklichkeit nach den gegebenen Umständen geändert werden könnten. Eine ähnliche Auffassung findet sich an der hier besprochenen Partie, wo der Umriß der verschiedenen Staaten dem Gesetzgeber aufgetragen wird, während die Wahl ein Befugnis des konkreten Herrschers ist (739 A-B).

Der drittbeste Staat ist deshalb als ein Staat zu deuten, der weniger einheitlich wirken muß als die ande-

---

14) So U. von WILAMOWITZ-MOELLENDORFF (1918, I, S. 658 Anm. 1) und vor ihm C. RITTER (1896, z. St.). F. SUSEMIHL (1855-1860, II 2, S. 619-646) sah in den 'Nomoi' ein Modell, das der Wirklichkeit näher stand als die 'Politeia'.

ren zwei und eine größere Entfaltung des Privateigentums und des Privaten überhaupt aufweist. Die Unterschiede zwischen Arm und Reich werden größer sein, entsprechend auch die Verstärkung des Zwistes und die Schwächung der Freundschaft. Ein solcher Staat ist wahrscheinlich im aktuellen Zeitpunkt leichter zu verwirklichen und kann außerdem mehr Ausprägungen haben als der zweitbeste Staat, weil er von der richtigen Form der gesellschaftlichen Organisation entfernter liegt.

Funktion des Nomos

MÜLLER (1951, S. 160) hat auf der Basis seiner Interpretation der Natur der 'Politeia' einen Grund zur Beanstandung der 'Nomoi' darin gefunden, daß der beste Staat an dieser Stelle nur durch seine Einrichtungen charakterisiert wird, nicht durch das Wissen und die Philosophie. In der Tat ist die Betonung der gestaltenden Kraft des Nomos an dieser Stelle auffällig (vgl. o. S. 205 f.), aber sie steht im Einklang mit der Lehre der 'Politeia' wo die Nomoi die Besitzverhältnisse und das Leben der Wächter regeln (5, 456 C 1, 457 B 8, C 7-8, 458 C 3, 461 B 4, E 2, 462 A 4-5, 465 A 1, B 5, 468 B 12, usw.). Der Nomos ist nach dieser Passage die Kraft, die das Wesen des Staates bestimmt.

Die Ordnung unter Kronos

An zwei Stellen beschreibt Platon einen paradiesischen Zustand, der unmittelbar an die Sage der Herrschaft des Kronos anschließt (Politc. 269 C - 274 E und Leg. 4, 713 E - 714 A). Im 4. Buch der 'Nomoi' wird der Kronos-Zustand ausdrücklich als Vorbild aller menschlichen Verfassungen gestellt. Der folgende Abschnitt befaßt sich mit der Bedeutung des Mythos für die Staats- und Gesetzeslehre Platons, während sein Bezug zur platonischen Geschichtsauffassung später zur Sprache kommt (vgl. u. S. 306 f.).[15] Über die Beziehung des Kronos-Zustandes zum Staat der 'Politeia' kann man in der Forschungsgeschichte drei Hauptrichtungen unterscheiden:

1 - Gleichsetzung des Zustandes unter Kronos und des Idealstaates (E. BURLE 1908, S. 315f.; ROBIN 1913, S. 186-189; M. SCHRÖDER 1935, S. 517f.; H. ZEISE 1938, S. 71ff., 84, 104; A. CAPELLE 1939, S. 26-38; A. VERDROSS-DROSSBERG 1946, S. 97; V. GOLDSCHMIDT 1953, S. 195; W. KNOCH 1960, S. 18; K. GAISER 1963, S. 220; P. FRIEDLÄNDER 1964^3-1975^3, I, S. 219; H. PERLS 1966, S. 379; R. MAURER 1970, S. 46, 154, 169ff.; Y.P. THOMAS 1971, S. 97; P. PIÉRART 1974, S. 123; M. OSTWALD 1977, S. 59).

2 - Die gesellschaftliche Organisation unter Kronos als unvollkommener als der Idealstaat (H. von STEIN 1862-1875, I, S. 232-236; G. RODIER 1911; O. APELT

---

15) Einige Gelehrten sehen im 'Politikos'-Mythos nur Spiel und Allegorie (U. von WILAMOWITZ-MOELLENDORFF 1918, I, S. 454; W. WILLI 1925, S. 35; K. REIN-

1912, S. 174f.; E.M. MANASSE 1937, S. 194-198; E. VOEGELIN 1957, S. 154; H. HERTER 1958; A.B. HENTSCHKE 1971, S. 30-35, bes. 33). R. HIRZEL (1900, S. 89ff.) und H. HERTER (1958, S. 327) setzen den Zustand unter Kronos dem im 2. Buch der 'Politeia' (369 B - 396 C) beschriebenen Staat gleich. G. RODIER (1911) hingegen verlegt diesen Staat auf die Zeit unmittelbar, nachdem Gott die Welt verlassen hat.

3 - Unterscheidung der Version des 'Politikos' und der der 'Nomoi': Im ersten Dialog sei ein unvollkommener Zustand beschrieben, während in dem letzten die Gesellschaftsordnung mit dem Idealstaat gleichzusetzen sei (P. VIDAL NAQUET 1978). B. SKEMP (1952, S. 52ff.) identifiziert auch das Referat der 'Nomoi' mit dem Idealstaat, während er diese Gleichsetzung für den Mythos des 'Politikos' ablehnt.

HARDT 1927, S. 113; P. FRUTIGER 1930, S. 86; M. GENTILE 1940, S. 128 f.; A. DIÈS 1950, S. XXXVIII; E. VOEGELIN 1957, S. 153ff.; P. FRIEDLÄNDER 1964[3]-1975[3], I, S. 217ff.). Andere Forscher haben ihn teilweise oder gänzlich ernst genommen (vgl. L. ROBIN, S. 186f.; M. SCHRÖDER 1935; H. HERTER 1958). W.K.C. GUTHRIE (1962-1981, V, S. 181 Anm. 1) unterstreicht die "ernste Absicht" des Mythos. H.J. KRÄMER (1959, S. 221) behauptet: "Das fabulöse goldene Weltalter unter Kronos und sein Niedergang (269 A, 271 Cff.) hat mit der ernst gemeinten Theorie zyklischer, stets in der gleichen Weise wiederkehrender Weltperioden und Naturkatastrophen in den 'Nomoi' und im 'Timaios' nichts zu tun, und der Gedanke des Weltzerfalls widerspricht der Kosmologie des 'Timaios' und des 10. und 12. Buches der 'Nomoi' vollkommen." K. GAISER (1961a; 1963) betrachtet den Mythos als einen Grundbestandteil der platonischen Geschichtsauffassung. R. MAURER (1970, S. 169-172) interpretiert den Mythos als eine Revision der Radikalität der 'Politeia', aber keine Abweichung von deren grundsätzlichen Prinzipien.

Eine unüberwindliche Schwierigkeit für die erste Deutung besteht darin, daß im 'Politikos' der Gesellschaftsordnung unter Kronos jede Politeia abgesprochen wird (271 E 8). Die zweite Interpretation setzt voraus, daß Platon ein Produkt der menschlichen Kunst für vollkommener als die göttliche Ordnung hielt, eine Auffassung, die kaum platonisch zu sein scheint. Die dritte Fragestellung stößt auf dieselbe Schwierigkeit im Fall des 'Politikos', während sie sie für die 'Nomoi' vermeidet.

Bestimmung des Zustandes unter Kronos nach dem Mythos des 'Politikos' (269 C - 274 E)

Der Mythos in der Gesamtstruktur des Dialogs

M. SCHRÖDER (1935) und A. CAPELLE (1939) haben die Wirkung des Mythos im 'Politikos' auf den ganzen Dialog nachgewiesen und seine Bedeutung klargestellt. Durch Vergegenwärtigung der Funktion und des Zwecks des Mythos läßt sich vielleicht etwas über den Status des dort geschilderten Zustandes aussagen. Die Erzählung wird vom Fremden aus Elea eingeführt, um die bei der Dihairesis des Politikers begangenen Fehler zu verdeutlichen. Das Ergebnis des ersten Definitionsversuches (258 C - 267 C) war nicht die Bestimmung der Gestalt des wahren Politikers, sondern die des göttlichen Wesens, das die menschliche Herde zur Kronos-Zeit betreute (274 E - 275 A). Die erste Dihairesis war, wenn nicht falsch, so doch ungenügend für die Definition des heutigen wahren Politikers. Der Gott ist der einzige, dem die Betreuung der menschlichen

Herde zukommt (275 B).

Die Differenz zwischen Menschen und Gott bleibt immer im Hintergrund, wie eine spätere Stelle zeigt, die auf diese Unterscheidung anspielt (303 B).[16] Die göttliche Regierung ist für die gegenwärtige Weltperiode nicht möglich und von der Herrschaft des echten Politikers deutlich abgesetzt, die als Ziel des Dialogs gilt und in keiner Weise als unrealisierbar gedacht ist (über die Interpretation des Exkurses s. u. S. 238 - 243).[17] Es ergibt sich folgende Struktur:

1 - Die erste Dihairesis (258 B - 267 C) führt zum Modell alles politischen Wissens, zum göttlichen Hirten.

2 - Der Mythos (269 C - 274 E) unterscheidet zwischen Gott und Mensch und ortet auf menschlichem Gebiet die Suche nach dem wahren Politiker.

3 - Der Exkurs über den Nomos (291 A - 303 B) scheidet den echten Politiker von den bloßen Nachahmern.[18]

Dementsprechend können drei mögliche Regierungsformen erkannt werden:

---

16) O. APELT (1912, S. 174f.) betrachtet den Gegensatz: Regierung in der Kronos-Zeit-Herrschaft des wahren Politikers als den Hauptaspekt des Dialogs.

17) Vgl. L. ROBIN (1938, S. 293): "Le mythe du 'Politique' proclame que la fonction politique exige des aptitudes les plus hautement spéciales, puisque le politique est celui qui, dans une humanité déchue doit être ce qu'était le Dieu pour l'humanité au temps de Cronos."

18) A. CAPELLE (1939, S. 22ff.) wies nach, daß dies die Hauptfunktion des Gesetzesexkurses ist.

1 - die nach göttlichem Wissen organisierte Gesellschaft,

2 - die politische Ordnung, in der der Weise die Führung hat,[19] und

3 - alle jetzt bestehenden Möglichkeiten, in denen das Politische nicht auf unmittelbarem Wissen beruht.

Aus der Gesamtstruktur des 'Politikos' läßt sich also behaupten, daß die beste Gesellschaftsordnung nur göttlich sein kann. Sie unterscheidet sich von jedem menschlichen Staat wie der göttliche Hirt vom menschlichen Politiker (M. SCHRÖDER 1935, S. 18f.). Es gibt zugleich eine weitere, wohl tiefere Differenz, die von Wissen und Unwissen, wodurch die vom göttlichen oder menschlichen Wissen organisierten politischen Ordnungen sich von den Politeiai unterscheiden, die von Unwissenden regiert werden. Das menschliche Wissen unterscheidet sich vom göttlichen nur in der Tiefe und besitzt eine Mittelstellung zwischen diesem und dem Unwissen der üblichen Politiker.[20]

---

19) Der Unterschied zwischen menschlicher und göttlicher Regierung ist schon mehrfach hervorgehoben worden (vgl. F. SCHLEIERMACHER 1804-1810, II 2, S. 173; K. HILDENBRAND 1860, I, S. 117; H. von STEIN 1862-1875, I, S. 235 f.; Th. GOMPERZ 1895-1909, II, S. 450f. ; U. von WILAMOWITZ-MOELLENDORFF 1918, I, S. 452f.; M. SCHRÖDER 1935, S. 22f., 33f.; J.B. SKEMP 1952, S. 52; S. MOSER 1952, S. 150 - die beste Deutung -; P. FRIEDLÄNDER 1964^3-1975^3, III, S. 264f.; W.K.C. GUTHRIE 1962-1981, V, S. 182f.).

20) Platon weist an mehreren Stellen seines Werkes auf den Unterschied zwischen menschlichem und göttlichem Wissen hin (so z.B. Resp. 7, 517 B-C; Phaedr. 248 A; Tim. 29 C-D; vgl. H.J. KRÄMER 1964 a, S. 144 Anm. 16), der für ihn nur einen Unterschied des Grades und nicht des Inhaltes darstellt (vgl. Tim. 53 D 4-7; Symp. 204 A; Phaedr. 266 B und H.J. KRÄMER 1964 b, S. 97f.).

Der Mythos selbst

Im Mythos nennt Platon zwei verschiedene Weltperioden: In einer führe Gott den Kosmos, in der anderen drehe sich die vom Gott verlassene Welt in die entgegengesetzte Richtung. Der Übergang von einem Zeitalter in das andere werde von wunderbaren Phänomenen begleitet. Wenn eine solche Umwandlung eintrete, stürben fast alle Lebewesen, besonders von den Menschen überlebten nur wenige. Nach der Erzählung des Fremden aus Elea erfahren die Lebewesen bei einer solchen Umwendung des heutigen Zustandes eine allmähliche Verjüngung, da das Leben in entgegengesetzter Weise verläuft. In der in der Sage als Herrschaft des Kronos geltenden Zeitperiode gebe es keine Zeugung aus heterosexueller Verbindung, und Menschen und Tiere seien in Herden geteilt und unter die unmittelbare Herrschaft eines Gottes gestellt, der für sie als Hirt alles genügend besorge, so daß ein friedliches Zusammenleben ohne Krieg und Zwist zustande komme. Nach dem Erzähler führen die Menschen unter Gott ein müheloses Leben ohne Verfassung (πολιτεῖαι, 271 E 8) und ohne Besitz von Frauen und Kindern; sie brauchen außerdem keine Landwirtschaft wegen der optimalen Bedingungen der Natur, auch keine Kleider und keine Häuser. Die Frage nach der Glückseligkeit in jeder Zeit wird von der Frage nach der Beschäftigung mit der Philosophie abhängig gemacht (272 B-D).

Wenn die Zeit gekommen sei, heißt es weiter, verlasse Gott die Welt, und die Daimones die ihnen zugewiesenen Reviere, und der Kosmos übernehme nach einer Zeit großer Unordnung und Zerstörung den gewohnten Lauf, indem er durch

Besinnung auf die Lehren des Vaters Aufsicht und Gewalt über sich selbst und seine Gegenstände ausübe. Wegen ihrer Materialität sei die Welt einem fortschreitenden Verfall unterzogen, bis sie - schon am Rande der völligen Auflösung - vom Demiurg gerettet werde. Nach der Darstellung des Fremden aus Elea geschieht bei den Lebewesen alles nach dem Vorbild des Kosmos: Sie altern wieder, werden selbstherrschend (vgl. αὐτοκράτωρ, 274 A 5) und empfangen, erzeugen und ernähren sich aus sich selbst; die Menschen, selbst schwach und hilflos, erfahren ohne die Obhut der Daimones allerlei Leid von den verwilderten Tieren. Anfänglich entstehe ihnen große Not, sagt der Erzähler, da sie ohne Hilfsmittel und Kunst für den neuen Zustand nicht vorbereitet seien, aber die Götter gäben ihnen die benötigten Technai mit der notwendigen Unterweisung, so daß sie in die jetzige Lebensweise gelangten (für die im Mythos zusammengewobenen Quellen vgl. U. von WILAMOWITZ-MOELLENDORFF 1918, I, S. 453f.).

Im Mythos werden die Ordnung des Kosmos und die der Gesellschaft als parallel betrachtet.[21] Auf kosmischer Ebene sind drei verschiedene Momente zu erkennen:

1 - Regierung des Gottes,

---

21) P. FRIEDLÄNDER (1964[3]-1975[3], I, S. 219) charakterisiert die Parallelität Kosmos-Mensch folgendermaßen: "Der Mythos setzt den Staat in das All und läßt ihn dadurch teilnehmen sowohl an der Vollkommenheit wie an der notwendigen Unvollkommenheit, am Eidos wie am Stoffe, zeigt die notwendige Verhaftung des Staates an das Schlechte, die notwendige Zugehörigkeit des königlichen Staatsmannes zu dieser Welt des Unvollkommenen, aber die ebenso notwendige Beziehung des Staates und des Staatsmannes auf das Vollkommene, das Eidos, Gott."

2 - Unordnung der Welt, wenn Gott das Steuer verläßt, und

3 - relative Ordnung der sich selbst überlassenen Welt mit fortschreitender Unordnung.

Dementsprechend können auf Gesellschaftsebene drei deutlich differenzierte Situationen erkannt werden:

1 - Herrschaft des Gottes, der für alles sorgt,

2 - Mittellosigkeit und Verlassensein der Menschen, die in Unordnung und fast völlige Zerstörung geraten sind, und

3 - Wiederaufbau und Bildung der Gesellschaft durch die von den Göttern übertragenen Technai.

Wie im Fall des Kosmos ist der letzte Zustand eine Nachahmung der göttlichen (dämonischen) Regierung. Dem Zustand absoluten Friedens unter allen Lebewesen folgen Krieg und Zerstörung: Die Freundschaft ist verschwunden. Die Politik als eine Kunst entsteht ebenfalls aus der die Menschen bedrohenden Not und ist als Ersatz für die göttliche Pflege eingetreten. Wie bei dem Kosmos ist die daraus entstandene Gesellschaftsordnung nur eine unvollkommenere Nachahmung der göttlichen, die sich besser am Anfang verhält und später entartet. Der Lenkung durch den Gott ist der unmittelbare Zustand danach entgegengesetzt: So wie im Kosmos nach der anfänglichen Erschütterung eine Verbesserung eintritt, liegt bei den Menschen der größte Gegensatz zwischen dem Zustand unter Kronos und der Zerstörung und Zersplitterung unmittelbar danach. Die Gesellschaftsordnung, die aus der menschlichen Kunst entsteht, nimmt demnach eine mittlere Stellung zwischen der göttlichen Herrschaft und der späteren Verlassenheit des Menschen ein.

Aus der Struktur des Mythos ergibt sich eindeutig, daß die Ordnung unter Kronos die beste ist. Inhaltlich entspricht sie auch am meisten den oben erarbeiteten Kriterien zur Qualifizierung der Arete einer Gesellschaftsordnung (vgl. o. S. 205 - 208: maximaler Freundschaft (271 E 1-2), absolutem Kommunismus (es gab keinen Besitz, weder von Frauen und Kindern, noch von Land, Häusern und Kleidern, 271 E - 272 B), der daraus resultierenden besten Widerspiegelung der Einheit. Da die heutige politische Kunst eine unvollkommene Nachahmung der göttlichen Lenkung ist, kann die beste Staatsverfassung eine gleichwertige Ordnung nicht verwirklichen; sie bringt die Einheit in der Gesellschaft nur relativ zustande (s. o. S. 206), denn die Herrschaft des Menschen über sich selbst gehört in eine Weltperiode, in der der Kosmos vom Gott verlassen worden ist und daher das Moment der Zweiheit allmählich überhand nimmt (vgl. K. GAISER 1961a, S. 8-13; 1963, S. 214-217). Unter diesem Umstand läßt sich die Einheit weder in der Welt noch in der Gesellschaft verwirklichen, in einer Periode, die von Geschick und Lust beherrscht wird (272 E).

Einige Züge unterscheiden deutlich die Gesellschaftsordnung unter Kronos von der besten Verfassung: Sie ist kein Produkt der menschlichen Techne, sondern das Vorbild, nach dem sich die menschliche Kunst richten muß. Sie ist keine Politeia (πολιτεῖαί τε οὐκ ἦσαν , 271 E 8). Daß die Behauptung des 'Politikos' der platonischen Auffassung entspricht und keine zufällige oder ironische Äußerung darstellt, zeigen zwei Stellen der 'Nomoi', an denen die Politeiai in zwei Gattungen (εἴδη) geteilt werden: Einsetzung von Ämtern für die verschiedenen Aufgaben und Bestimmung derjenigen, die die Ämter bekleiden sollen, sowie die Gesetze, die solche Ämter regeln (5, 735 A und 6, 751 B). Wenn Gott über die Menschen herrscht, kann es keine Politeia im engeren Sinn geben, weil diese jetzt den Menschen anvertrauten Aufgaben vom Gott erfüllt werden, der nach seinem freien Ermessen alle Regierungsfunktionen ausübt. Die anderen Eigenschaften, die die göttliche von menschlicher Regierung unterscheiden, sollen später behandelt werden (s. u. S. 228 f.).

Die Gesellschaftsordnung unter Kronos ist also nicht mit der Ordnung der 'Politeia' gleichzusetzen. Sie ist - wenn man an der wörtlichen Interpretation des Mythos festhalten will - eine Ordnung, die die Bedingungen einer einheitstiftenden Organisation der Menschen weit mehr erfüllt als das beste Produkt der menschlichen Kunst.

Vergleich mit der Version der 'Nomoi' (4, 713 E - 714 A)

Der Vergleich beabsichtigt zweierlei:

1 - zu zeigen, daß die Versionen des 'Politikos' und der 'Nomoi' auf einer gemeinsamen, sich nicht widersprechenden Vorstellung beruhen, und

2 - das Bild des 'Politikos' mit der Darstellung der 'Nomoi' zu vervollständigen.

Paraphrase

Der Mythos vom Kronos-Zeitalter wird vom Athener zur Begründung der These eingeführt, die Verfassung Magnesiens soll eine Nomokratie sein (713 A; vgl. C. RITTER 1896, z. St. ; G.R. MORROW 1960, S. 544). Unter Kronos sei eine durchaus glückliche Herrschaft erreicht worden, deren Abbild die am besten eingerichtete der jetzigen Verfassungen sei (713 B). Das Leben sei damals glücklich gewesen, führt der Athener fort, und alles habe sich überreichlich von selbst (αὐτόματα, 713 C) dargeboten. Der Grund für die gute Ordnung sei in der Entscheidung des Kronos zu suchen, Daimones als Herrscher der Städte einzusetzen (713 C-D). Nach dem Erzähler hat Kronos gewußt, daß die menschliche Natur ihre Angelegenheiten nicht selbst verwalten (αὐτοκράτωρ, 713 C 7) kann, ohne dabei von Übermut erfüllt zu werden. Die Daimones aber als göttlicheres und besseres Geschlecht hätten mit großer Leichtigkeit für die Menschen gesorgt und ihnen Frieden (εἰρήνη, 713 E 1), Ehrfurcht (αἰδώς, 713 E 1), Eunomie und eine Fülle von Recht geschenkt, wodurch das menschliche Geschlecht frei von Zwietracht (ἀστασίαστα, 713 E 2) und glücklich gewesen sei. Für die von einem Sterblichen verwalteten Städte fordert der Athener die Nachahmung des Lebens unter Kronos als einzige Rettung, nämlich daß die Menschen dem Unsterblichen in sich gehorchen, ihre Häuser und Städte in dieser Gesinnung verwalten und die Verteilung des Nus Nomos nennen.

Deutung

Die fast wörtliche Wiederholung der in diesem Zusammenhang wichtigen Sätze des 'Politikos' allein würde schon genügen, um die Übereinstimmung zwischen beiden Stellen aufzuzeigen.[22] Da aber in letzter Zeit die These vertreten worden ist, Platon vertrete zwei entgegengesetzte Interpretationen der Kronos-Zeit (vgl. o. S. 214), sollen die Einwände gegen die Identifizierung betrachtet werden, die sich folgendermaßen zusammenfassen lassen:

1 - In den 'Nomoi' seien die bestgeordneten Staaten und das Gesetz selbst eine Kopie der Kronos-Ordnung, nicht so hingegen im 'Politikos' (J.B. SKEMP 1952, S. 52; P. VIDAL NAQUET 1978, S. 139f.).

2 - Im 'Politikos' werde der Gott vom Idealpolitiker unterschieden, während die 'Nomoi' Kronos als den König-Philosophen darstellten (J.B. SKEMP 1952, S. 55).

3 - In den 'Nomoi' seien die Götter im Gegensatz zu der Darstellung des 'Politikos' "göttliche Herrscher" (divine rulers, P. VIDAL NAQUET 1978, S. 139f.).

---

22) Während in der Darstellung der 'Nomoi' die Menschen damals alles ἄφθονά τε καὶ αὐτόματα (4, 713 C 3-4) bekamen, gab die Erde im 'Politikos'-Mythos alles αὐτομάτη (272 A 5) ab, und die Menschen verfügten über Lager aus πόα ἄφθονος (272 B 1) und besaßen καρποὶ ἄφθονοι(272 A 3). Der Mensch ist nicht imstande, αὐτοκράτωρ (Leg. 4, 713 C) zu herrschen, was er nach dem 'Politikos'-Mythos (274 A-B) leisten soll und hier von der jetzigen Regierungsformen behauptet wird. Ferner θεὸς ἔνε - μεν αὐτοὺς αὐτὸς ἐπιστατῶν, καθάπερ νῦν ἄνθρωποι, ζῷον ὂν ἕτερον θειότερον , ἄλλα γένη φαυλότερα αὑτῶν νομεύουσι (Politc. 271 E 5-7) und ταῦτ' οὖν διανοούμενος ἐφίστη τότε βασιλέας τε καὶ ἄρχοντας ταῖς πόλεσιν ἡμῶν, οὐκ ἀνθρώπους ἀλλὰ γένους θειοτέρου τε και ἀμείνονος δαίμονας, οἷον νῦν ἡμεῖς δρῶμεν τοῖς ποιμνίοις κτλ. (Leg. 4, 713 C 8 - D 3).

4 - Das Referat der 'Nomoi' sehe sogar vorbeugende Maßnahmen gegen Aufruhr vor (713 E; P. VIDAL NAQUET 1978, S. 139f.).

5 - Nach P. VIDAL NAQUET (1978, S. 139f.) setzt die Erzählung der 'Nomoi' im Unterschied zum 'Politikos' - Mythos die Existenz von Poleis voraus.

6 - Während der 'Politikos' kein politisches Regime voraussetze, rechneten die 'Nomoi' mit einer guten Gesetzgebung (εὐνομία) unter Kronos (P. VIDAL NAQUET 1978, S. 139f.).

Nach der früheren Interpretation des 'Politikos'-Mythos, die die Beziehung des menschlichen Politikers zum göttlichen Herrscher klarzustellen versuchte (s.o. S. 215 - 222), erweisen sich die zwei ersten Argumente als unhaltbar.

Der dritte Einwand gegen die Gleichsetzung beider Darstellungen ist ebenso leicht zu entkräften: Die Regierung des Kronos wird im 'Politikos' als βασιλεία (269 A 7), δύναμις (271 C 5) bezeichnet. Die Götter waren συνάρχοντες (272 E 7) und herrschten über die Menschen (ὑπὸ θεῶν ἀρχόντων πάντ' ἦν τὰ τοῦ κόσμου μέρη διειλημμένα, 271 D 4-6). Die Herrschaft der Gottheit ist im 'Politikos' wie in den 'Nomoi' eindeutig als eine absolute Monarchie aufgefaßt. Auch der vierte Einwand beruht auf einer falschen Interpretation des Textes. Der Terminus ἀστασίαστα (Leg. 713 E 2) bedeutet nicht, daß vorbeugende Maßnahmen gegen Aufruhr (revolution) getroffen worden sind, sondern daß das menschliche Geschlecht ohne Zwist in größter Freundschaft und Einheit lebte; es findet sich sogar eine Parallelstelle dazu im

'Politikos'-Mythos in den Worten πόλεμός τε οὐκ ἐνῆν οὔτε στάσις τὸ παράπαν (271 E 2). Das Wort zielt vielmehr darauf, den Unterschied zwischen dem Zustand der Menschen unter Kronos und den anderen Gesellschaftsordnungen zu zeigen, bei denen sich ein Teil mehr oder weniger über die anderen hinwegsetzt, was Zwist (στάσις) erzeugt, eine Ansicht,nach der die üblichen Staatsformen von Platon στασιωτεῖαι genannt werden (Leg. 8, 832 C; vgl. Leg. 4, 712 E - 713 A; G.R. MORROW 1960, S. 155; s.o. S. 205 Anm. 7). An dieser Stelle bezieht sich ἀστασίαστα deutlich auf den Unterschied zwischen Kronos-Ordnung und den üblichen Staatsformen, die früher behandelt worden waren (712 B - 713 A).

Die beiden letzten Einwände sind ernsterer Natur: Während im 'Politikos' ausdrücklich gesagt wird, die Menschen hätten keine Politeiai, vertritt jetzt der Athener die Auffassung, damals habe es Poleis und Eunomie gegeben. Hinsichtlich des fünften Arguments bietet der 'Politikos' den Beweis dafür, daß man aus den Formulierungen des Mythos nicht allzu schnell das Nicht-Bestehen der Poleis im Kronos-Regiment ableiten sollte. Auch wenn der Fremde aus Elea die Existenz von Politeiai unter Kronos im Mythos leugnet (271 E), faßt er ein wenig später die in der Dihairesis begangenen Fehler so zusammen:

> "Daß wir den Hirten der entgegengesetzten Periode und der damaligen menschlichen Herde genannt haben, auch wenn wir nach dem König und Politiker des gegenwärtigen Umlaufs und Werdens gefragt worden waren - und jener ist ein Gott statt eines Menschen-, daran sind wir gar falsch geleitet worden. Daß wir ihn aber als Herrscher der ganzen Polis vorgezeigt und nicht vorgetragen haben,auf welche Weise, daran ist das Gesagte zwar richtig, aber weder ganz noch deutlich gesagt; deshalb haben wir

auch weniger als an jenem gefehlt " (274 E - 275 A).

Die erste Dihairesis ermöglichte die Verwechselung zwischen Gott und Mensch,weil sie die Art und Weise der Herrschaft nicht angab: Sie bestimmt nur das genus proximum, nämlich daß beide über die ganze Polis herrschen, während die differentia specifica, die Natur der Regierung, nicht präzisiert wurde . Daraus wird ersichtlich, daß Platon den Gott als einen Herrscher über die ganze Polis betrachtet. Er hat für den damaligen Gott eine Gesellschaftsordnung bestimmt, die zwar nicht eine Politeia ist, dennoch in Poleis lebende Menschen voraussetzt. Politeia bezeichnet die auf der menschlichen Kunst beruhende Gesellschaftsordnung (s.o. S. 221 f.) . Die Autarkeia, die Selbstherrschaft, soll dementsprechend das Merkmal dieser Ordnung sein, wie es der Gegensatz beider Weltumläufe im Mythos zeigt. Im Einklang mit dieser Deutung bestimmen die 'Horoi' die Politeia als eine autarke Gemeinschaft (κοινωνία αὐτάρκης) einer Menge (413 E 10-11). Mit C. RITTER (1896, z. St.), der schon gesehen hatte, daß die hier vorausgesetzte Ordnung keine Politeia ist, kann der im 4. Buch der 'Nomoi' beschriebene Zustand Theokratie genannt werden.[23]

Aber steht die hier vorgetragene Hypothese im Einklang mit der deutlichen Behauptung, daß damals Eunomia, gute Gesetzgebung, wie meistens übersetzt wird,[24] herrschte? Daß

---

23) Die Überlegenheit der Kronos-Ordnung und die Unmöglichkeit einer volligen Verwirklichung des Nus durch menschliches Regiment sogar für die 'Politeia' hat G. JÄGER (1967, S. 156-159) unterstrichen.

24) So z.B. Kl. SCHÖPSDAU (1977, z. St.); P. VIDAL NAQUET (1978, S. 139f.). Vorsichtiger übersetzt

die göttliche Ordnung auf den aus der Gottheit herrührenden Bestimmungen beruht, ist keine unmögliche Voraussetzung. Zur Unterscheidung beider Gesellschaftsformen könnte man die göttliche Basileia als Dynasteia interpretieren,[25] womit die Hauptunterscheidung zwischen menschlicher und göttlicher Ordnung gerettet wäre. Ob Eunomia tatsächlich 'gute Gesetzgebung' bedeutet, soll an einer späteren Stelle untersucht werden (s.u. S. 230 - 236), vorläufig genüge die Feststellung, daß dieser Begriff die Identifizierung der Aussage beider Erzählungen nicht verhindern kann.

Aus dem Vergleich beider Darstellungen folgt, daß die damalige Regierung im höchsten Maß die Bedingungen einer guten Gesellschaftsordnung erfüllte: Als Ergebnis der absoluten Herrschaft (vgl. αὐτάρκης, Politc. 271 D 7) des höchsten Wissens, des göttlichen, vollbrachte sie Ehrfurcht, Eunomie und Gerechtigkeit (Leg. 4, 713 E; Politc. 271 E) und war durch die zustandegebrachte Freundschaft (vgl. Politc. 271 E; Leg. 4, 713 E 2) und den absoluten Kommunismus (Politc. 271 E - 272 A)[26] das beste Abbild der Einheit auf menschlicher Ebene.

Schließlich erlaubt die Erzählung der 'Nomoi' die letzte Feststellung über die Erhabenheit der Ordnung unter Kronos: Die Aufgabe jedes politischen Regimes ist die Ver-

---

R.G. BURY (1926, z. St.) mit 'orderliness'.

25) Aristoteles stellt die Politeia der Dynasteia entgegen. Für ihn ist die Verfassung der Kreter nicht eine Politeia, sondern vielmehr eine Dynasteia (Politica 2, 10, 1272 b 10-11). Für Platon ist die Dynasteia die erste Ordnung der Menschen, als sie noch nicht im Besitz der politischen Techne waren (Leg. 3, 678 E - 681 C).

26) G. GROTE (1865, III, S. 207f.) hat darauf hingewiesen, daß die 'Politeia' hinsichtlich des Kommunismus nur ein Zweitbestes ist.

wirklichung der Glückseligkeit ihrer Mitglieder; nur so kann aus platonischer Sicht eine Gesellschaftsform als besser betrachtet werden. Im 'Politikos' blieb die Frage offen, was bisher oft als eine negative Einschätzung dieser Zeit durch Platon verstanden wurde,[27] eine Auffassung die der Ansicht Platons widerspricht, denn wie könnte er gerade diesem Zeitalter, die Erkenntnis und die Philosophie absprechen?.[28] In der Tat wird die Frage in den 'Nomoi' positiv beantwortet (vgl.... εὐδαίμονα [τὸ τῶν δαιμόνων γένος] τὰ τῶν ἀνθρώπων ἀπηργάζετο γένη , 4, 713 E 2) Platons Kritik im 'Politikos' richtet sich vielmehr gegen die Darstellung der Dichter, die als Gipfel der Glückseligkeit nur die Sättigung der Begierde verstehen können (Politc. 272 C-D). Eine solche Vorstellung ist unfromm und läßt die Menschen zu Tieren werden, nicht zu echten Menschen. Wahrscheinlich liegt der Unterschied zwischen beiden Perioden in dieser Hinsicht darin, daß der Mensch damals unmittelbar von der Gottheit das philosophische Wissen erhielt, während dieses heute das Ergebnis einer mühevollen geschichtlichen Entwicklung ist.

Zusammenfassend: Durch die Analyse des Mythos über das Kronos-Zeitalter wurde versucht, menschliche von göttlicher Regierung zu unterscheiden, wodurch auch die beste Politeia als ein Relativum erscheint, als die beste Nachahmung der göttlichen Ordnung.

---

27) So H. HERTER (1958, S. 327); K. GAISER (1961 a, S.11f; 1963, S. 210f.); in letzter Zeit St. ROSEN (1979, S. 79).

28) R. MAURER (1970, S. 170f.) hat diese Schwierigkeit richtig gesehen: " Wenn aber der Staat dieser Philosophen-Herrscher besser ist als jene mythische Ordnung, dann ist wohl der Mythos nicht ganz ernst gemeint."

Kronos-Herrschaft und Nomos

Im 4. Buch der 'Nomoi' wird die Eunomie als eine Eigenschaft der Ordnung unter Kronos angegeben. Soll man daraus die Existenz von Gesetzen schließen? Eine Untersuchung über die Bedeutung des Wortes im Platons Werk soll darüber Klarheit verschaffen. Platon hat das Wort Eunomia eigentlich sehr selten gebraucht. Im platonischen Corpus erscheint der Terminus insgesamt siebenmal, wovon zwei Fälle als zu den pseudoplatonischen 'Horoi' gehörig ausscheiden müssen. Von den restlichen Stellen ist eine die hier zur Diskussion stehende,[29)] so daß man über vier Passagen verfügt, die ein wenig Licht auf die vorliegende Frage werfen können.

Am Anfang des 'Sophistes' (216 A-B) sagt Sokrates in Anspielung auf Homer (Odyssea 17, 485-487), daß Zeus Xenios und andere Götter die Frommen und Gerechten begleiten und auf diese Weise den Übermut (ὕβρις) und die Eunomie unter den Menschen beobachten . A. ANDREWES (1938, S. 89 ff.) wies nach, daß bei der homerischen Stelle die in-

---

29) Die Überlieferung ist an dieser Stelle (Leg. 4, 713 E 2) nicht eindeutig. Der Parisinus Graecus 1807 (A) hat εὐνομίαν , und eine zeitgenössische Korrektur schrieb am Rande ἐλευθερίαν. Der Vaticanus Graecus I (0), auch aus dem 9. Jahrhundert,und der Laurentianus LXXX.17 (L) haben hingegen ἐλευθερίαν und am Rande εὐνομίαν . Julian (Epistula ad Themistium 259 C) überliefert keines der beiden Wörter. G. STALLBAUMS Auffassung (1859-1860, I, z. St.), der εὐνομίαν für die richtige Lesung hält, hat sich durchgesetzt (vgl. E. B. ENGLAND 1921, I, z.St.).

nere Haltung der Menschen zu sehen ist (vgl. auch E. LAROCHE 1949, S. 165f.), was durch den Gegensatz Hybris-Eunomie verdeutlicht wird: Der Hybristes wird an einem Fremden Unrecht begehen; der Eunomos wird den Fremden nach Sitte und Brauch behandeln. SCHLEIERMACHERS (1804-1810, II 2, z. St.) Übersetzung mit "Frömmigkeit" gibt diesen Sinn wieder.

Im 12. Buch der 'Nomoi' (960 C-D) kommt das Wort wiederum eindeutig in dieser subjektiven Bedeutung vor (für die Interpretation dieser schwierigen Stelle vgl. H. SAUNDERS 1972, Anm. 126). Die Unwandelbarkeit des politischen Systems soll der Polis und ihren Bürgern nicht nur Gesundheit und Erhaltung der Körper verleihen, sondern auch Eunomie in den Seelen, ja Bewahrung der Nomoi. Der Athener versucht an dieser Stelle ein Wortspiel zwischen Eunomie und Nomos. Die Bekräftigung mit μᾶλλον δέ aber zeigt, daß es keine ausschließliche Verbindung zwischen Eunomie und der tatsächlichen Einhaltung der Nomoi gibt. Eunomie ist an dieser Stelle wiederum die richtige menschliche Haltung, die in der Achtung der obersten Gebote zum Ausdruck kommt. Sie ist Voraussetzung für die Erhaltung der Gesetze, aber sie bezeichnet vielmehr, wie der Zusammenhang zeigt, einen wohlgeordneten Zustand der Seele und ist das Pendant zu der Gesundheit des Körpers.

Das 4. Buch der 'Politeia' (425 A) bietet die Bestätigung dieser Interpretation: Die Eunomie wird als die richtige Haltung der Seele, d. h. die ihr gebührende Ordnung beschrieben, die im Gegensatz zu der Paranomie steht und durch die richtige Erziehung, besonders durch die richtige Musik in die Seele eingeführt wird. Eunomie bezeichnet die Ordnung, deren Qualität etwas früher definiert worden war (vgl. ἔννομος, 424 E - 425 A). Von Belang für die Untersuchung ist die Tatsache, daß die Bestimmungen oder Gebote, in deren Beachtung die Eunomie zum Ausdruck kommt, nicht Gegenstand der Gesetzgebung sind (425 A-E).

Etwas schwieriger ist die Deutung der Stelle des '1. Hippias'[30] (284 D) :Sokrates führt den Hippias zu dem Widerspruch, daß die Spartaner bei Achtung der Gesetze die Gesetze übertreten (vgl. παρανομεῖν, 285 B 1). Während der Beweisführung fragt Sokrates den Hippias:

" Erlassen die Gesetzgeber wohl nicht die Gesetze als das größte Gut für die Stadt? Und ist es ohne sie unmöglich,mit Eunomie zu leben?" (284 D).

Eunomia steht im Gegensatz zu der Paranomia, dem Übertreten der Gesetze. Sokrates zielt darauf, zu beweisen, daß der Gehorsam dem Gesetzen gegenüber (εὐνομία) die Lakedaimonier zum Übertreten der Gesetze (παρανομία) bringe. Die Lakedaimonier seien gesetzesgehorsam (εὔνομος, 283 E 9), deshalb dürfen sie ihre Nomoi nicht ändern. Gesetzlich aber sei nur das Nützliche, nicht das Unnütze. Was Hippias unterrichte, sei nützlicher als das, was die Lakedaimonier täten. Sie seien also nicht gesetzesgehorsam, sondern vielmehr Gesetzesverletzer (284 D - 285 B). Die Stelle bietet ein typisch platonisches Wortspiel zwischen Eunomia und Nomos; das Wort bezieht sich aber auf eine subjektive, seelische Haltung der Menschen und bezeichnet keinen objektiven Zustand der Verfassung.[31]

---

30) Der '1. Hippias' gehört zu den Dialogen, deren Echtheit von der modernen Forschung bis in letzter Zeit in Frage gestellt worden ist. Für die Echtheit plädiert W.K.C. GUTHRIE (1962-1981, IV, S. 175ff.) mit überzeugenden Argumenten.

31) E. WOLF (1950-1970, IV 1, S. 135) interpretiert diese Stelle auf folgende Weise: "Im Verständnis ethischer Wohlgeordnetheit einer πόλις, die nach dem νόμος im Sinn allgemeiner Gesetzlichkeit lebt, gebraucht der φιλόσοφος das Wort εὐνομία (Wohlordnung, Wohlverfaßtheit)".

Das Wort bezeichnet in Platons Werk also nicht den guten Zustand der Gesetze oder eine gute Gesetzgebung. Die beiden Definitionen der 'Horoi', die sich mit dem Begriff befassen, zielen in derselben Weise auf die Haltung des Menschen: Die Arete wird als der Zustand definiert, der Eunomie erzeugt (411 D) und die Eunomie selbst als der Gehorsam den ernsten Nomoi gegenüber (413 E).

Nach dieser Interpretation stünde Platon in Übereinstimmung mit der gesamten Überlieferung.[32] So wäre nach A. ANDREWES (1938) auch die berühmte Eunomie der Spartaner zu verstehen. Erst durch späteres Philologisieren ist das Wort mit dem Nomos verbunden worden. Auf jedem Fall bleibt es ein Irrtum, Eunomie als "den Zustand der guten Gesetze" (conditions of good laws) zu verstehen (V. EHRENBERG 1946, S. 74). Alles spricht somit dafür, daß Platon mit Eunomie eine bestimmte Ordnung oder eine gewisse Haltung der Einwohner unter Kronos bezeichnen wollte, und nicht, wie P. VIDAL NAQUET (1978, S. 139f.) meint, ein politisches Regime mit einem Gesetzessystem.

Nach dieser Klärung wird im folgenden eine Deutung des Textes aus dem Gesichtspunkt der Eunomie und ihrer Verbindung zum Nomos versucht. In dieser Passage der 'Nomoi' sind drei verschiedene Ebenen zu unterscheiden: die göttliche Regierung (A), menschliche Nachahmung (B) und übliche Regierungsformen: Tyrannis, Oligarchie, Demokratie(C). Anlaß des

---

32) Mit der Eunomie-Vorstellung haben sich u.a. W. JAEGER (1926); H.E. STIER (1928, S. 233-236); A. ANDREWES (1938); H.T. WADE GERY (1943-1944, über Sparta); A.W. GOMME - A. ANDREWES - K.S. DOVER (1945-1981, I. S. 128-131); V. EHRENBERG (1946) befaßt; vgl. in letzter Zeit Chr. MEIER (1970, S. 15-25).

Mythos ist die Feststellung des Kleinias und des Megillos, daß die spartanische und kretische Verfassungen an allen Politeiai (C) Anteil haben (4, 712 B-E). Jede Regierungsform sei nach dem herrschenden Teil der Polis benannt. Der Athener spielt auf die Regierung des Nomos (B) an (712 E - 713 A) und führt dazu den Mythos über das Kronos-Zeitalter ein, wobei die Beziehung zwischen Vorbild (A) und Abbild (B) für die bestregierte Politeia festgestellt wird.

Darauf werden göttliche und menschliche Regierung verglichen, und es stellt sich heraus, daß die beiden gegensätzlich sind: (A) Einem glücklichen Leben (713 B 2-3, C 3, E 3) wird (C) ein mit Sorgen und Leiden erfüllter Bios (713 C 5-8, E 3-6,714 A 2 - B 1) entgegengestellt. Die Beschreibung ist nach einer Parallelstruktur aufgebaut; menschliche und göttliche Natur stehen im Gegensatz: Die Daimones sind göttlicher (713 D 2), besser (713 D 2, D 6) und können mit großer Leichtigkeit herrschen (713 D 7), während die Menschen nicht fähig sind, allein zu regieren (713 C 6-7). Die Ordnungen, die aus den beiden entstehen, sind radikal entgegengesetzt: Einerseits herrscht unter dem Daimon fromme Ehrfurcht (713 E 1); andererseits ist der menschliche Herrscher voll Übermut (713 C 7). Eine Fülle von Gerechtigkeit kennzeichnet den Zustand unter Gott (713 E 2), und im menschlichen Bereich hingegen gewinnt die Ungerechtigkeit die Oberhand (713 C 7). Die Gesellschaft unter Kronos war glückselig (713 B 3, C 3, E 3); die menschliche Regierung ist von Übeln und Leiden geplagt (713 E 5-6) und kann nicht gerettet werden (714 A 7-8). Dementsprechend sind Einheit (713 E 2) und Zwist (712 E - 713 A) deren Eigenschaften.Obwohl der Friede unter Kronos kein ausdrückliches Seitenstück erhält, liegt es nahe, daß ihm bei dem Menschen der Krieg entspricht. Hat die Eunomie irgendein Pendant in der menschlichen Ordnung? In der Tat findet es sich im Übertreten der Gesetze (καταπατήσας δ   τοιοῦτος τοὺς νόμους, 714 A 6-7), das für die falsche menschliche Herrschaft typisch ist. Eunomie ist also eine subjektive Haltung der damaligen Menschen, die im Gehorsam den göttlichen Geboten gegenüber zum Ausdruck kommt.

Die obere Schlußfolgerung läßt sich noch durch ein weiteres Argument sichern. Bei genauer Beobachtung wird deutlich, daß die vom Athener angegebenen Merkmale der Kronos-Ordnung den hesiodischen Horen gleich sind. In der 'Theogonie' bewahren Eunomie, Dike und Eirene, die Töchter des Zeus und der Themis, die Werke der Menschen (901-903). An der 'Nomoi'-Stelle kommt zusätzlich Aidos vor (713 E 1), die in einem Epigramm aus Attika mit Eunomie verbunden erscheint (Epigramma 1110, G. KAIBEL 1878) und anscheinend für eine Hore gehalten wurde. Das Epigramm ist eine Wiedergabe hesiodischen 'Erga' (197-200), wo Eunomie die Stelle der hesiodischen Nemesis eingenommen hat[33]. Diese Tatsachen bekräftigen den Eindruck, daß Platon bei einem so genauen Bezug auf die Hesiodische Sage nicht eine gute gesetzliche Ordnung durch Eunomia meinte, sondern vielmehr den guten seelischen Zustand der Menschen damals, der das Ergebnis der göttlichen Führung war; heutzutage hingegen gibt es kein Mittel gegen das Übel (vgl. κακοῦ δ'οὐκ ἔσσεται ἀλκή, Hesiod, Opera et Dies 201, und οὐκ ἔστιν κακῶν ἀυτοῖς οὐδὲ

33) Schon G. STALLBAUM (1859-1860, I, z. St.) hatte auf die Verbindung von Aidos und Nemesis statt Eunomie aufmerksam gemacht. Die Gestalt der Eunomie als Göttin wird von V. EHRENBERG (1946, S. 70-74) untersucht.

πόνων ἀνάψυξις, Leg. 4, 713 E 5-6).[34] Der Kronos-Zustand setzt demnach nicht die Existenz eines "Gesetzessystems" (legal system) voraus, sondern zielt auf die "Achtung des Menschen und Achtung der Pflicht"(respect de l'homme et respect du devoir), die übliche Bedeutung des Wortes (J.Cl. TURPIN 1980).

Die Analyse des Wortes Eunomia ist also negativ verlaufen, indem man aus dem Begriff nur den Gehorsam der damaligen Menschen der Gottheit gegenüber erschließen kann, aber nicht klären, ob es damals Nomoi gab oder nicht, eine Frage, die vielleicht die Betrachtung des zweiten Typs gesellschaftlicher Ordnung zu beantworten vermag (B), der im Text als eine Mitte zwischen beiden Extremen betrachtet wird: Die richtige menschliche Regierung ist nicht die Herrschaft Gottes, sondern des Göttlichen im Menschen, des Nus (Leg. 4, 713 E), eine Mimesis der göttlichen Ordnung, die in einer rationalen Verteilung (διανομή) besteht, deren Name Nomos ist (713 E - 714 A) und jedem das Seinige zuweist, was das Wesen der Gerechtigkeit ausmacht. Der Nomos ist also Nachahmung der göttlichen Gerechtigkeit, der göttlichen Verteilung; als Mimesis haftet ihm Unvollkommenheit an (vgl. M. ISNARDI 1957, S. 401ff.). Der Nomos ist die Verteilung, die das menschliche Regiment von göttlicher Herrschaft unterscheidet. Auch in der besten Politeia muß es Nomoi geben, da

---

34) Für die Beziehung zwischen der 'Nomoi'-Stelle und der hesiodischen Version vgl. B. GATZ (1967, bes. S. 57), der die gesamte Rezeptionsgeschichte des Mythos untersucht, und H.C. BALDRY (1952). Die entsprechende Literatur findet sich bei M.L. WEST (1978, S. 86-91, 177) und B. GATZ (1967, S. 233-238). WEST (1978, S. 172-177) in seiner Anmerkung zu der hesiodischen Stelle (Opera et Dies 106-201) analysiert andere Parallelstellen, aber nicht die Passage der 'Nomoi'.

sie ein Mimema der göttlichen Ordnung ist (713 B).

Der Gebrauch der Wortfamilie νέμειν an den entscheidenden Stellen des 'Politikos'-Mythos bestätigt das oben umrissene Bild. Die Götter sind νομῆς (271 D 6), und das Verb in den Bedeutungen von 'weiden' und 'Hirte sein' findet sich oft (271 E 1, E 5, 272 A 6, 274 B 5; vgl. νομεύειν, 271 E 7). Das Regieren Gottes ist ein νέμειν, wobei die Vorstellung einer gerechten Verteilung immer im Hintergrund steht (vgl. S. MOSER 1952, S. 149ff. und o. S. 218 - 222): Gott'weidet', d.h. er kann die Betreuung jedes einzelnen ausüben; nicht so der menschliche Politiker, der sich vielmehr auf pauschale Vorschriften für die ganze Gemeinschaft verlassen muß (S. MOSER 1952, S. 149), die ein unvollkommenes Mittel für die Verwaltung der menschlichen Geschäfte sind (Politc. 294 A-C).[35]

Zusammenfassend: Aufgrund der Kronos-Sage in Platons Dialogen können drei Gesellschaftsordnungen unterschieden werden: zuerst die ohne Politeia und ohne Nomoi bestehende göttliche Herrschaft,[36] dann die sich an die Nomoi

---

35) In dieselbe Richtung interpretiert M. SCHRÖDER (1935, S. 19): "Das Gute und Richtige irgendwie zur Verwirklichung zu bringen, nicht gehemmt durch besondere dazu einzuschlagende Wege (z.B. die Gesetzgebung), wird für das Ideal des menschlichen Politikers wohl in Anspruch genommen, zugleich aber doch, weil es über seine Fähigkeiten hinausgeht, als für ihn unerreichbar abgelehnt. An der Erreichbarkeit hindert gerade das Menschentum des Politikers, so daß das Ideal nur von einem Wesen mit übermenschlichen Eigenschaften verkörpert gedacht werden kann."

36) L. ROBIN (1913) hat diese These teilweise vorweggenommen, indem er zwischen einem unpolitischen vollkommenen Zustand unter Kronos und einem vollkommenen politischen Staat der 'Politeia' unterscheidet (S. 188f.; vgl. bes. Anm.).

haltenden menschlichen Regierungen und schließlich die empirischen Regierungsformen, die von der höheren Norm des Nomos als rationeller Verteilung abweichen. Der Nomos ist eine Nachahmung der göttlichen Ordnung, weil er vom Nus stammt und die Gerechtigkeit soweit wie möglich verwirklicht.[37] Er ist zugleich das wichtigste Mittel zur Unterscheidung der verschiedenen Regierungsformen.

Der Exkurs des 'Politikos' (291 A - 303 B)

Dieser Abschnitt besitzt für das Untersuchungsthema eine besondere Bedeutung, weil er als Stütze für die traditionelle Interpretation eines Philosophenregiments ohne Gesetze dient (vgl. S. 198 - 201 Anm. 3) und an ihm die eifrigsten Verteidiger der Existenz von Gesetzen im Idealstaat gescheitert sind (vgl. S. MOSER 1952, S. 149-154, bes. 153).

Wie es bei der Analyse der Dialogstruktur ersichtlich wurde, hat der Nomosexkurs das Ziel, den wahren Politiker von seinen falschen Konkurrenten zu unterscheiden (291 A-C, 292 D, 303 B-C; vgl. F.SCHLEIERMACHER, 1804-1810, II 2, S. 173; H. ZEISE 1938, S. 2; A. CAPELLE 1939, S. 19-26, 53f.; s.o. S. 216). Sie seien wie die Staatsformen, die sie lenken, nur Abbilder (εἴδωλα, 303 C 2) des wahren Politikers, der die Wissenschaft besitze und daher zur Durchsetzung des Richtigen durch alle Mitteln berechtigt sei (292 C). Die einzige von ihm zu erfüllende Bedingung sei es, aus

---

37) Wie F. SCHLEIERMACHER (1804-1810, II 2, S. 175) hervorhebt, haben göttliche und menschliche Regierung dasselbe Ziel.

dem Schlechteren etwas Besseres zu machen und auf diese Weise den von ihm gepflegten Gegenstand zu retten (σῴζειν , 293 B-C, D-E). Der Fremde aus Elea definiert nach diesen Kriterien die beste Verfassung: jene, wo die Regierenden wirklich und nicht bloß scheinbar Wissende sind,wo nicht die Nomoi herrschen, sondern der königliche Mann mit Einsicht (294 A 8). Es sei jedoch notwendig, Gesetze zu erlassen, obschon der Nomos nicht das Beste sei, fährt er fort (294 C-D).[38]

Die Natur der Sache selbst zwinge den Gesetzgeber dazu: Da er allen insgesamt gebiete (295 A; vgl. 294 E 4-6), sei er nämlich nicht imstande, jedem das ihm Gebührende zu geben. Er müsse also für viele und im Ganzen genommen Gesetze erlassen; denn eine persönliche Betreuung einzelner sei für den wahren Politiker unmöglich (294 E - 295 B).

Die Rehabilitierung des Nomos ist wie seine Kritik nicht relativ, sondern absolut. Der Fremde aus Elea geht von der Frage aus:

> " Warum ist es also notwendig, Gesetze zu erlassen, obwohl der Nomos nicht das Richtigste ist? Sollen wir jetzt die Ursache davon ausfindig machen?" (294 C-D).

Am Beispiel des Gymnastiklehrers zeigt er, daß der Politiker für die ganze Gemeinschaft Gesetze erlassen muß und daß er nie (μήποτε) imstande sein wird, jedem genau das Gebührende zuzuordnen, da er nicht ständig bei jedem sitzen kann. Sonst würde er sich selbst nicht solche Hinder-

---

38) F. von RAUMER (1861, S. 6f.): "Die gewöhnliche Einteilung der Staatsverfassungen nennt Monarchie, Aristokratie und Demokratie mit ihren Ausartungen; aber hiermit ist nur wenig über Inhalt, Wert und wahre Anwendung jener königlichen Wissenschaft und Kunst gesagt. Einem ganzen Volk wohnt dieselbe

nisse wie die Nomoi in den Weg stellen (295 A-B).[39] Während Gott die menschliche Gemeinschaft mit großer Leichtigkeit führt, ist der Mensch auf unvollkommene Mittel wie den Nomos angewiesen. Die persönliche, von Fall zu Fall sich ändernde Betreuung bleibt im 'Politikos' deutlich dem göttlichen Regiment vorbehalten, wobei die Entstehung des Nomos im strengen Sinn und damit einer Staatsordnung das Merkmal der auf menschlichem Tun begründeten Gesellschaft ist. Der Bezug des Nomosexkurses auf den Mythos macht dies ausdrücklich: Der Nomos ist Produkt der Techne (294 A, 296 E - 297 B), und die Kunst entsteht in dieser Zeitperiode als Ersatz für die göttliche Betreuung (vgl. o. S. 219 f.). Es geht nicht darum,daß der Politiker ohne Gesetze regieren kann, sondern vielmehr darum, daß er über den Nomoi steht und sie ändern kann, wenn er dies für nötig hält(vgl. 300 C-D und J. KAERST

---

nicht bei; aber auch der, welcher sie besitzt, wird den Staat nicht gebührend gründen, aus dem Schlechten zum Besseren führen können, ohne Gesetze. Diese gehen hervor aus der Sitte, bestimmen das Gemeinsamste, sind das Festere in dem Beweglichen. Der Staatsmann bedarf dieses Inhalts, weil er da ohne jede Verwicklung dauernd zu lösen außer Stande ist; die starren unlebendigen Gesetze hingegen (ähnlich einem unerfahrenen, halsstarrigen Mann) muß der wissende Staatsmann mit Rücksicht auf die Verhältnisse der Zeit ändern". Ähnlich K. HILDEBRAND (1860, I, S. 118); C. NOHLE (1880, S. 91f.), E.M. MANASSE (1937, S. 75f.) und F. FLÜCKIGER (1954, S. 152f.); anders H. HERTER (1962, S. 182). P. FRIEDLÄNDER (1964[3]-1975[3], I) kommt, nachdem er gesehen hat, daß der Politiker auch Gesetze erlasse, aber an sie nicht gebunden sei, zu der Schlußfolgerung, daß die 'Politeia' ohne Gesetze, die 'Nomoi' mit legalen Vorschriften seien (S. 123). Richtig bestimmt er das Ziel des Exkurses: "... der Weise steht über dem Gesetz, wie die höhere Norm über den unteren Normen" (S. 124).

39) Nach K. HILDEBRAND (1860, I, S. 118) sind im besten Staat schriftliche Normen notwendig.

1898, S. 24 f.; E. BURLE 1908, S. 322; V. BEONIO BROCCHIERI 1934, S. 174 f.; R. von SCHELIHA 1934, S. 76; W. WIELAND 1982, S. 27-32).[40] Der Unterschied zwischen menschlicher und göttlicher Regierung hat eine Entsprechung in der Differenzierung zwischen göttlichem und menschlichem Wissen; es handelt sich nicht um einen Wesens-, sondern um einen Gradunterschied (vgl. für die Erkenntnis H.J. KRÄMER 1966/1967, S. 258f.; s.o. S. 217 f.).

Die oben dargelegte Interpretation kann durch eine Stelle der 'Nomoi' unterstützt werden: Nachdem der Athener die Möglichkeit einer menschlichen Natur ausgeschlossen hat, die die Gesellschaft absolutistisch regiert, ohne sich verleiten zu lassen, das Gemeinsame hinter das Eigene zu stellen, sagt er, wenn ein fähiger Politiker an die Macht käme,

> "... würde er keiner Nomoi bedürfen, die ihn in irgendeiner Hinsicht beherrschen, denn kein Nomos und keine Ordnung ist besser als die Wissenschaft; es ist auch nicht gerecht,daß der Nus jemandem ge-

---

40) Vgl. K. HILDENBRAND (1860, I, S. 118):"Das Gesetz nämlich ist eine starre, tote, für alle Fälle gleichförmige Norm, das Staatsleben aber, in rastloser Bewegung, stets wechselnd und in jedem einzelnen Fall eigentümlich, verlangt Beherrschung durch eine lebendige Kraft. Da es nun aber nicht in der Macht eines menschlichen Herrschers liegt, jedem einzelnen der Bürger für jeden einzelnen Fall das Erprießliche zu befehlen, so werden auch im besten Staat schriftliche Normen nötig werden. Solche Verordnungen sind aber nur generalisierte Befehle des Herrschers, sie binden ihn so wenig, falls er von ihnen abweichen will, als einen Arzt die Verhaltungsmaßregeln, die er für den Fall seiner Abwesenheit dem Kranken schriftlich mitteilte, wenn er zurückkommt, binden."

horcht oder Sklave von jemandem wird, sondern daß er über alles herrscht, wenn er der Natur gemäß wirklich wahrhaftig und frei sein soll" (9, 875 C-D).

An dieser Stelle geht es also nicht um die Frage, ob es Nomoi gibt, sondern ob der Philosoph - Herrscher über ihnen steht oder nicht. Kurz zuvor war in der Tat die Notwendigkeit der Nomoi für die Menschen absolut behauptet worden (874 E - 875 A).

Die wahre Politeia unterscheidet sich von den anderen politischen Ordnungen demnach darin, daß die Nomoi im Falle des Philosophen-Herrschers unmittelbar aus dessen Wissen stammen und den sich ändernden Umständen besser entsprechen können.[41] An einer zu der oben behandelten Stelle des 9. Buches der 'Nomoi' Parallelpassage des 'Politikos' (301 C-D) wird der wahre Politiker als jener definiert, der gewillt und imstande sei, das Fromme und Gerechte allen auf richtige Weise zu verteilen, indem er mit Arete und Episteme regiere. In dem vom Politiker erlassenen Nomos kommt am besten die dem Gesetz charakteristische noetische Verteilung zum Ausdruck (vgl. o. S. 236 f.); entsprechend wird im 'Politikos'-Exkurs die Aufgabe des wahren Politikers umrissen: die Einwohner der Polis zu erhalten und zu verbessern, indem man ihnen immer das durch Nus und Techne Gerechteste zuteilt (297 B). Die Nomoi der empirischen Staaten sind aber nur Nachahmungen (297 B-D) und viel starrer als die der wahren

---

41) Die Ansicht, daß der wahre Politiker die Nomoi ändern kann, wird im Laufe des Exkurs immer wieder unterstrichen(292 A-B, 293 C-D, 295 B - 296 D, 297 A-B, 300 D - 301 E, usw.; H. ZEISE 1938, S. 27ff.).

Politeia; sie beruhen nicht mehr auf dem Wissen, sondern sind recht eigentlich Produkt der Erfahrung (ἐκ πείρας πολλῆς, 300 B 1), Doxai und nicht Manifestation des unmittelbaren Wissens (vgl. 301 E 9 , 301 B; H. ZEISE 1938, S. 45 ff.).[42]

Die Achtung des Nomos, der ein Produkt vielfacher Erfahrung ist, erweist sich als der zweitbeste Weg. Jede Änderung, die nicht vom Wissenden stammt, läßt die politische Ordnung sich zum Schlechten entwickeln (vgl. 300 D-E; Möglichkeit die Verfassung des mit Techne Regierenden richtig nachahmen wollten,sollten niemals etwas gegen ihre Nomoi unternehmen (300 E - 301 A). Je nachdem, ob die politische Ordnung ihre Nomoi respektiert oder nicht, unterscheidet der Fremde aus Elea Königtum, Aristokratie und gesetzliche Demokratie einerseits und Tyrannis, Oligarchie und ungesetzliche Demokratie andererseits. Aristokratie und Oligarchie erhalten eine Mittelstellung, die erste unter den guten Nachahmungen der wahren Verfassung, die letztere bei den schlechten.

Das Kontinuum der Staatsverfassungen

Zusammenfassend kann das Kontinuum der Staatsverfassungen folgendermaßen dargestellt werden:

---

42) H. ZEISE (1938, S. 46f.) definiert den Nomos des Philosophen als "eine in Form von Geboten und Verboten, eine sinnlich-empirische, phänomenale, der δόξα zugängliche Manifestation der dianoetischen Idee des Staates."

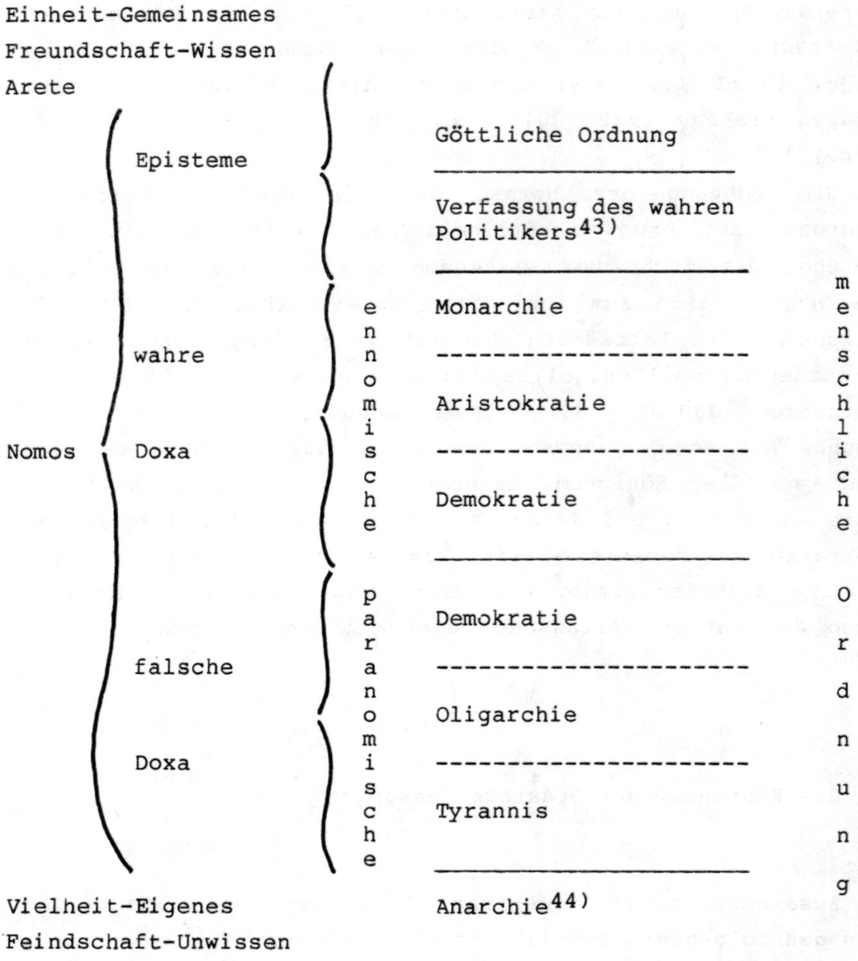

---

43) Schon R. MAURER (1970, S. 177) hat ein Verhältnis Vorbild-Abbild zwischen dem Zustand unter Kronos von und der Regierung des wahren Politikers angedeutet. Auch R. KLEE (1930-1931, S. 15) unterscheidet zwischen der Regierung des wahren Politikers und der Herrschaft der Götter unter Kronos (ähnlich P. WEBER-SCHÄFER 1976, II, S. 29).

Das Kontinuum zeigt eine vertikale Wertskala, die von der Einheit der göttlichen Ordnung bis zur Vielheit der gesellschaftlichen Auflösung in der Anarchie reicht. Es weist zugleich den hohen Wert des Nomos für die Unterscheidung zwischen menschlicher und göttlicher Ordnung und die Differenzierung der verschiedenen menschlichen Ordnungen untereinander. Das Schema stimmt auch mit den erkenntnistheoretischen Ausführungen der 'Politeia' überein (5, 477 A - 479 D), die zwischen dem Sein des Wissens und dem Nichtsein des Unwissens ein mittleres Gebiet der Doxa abgrenzen, zu dem die üblichen Satzungen gerechnet werden.

---

44) P. FRIEDLÄNDER (1964^3-1975^3, I) hat viel von diesem Ergebnis vorweggenommen: "Der widergesetzlichen Willkür des Tyrannen steht in einem aufs äußerste gespannten Gegensatz gegenüber die gesetzesfreie Herrschaft des weisen Regenten. Den mittleren Bereich aber nimmt der Staat ein, dem Gesetze eine Notwendigkeit sind, wiewohl das Gesetz nicht die höchste Richtigkeit besitzt... auf die platonischen Seins- und Erkenntnisstufen bezogen: Der Herrscher-Weise repräsentiert die Ebene des reinen Seins und der Erkenntnis, der Tyrann die des Nichtseins und des Nichtwissens, und dem mittleren Bereich der Werdewelt gehören die Gesetzesstaaten an in mannigfacher Abstufung. Damit ist auch gesagt, welchen Wert die Gesetze eigentlich haben. Wie aller Welt in der Werdewelt abhängt von der Teilhabe an dem Eidos, so sind die Gesetze Nachbildungen wahren Seins..." (S. 124).

Die Verfassungsform der 'Nomoi' und ihre Beziehung zu den anderen Politeiai

Auf den ersten Blick läßt sich feststellen, daß es in diesem Kontinuum der Staatsformen scheinbar keinen Platz für den in den 'Nomoi' geschilderten Staat gibt. Die Forschung hat andererseits gelegentlich darauf hingewiesen, die Verfassung der 'Nomoi' hätte eine mittlere Stellung zwischen dem Staat der 'Politeia' und den üblichen Verfassungsformen, ja, man hat behauptet, Platon billige in den 'Nomoi' keine der empirischen Verfassungsformen, sondern entwickle eine neue Form des Gemeinwesens, die über diesen stehe (H.J. KRÄMER 1959, S. 205). Im folgenden wird versucht, auf Grund des Exkurses des 'Politikos' die Möglichkeit einer solchen Verfassungsform zu zeigen und eine Bestimmung des Entwurfes der 'Nomoi' zu leisten.

Stellung des 'Nomoi'- Entwurfes im Kontinuum der Verfassungsformen

Wie schon oben dargestellt wurde, nimmt die Verfassung der 'Nomoi' die zweitbeste Stellung vom Gesichtspunkt der Einheit und der Besitzverhältnisse ein (vgl. S. 202 - 212). An einer Stelle des 9. Buches der 'Nomoi' wird die Beziehung des Staatsmannes zu dem Gesetz als Hauptkriterium der Unterscheidung zwischen den 'Nomoi' und einem besseren und richtigeren Staatszustand gebraucht. Der wahre Politiker soll demnach über die Nomoi und die Taxis regieren. Da zur Zeit aber eine solche Physis nicht im geringsten vorhanden sei, müsse man Verordnung und Gesetz als zweitbestes wählen, die zwar auf das Allgemeine zielten, aber nicht alles umfassen könnten (875 C-D; vgl. o.S. 241 ff.). Die 'Nomoi'-Verfassung wird an dieser Stelle ausdrücklich in die Gruppe der Verfassungsformen eingereiht, in denen nicht das Wissen des Herrschers regiert, sondern das Gesetz.

Ist die Möglichkeit einer Stadt wie die der 'Nomoi' im 'Politikos' berücksichtigt worden oder nicht? Eine solche Möglichkeit scheint zugrunde zu liegen, wenn der Fremde aus Elea das Beispiel des Arztes und des Gymnastiklehrers vorführt, der wegen einer längeren Abwesenheit seine Verordnungen aufschreiben ließ, damit die von ihm Betreuten eine Erinnerungshilfe haben und nichts in Vergessenheit gerät (295 B-C). Gegen diese geschriebenen Verordnungen (γράμματα, 295 C 8) könne er später verstoßen, heißt es, wenn er dies für angemessen halte (295 C - 296 A).

Demnach ist dem wahren Politiker also die Möglichkeit gegeben, eine Reihe von geschriebenen Verordnungen zu erlassen, die unmittelbar aus seinem Wissen stammen und an die sich die Einwohner der Polis halten müssen, während er nicht an der Macht teilnimmt. Später wird die Beziehung Vorbild-Abbild für die richtige Politeia und für die empirischen Staatsformen formuliert, und nachdem der junge Sokrates eine weitere Erklärung darüber verlangt hat, antwortet der Fremde aus Elea:

> " Wenn diese Verfassung, die wir erwähnt haben, die einzig richtige ist, weißt du, daß die anderen sich dadurch erhalten müssen, daß sie ihre Schriften (συγγράμματα) benutzen und das eben Gelobte ausführen, obgleich dies nicht das Richtigste ist ?" (297 D 4-7).

Συγγράμματα bezeichnet hier nicht die Schriften im allgemeinen, sondern vielmehr die geschriebenen Gesetze: Sie werden in der Erklärung des zweitbesten Weges als Nomoi ausgelegt; weiter unten wird das Wort im Sinne von 'geschriebenen Gesetzen' benutzt (299 D - 300 C) in einem Zusammenhang, der mit der besprochenen Stelle in enger Verbindung steht. Die Syngrammata, die in der oben übersetzten Passage als zweitbeste Lösung gepriesen werden, können nichts anderes als die von der Techne des echten Politikers stammenden Vorschriften sein,die er hinterlassen hat, weil er selbst die Macht nicht ausüben kann (vgl. H. ZEISE 1938, S. 36f.). Die anschließende Pathologie der Techne hingegen (297 E - 299 E) beschreibt das Schicksal der Menschheit, wenn andere Künste denselben Regelungen wie die Politik unterworfen würden, und zeigt, wie die Vorschrift der Achtung der Nomoi in der Wirklichkeit aussieht, wenn die Gesetze nur aus dem Unwissen stammen. Aber auch in diesem Fall kommt man zu dem Schluß, daß die Verachtung der Nomoi ein noch ärgeres Übel darstellt (300 A). Es zeigt sich also, daß die Achtung der Gesetze immer der zweitbeste Weg ist (300 C). Nach dieser allgemeingültigen Feststellung wird wieder bewußt an die oben besprochene Stelle angeschlossen (297 D-E): Von den geschriebenen Gesetzen seien diejenigen, die vom Wissenden stammen, Nachahmungen der Wahrheit (300 C 5-7). Der Politiker werde sich in seiner Praxis von diesen von ihm früher geschriebenen Verordnungen nicht stören lassen, wenn ihm etwas anderes besser zu sein scheine (300 C-D). Dann folgt die Bestimmung jeder Gesetzesänderung als Nachahmung dieser Haltung des wahren Politikers (300 D): Der Unwissende versuche das Wahre nachzuahmen, tue dies aber sehr schlecht; wenn der Kundige dasselbe tue, sei es keine Nachahmung, sondern das Wahre selbst (300 D-E). Die wahre politische Techne könne aber weder im Besitz der Mehrheit der Reichen noch des ganzen Volkes stehen; wenn sie jene Verfassung des mit Kunst regierenden Einzelherrschers nach Möglichkeit richtig nachahmen wollten, dürften sie nie etwas gegen die geschriebenen Gesetze und väterlichen Bräuche unternehmen (300 E - 301 A). Die verschiedenen heutzutage herrschenden Regierungsformen seien aus dem Mißtrauen der Menschen entstanden, die an die Möglichkeit eines wahren Politikers nicht glaubten. Da solche Herrscher in der Tat heute nicht zu finden seien, müßten die Menschen zusammentreffen und geschriebene Gesetze erlassen, indem sie den Spuren der wahrsten Verfassung folgten (301 D-E).

Aus diesem Text läßt sich mit einiger Sicherheit eine dreifache Unterscheidung der Verfassungsformen darstellen:

1 - unmittelbare Regierung des Philosophen

2 - Regierung der Gesetze als zweitbeste Lösung:

1. vom Philosophen stammende Gesetze (295 B - 296 A; 297 D-E; 300 C-D)

2. aus der Erfahrung und Nachahmung stammende Nomoi (298 A - 300 B; 301 D-E)

3 - Regierungen, die die Gesetze nicht achten.

So erhalten die vom Philosophen stammenden Verfassungen eine höhere Stellung als die üblichen (297 D, 300 C 5-7, D-E). Der Rahmen der 'Nomoi' wäre auf diese Weise bereits im 'Politikos' umrissen. Ihre Staatsform fällt zwar unter die Verfassungen, die nicht unmittelbar vom wahren Politiker regiert werden, hat aber eine mittlere Stellung gegenüber den übrigen Verfassungsformen, weil sie unmittelbar aus seinem Wissen stammt (300 C).[45]

In den 'Nomoi' deuten mehrere Hinweise darauf, daß sie von Platon als ein solcher Umriß verstanden werden. So wird in der oben analysierten Stelle des 5. Buches (739 A-E; vgl. o. S. 202 - 212) ausdrücklich die Trennung zwischen gesetzgebender Funktion und Machtausübung erwähnt (739 A-B), d.h. daß nicht der Philosoph selbst die Macht ausübt, sondern sich darauf beschränkt, Vorschläge zu machen,die später vom empirischen Politiker in die Tat umzusetzen sind. Die 'Nomoi' selbst sind ein Paradeigma, das bei der verwirklichung Anpassungen erleiden muß (5, 746 B-D; R.F. STALLEY 1983, S. 72-79, 81 f.). An einer anderen Stelle schließlich wird ausdrücklich verwiesen auf den Unterschied zwischen einer Politeia, in der der gesetzgebende Philosoph selbst Herrscher ist und einer solchen wie die der 'Nomoi', wo beide Funktionen getrennt sind (5, 735 D).

Verfassungsform der 'Nomoi'

Es ist oft unterstrichen worden, daß die 'Nomoi' eine Mischverfassung darstellen (vgl. K. HILDENBRAND 1860, I, S. 185-188, 211; G.H. SABINE 1937, S. 77-80; M. HAMMOND 1951, S. 16-27; K. von FRITZ 1954, S. 80 f.; H.J. KRÄMER 1959, S. 201-220; G.R. MORROW 1960, S. 521 ff.; G.J.D. AALDERS

45) K. HILDEBRAND (1860, I, S. 176) weist darauf hin, daß im 'Politikos' die Stellung der 'Nomoi'-Verfassung zwischen den willkürlichen Staaten und dem Staat der 'Politeia' angedeutet sei , erklärt aber nicht den Grund. Eine ähnliche Auffassung erarbeitet W. KNOCH (1960, S. 18-22).

1968, S. 38-49; E. WOLF 1950-1970, IV 2, S. 224; P. PIÉRART 1974, S. 468-471; vgl. R.F. STALLEY 1983, S. 90, 115-120).[46] Diese sehr wichtige Frage kann hier nicht ausführlich behandelt werden. Die Rolle der Mischung ist in diesem Zusammenhang von Belang, insofern sie die Verfassung der 'Nomoi' gegenüber den anderen Regierungsformen charakterisiert und die Funktion des Gesetzes bestimmt.

In der 'Politeia' spielt die Mischung, besonders als Mischung der Charaktere, eine bedeutende Rolle für die Verfassungsform (s.o. S. 174-177). H.J. KRÄMER (1959, S. 215f.) sah in der geometrischen Gleichheit der 'Politeia' eine Art Mischverfassung. Die geometrische Gleichheit, die die Grundlage der Idealstadt der 'Politeia' ausmacht, privilegiert das aristokratische Element, wie aus den Ausführungen der 'Nomoi' zu entnehmen ist (6, 756 E - 758 A). In der Tat spielen bei der Bestimmung der Regierungsform des besten Staates gängige Kriterien eine sekundäre Rolle. So kann die beste und einzig richtige Verfassung als Königtum oder als Aristokratie auftreten (Resp. 5, 445 C-D; Resp. 8, 544 C-E; Resp. 9, 587 C-D). Wie man im 'Politikos' erfährt, hat die Zahl der Regierenden für die Bestimmung der besten Verfassungsform keine Bedeutung (293 A-C). Die Demokratie wird ausgeschlossen, weil die Wissenschaft nicht im Besitz vieler sein kann (292 E, 297 B-C, 300 E). Wiewohl die ideale Verfassung im 'Politikos' manchmal mit dem Königtum identifiziert zu sein scheint (294 A, 294 E - 295 B, 296 D - 297 B, 297 E, 301 A-B), wird die Aristokratie nicht völlig ausgeschlossen (293 A). Man kann hier nicht von einer Mischverfassung im üblichen Sinn sprechen. Vielmehr werden in der

---

46) W. PIERSON (1858, S. 217f.) betrachtet die Regierungsform der 'Nomoi' als eine verbesserte Timokratie; M. GENTILE (1940, S. 150f.) sieht in ihr keine Mischverfassung.

'Politeia' Maßnahmen getroffen, die eine 'Mischung' der verschiedenen Klassen untereinandern verhindern sollen, und die Regierung wird tyrannisch durch die Einsicht der Herrscher ausgeübt. So ist es im 'Politikos' möglich zu behaupten, daß die Tyrannis in ihrer äußeren Erscheinungsform der wahren Verfassung ähnlich sei, da auch sie den Anspruch erhebe, gegen das Geschriebene das Bessere zu verwirklichen; in der Tat bringe sie dies aber nicht zustande (301 B-C). Tatsächlich hat das Problem der Verteilung der Macht bei der besten Politeia keine Bedeutung (vgl. R.F. STALLEY 1983, S. 14f.): Sie ist in diesem Sinne keine Mischverfassung, bei der es mehr auf einen Ausgleich der Macht ankommt (vgl. K. von FRITZ 1954, S. 78-81; G.J.D. AALDERS 1968, S. 41).[47)]

Während in dem bestmöglichen Zustand die Herrscher die Gemeinschaft leiten und auf die Pflege des Gemeinwohls bedacht sind, ist in dieser Zeit, in der die Ausübung der Macht immer mit der Gefahr des Übermuts verbunden ist, ein Machtausgleich (balance of power) nötig. Noch gibt es keine Menschen, die unbegrenzte Macht ausüben könnten, ohne der Korruption zu verfallen (Leg. 9, 874 E - 875 D; Politc. 301 D-E; vgl. M. ISNARDI PARENTE 1969, S. 195). So wird die Entstehung der Mischverfassung in Sparta als eine Lösung der Frage des Übermaßes dargestellt: Die Macht der Könige wird mit der Zeit mehr und mehr eingeschränkt (Leg. 3, 691 D - 692 B, bes. 692 B 4-7). Obschon die Entartung der atheni-

---

47) Schon K. HILDEBRAND (1860,I, S. 185ff.) hat eine ähnliche Auffassung vertreten, indem er die Staatsform der 'Nomoi' als eine Mischverfassung betrachtet, die der 'Politeia' hingegen nicht. Die platonische Vorstellung der Mischverfassung ist freilich nicht zu starr aufzufassen: In der 'Politeia' z.B. wird Sparta als eine Mischverfassung aus guten und schlechten Elementen charakterisiert (8, 547 C - 548 C).

schen und persischen Verfassung die allmähliche Zerstörung der gegensätzlichen Verfassungsprinzipien zeigt, so stellt sie zugleich dar, wie jeder Teil der Stadt entartet, wenn er nicht durch den Gegensatz gebändigt wird. In beiden Fällen kann man die Willkür der regierenden Teile (Volk-König) durch einen Überfluß an Macht beobachten(vgl. E.N. TIGERSTEDT 1965, S. 256-262).

Für Platon bleibt die grundlegende Frage der Politik stets dieselbe: Wer soll die Macht ausüben? Der Staat der 'Nomoi' ist die zweitbeste Lösung für den Fall, daß die Wissenschaft nicht mehr unmittelbar vorhanden ist: eine vornehmlich oligarchische Verfassung, die durch Gesetze reguliert wird (vgl. G.J.D. AALDERS 1968, S. 48).[48] Es geht vor allem um das Prinzip der Mischung: In Abwesenheit von wahren Herrschern soll die Macht (monarchisches Element) von verschiedenen Kontrollinstanzen (demokratisches Element) zur Mäßigung gebracht werden. So entsteht die Herrschaft des Nomos (G.R. MORROW 1941; 1960, S. 544-572; A. GRAESER 1971), die vor allem darauf zielt,die im Idealstaat nicht bestehende Willkür der Herrscher zu verhindern.[49] Diese Nomokratie steht eigentlich über allen Fraktionen des Staates und ist

---

48) G.R. MORROW (1960) und M. PIÉRART (1974) versuchen, ohne die oligarchische Tendenz zu leugnen, die demokratischen Elemente stärker hervorzuheben. Hingegen sieht G. MÜLLER (1951, S. 170) in den 'Nomoi' eine "unüberbietbar despotische und geradezu inquisitorische" Verfassung. Anders urteilt R. PORCHEDDU (1980, S. 52), für den "lo stato delle 'Leggi' rappresenta il complimento costruttivo della critica contenuta nell' 'Apologia' e nel 'Critone' un soccorso leale all'ordinamento dell' Atene democratica."

49) G.R MORROW (1960, S. 540) hat darauf aumerksam gemacht, daß die Mischung vor allem in der Exekutive den Zweck hat,"the supremacy of law in that part of the state which is peculiarly likely to bring about its subversion" zu sichern (vgl. R.F. STALLEY 1983, S. 115 f.).

besser als die jeweiligen Regierungsformen, die nur die Herrschaft eines Teiles der Polis über die anderen aufweisen (vgl. Leg. 4, 712 E - 713 A, 714 B - 715 C; Leg. 8, 832 B-D). Sie ermöglicht die Pflege der Einheit im Staat, die in den anderen Politeiai nicht gelingt (Leg. 8, 831 B - 832 B), und bleibt als zweitbeste Lösung zwischen den üblichen Verfassungen und der Verfassung der 'Politeia' (vgl. G.J.D. AALDERS 1968, S. 41).

Zusammenfassung und Ergebnisse

Das Verfassungskontinuum zeigt eine Spannung zwischen Einheit und Vielheit, die sich auch in der Beziehung der Ordnung unter Kronos zu allen anderen erweist: Unter Kronos gibt es nur eine Art Regierung; darauf folgt die Staatsform der 'Politeia', die Monarchie oder Aristokratie sein kann, d.h. über mehr Ausprägungsmöglichkeiten verfügt. Auch die Mischverfassung der 'Nomoi' hat möglicherweise mehrere Realisierungen. Man kann wohl eine Zunahme der Variationsmöglichkeiten bis zur Tyrannei beobachten, in der die Verfassung die Form der Hedonai des Tyrannen annimt und daher unzählige Ausprägungsmöglichkeiten aufweist.

Auch in einer anderen Hinsicht kann man von Auflösung der Einheit sprechen. In der 'Politeia' erscheint eine Reihe von Differenzierungen zwischen den Bürgern, die unter Kronos nicht vorhanden waren und die Einheit des Staates erschweren: die Standesunterschiede, der auf die oberen Stände begrenzte Kommunismus, die Gefährdung der Philia durch innere und äußere Feinde, u.a. Dieser Zwiespalt, wie oben dargelgt, schreitet bis zur völligen Auflösung der Stadt in der Anomie und Anarchie fortwährend voran.

Der Staat der 'Nomoi' stammt aus dem Wissen des Philosophen. Es handelt sich aber nicht mehr um eine unmittelbare Pflege: Der Philosoph hat schriftliche Anweisungen hinterlassen, die vom nächtlichen Rat vervollständigt und aufrechterhalten werden müssen. In diesem Sinne ist der Unterschied zwischen dem Staat der 'Politeia' und dem der 'Nomoi' nur graduell, aber kein Wesensunterschied (vgl. H. HERTER 1962, S. 190). Die Nomokratie ist auf eine zweite Weise richtig und nimmt damit eine mittlere Stellung zwischen den empirischen Verfassungsformen und dem vom unmittelbaren Wissen abhängigen Staat der 'Politeia' (vgl. H.J. KRÄMER 1959, S.206) ein. In ihm erläßt der Philosoph die detaillierten Grundlagen der Gesetzgebung, und der von ihm stammende Nomos soll die Herrschaft ausüben. Den Wächtern wird jetzt nur die Ausfüllung der in der Gesetzgebung bestehenden Lücken überlassen (vgl. Leg. 6, 770 B - 771 A; Leg. 8, 846 B-C). Der Privatbesitz ist nun die Grundlage der ganzen politischen Ordnung. Platon versucht dennoch, ihn zu regulieren und in bestimmten Grenzen zu halten. Dem Eigeninteresse ist hier, wenn es auch nicht ausgeschaltet wird, nur ein gut bestimmter Spielraum belassen, den es nicht überschreiten darf (vgl. H. HERTER 1942, S. 116 ff.).

Schließlich kann auch in der Gesetzgebung die Spannung zwischen Einheit und Vielheit wahrgenommen werden.[50] Von

---

50) H. HERTER (1962, S. 181) interpretiert in diesem Zusammenhang folgenderweise: "Schriftlichkeit und Mündlichkeit schließen sich überhaupt nicht absolut aus: Auch für den besten Staat rechnet Platon im 'Politikos' mit Aufzeichnungen, wenn er ihnen

der gesellschaftlichen Organisation unter Kronos, in der es keine Gesetze gab, über den Staat der 'Politeia', der wenige ungeschriebene (F.B. JONES 1974, S. 116), vornehmlich die Erziehung regelnde Gesetze besitzt (4,425 C-E)[51] bis hin zum Staat der 'Nomoi' kann eine zahlenmäßige Zunahme der Gesetze festgestellt werden.[52] Dieselbe Gradation ist wahrscheinlich bei den empirischen Staaten zu beobachten, und in der Tat läßt sich in der geschichtlichen Konkretisierung dieser Staaten eine Zunahme der Nomoi mit der Entwicklung der Gesellschaft feststellen, aus der sich die verschiedenen Staatsformen ergeben (Leg. 3, 676 A - 682 E; vgl. u. S. 316 f.)

---

auch nur eine ganz subsidiäre Rolle zuerkennt, denn er konnte das grundsätzliche Problem nicht mehr umgehen, ob ein Einzelherrscher physisch überhaupt in der Lage sein würde, sich jedes Falles der Praxis persönlich anzunehmen." E. SANDVOSS (1971, S. 252) vertritt auf diesem Gebiet eine der oben gemachten Unterscheidung ähnliche Auffassung.

51) Diese Interpretation wird durch Aristoteles (Politica 2, 7, 1264 a 29-32) bestätigt: Die Paideia bewirke in der 'Politeia', daß keine große Anzahl von Gesetzen (νόμιμα) nötig sei. Für νόμιμα als Synonym von Nomos vgl. H. BONITZ (1870, s. v.). Eine ähnliche Interpretation leisten R. KLEE (1930-1931, S. 332f.); W. KNOCH (1960, S. 18-22); W. WIELAND (1982, S. 33).

52) M. KAHL (1949, S. 126) hat beobachtet, daß die große Anzahl von Gesetzen für Platon ein Zeichen des Bösen sei, wiewohl er dies nicht in einem systematischen Zusammenhang betrachtet hat.

2. Unterscheidung des geschriebenen und ungeschriebenen Gesetzes

Die Differenzierung des Nomos, die die Betrachtung der verschiedenen Staatsformen im früheren Abschnitt ergab, soll jetzt in Hinblick auf die sonst wichtige Unterscheidung zwischen geschriebenem und ungeschriebenem Gesetz untersucht werden.[53]

Gesetz und Schrift

An zwei entscheidenden Stellen der platonischen Dialoge, die in letzter Zeit im Mittelpunkt des Streits um die ungeschriebene Lehre stehen, bezieht der Philosoph das Problem der Gesetzgebung und des geschriebenen Nomos auf das allgemeinere der Schriftlichkeit und der Mündlichkeit (Phaedr. 274 B - 278 E; Epist. 7, 342 A - 344 D). Im folgenden wird die erste Stelle ausführlich behandelt und die zweite nur zur Ergänzung herangezogen; dann wird der Wert des ungeschriebenen Gesetzes untersucht, und schließlich wird der Abschnitt mit der Betrachtung der Beziehung der geschriebenen Gesetzgebung zu den anderen Schriften abgeschlossen.

---

53) R. HIRZEL (1900) hat als erster die Hypothese aufgestellt, daß der Kampf zwischen geschriebenem und ungeschriebenem Gesetz den Parteienkrieg im Athen widerspiegele (S. 49-65). Nach R. HIRZELS Interpretation ist der Name Agraphos Nomos als Gegensatz zum geschriebenen Nomos entstanden (S. 50; vgl. die Radi-

kalisierung von G. HIRZELS These durch M. OSTWALD 1973). Die Auffassung, das geschriebene Gesetz stelle das Wesen der Demokratie und das ungeschriebene das Programm der Aristokraten dar, hat sich auf eine oder andere Weise in der späteren Forschungsgeschichte aufrechterhalten (vgl. V. EHRENBERG 1922; M. OSTWALD 1969, der in der Anwendung des Wortes Nomos auf das geschriebene Gesetz überhaupt ein Merkmal der Demokratie sehen will; J. de ROMILLY 1971; s. die Ausführung von F. QUASS 1971, S. 17f, 98). C.G. THOMAS (1977) hat aber in letzter Zeit diese Auffassung in Frage gestellt. Nach seiner Deutung ist die Kodifizierung des Rechts nicht das Resultat des Klassenkampfes, sondern des Überganges der Mündlichkeit in die Schriftlichkeit auf gesellschaftlicher Ebene. Der angenommene Klassenstreit setze schon eine Gesellschaft voraus, die mit der Schrift vertraut sei. Beide Aspekte haben auch eine wichtige Rolle in der Platon-Forschung gespielt: Einige Beiträge widmen ihre Aufmerksamkeit der Frage nach der Beziehung zwischen geschriebenem Gesetz und Schrift; andere bemühen sich darum, die platonische Auffassung des ungeschriebenen Gesetzes innerhalb der damaligen politischen Strömungen zu orten. Dabei wird der positive und negative Wert des geschriebenen Gesetzes (A.A. ROIG 1960; L. GIL 1965, S. 356; J. DERRIDA 1968) und die Beziehung zwischen Schriftlichkeit und Gesetz richtig gesehen und herausgearbeitet. Bei der Behandlung des Agraphos Nomos hingegen hat man Positivität und Negativität nicht deutlich differenziert, auch wenn verschiedene gegensätzliche Interpretationen aus der Betonung des einen oder des anderen Aspekts entstanden sind. So wird einerseits die Bedeutung des geschriebenen Gesetzes unterstrichen (U. GALLI 1937, vgl. o. S. 4 - 7) und sein Vorrang gegenüber der ungeschriebenen Satzung hervorgehoben (G.R. MORROW 1960, S. 547), so daß gelegentlich der ungeschriebene Nomos als bloße Ergänzung des geschriebenen charakterisiert wird (H. CAIRNS 1949, S. 45ff.; M. ISNARDI 1957). Andererseits aber wird die von Platon dem Agraphos Nomos beigemessene Bedeutung betont (R. HIRZEL 1900; D. LOENEN 1923, S. 49), ja sogar als Ausdruck der höchsten Regierung des Philosophen betrachtet (R. BRAGUE 1973).

'Phaidros' (274 B - 278 E)

Im Streit um die ungeschriebene Lehre Platons hat man dieser Stelle besondere Aufmerksamkeit geschenkt; denn im Unterschied zu der Parallelstelle im. 7. Brief ist ihre Echtheit unbestritten, und wer eindeutig ihren Sinn klären kann, wird eine wichtige Stütze für seine Auffassung bekommen. Während eine Forschungsrichtung der Ansicht ist, die Schriften Platons selbst seien von der hier vorgetragenen Kritik der Schrift ausgeschlossen (F. SCHLEIERMACHER 1804-1810, I 1, S. 5-36; E. ZELLER 1844-1846, II 1, S. 270-278, 485 Anm. 1; in letzter Zeit W.K.C. GUTHRIE 1962-1981, IV, S. 56-64, bes. 63 f.; V, S. 422) oder mindestens sei hier auf keine Geheimlehre hingewiesen (G. VLASTOS 1963, S. 652ff.; W. WIELAND 1982, S. 13-94), sehen andere eine allgemeine Abwertung des geschriebenen Logos der gesprochenen Rede gegenüber (W. LUTHER 1961) und besonders einen Hinweis auf die esoterische Lehre Platons (H.J. KRÄMER 1959, S. 392-396; 1964a; 1964b; 1982, S. 36-44; Th.A. SZLEZÁK 1978a).[54]

Die Passage wird in Bezug auf zwei Themen befragt:

1 - Wert des geschriebenen Gesetzes und

2 - Beziehung des geschriebenen Gesetzes zur platonischen

---

54) E. WOLF (1950-1970, IV 2, S. 380) hat den Unterschied zwischen Geschriebenem und Gesprochenem auf folgende Weise interpretiert: "Platons Politologie und Rechtstheorie erschließt sich nicht schon beim Lesen seiner Dialoge, sie fordert auch keinen Nachahmungsversuch des Gelesenen. Wie sie im gemeinsamen Philosophieren der Akademie sich entfaltet und von dort in praktischen Ratschlägen oder Gesetzgebungsplänen dialektisch geschulter Staatsmänner sich ausgewirkt hat, muß noch immer diskutierend neu erarbeitet werden, um fruchtbar zu sein."

Philosophie.

Paraphrase

Durch den Mythos über die Erfindung der Schrift durch den Gott Theuth weist Sokrates auf die Gefahren der Schrift hin: Sie sei kein Hilfsmittel für die Erinnerung und die Weisheit, sondern verursache vielmehr Vergeßlichkeit und Scheinwissen, weil die Menschen nicht mehr auf die Innerlichkeit der Seele, sondern auf die Äußerlichkeit der Schrift vertrauen würden (275 A-B).[55] Durch die Schrift könne man weder Techne noch etwas Deutliches und Festes vermitteln (275 D, 277 D-E). Nach der Ansicht des Sokrates ist das Schriftwerk (Rhetorik, Dichtung, Gesetzgebung) des Weisen nur Spiel(276 B-E; vgl. 277 E) im Bereich des Mythos (276 E), durch das er Denkschriften (ὑπομνήματα, 276 D; vgl. 275 D, 278 A) für sich selbst und jene, die derselben Spur nachfolgen, aufbewahrt (276 D). Viel schöner aber als dieses Spiel, heißt es weiter, ist die ernste erzieherische Beschäftigung, wenn man durch die Dialektik wissenschaftliche Logoi über das Gerechte, das Schöne und das Gute in die Seele schreibe, die sich selbst und dem Pflanzer Hilfe leisten könnten und die Fähigkeit der Fortpflanzung besässen (276 E - 277 A, 278 A). Sokrates stellt solche Logoi auf dieselbe

---

55) J.J. MULHERN (1974) sieht hier eine Unterscheidung zwischen Erkenntnis und Information. Nach J.J. MULHERNS Deutung wird die Schrift keine Verbesserung von Gedächtnis und Weisheit sein, sondern große Mengen von Information werden registriert und gesammelt in einem vom menschlichen Bewußtsein verschiedenen Medium (S. 182).

Ebene mit dem Logos, der in der Seele des Weisen entsteht, wenn dieser etwas entdeckt (278 A-B). Der geschriebene Logos, sagt er, sei dessen Abbild (276 A); er scheine zwar zu leben und zu denken, wenn man ihn aber befrage, schweige er (275 D). Im Unterschied zum Logos in der Seele, der sich an die Geeigneten zur richtigen Zeit wende, richte sich der geschriebene an alle ohne die Fähigen von den Unfähigen zu unterscheiden (275 D-E). Wegen dieser Unfähigkeit werde er zu Unrecht getadelt, denn er bedürfe eines Vaters und Helfers (275 E). Auf diese Weise werden die Bedingungen für das richtige Schreiben oder Sprechen (277 D) umrissen, nämlich das Schreiben und Sprechen mit Kunst setzt die Beherrschung der Dialektik voraus (277 B-C). Deshalb, schließt Sokrates, verdiene den Namen 'Philosoph' nur derjenige, der seinem eigenen Schriftwerk Hilfe leisten könne und dieses als schlecht (φαῦλα) zu zeigen vermöge, weil er das Wahre kenne (278 C) und Wertvolleres (τιμιώτερα) als das von ihm Verfaßte oder Geschriebene besitze (278 D).

Deutung

Hauptzweck dieser Stelle ist nach den Worten des Sokrates nicht, den Wert der Schrift zu bestimmen, sondern die von ihr zu erfüllenden Bedingungen, damit sie für gut und richtig gehalten werden kann (274 B 6-7; vgl. 277 A-B, 277 D und G.J. de VRIES 1973, S. 4). Dieser Abschnitt schließt nicht nur die platonischen Dialoge ein, sondern befaßt sich vor allem mit dem platonischen Schriftwerk und versucht, es von den anderen abzugrenzen.[56] Die Schriften des Weisen allein, die um des Spiels willen (276 D) geschrieben worden sind, können für richtig und gut gelten; alle anderen, die von ihren Verfassern als etwas Ernstes herausgegeben werden, können nicht richtig sein, weil sie notwendigerweise ihre Aufgabe nicht zu erfüllen vermögen, nämlich etwas Beständiges und Deutliches zu vermitteln.

Der geschriebene Logos des Philosophen wird aber ebenfalls von dem in der Seele eingeprägten Logos abgesondert. Die folgende Tabelle versucht, die entsprechenden Unterschiede darzustellen:

---

56) Richtig hat H.J. KRÄMER (1959, S. 393) den Sachverhalt charakterisiert: " ... im 'Phaidros' reflektiert der Schriftsteller Platon über sich selbst." Vgl. K. GAISER (1963, S. 230) und W. LUTHER (1961, S. 536f.). Auch für E.S. ENGEL (1973, S. 114) schließt die Kritik alle Schriften ein.

Logos in der Seele	geschriebener Logos
Innerlichkeit	Äußerlichkeit
Ernst	Spiel
Erziehung	Keine Vermittlung von Techne
Deutlichkeit	Undeutlichkeit
Beständigkeit	Unbeständigkeit
Wissenschaft	Doxa, Mythos
Dialektik	Denkschrift
Weisheit	Unwissen
Leben	Tod
Fruchtbarkeit	Unfruchtbarkeit
Hilfe	Hilflosigkeit
Selbständigkeit	Abhängigkeit vom Vater und Helfer
Erinnerung	Vergeßlichkeit
Urbild	Abbild

Die Beziehung beider Arten von Logoi wird durch Begriffspaare wie Urbild-Abbild, Wissenschaft-Doxa, Hilfe-Hilflosigkeit, Leben-Tod, Selbständigkeit-Abhängigkeit, usw. deutlich: Das Schriftwerk hat keinen selbständigen Charakter, sondern weist immer auf den in der Seele des Weisen bestehenden Logos, was durch seine Aufgabe als Denkschrift besonders deutlich umrissen ist (E.S. ENGEL 1973, Kapitel 3). Die das Schriftwerk charakterisierende Undeutlichkeit und Unbeständigkeit zeigen, daß der Bezug auf den Logos in der Seele das Wesen des Geschriebenen ausmacht, d.h. eine Schrift kann nur dann vollständig interpretiert werden, wenn man im Besitz der Wissenschaft ist (275 E , 278 A; vgl. H. ERBSE 1962, S. 19). Ferner werden die in der Seele des Weisen bestehenden Logoi mündlich bei Anwendung der Dialektik fortgepflanzt. Die Beziehung zwischen Spiel und Ernst läßt sich auch so besser verstehen: Das Spiel weist notwendigerweise auf den Ernst und findet in ihm seine Ergänzung (vgl. Leg. 7, 816 D-E).

Wenn man diese Ergebnisse auf die Gesetzgebung projiziert, zeigt sich, daß nur der Weise imstande ist, die über den Gesetzen stehende Norm zu erkennen und ihr Abbild zu beurteilen, ob sie auf die bestmögliche Weise nachgeahmt wird oder nicht. Was von Zeit zu Zeit als das Beste für die Gemeinschaft und den Menschen gilt, ändert sicht nach den Umständen und kann nur richtig definiert werden, wenn man die Wissenschaft der Norm besitzt, die selbsverständlich nicht im sich auf 'konkrete' Situationen beziehenden Gesetz enthalten sein kann.

Im 7. Brief findet sich ebenfalls eine Relativierung des Schriftwerks und der Gesetzgebung (344 C). In ihnen, heißt es dort, könne man keinen der Gegenstände finden, mit denen sich der Philosoph am ernstesten beschäftige. Die Gesetzgebung enthält nur als Abbild die letzten Prinzipien, nach denen sie aufgebaut ist.

Als Ergebnis bleibt also, daß die mit Kunst geschriebene Gesetzgebung auf die eigentliche Philosophie verweisen muß. Sie kann außerdem ohne die Hilfe des Vaters und Helfers nicht vollständig verstanden werden (für die Bedeutung des

Helfens vgl. Th.A. SZLEZÁK 1978).[57]

Das ungeschriebene Gesetz

Nach den früheren Ausführungen läßt sich also fragen, ob man den Unterschied zwischen Schriftwerk und philosophischem Gespräch auf den Bereich des Gesetzes übertragen kann, wie es schon in der Forschung gemacht worden ist. Schon K. GAISER (1963, S. 588f.) hat auf die Komplementarität der 'Phaidros'-Stelle und des Nomosexkurses im 'Politikos' (294 A - 302 B) hingewiesen. Es liegt also folgende Gleichsetzung nahe:

$$\frac{\text{Agraphos Nomos}}{\text{geschriebener Nomos}} = \frac{\text{mündliche dialektische Unterweisung}}{\text{philosophisch-literarischer Dialog}},$$

wie es in der Arbeit R. BRAGUES (1973) angenommen wird.

Im Nomosexkurs des 'Politikos' werden allerdings die Gesetze wegen ihrer Starrheit kritisiert (294 A-C; vgl. o. S. 238 f.), und ähnliches geschieht im 'Phaidros' mit der Schrift (275 D-E). Während die Schriften im 'Phaidros' keine Antwort gibt, lassen die Gesetze im 'Politikos' keine Fragen

---

57) Th. A. SZLEZÁKS Interpretation wurde von G.J. de VRIES (1979) der Kritik unterzogen, der in der Wendung keinen Hinweis auf die höhere Ebene der mündlichen Unterweisung sieht. Vgl. die Erwiderung von Th.A. SZLEZÁK (1979) sowie die darauf folgende Antwort G.J. de VRIES' (1980) und in letzter Zeit H.J. KRÄMER (1982, S. 42f.).

zu (294 C). Die Kritik des Fremden aus Elea beschränkt sich aber nicht auf die geschriebenen Gesetze: Alle Nomoi stehen zur Debatte, und die ungeschriebenen Bräuche werden an verschiedenen Stellen in diesem Zusammenhang in einem Zug mit den geschriebenen erwähnt (vgl. 295 A, 301 A). Das ungeschriebene Gesetz befiehlt genauso wie das geschriebene im allgemeinen und allen zugleich, ohne zu unterscheiden, für wen es geeignet ist oder nicht (Politc. 294 C - 295 B; vgl. W. WIELAND 1982, S. 34 f.). Die Unfähigkeit, diese Unterscheidung zu treffen ist auch dem geschriebenen Logos eigen (Phaedr. 275 E).

Wenn das ungeschriebene Gesetz mehr an den Eigenschaften der Schrift als an denen der dialektischen Unterweisung teilhat, welche Stellung besitzt es? Der Vorrang der mündlichen dialektischen Unterweisung liegt im 'Phaidros' nicht darin, daß sie mündlich ist, sondern vielmehr darin, daß sie dialektisch ist. So kann man an einer Stelle des 'Protagoras' (328 E - 329 B), deren Parallelität zur 'Phaidros'- Passage oft bemerkt worden ist (vgl. z.B. H.J. KRÄMER 1959, S. 393f., Anm. 23), eine Art gesprochenen Logos entdecken, der der Schrift näher steht. Die Logoi der Rhetoren, heißt es dort, könnten weder fragen noch antworten und seien einem Buch ähnlich. Solche Reden gehören auch zum Bereich des Mythos und brauchen wie der geschriebene Logos Hilfe. In der Tat wird die Lehre des Protagoras im 'Theaitetos' (164 D-E) als umherlaufender Mythos charakterisiert, der seinen Vater verloren hat und deshalb von Sokrates mißhandelt wird. Er sei, heißt es ferner, auf die Hilfe seiner Vormunde angewiesen (für die starren Formen des gesprochenen Logos vgl. W. WIELAND 1982, S. 24 f.).

Das ungeschriebene Gesetz gehört zu dieser Ebene des Mythischen und Alttradierten; die alttradierten Sagen oder Ansichten machen einen Teil der ungeschriebenen Gesetze aus(vgl. Leg. 12, 959 B). Die Agraphoi Nomoi stehen nicht auf der Ebene der dialektischen Unterweisung, sondern auf einer niedrigeren, den geschriebenen Gesetzen ähnlicheren Ebene. Nichts verhindert z.B., daß ein ungeschriebenes Gesetz geschrieben wird, wie das 7. Buch der 'Nomoi' zeigt.

Beziehung der geschriebenen Gesetze zu den anderen Schriften

Platon bleibt aber nicht bei der Abwertung der geschriebenen Gesetzgebung stehen. Die negative Bewertung der niedergeschriebenen Nomoi im 'Phaidros' und im 7. Brief hat ein Gegenstück an einer Stelle der 'Nomoi' (10, 890 E - 891 A; vgl. A.A. ROIG 1960, S. 150f.), wo behauptet wird, die geschriebenen Satzungen, weil unverändert, gestatteten eine ständige Überprüfung und ermöglichten dem Schwerbegreifenden das Verständnis, indem er sich mit ihnen wiederholt befassen könne. Der Nachteil des 'Politikos' kommt hier als ein Vorteil vor. Die Stelle zeigt, daß die negative Einschätzung der geschriebenen Gesetzgebung nur ein Moment in Platons Auffassung ausmacht.

In der Beziehung zwischen der Gesetzgebung und anderen Schriftwerken läßt sich auch der positive Charakter und der Vorrang des geschriebenen Nomos gegenüber allen Schriftformen erkennen. Im 9. Buch der 'Nomoi' (858 C - 859 B) unterscheidet der Athener zwischen den Schriftwerken und Reden des Gesetzgebers und jenen, die von anderen stammen. Der Gesetzgeber sei der einzige, der über das Schöne, Gute und Gerechte zu urteilen habe, indem er zeige, welche diese seien und wie diejenigen, die glücklich sein würden, sich um solche Werte bemühen müßten. Darum sollen sich die Gesetze nach

Meinung des Atheners als die weitaus schönsten und besten Schriftwerke der Stadt erweisen, und alle Schriften müssen ihnen folgen (858 E - 859 A). Im 12. Buch (957 C - 958 A) sagt der Athener, die Gesetzgebung sei das wirksamste Mittel, damit der Lernende besser werde (957 C); sie sei der Prüfstein der anderen Schriften und Reden, den der gute Richter als Gegengift gegen die anderen Logoi bei sich haben müsse (957 D).

An beiden Stellen wird die Aufgabe der richtig erlassenen Gesetzgebung (vgl. εἴπερ ὀρθῶς εἴη τεθέντα , Leg. 12, 957 C 5-6) als wichtigstes Erziehungsmittel innerhalb der Stadt und ihr Vorrang vor allen anderen Arten von Schriften deutlich definiert. Sie sind ferner Vorbild der anderen Schriften, indem sie das Gerechte, Schöne und Gute bestimmen und die anderen Schriftwerke sich nach den von ihnen festgestellten Prinzipien richten müssen. Wie ein Vorbild stellen die geschriebenen Gesetze die Norm, nach der alle anderen literarischen Leistungen zu beurteilen sind, dar; als die besten und schönsten sind sie wohl auch in der Form ein Vorbild.[58] Mit dieser Auffassung verbunden ist wahrscheinlich die im 7. Buch gemachte Empfehlung, die den 'Nomoi' ähnlichen mündlichen Untersuchungen unbedingt schriftlich festzulegen (811 E).

---

58) H. GÖRGEMANN (1960, S. 100-105) hat den positiven Charakter der 'Nomoi' als Gesetz-, Schul- und Literaturbuches unterstrichen.

Beziehung von beiden Gesetzesformen zueinander

Das 7. Buch der 'Nomoi'

Platon betrachtet auch die ungeschriebenen Gesetze als ein Produkt der gesetzgeberischen Kunst (vgl. Politc. 294 E - 295 A, 295 E, 298 D-E; Leg. 1, 624 A - 625 B; usw.). Im 7. Buch der 'Nomoi' behandelt er den Unterschied zwischen beiden Gesetzesarten. Der Athener macht an einer Stelle darauf aufmerksam, daß die Erziehung der Kinder nicht in Form von Nomoi in einem Gesetzeswerk behandelt werden müsse, sondern von Belehrung und Ermahnung. Denn leicht könnten die Lype, die Hedone und die Epithymia des einzelnen die Bräuche auf dem privaten Bereich gegen die Ratschläge des Gesetzgebers entstellen, da diese Dinge nicht allen offenbar seien. Nach dem Athener ist das ein Übel für die Stadt, weil die Gemüter der Bürger auf diese Weise vielartig und nicht ähnlich werden. Es wäre aber unangemessen und unwürdig, führt er fort, darüber Strafgesetze zu erlassen, denn die Fehler seien geringfügig und häufig. Andererseits zerstöre ein Mangel auf diesem Gebiet die geschriebenen Gesetze, wenn die Menschen sich daran gewöhnten, in dem Unbedeutenden und Häufigen die Satzungen zu übertreten (788 A-C).

Durch diese Ausführungen wird das Buch über die Erziehung der Bürger Magnesiens eingeleitet. Platon teilt dabei das gesellschaftliche Leben in zwei Bereiche: den privaten und familiären und den öffentlichen (788 A-B). Die Festigkeit des Staatsgefüges hängt im großen Maße von den Verhältnissen auf familiärer Ebene ab, eine Sphäre, die nicht vom geschriebenen, sich auf das öffentliche Leben beschränkenden Gesetz geregelt wird. Ein wenig später erklärt der Athener die Bedeutung der ungeschriebenen Vorschriften für den Staat:

"(Wir müssen daran denken), daß alles was wir eben ausgeführt haben,das ist, was die meisten als ungeschriebene Sitten (ἄγραφα νόμιμα) bezeichnen; und was sie väterliche Gesetze (πάτριοι νόμοι) nennen, ist nichts anderes als die Gesamtheit solcher Bestimmungen. Ferner ist der Logos, der sich eben ergeben hat, man dürfe sie weder Gesetze (νόμοι) nennen noch unerwähnt lassen, auf richtige Weise vorgetragen worden. Denn sie sind die Bande jeder Staatsform, da sie in der Mitte zwischen allen denen, die schriftlich erlassen wurden und erlassen vorliegen, und denen, die noch erlassen werden, überhaupt wie väterliche und überaus alte Sitten (νόμιμα) stehen, die, richtig erlassen und zur Gewohnheit geworden, die dann geschriebenen Gesetze (νόμοι) zusammenhalten, indem sie sie mit allem möglichen Schutz umhüllen; hingegen immer wenn sie falsch vom Schönen abweichen, lassen sie, wie die Stützbalken, die bei den Bauten der Zimmerleute aus der Mitte zusammenstürzen, alles zusammenfallen und aufeinander liegen - sich selbst und was später auf ihnen richtig gebaut war -, weil die alten gestürzt sind. Wenn wir dies in Betracht ziehen, o Kleinias, da deine Stadt neu ist, müssen wir sie wie überall zusammenbinden, indem wir nach Möglichkeit weder Großes noch Kleines von dem, was man Gesetze (νόμοι), Bräuche (ἔθη) oder Gewohnheiten (ἐπιτηδεύματα) nennt, außer acht lassen; denn eine Stadt wird von solchen Sachen zusammengebunden, ohne das andere ist keines von beiden fest, so daß man sich nicht zu wundern braucht, wenn viele und zugleich kleine von denen, die Sitten oder gar Gewohnheiten (ἐθίσματα) zu sein scheinen, durch ihren Zufluß unsere Gesetze erweitern" (7, 793 A-D).

Der Erziehungsbereich wird an dieser Stelle deutlich den ungeschriebenen Gesetzen zugeschrieben, der jetzt mit dem zusammenfällt, was früher das private oder familiäre Leben war. Die ungeschriebenen Gesetze erscheinen hier ferner nicht als bloße Ergänzung der geschriebenen Gesetzgebung, sondern eher als der Kern der gesellschaftlichen Ordnung und das Fundament, auf dem die geschriebenen Gesetze aufgebaut sind. Wenn man die Beschreibung des Atheners mit der Darstellung des 'Timaios' vergleicht, wo die Beziehung zwischen Seele und Körper behandelt wird (34 A - 37 C), wird der Vorrang der ungeschriebenen Gesetze noch deutlicher. Es lassen sich sogar eine Reihe terminologischer Übereinstimmungen feststellen, die zeigen, daß die ungeschriebenen Gesetze für die geschriebenen das darstellen, was die Seele dem Körper ist. So umhüllen die ungeschriebenen Gesetze das Gefüge der Gesetzgebung (περικαλύπτειν, 793 B 8) von der Mitte aus (ἐκ μέσου, 793 C 2). Der Demiurg setzt auch die Seele in die Mitte (εἰς τὸ μέσον, Tim. 34 B 3) des Weltkörpers, streckt sie in alle Richtungen und umhüllt (περικαλύπτειν, 34 B 4; vgl. 36 D-E) die Welt mit ihr. Wie die Seele sind die ungeschriebenen Gesetze älter und früher als die geschriebenen (Leg. 7, 793 B, C und Tim. 34 C). Darüber hinaus schützen die ungeschriebenen Gesetze die geschriebenen Nomoi (Leg. 7, 793 B).

Der grundlegende Charakter der ungeschriebenen Satzungen kann auch darin beobachtet werden, daß für Platon die Paranomie mit der Entartung der ungeschriebenen Bräuche anfängt. Auf diese Weise beschreibt Sokrates den Ursprung der Paranomie in der 'Politeia' (4, 424 C-E). Sie fängt mit der Abweichung in kleinen und unwesentlichen Aspekten an und schreitet später zu den Gemütern und Gewohnheiten und von diesen zu den Vereinbarungen untereinander bis hin zu den Gesetzen und der ganzen Verfassung fort. Am Ende werden sowohl das Privatleben wie das öffentliche völlig umgedreht. Die Entartung Athens fängt nach der Beschreibung der 'Nomoi' (3, 700 A - 701 C) ebenfalls mit der Mißachtung der musikalischen Sitten an, die sich später auf die ganzen gesellschaftlichen Normen ausdehnte (701 A-B).

Wie aus den obigen Ausführungen ersichtlich wird, sieht Platon keinen Gegensatz zwischen den geschriebenen und ungeschriebenen Gesetzen. Die Festigkeit der Staatsform beruht auf dem Zusammenwirken von beiden Arten von Nomoi (Leg. 7, 793 C-D), wodurch Platon die früheren Auffassungen überwindet, die den Vorrang der einen oder anderen Art mit Ausschließlichkeit verteidigt haben. Er erkennt zwar den Vorrang der ungeschriebenen Gesetze an, macht aber auch geltend, daß unter den heutigen Umständen die geschriebenen Gesetze notwendig sind.

Überredung und Gewalt in Bezug auf geschriebenes und ungeschriebenes Gesetz

Am Anfang des 7. Buches der 'Nomoi' (788 A-C; s.o. S. 228 f.) charakterisierte Platon die ungeschriebenen Gesetze als Belehrung oder Ermahnung und stellte sie den Strafen der geschreibenen Gesetzgebung gegenüber. Während die Belehrung und die Ermahnung auf der Überredung (πειθώ) basieren, steht die Strafe eindeutig auf der Seite der Gewalt (βία). Schon A.C. BAYONAS (1965-1966) hat die Bedeutung von Peitho und Bia für die Gesetzgebung erkannt und beide Begriffe auf solche Weise auf die Entwicklung der Gesetzgebung bezogen, daß die Stufe der Peitho am Ende vorausgesetzt wird. BAYONAS hat aber den Zusammenhang dieser Begriffe mit den geschriebenen und ungeschriebenen Gesetzen nicht in Betracht gezogen und dabei übersehen, daß die Stufe der Peitho in seinem Schema demnach am Anfang und nicht am Ende der geschichtlichen Entwicklung stehen müßte. Die Behandlung einiger Stellen, die sich mit dieser Frage befassen, kann die Beziehung zwischen geschriebenem Gesetz und Sitte bei Platon näher beleuchten.

Nach dem 'Protagoras' entstehen Bestrafungen (κολάσεις) und Ermahnungen (νουθετήσεις) wegen des Bösen bei den Menschen (323 D-E), und in der 'Apologie' wird die auf privatem Bereich stattfindende Erziehung und Ermahnung den öffentlichen Strafen durch die Gerichte entgegengesetzt (26 A). In der 'Politeia' stehen auch Belehrung und Ermahnung in Zusammenhang (3, 399 A-C), und die Erziehung durch Peitho wird der durch Bia gegenübergestellt (8, 548 B-C), ein Gegensatz, der auch dem 'Politikos' bekannt ist (304 D). Die Wirkung der ungeschriebenen Gesetze durch die Peitho wird im 8. Buch der 'Nomoi' (837 E - 838 E) am Beispiel des sexuellen Verkehrs zwischen Geschwistern oder zwischen Eltern und Kindern besonders ausführlich verdeutlicht. Beinahe alle Menschen, sagt der Athener, einschließlich der unsittlichen (παράνομοι), enthielten sich des sexuellen Verkehrs mit Geschwistern oder mit ihren Kindern. Ein Agraphos Nomos (838 B 1) sorge dafür, daß dies weder öffentlich noch insgeheim geschehe. Nach dem Athener sehnen sich die meisten Menschen nicht einmal danach, weil ein einfacher Spruch (σμικρὸν ῥῆμα, 838 B 7) alle Hedonai auflöse, der sagt, solche Dinge seien nicht fromm und von Gott gehaßt. Der Greis sieht die Ursache der Wirksamkeit des Spruches in der allgemeinen Übereinstimmung. Auch die verschiedenen Geschichten auf der Bühne über das Schicksal jener, die diesen Nomos übertreten hätten, fährt er fort, bekräftigten noch die Haltung der

Leute. Das Mittel der völligen Übereinstimmung aller stehe jedem Gesetzgeber zur Verfügung, wenn er irgendeine Begierde von denen unterwerfen wollen, die die Menschen in großem Maß zur Knechtschaft zwängen (838 D-E). Der so heilig gemachte Nomos (vgl. 838 D 6, 839 C 3-4) sei imstande, die ganze Seele durch Überzeugung zu versklaven (8, 839 C). Nach dieser Passage ist das ungeschriebene Gesetz wirksamer als das geschriebene, weil dessen Wirkung sich auf die Seele des Menschen erstreckt und sowohl öffentlich wie privat das menschliche Handeln bestimmt. Der Gesetzgeber ist besonders bei den Grundprinzipien des Staates auf die ungeschriebenen Satzungen angewiesen, die er als ein Stück heiliges Recht vorlegt. Auf diesen Kern von Grundüberzeugungen, die das Fundament des gemeinschaftlichen Lebens ausmachen, bezieht sich wahrscheinlich der Athener, wenn er die ungeschriebenen Gesetze als das Balkengefüge der ganzen Gesetzgebung darstellt (Leg. 7, 793 A-D; vgl. o. S. 269 - 272). In Platons Auffassung stehen beide Richtungen verbunden, die V. EHRENBERG (1954, S. 25-62) für die vorplatonische Zeit zu differenzieren versuchte: sowohl die Ansicht, die in den religiösen Kreisen vorkam, wo der Agraphos Nomos eine göttliche Fundierung bekam, als auch die mäßigere Position, die in den ungeschriebenen Sitten nur menschlichen Konventionen, sah, die aus Scham respektiert wurden.

Eine andere Stelle (Leg. 7, 822 D - 823 A) bietet weitere Auskünfte über die Beziehung von beiden Nomosarten in Hinblick auf Überredung und Gewalt. Der Athener scheidet dort etwas Mittleres zwischen der bloßen Ermahnung und dem Gesetz, das bei der Paideia der Jungen oft auftritt, und bezieht es auf die am Anfang des Buches behandelten ungeschriebenen Gesetze. Der gute Bürger, setzt er fort, müsse nicht nur den Gesetzen gehorchen, sondern auch den vom Gesetzgeber mit den Nomoi zusammengewobenen Meinungen über das

Richtige und Unrichtige, die für den guten Bürger ein nicht kleineres Hindernis als die Strafen des Nomos darstellen sollten.

Die am Anfang des 7. Buches als ungeschriebenes Gesetz definierten Vorschriften (793 A-D; vgl. o. S. 270 f.) werden hier als geschrieben und mit der Gesetzgebung zusammengewoben dargestellt und der Gesetzesvorrede gleichgesetzt, die ebenfalls eine Überzeugungsaufgabe hat. Nach Platon ist das übliche geschriebene Gesetz ein tyrannischer Befehl (Leg. 4, 722 E - 723 A), was auf die Gewaltanwendung weist. Es wird der vor dem jeweiligen Nomos stehenden Vorrede entgegengestellt, die das Ziel hat, den guten Willen (723 A) des Bürgers zu gewinnen und so die Aufnahme des Nomos zu erleichtern. In der Gesetzgebung der 'Nomoi' übernimmt demnach das Prooimion die Aufgabe des ungeschriebenen Gesetzes: Es soll durch Peitho den Bürger zur Erfüllung des Nomos bewegen. Das Gesetz der 'Nomoi' erscheint dann als eine Mischung zwischen geschriebenem und ungeschriebenem Gesetz, Gewalt und Überredung (K. HILDENBRAND 1860, I, S. 181-184), die die philosophischen Grundsätze enthält, die den einzelnen zum Guten bekehren sollen. Erst wenn das Prooimion scheitert, sollen die Strafe und das reine Gesetz eingesetzt werden (vgl. z.B. Leg. 9, 870 E - 871 A). Wie der philosophisch geschriebene Logos hat das Prooimion eine protreptische und paränetische Funktion, wobei der Nomos zu einem Abbild des philosophischen Dialogs wird. Platon hat durch die Verbindung von geschriebenem und ungeschriebenem Nomos zu einer neuen Art von Satzung in diesem Punkt die Tradition überwunden.

Das ungeschriebene Gesetz, als eine Mischung zwischen Gewalt und Überredung, steht somit in der Mitte zwischen den Extremen der bloßen Ermahnung und Belehrung, die gewaltlos sind und ausschließlich auf der Kraft der Peitho beruhen, und des vor allem durch Strafe und Gewalt wirkenden geschriebenen Gesetzes. In der Überredung der ungeschriebenen Sitte ist ein gewisser Zwang vorhanden, der durch die allgemeine Übereinstimmung bewirkt wird. Dagegen wird der tyrannische Befehl des geschriebenen Gesetzes nur durch die Drohung der Strafe verbindlich gemacht, d.h. während der Agraphos Nomos durch Furcht überzeugt (Leg. 8, 838 C), überredet der geschriebene nicht, sondern befiehlt und bestraft, wobei der relative Vorrang des ungeschriebenen Gesetzes auch auf dieser Ebene zutage tritt: Es liegt der absoluten Überredung der Ermahnung und Belehrung, die eigentlich am reinsten in der philosophischen Paideia zum Ausdruck kommt, näher als das geschriebene Gesetz.

Beide Gesetzesarten und das Kontinuum der Verfassungen

Nach den oben erarbeiteten Ergebnissen läßt sich fragen,ob die Unterscheidung zwischen geschriebenem und ungeschriebenem Gesetz im Zusammenhang mit der Differenzierung des Nomos in den Staatsverfassungen steht. Nach der obigen Interpretation (vgl. S. 254 ff.) gab es in der Ordnung des Kronos-Zeitalters keine Gesetze. Nach dem 'Kritias' können die Götter die Sterblichen durch Überredung führen (109 B-C), so daß eine Ordnung vorstellbar ist, die auf der Grundlage der Ermahnung und der Belehrung aufgebaut war. Der Gott hat wahrscheinlich jedes einzelne Lebewesen in einer Art noetischer Lenkung betreut, die sowohl wegen der Überlegenheit der göttlichen Mittel als auch wegen der vortrefflichen Natur der damaligen Menschen möglich war. Im Staat der 'Politeia' gibt es auch keine geschriebenen Gesetze, wie schon W. JAEGER und andere merkten.Der ganze Staat beruht auf der außerordentlich guten Erziehung der Wächter, die zum Bereich der ungeschriebenen Gesetzgebung gehört. Mit dieser Frage befaßt sich Platon an einer berühmten Stelle der 'Politeia', die die meisten Interpreten dazu verleitet hat, zu behaupten, der Staat der 'Politeia' sei ohne Gesetze (4, 425 A - 427 B). Sokrates vertritt dort die Ansicht, die geringfügigen Vorschriften sollten die Gesetzeswächter selbst entdecken: Das Verhalten gegenüber den Älteren, aber auch,was unter die geschriebene Gesetzgebung falle, wie die Vereinbarungen auf dem Markt, der Verkehr mit Handarbeitern, Beschimpfungen und Beleidigungen, das Erheben von Klagen, Einsetzung der Richter, Eintreiben oder Auferlegen von Steuern; d.h. alles, was zum Landrecht, Stadtrecht oder Hafenrecht gehöre, sei bei einer solchen Erziehung unnötig (425 C-E). Die üblichen Staaten hätten durch die Vermehrung dieser Gesetzgebung ihre Lage nicht verbessern können.

Der Grad der Entartung einer Stadt kann nach dieser Stelle an der Anzahl seiner Nomoi gesehen werden, die die Mißstände zu lösen versuchen. Demnach soll durch die richtige Erziehung der 'Politeia' die Anzahl der Nomoi extrem klein bleiben; denn die von den ungeschriebenen Gesetzen geschaffene Grundlage ist so fest, daß keine Drohung und keine Strafe nötig ist. Sicherlich sind die in der 'Politeia' auftretenden ungeschriebenen Gesetze, die zwar allgemein und pauschal sind, sich aber den sich ändernden Situationen durch die unmittelbare Wirkung des Gesetzgebers anpassen können, von den starren ungeschriebenen Gesetze der üblichen Staatsformen zu unterscheiden.

Zusammenfassend: Die Unterscheidung zwischen geschriebenen und ungeschriebenen Gesetzen hat für Platon eine Entsprechung zu der Entartung und Auflösung der Gesellschaftsordnung.[59] Je mehr eine Gesellschaft vom Richtigen abweicht, desto größer die Anzahl und Arten der Nomoi; man kann demnach eine ähnliche Abstufung wie im Falle der verschiedenen Staatsformen feststellen.

3. Gute und schlechte Nomoi

Aus der Differenzierung der Nomoi der verschiedenen Staatsformen und zwischen geschriebenen und ungeschriebenen Gesetzen läßt sich eine Skala bilden: z.B. sind die Nomoi des besten Staates richtiger und besser als diejenigen der anderen Staatsformen. Der vorliegende Abschnitt befaßt sich aber nicht mit dieser Frage, sondern damit, ob auch auf horizontaler Ebene eine Unterscheidung zwischen guten und schlechten Nomoi möglich ist: Gibt es innerhalb einer Staatsform bessere und schlechtere Nomoi? Kann man schlechte Gesetze erlassen? Diese Fragen führen zu einem Kernproblem der platonischen Lehre: Hat Platon eine Art Rechtspositivismus vertreten, so daß für ihn alle Gesetze als solche Ausdruck des Gerechten und Guten sind?[60]

---

59) K. HILDENBRAND (1860, I, S. 181) hat erkannt, daß einer der Unterschiede zwischen der 'Politeia' und den 'Nomoi' sich auf die Verbindung freier und zwingender Elemente in der letzteren bezieht. Er untersuchte diese Frage aber nicht im größeren Zusammenhang der Differenzierung zwischen geschriebenem und ungeschriebenem Gesetz. Vgl. auch W. KNOCH (1960, S. 18-22).

60) Die verschiedenen Interpretationen wurden früher bei der Betrachtung der Forschungssituation referiert

Falsche Gesetze im 'Minos'

Neben den Untersuchungen von A. BÖCKH(1806), J. PAVLU (1910) und J. SOUILHÉ (1930) hat sich M. ISNARDI (1954) mit der Frage der Echtheit und des Verfassers des Dialogs befaßt. Nach M. ISNARDI ist der Dialog in der Akademie im Kreis um Speusippos entstanden. G.R. MORROW (1960, S. 35) hält den 'Minos' für eine Vorstufe zu den 'Nomoi' und betrachtet ihn als echt. E. WOLF (1950-1970, IV 1, S. 81-82;

(vgl. o. bes. S. 15 ff). Eine wichtige Rolle spielt auf diesem Gebiet die Frage, ob die im pseudoplatonischen 'Minos' zum Ausdruck kommende Nomosauffassung für echt platonisches Gedankengut gehalten wird oder nicht. So sieht U. GALLI (1937, S. 87ff.; vgl. o. S. 4 - 7) zwar den 'Minos' als unecht an, betrachtet aber die in ihm vorkommende Nomosvorstellung als echt platonisch, vor allem die Ansicht, daß die richtigen Gesetze unveränderlich sein müßten (S. 88) Nach M. KAHL (1949), der den 'Minos' als den zentralen Dialog für seine Interpretation auswählt (vgl.o. S. 8 f.), kann es für Platon keine schlechten Gesetze geben (S. 90f.). H. CAIRNS (1949, S. 33-37) versucht, die im 'Minos' vorgetragene Lehre mit Platons Ansichten zu vereinbaren: Das Gesetz sei Wirklichkeitswahrnehmung (apprehension of the reality, S. 35), sein Wert nehme mit seiner Idealnähe zu; was ihm erlaubt, den 'Minos' als platonisch aufzufassen. G.R. MORROW (1960) dehnt diese Ansichten des 'Minos' auf Platon aus und vertritt die These, Gesetze seien für Platon nur die richtigen, die als Modell das ideale Gesetz hätten (S. 563f.). Ähnliche Deutungen leisten die Arbeiten von A.C. BAYONAS (1965-1966, S. 115) und E. OPOCHER (1973). Andere Gelehrten hingegen sehen vor allem in der Starrheit des Gesetzesbegriffes im 'Minos', der die Möglichkeit schlechter Gesetze zurückweist, einen Grund, seine Unechtheit zu erklären (so z. B. J. PAVLU 1910, S. 9 und J. SOUILHÉ 1930, S. 81). J. HALL (1956, S. 197ff.) hält den 'Minos' für unecht und rechnet mit der Möglichkeit falscher Nomoi bei Platon. Zu einem ähnlichen Schluß ist A. LEITZ (1969, S. 105) durch eine Analyse des 'Kriton' gekommen.

vgl. o. S. 10 f.) denkt, daß der unbekannte Autor entweder die 'Nomoi' gelesen oder von der Gesetzeslehre des alten Platon in der Akademie erfahren habe (S. 81). Eine andere, aber wahrscheinlichere Auffassung hat C.W. MÜLLER (1975, S. 164-174) für einen mit dem 'Minos' verwandten Dialog ('Über das Gerechte') vertreten. Für ihn ist 'Über das Gerechte' ein sokratischer, aber kein platonischer Dialog. Für den 'Minos' muß man wahrscheinlich annehmen, daß er eine vorplatonische Auffassung zum Ausdruck bringt. Um das deutlicher zu machen, was das Gesetz angeht, wird im folgenden zuerst die Gesetzesvorstellung des Dialogs paraphrasiert und dann interpretiert.

Paraphrase

Der Nomos sei eine Ansicht der Stadt (δόγμα πόλεως, 314 B-C), die eine Entdeckung des Seins (τοῦ ὄντος ἐξεύρεσις, 314 E - 315 A, 317 D) darstelle. Bei einer solchen Auffassung stellt sich natürlich die Frage, warum es bei verschiedenen Völkern und in verschiedenen Zeiten unterschiedliche Nomoi über dieselben Angelegenheiten gebe. Nach Meinung des Sokrates liegt der Fehler, den die Verschiedenheit bedeutet, nicht bei dem Nomos selbst, sondern bei den Menschen, die nicht wissen, was der Nomos will, nämlich das Sein (315 B). Gerechtes und Ungerechtes sei überall gleich so wie das Leichte und das Schwere, das Schöne und das Schändliche: überall glaube man, daß das Seiende sei und das Nichtseiende nicht sei (316 B), und wer sich über das Sein täusche, täusche sich über das Gesetzliche (νόμιμον).

Ein weiteres Argument wird dadurch vorgebracht, daß das politische Wissen nach dem Modell des technischen analysiert wird: Was man wisse, sei überall das Gleiche, unter Griechen und unter Barbaren. Die Nomoi entstehen nach der Auffassung des Sokrates durch die des politischen Wissens Kundigen, die Politiker und die Regierenden (317 A). Ihre Schriften seien das, was die Menschen Nomos nannten. Wer wisse, ändere nicht seine Vorschriften nach der Gelegenheit (317 B), sondern wer das tue, sei ein Unkundiger. Nur was richtig sei, könne als Gesetzliches (νόμιμον) bezeichnet werden, nicht was unrichtig sei (317 B-C). Sokrates sagt ferner:

> "Auch in den Schriften über das Gerechte und Ungerechte und überhaupt über die Ordnung der Stadt und darüber, wie sie regiert werden soll, ist also das Richtige, königlicher Nomos, und das Unrichtige nicht, was den Unwissenden Nomos zu sein scheint; denn dies ist ungesetzlich (ἄνομον)" (317 C).

Deutung

An dieser Stelle werden die richtige gesetzgeberische Kunst und der Nomos selbst mit dem Wissen über das Sein verbunden, das vom Nomos als dessen Entdeckung zum Ausdruck gebracht werden muß. Eine entscheidende Frage ist demnach in diesem Zusammenhang, was der Verfasser des 'Minos' unter Sein versteht; denn er scheint damit nicht die platonischen Ideen oder Prinzipien zu meinen. Wenn der Autor des Dialogs das Sein im platonischen Sinn verstünde, müßte man die Definition des Nomos so deuten, daß das Gesetz das Sein in die Wirklichkeit übertragen und sie nach den Normen des Seins gestalten soll. Hier scheint aber das Kriterium nicht die Anteilnahme am Sein, sondern eher die völlige Identifizierung oder Adaequatio zu sein: Es wird kein Moment der Verschiedenheit, des Nichtseins angenommen, sondern dies wird auf eleatische Weise völlig abgelehnt (316 B). Nach dem 'Minos' bringt der richtige Nomos das Sein zum Ausdruck, das überall ewig und gleichmäßig verwirklicht werden soll. Alle Abweichungen von der Norm werden dem Nichtsein zugerechnet. Außerdem wird jede Handlung, die mit dem Sein im Einklang steht, als Nomos betrachtet, unabhängig von den positiven Vorschriften, wobei angenommen wird, daß eine völlige Verwirklichung des Seins in dieser Welt möglich ist.

M. ISNARDI (1954, S. 46) hat auf ähnliche Wendungen bei den Sophisten hingewiesen, und auch E. OPOCHER (1973, S. 755) hat die enge Beziehung, ja Identifizierung zwischen Gesetz und Wahrheit bemerkt. Wegen dieser Gleichsetzung zwischen Nomos und Sein können nicht die verschiedenen Nomoi aus den verschiedenen Verhältnissen entstehen, sondern sie müssen - wie vertreten wird - aus der Unwissenheit der Menschen stammen. Dadurch wird zugleich vorausgesetzt, daß in der phänomenalen Welt die absolute Wahrheit bestehe, eine offensichtlich unplatonische Ansicht.

Der Dialog spiegelt die Auseinandersetzung um den Gegensatz Nomos-Physis wider (vgl. M. ISNARDI 1954, S. 46-49; C.W. MÜLLER 1975, S. 164 ff.)und versucht die Relativierung des Nomos zu vermeiden. Eine ähnliche Lehre findet sich hinsichtlich des Namen bei Kratylos (vgl. Crat. 383 A - 384 A und bes. 436 A). Nach Kratylos hat der Name bei Griechen und Barbaren eine Richtigkeit gemäß der Natur, und wer den Namen entdeckt, entdeckt auch die Sache, die diesen Namen trägt. Der Name, der der Natur der Sache nicht entspreche, sei kein Name. Im 'Minos' versucht man auf ähnliche Weise, die Existenz verschiedener Nomoi zu leugnen, mit dem Argument, sie seien keine richtigen Gesetze (317 B-C; vgl. Crat. 429 C-D).

Wenn im 'Minos'eine Änderung der Nomoi völlig abgelehnt wird und die totale Anpassung der gesellschaftlichen Norm dem Sein vorgeschlagen wird, steht der Autor des Dialogs nicht nur im ausdrücklichen Gegensatz zu der platonischen Lehre, so wie sie z. B. im 'Politikos' vorkommt(vgl. 294 A-B), sondern es zeigt sich , daß das hier gemeinte Sein keine Entsprechung in der Philosophie Platons findet. Der Verfasser des Werkes arbeitet mit einem Seinsbegriff, der die Existenz der Ideen jenseits und getrennt von der phänomenalen Welt nicht zur Voraussetzung hat.[61)]

Richtige und unrichtige Gesetze bei Platon

Aus der Betrachtung der Stellen im Werk Platons wird ersichtlich, daß dieser eine dem 'Minos' ähnliche Lehre nicht vertrat, ja sogar ausdrücklich gegen sie Stellung nahm. Zur Begründung dieser Behauptung wird im vorliegenden Abschnitt zuerst eine Reihe von Stellen betrachtet, die Platons Auffassung über die Existenz unrichtiger Gesetze zeigen. Dann wird verfolgt, wie er das Thema in der Auseinandersetzung gegen die Sophistik behandelt hat. Schließlich

---

61) W. WOLF (1950-1970, IV 1, S. 83) versucht diesen Widerspruch zu der platonischen Lehre zu vermeiden, indem er hier für Nomos einen noch höheren und allgemeineren Sinn als den Inbegriff staatlicher Ordnung voraussetzt, weil diese auch "schlechte Verordnungen enthält". Für diese Interpretation gibt es aber keinen Anhaltspunkt im Text; denn schlechte Verordnungen sind keine Verordnungen nach dem 'Minos',und eine Ordnung, die sie enthält, ist keine Ordnung. Auch die Annahme, daß es hier um ein höheres als die Wirklichkeit geht (S. 84), ist unbegründet.

wird die Lösung der Frage aus Platons Sicht untersucht.

Die Existenz von unrichtigen Gesetzen

Ob Platon tatsächlich an die Existenz unrichtiger Gesetze geglaubt und diese trotzdem noch als Nomos betrachtet hat, müßte sich vor allem anhand beider Staatsentwürfe, der 'Politeia' und der 'Nomoi', am besten zeigen lassen, denn die Frage hat dort eine konkrete Bedeutung, und es ist unwahrscheinlich, daß sie als bloße Gedankenspielerei zutage tritt. Platon müßte auch daran interessiert sein, seine 'richtigen' Nomoi von den 'falschen' Satzungen der Unwissenden zu unterscheiden und zu erklären, welche Nomoi reformiert werden konnten und welche absolut unrichtig waren.

An einer Stelle am Ende des 4. Buches der 'Politeia' wird mit der Möglichkeit schlechter Einrichtungen (ἐπιτηδεύματα) gerechnet. Nach Sokrates führen die schönen Epitedeumata zum Besitz der Arete, während die schlechten zur Kakia leiten (444 E 4-5). Die Art der Arete sei, heißt es ferner, eine einzige, die Formen der Kakia aber unendlich. Auf dieselbe Weise sei die richtige Staatsform nur eine, die falschen unendlich viele (445 A-C). Die Existenz von schlechten Verfassungsformen und schlechten Einrichtungen setzt notwendigerweise die von richtigen und unrichtigen Gesetzen voraus.

Im 9. Buch wird das Kriterium zur Unterscheidung der guten Nomoi von den schlechten weiter präzisiert. Nach dieser Stelle sind richtige Gesetze (καλὰ νόμιμα) jene, die die Herrschaft des Göttlichen über die tierische Natur im Menschen ermöglichen (589 C-D). Die Herrschaft des Noetischen erscheint demnach als das entscheidende Kriterium für die Beurteilung der Richtigkeit der Gesetzgebung. Die Gesetze, die das Gegenteil bewirken, müssen nach der in Betracht gezogenen Passage zurückgewiesen werden.

Eine ähnliche Auffassung kommt in den 'Nomoi' zum Ausdruck. Nach dem Athener sind die üblichen Staatsformen keine Politeiai, noch sind diejenigen richtige Nomoi, die nicht um des Gemeinsamen der ganzen Polis willen erlassen werden (4, 715 A-B). Zu bemerken ist, daß Platon,während er für die unrichtigen Staatsformen einen anderen Namen geprägt hat (στασιωτεῖαι; vgl. o. S. 205 Anm. 7) und sie nicht als Staatsformen betrachtet, sich bei den Nomoi mit der Qualifikation unrichtig begnügt (οὐκ ὀρθοί; R.F. STALLEY 1983, S. 27). Im Einklang damit sagt der Athener im 1. Buch, daß es eine Richtigkeit (ὀρθότης) und eine Unrichtigkeit (ἁμαρτία) der Nomoi gemäß der Natur gebe (627 D). Und im 3. Buch: Die ganze Untersuchung sei eingeleitet, damit klar werde,"welche Nomoi das von ihnen Bewahrte bewahren und welche das Zerstörte zerstören und welche Gesetze an die Stelle welcher Satzungen gesetzt (ἀντὶ ποίων ποῖα μετατεθέντα) die Stadt glücklich machen würden" (683 A-B). Im 6. Buch wird als entscheidendes Kriterium, um die richtigen von den unrichtigen Gesetzen zu unterscheiden, die Fähigkeit der Nomoi genannt, einen guten, die ihm entsprechenden Tugenden der Seele besitzenden Menschen zu gestalten (770 B - 771 A). Die 'Nomoi' erwähnen auch konkrete Fälle von falschen Normen, wie die Nomoi über die Päderastie bei den Spartanern (8, 836 B-C) oder den Nomos über das Testament (11, 922 E - 923 A). Außerdem trifft man oft bei den Bemerkungen über die positive Wirkung des Nomos auf Einschränkungen wie: "Wenn diese richtig erlassen worden sind" oder ähnliches (vgl. Leg. 7, 793 B-C; Leg. 12, 957 C; u.a.).

Das Argument der unrichtigen Gesetze in der Polemik gegen seine Vorgänger

Das Argument über die Existenz von unrichtigen Gesetzen wird von Platon im Zusammenhang mit der Kritik an anderen Ansichten immer wieder benutzt. So wird z.B. die Behauptung des Thrasymachos widerlegt, das Gerechte sei,dem Gesetz zu gehorchen, das das dem Regierenden Nützliche befehle (Resp. 1, 338 C - 339 A).[62]. Die Regierenden eines Staates könnten sich irren, wenn sie die Gesetze erließen,und so falsch bestimmten, was ihnen nützlich sei (Resp. 1, 339 C-E). Deshalb sei es unmöglich, daß das Gerechte zugleich Gehorsam gegenüber dem Gesetz und das dem Regierenden Nützliche sei. Auf diese Weise wird die Möglichkeit falscher Gesetze begründet, d.h. Gesetze, die ihre Aufgabe nicht erfüllen, das dem

---

62) G.F. HOURANI (1962) wies darauf hin, daß die Hauptthese des Thrasymachos die positivistische Rechtsanschauung darstellt, man müsse dem Gesetz immer gehorchen, und das sei das Gerechte. Ähnlich Th. GOMPERZ (1895-1909, II, S. 354f.) und J. ANNAS (1981, S. 35). Dagegen identifiziert A. LESKY (1957, S. 571) die Auffassung des Thrasymachos mit der des Kallikles über das Recht des Stärkeren. Ähnlich J. DENIS (1896, S. 258-266); U. von WILAMOWITZ-MOELLENDORFF (1918, I, S. 159f.); R. KLEE (1930-1931, S. 32); A. MASSIMI (1960, S. 119f.); J. DERBOLAV (1964, S. 21-26); A.M. BAYONAS (1964, S. 252); A.B. HENTSCHKE (1971, S. 96f.); P. WEBER-SCHÄFER (1976, II, S. 5f.); O. GIGON (1976, S. 63, 70); J. ILTING (1978, S. 422-427). M. OSTWALD (1977, S.47) sieht richtig bei Thrasymachos eine mittlere Stellung zwischen Protagoras und Kallikles. Für A.D. WINSPEAR (1940, S. 188) stellt Thrasymachos "die Auffassung des 'linken Flügels' der demokratischen Imperialisten dar, Menschen, die der Meinung waren, der Staat sei einfach die Widerspiegelung der Machtverhältnisse unter den Klassen und es gebe kein trans-

Herrschenden Nützliche zu befehlen.[63] Gleiche Töne hört man bei der Kritik des Gesetzespositivismus des Protagoras (Theaet. 177 C - 179 B; Leg. 4, 714 B-D). Auch bei der Widerlegung des Kratylos, die früher besprochen wurde (Crat. 429 A-B; s. o. S. 282 f.), steht eine solche Argumentation im Hintergrund.[64]

Die Möglichkeit von unrichtigen Gesetzen ist oft von Platon als Argument gegen den Gesetzespositivismus benutzt worden.[65] Demgegenüber versucht der Philosoph nachzuweisen, daß das Gerechte der Maßstab für die Beurteilung des Nomos sein muß und nicht umgekehrt (K. HILDENBRAND 1860, I, S. 113f.; A. VERDROSS-DROSSBERG 1958, S.34:f.; G. VLACHOS 1964; Y.P. THOMAS 1971, S. 105 ff.),[66] eine Norm, die nur durch Erkenntnis zu gewinnen ist und ohne deren Existenz kein Ausweg aus der Aporie ist. (R.C: CROSS - A.D. WOOZLEY 1964, S. 43).

---

zendentes Gerechtigkeitsprinzip, auf das man sich berufen könnte"

63) Ein ähnliches Argument benutzt Sokrates zur Widerlegung der These des Polos, Macht sei etwas an sich Gutes: Der Tyrann oder der Rhetor könnten sich hinsichtlich des für sie Guten täuschen (Gorg. 466 D - 468 E).

64) M. KAHL (1949, S. 111) hat diese Stelle als eine Bestätigung der Lehre des 'Minos' interpretiert. Die Auffassung dieses Dialogs deckt sich aber mit der des Kratylos und nicht mit der des Sokrates. Wie Crat. 431 E zeigt, versucht Sokrates hier die Möglichkeit eines schlechten Gesetzgebers zu beweisen, um Kratylos zu widerlegen.

65) Über die Bedeutung des Gesetzespositivismus in der athenischen Demokratie vgl. grundlegend H.J. WOLFF (1970 b, S. 68-76), der diesen Aspekt zu stark betont. Über Platons Auseinandersetzung mit dem Rechtsposivismus s. J. DERBOLAV (1964).

66) R. DAHRENDORF (1967 b, S. 300f.) nähert die Auffassung des Sokrates der des Rousseau und setzt einen "pacte d'association" für Sokrates im Gegensatz zu Thrasymachos voraus.

Die Beziehung zwischen richtigen und unrichtigen Gesetzen

Eine Stelle im 'Hippias 1', die sich mit der Frage der Richtigkeit des Nomos befaßt (284 D-E), scheint auf den ersten Blick mit der Auffassung des 'Minos' übereinzustimmen. So wurde sie von U. GALLI (1937, S. 88) interpretiert, der nur einen Wortwechsel sieht: Dem 'Gut' des 'Hippias 1' entspreche das 'Sein' des 'Minos'. Auch nach R.F. STALLEY (1983, S. 26) stimmen beide Stellen inhaltlich überein.

In diesem Abschnitt sagt Sokrates, der Nomos sei zum Nutzen der Stadt erlassen, obgleich er schade, wenn er nicht richtig erlassen werde. Diejenigen, die sich beim Erlassen der Gesetze hinsichtlich des Guten irrten, fehlten hinsichtlich des Gesetzlichen und des Nomos, was freilich nur den Unwissenden, der Mehrheit des Volkes geschehen könne, denn die Weisen hielten das Nützlichere für alle Menschen in Wirklichkeit für gesetzlicher als das Unnütze.

Die Nützlichkeit wird an dieser Stelle als höchstes Maß für den Nomos angesetzt. Die Erkenntnis des Maßes und der höchsten Norm, der Arete, werden zur Voraussetzung der Gesetze. Wie im 'Minos' wird die Richtigkeit des Nomos von der Erkenntnis der Techne abhängig gemacht. Im Unterschied zu jenem Dialog aber dient hier die Verbindung mit der Techne nicht dazu, eine starre Beziehung des Seins zu erkennen. Das Ziel der Gesetzgebung, die Verwirklichung des Guten wird an der Wirkung des Nomos auf die Menschen gemessen und nicht an einer starren Entsprechung zwischen Nomos und Sein. Die Argumentation setzt voraus, daß verschiedene Menschen unterschiedliche Nomoi brauchen, wie im 'Politikos' ausdrücklich vertreten wird (294 A-B). Indem Platon die durch die

Herrschaft des Noetischen (Resp. 9, 589 A - 590 E) gewährleistete Nützlichkeit und Arete (Politc. 296 E - 297 A) als oberstes Kriterium für die Beurteilung des Nomos setzt, wird der Gesetzespositivismus des Thrasymachos im Sinne der Arete überwunden (vgl. J. SAUTER 1930/1931, S. 42; H. AUFRICHT 1939, S. 117ff.).

Zusammenfassend: Der Nomos wird weder als völlig unrichtig und gegen die Natur betrachtet, wie dies bei Kallikles der Fall war, noch als absoluter Maßstab für Richtiges und Unrichtiges, wie bei Protagoras.[67] Der absolute Maßstab ist für Platon das Gute, und der Nomos muß sich an diesem Guten orientieren. In jedem Staat gibt es Nomoi, die diesen Maßstab verwirklichen, und andere, die ihn verfehlen.[68] Die einen bewahren die Einheit und Arete des Staates, die anderen zerstören ihn (Leg. 3, 683 B; Leg. 7, 793 B-C). Der Politiker soll eben durch sein Wissen die Richtigkeit oder Unrichtigkeit des Nomos erkennen können (Leg. 1, 627 D), die der Natur gemäß ist, weil sie nach dem

---

67) Auf Grund der Analyse des Gesetzesexkurses im 'Politikos' kommt Y.P. THOMAS (1971, S. 105-109) zu dem Schluß, daß das Gerechte ein objektiv von dem Willen des Politikers unabhängiger Maßstab sei, der vom Nomos nicht angemessen wiedergegeben werden könne. Die Aufgabe des Politikers ist nach THOMAS, dieses Gerechte durch freie gesetzgeberische Tätigkeit in die Wirklichkeit umzusetzen.

68) Diese Auffassung wurde schon von H. AUFRICHT (1939, S. 118) vertreten: "Diese zwingenden - von der Natur wohl zu unterscheidenden - Verhaltensregeln für die Gemeinschaft sind also für Platon das positive Recht. Das positive Recht ist nicht wohl ohne weiteres gerecht... Gesetzgeber und Gesetze sind deshalb, weil sie Macht sind, noch nicht zu bejahen oder abzulehnen. Es gibt gute und schlechte Gesetzgeber, weise und sinnlose Gesetze, gerechte und ungerechte Staaten." Vgl. auch J. HALL (1956, S. 173ff.) und A. LEITZ (1969, S. 104-110).

absoluten Maßstab des Guten beurteilt werden kann. Der Nomos wird aber in den konkreten Staaten das Bestmögliche verwirklichen können in dem Grad, in dem er am richtigen Nomos des besten Staates teilhat. Die Richtigkeit ist demnach auch durch die Anteilnahme bestimmt (vgl. J. SAUTER 1930/1931, S. 43 f.).[68a] Auf das Verfassungskontinuum übertragen heißt dies: Während im 'Idealstaat' nur richtige Nomoi bestehen, nimmt in den verschiedenen Abbildern die Schlechtigkeit der Nomoi zu, wobei es auch in jeder politischen Ordnung selbst eine Graduierung von richtigen Nomoi gibt, die die bestmögliche Nachahmung jener vorbildlichen Nomoi des Idealstaates darstellen, bis zu absolut schlechten, willkürlichen Verordnungen der herrschenden Macht.

II. Geschichtliche Verschiedenheit

1. Der Unterschied in der zeitlichen Dimension

In der sophistischen Argumentation gegen die Welt der menschlichen Konventionen spielte die für jedermann leicht feststellbare Wandlung der Sitten und Gesetze eine determinierende Rolle: Hippias streitet dem Nomos jeden Ernst ab, weil die Gesetze von denselben, die sie erlassen haben, geändert werden (Xenophon, Commentarii 4,4,14). Im 'Minos' führt der Gesprächspartner des Sokrates die ständige Veränderung der Satzungen als einen Grund an, um die von Sokrates vorgeschlagene Definition des Nomos als Entdeckung des Seins abzulehnen (315 B-D). Der folgende Abschnitt versucht, die platonische Antwort auf diese Fragestellung zu untersu-

---

68a) Bei der Interpretation R.F.STALLEYS (1983, S. 26 ff.), dessen Werk ich leider erst nach Fertigstellung des Manuskripts kennengelernt habe, ist dieser entscheidende Aspekt nicht betrachtet. Mit Recht unterchen.[69]

Aufsteigende Beschreibungen der Kulturentwicklung

Im platonischen Werk gibt es nur zwei Schilderungen der Kulturentwicklung, die eine ausschließlich fortschreitende Tendenz zeigen: den Mythos des 'Protagoras' (320 C - 322 D) und die Erzählung über die Entstehung der Gesellschaft im 2. Buch der 'Politeia' (369 B - 376 C).

An der letztgenannten Stelle wird der dargelegte Aufstieg durch den Gesamtaufbau des Dialogs stark relativiert: Man kann einen Halbkreis zeichnen, der vom staatslosen Zustand ausgeht und nach der Entstehung des Staates im Idealstaat gipfelt und dann bis hin zur völligen Zerstörung der gesellschaftlichen Ordnung durch die Tyrannei im 8. Buch hinreicht (vgl. R.L. NETTLESHIP 1897, S. 294).

Der 'Protagoras'-Mythos (320 C - 322 D)

Protagoras versucht durch den Mythos zu beweisen, daß jeder Bürger Anteil an der politischen Tugend hat. Die Menschen hätten die für ihr Überleben notwendigen Technai und das Feuer von Prometheus erhalten, der sie Athene und Hephaistos gestohlen habe (321 D). Da den Menschen aber die gesellschaftliche Organisation un-

---

streicht STALLEY die unterschiedliche Verwirklichung des Richtigen durch die verschiedenen Nomoi. Das Eigentümliche der platonischen Philosophie gegenüber dem Gesetzespositivismus und den Naturrechtsvertretern kommt aber in seiner Deutung nicht zum Ausdruck.

69) In Platons Werk steht das vorliegende Thema im Zusammenhang mit seinen geschichtlichen Darstellungen, ein Sachverhalt, der sich in der Forschungssituation

---

widerspiegelt: Es gibt keine einschlägige Arbeit über den Untersuchungsgegenstand, sondern nur Bemerkungen im größeren Rahmen der platonischen Geschichtsauffassung. Die Frage, ob Platon eine Philosophie der Geschichte in seinen Dialogen ausgeführt hat oder nicht, ist allerdings für die Lösung der gegenwärtigen Aufgabe entscheidend. Über Platons Verhältnis zur Geschichte können zwei Hauptansichten unterschieden werden:

1 - Eine weit verbreitete Interpretation leugnet die Existenz einer konkreten Geschichtsanschauung bei den Griechen und besonders eine Philosophie der Geschichte bei Platon. F. NIETZSCHE hat im vorigen Jahrhundert die Auffassung der Unhistorizität der Griechen in ihre klassische Form gebracht (1873-1876, S. 39). Sie herrscht heutzutage vor allem im außerphilologischen Bereich. Vgl. die Literaturangaben K. GAISERS (1961, S. 32 Anm. 5); s. außerdem E. BREHIER (1934, S. 140f.); K. SPREY (1942); G.J. de VRIES (1946); für die'Politeia' K. VON FRITZ (1954, S. 50-55). Wie schon K. GAISER (1961, S. 32 f. Anm. 6) unterstrichen hat, ist es nicht einzusehen, warum die Philosophie der Geschichte auf die moderne Art von Geschichtsdenken eingeschränkt werden soll. Eine genauere Betrachtung zeigt indessen,daß Platon eine ziemlich konsequente Geschichtsauffassung vertrat, die im weiteren, nicht restriktiven Sinn als Philosophie der Geschichte gelten kann. Demgemäß mag wohl ein fruchtbarer Ansatz darin bestehen, das Geschichtsbild Platons zu bestimmen und die Unterschiede zu unserem Geschichtsverständnis herauszuarbeiten. Über das griechische Geschichtsbewußtseins vgl. R. MONDOLFO (1949, bes. S. 1067f.); W. SCHADEWALDT (1934); B. SNELL (1975^4, S. 138-150).

2 - Eine andere Richtung entdeckt bei Platon ein ausgeprägtes Geschichtsbewußtsein und eine Auffassung der Geschichte, die unmittelbar von den Grundsätzen seiner Philosophie abhängen. Vgl. W. UXKULL-GYLLENBAND (1924); J. B. BURY (1932); W. NESTLE (1932); G. ROHR (1932, grundlegend); A. MENZEL (1936); R. Mc. KEON (1940/41); G.J.D. AALDERS (1943, S. 69, 71ff., 80-115, 119f.); K.R. POPPER (1945, S. 35-56; s. die Kritik von P. SOULEZ 1970 an POPPERS Interpretation des 8. Buches der 'Politeia'); H. RYFFEL (1949; S. 88-135, grundlegend); R.G. BURY (1951); A. DIÈS (1951, S. XVIIff.); J. LAMBRECHT (1952); K.I. VOURVERIS (1954, 1965/1966); T.A. SINCLAR (1955); N. SCHOLL

bekannt gewesen sei, seien sie von den Tieren fast ausgemerzt worden. Der Versuch des Zusammenschließens sei am gegenseitigen Unrechttun gescheitert. Um das Gemeinschaftsleben zu ermöglichen, habe Zeus den Menschen Aidos und Dike gestiftet, so daß alle an der politischen Arete Anteil hätten (322 C - 323 A).

An dieser Erzählung sind zwei Stufen der menschlichen Entwicklung deutlich erkennbar: Zuerst kommen die handwerklichen Technai, und dann die politische Kunst in Form von gesellschaftlicher Ordnung. Die Techne des Protagoras selbst erscheint später im Dialog als eine dritte Stufe, die die politische Arete über den natürlichen Zustand hinausragen läßt.

Es stellt sich die Frage, ob der Mythos Ansichten Platons oder des Protagoras wiedergibt, was verschiedene Interpreten beschäftigte (vgl. die entsprechende Literatur bei W.K.C. GUTHRIE 1962-1981, III, S. 64 Anm. 1 und A. LAMI 1975). Die überwiegende Mehrheit der Gelehrten sieht im Mythos nur protagoreisches Gedankengut (so z.B. K. HILDENBRAND 1860, I, S. 112f.; Th. GOMPERZ 1895-1909, II, S. 246; W. UXKULL-GYLLENBAND 1924, S. 16, 28; P. FRUTIGER 1930, S. 182f., 233; A. MENZEL 1936, S. 76; A. LESKY 1957, S. 380 und 1968, S. 14; L. BRISSON 1975; A. LAMI 1975, der auch die mythische Form der Darstellung für Protagoreisch hält). Andere Wissenschaftler sehen bei aller Verschiedenheit mit Platons Auffassung einen platonischen Kern (so z.B. R. ROHR 1932, S. 96f.). Eine dritte Strömung sieht Protagoreisches und Platonisches zu einer Einheit gebunden (z.B. C.W. MÜLLER 1967, S. 140).

(1959, S. 99-117); R. WEIL (1959); C. WELSKOPF (1963, S. 229f.); K. GAISER (1961a; 1963 S. 205-289); E.C. RUST (1964, S. 168ff.).

Die Frage nach der Vorlage des Mythos kann an dieser Stelle nicht ausführlich behandelt werden, aber es wird auf verschiedene Aspekte hingewiesen, wo das im Mythos Vorgetragene im Gegensatz zu der Anschauung Platons steht, so wie sie aus anderen Dialogen bekannt ist:

1 - Der Mythos kennt eine absolut fortschreitende Entwicklung: Mit einem Zuwachs des Wissens gibt es auch eine Zunahme der Arete sowohl auf individueller als auch auf gesellschaftlicher Ebene (vgl. A. MENZEL 1938, S. 90).

2 - Dementsprechend ist der jetzige Zustand der bestmögliche. Protagoras stellt der Ungerechtigkeit der Primitiven die Gerechtigkeit des zivilisierten Menschen entgegen (327 C-E). Hier ist ein aufklärerischer Optimismus spürbar, den es auf diese Weise bei Platon nicht gibt (vgl. A. MENZEL 1938, S. 90; A. LESKY 1968, S. 14).

3 - Der Mythos des Protagoras zielt darauf, zu zeigen, daß die Demokratie die der Natur gemäße Regierungsform sei, wie die strukturelle Analyse L. BRISSONS (1975) verdeutlichte und A. MENZEL (1938, S. 93) früher bemerkte (vgl. auch R. BAMBROUGH, 1956, S. 101). Diese Lehre steht im Gegensatz zu einer kontinuierlichen Auffassung Platons, die in der 'Politeia' ihren klassischen Ausdruck findet (L. BRISSON 1975, S. 32-36).

Es gibt allerdings viele Berührungspunkte zwischen dem Mythos und der platonischen Lehre, weil Platon auf diesem Gebiet spürbar von Protagoras beeinflußt ist, wie schon mehrmals unterstrichen wurde (vgl. vor allem H. RYFFEL 1949 S. 92ff., der auch die Unterschiede richtig zeigt, S. 117f.). Der Mythos ist ferner in den Gesamtaufbau des Dialogs einbezogen, und man muß deshalb mit Änderungen Platons rechnen, um ihn für seinen Zweck adaptieren zu können, wie H.G. WOLZ (1963/1964), C.W. MÜLLER (1967) und C.L. MILLER (1978) für verschiedene Aspekte erwiesen. Der Kern der Sage aber kann für eine Deutung von Platons Ansichten nicht benutzt werden.

Das 2. Buch der 'Politeia' (369 B - 376 C)

Um die Gerechtigkeit besser betrachten zu können, nimmt sich Sokrates vor, die Gestaltung der Stadt darzustellen. Wegen seiner unselbständigen Natur brauche der Mensch eine gesellschaftliche Organisation, wo die Mitglieder die verschiedenen, zum Leben notwendigen Funktionen ausübten.Sokrates leitet die unterschiedlichen Aufgaben in der Polis aus der gegenseitigen Abhängigkeit der Menschen ab, nach dem Prinzip,jeder müsse der für ihn angebrachten Tätigkeit nachgehen was später als die Definition der Gerechtigkeit auf sozialer und individueller Ebene auftreten wird. So werden zuerst die Technai genannt, die notwendige Bedürfnisse befriedigen (369 D - 372 E), wobei eine gesunde Gesellschaftsordnung in Frieden und Wohlergehen dargestellt wird (372 A-E). Dann tritt eine erweiterte und verfeinerte Gesellschaft in Erscheinung, die andere Künste braucht (Hetären, Diener, Ärzte, usw., 373 A-C), ein Zustand, der zum Krieg führt und deshalb die Kriegskunst erfordert (373 D - 376 B).

Die meisten Interpreten vertreten eine ungeschichtliche Deutung der Stelle. So betrachtet J. ADAM (1905-1907, S. 93) die Beschreibung als eine vorläufige Schilderung der industriellen Grundlage (industrial foundation), auf der die höheren Teile des platonischen Idealstaates aufgebaut werden. Auch R. Mc.KEON (1940/1941, S. 93), H. CHERNISS (1944, S. 425), J. LAMBRECHT (1952, S. 251), J. IGAL (1967, S. 422) und P. FRIEDLÄNDER (1964[3]-1975[3], III, S. 71) halten die Beschreibung für ungeschichtlich. R. C. CROSS-A.D. WOOZLEY (1964, S. 80 ff.) vertreten die Ansicht, Platon stelle hier die minimalen Bedürfnisse dar, die ein Staat befriedigen müsse, nämlich die ökonomischen. In jüngster Zeit hat sich J. ANNAS (1981, S. 73) dieser Strömung angeschlossen. P. MÄRKEL (1881, S. 24f.) interpretiert die im 2. Buch beschriebene Entwicklung geschichtlich (ähnlich Th. GOMPERZ 1895-1909, II, S. 360ff.; A.D. WINSPEAR 1940, S. 199ff.; E.A. HAVELOCK 1957, S. 94-101; K. GAISER 1963, S. 226f., 248ff. und 395 Anm. 188; O. GIGON 1976, S. 143 f.).

Im Gegensatz zu dem 3. Buch der 'Nomoi', wo der geschichtliche Charakter der Beschreibung ausdrücklich bestätigt wird (3, 683 E - 684 A), unterstreicht Platon hier, daß es sich um eine logische und nicht um eine historische Darstellung handelt (369 A 5-8, C 9; vgl. P. FRIEDLÄNDER 1964[3]-1975[3], III, S. 71). Ein Vergleich zeigt deutlich die Unterschiede zwischen beiden Erzählungen: Während in den 'Nomoi' die Entwicklung bis hin zur Gestaltung der Stadt verfolgt wird, findet sich in der 'Politeia' von Anfang an eine völlig entwickelte Stadt, die kommerziellen Beziehungen zu anderen Poleis unterhält, Geld und Handel kennt. Auch wenn hier keine Rede von der Gesetzegebung und ihrer Entwicklung ist, darf man wohl annehmen, daß sie und die gesetzgeberische Kunst in dieser Stadt schon entwickelt waren. Eine wörtliche Interpretation des Textes läßt also eine geschichtliche Ausdeutung als einen Aufstieg der menschlichen Zivilisation nicht zu.

Zusammenfassend: Beide Aufstiegsbeschreibungen ermöglichen keine Rückschlüsse auf Platons Auffassung der geschichtlichen Entwicklung der Gesetzgebung und der gesetzgeberischen Kunst.

Absteigende Schilderungen der Gesellschaftsentfaltung

Im 8. Buch der 'Politeia' wird eine zunehmende Entartung der Gesellschaft beschrieben, in der sich alle Staatsformen aus dem Idealstaat hintereinander entwickeln. K. HILDENBRAND (1860, I, S. 144f.) erfaßt diese Beschreibung geschichtlich (ähnlich Th. GOMPERZ 1895-1909, II, S. 380-388; für weitere Literatur s. o. S. 291 ff. Anm. 69) Im Gegensatz zu dieser Interpretation vertritt R.L. NETTLESHIP (1897, S. 294-314) die Auffassung, Platon habe nur die typischsten Züge bestimmter Regierungsformen herangezogen, um ein gewisses Prinzip auf deutlichste Weise zu erklären.[70] In ähnlicher Form sieht E. BARKER (1906, S. 176) hier keine historische, sondern nur eine logische Darstellung. Im allgemeinen hat die Forschung das 8. Buch der 'Politeia' nicht als eine geschichtliche Schilderung betrachtet (vgl. G. POLLACI 1930, S. 124; A.E. TAYLOR 1939, S.26; H. RYFFEL

---

70) R.L. NETTLESHIP (1897, S. 298f.) formuliert seine Hauptthese wie folgt: "... he does not give them (die Verfassungsformen) as historical accounts of how any particular Greek constitution arose. He has taken certain salient features in the history of a number of individuals and a number of societies and compounded them together into typical cases made to illustrate a certain principle in the clearest way."

1949, S. 103; J. WILD 1953, S. 23[71]; R. JORDAN 1953, S. 278f.; P. FRIEDLÄNDER 1964^3-1975^3, III, S. 108; J. ANNAS 1981, S. 295). Wie schon H. RYFFEL (1949, S. 107-110) bemerkte, weisen verschiedene Stellen im 8. Buch (bes. 544 C-D, 548 C-D, 564 C-D) darauf hin, daß Platon mit dieser Beschreibung nicht einen Bericht über die geschichtliche Entwicklung der Gesellschaft geben wollte,sondern eher die verschiedenen Aspekte der Darstellung dem Ziel des Dialogs, dem Vergleich zwischen dem Gerechten und dem Ungerechten, unterordnete. Die Tatsache, daß es sich um keine historische Schilderung handelt, hebt die Frage nach der Bedeutung und dem Bezug zu der Nomoslehre nicht auf, sondern es stellen sich folgende Probleme ein:

1 - Handelt es sich um eine strenge, eingleisige und durchgehende Verfallsentwicklung der Staatsformen und der Nomoi (vgl. H. RYFFEL 1949, S. 103)?

2 - Wie verhält sich diese Beschreibung zum Schema des 'Politikos'?

3 - Ist es möglich, von einer aufsteigenden Entwicklung der gesetzgeberischen Kunst zu sprechen?

---

71) Für J. WILD zeigt das 8. Buch " the working of a natural law in human affairs " (S. 23; vgl. S. 33, 41; ähnlich J. WILD 1974, S. 862).

Paraphrase vom 8. Buch der 'Politeia'

Zum Vergleich der gerechten und der ungerechten Lebensform werden die Hauptformen (εἴδη, 544 A, 544 C-D,E) der Verfassungen und der entsprechenden Menschen unterschieden. Es gebe eine richtige (ὀρθή, 544 A 2) Verfassung, auch Aristokratie genannt (544 E), von der sich vier falsche Hauptformen (544 A 2-3) differenzieren:

1 - die bei den Kretern und Lakedämoniern vorkommende Verfassungsform: philotimische Politeia, Timokratie oder Timarchie (544 C, 545 A),

2 - die Oligarchie (544 C, 545 A),

3 - die Demokratie (544 C, 545 A) und

4 - die Tyrannis (544 C - 545 A).

Alle anderen Formen würden nicht in Betracht gezogen, weil sie weder für das Ziel des Gesprächs nützlich seien (544 A, 548 C-D), noch eine deutliche Hauptform ausmachten (544 C-D) wie z.B. die Dynasteiai, die gekauften Königtümer und ähnliche Verfassungsformen (544 D). Das Prinzip der Entwicklung sei der Zwist unter den Regierenden (545 D-E).

Sokrates läßt die Timokratie als Produkt eines Fehlers bei der Berechnung der richtigen Heiratszahl entstehen, die zur Entartung der besten Polis führt. Durch das allmähliche Verkommen der Herrscher mischen sich in der Regierung alle vier, die verschiedenen Stände vertretenden Metalle (546 A - 547 A): Eisen und Kupfer seien besitzgierig, während Gold und Silber die Arete und die alte Ordnung anstrebten, was den Ursprung des Zwistes und des Kampfes in der Regierungsschicht bedeute. Durch den Beschluß, das Land zu verteilen und den dritten Stand zu versklaven (547 B-C), entstehe eine Verfassungsform, die Timokratie, die in der Mitte zwischen der Aristokratie und der Oligarchie liege (547 D). Aufgrund dieser Feststellung analysiert Sokrates die Timokratie, indem er sie als Mischung zwischen Gutem und Schlechtem versteht (548 C), d.h. er läßt sie an den Eigenschaften der beiden anderen Verfassungsformen teilnehmen. Von der Aristokratie bewahre sie folgende Merkmale: Achtung der Regierenden, Trennung zwischen den Kriegern und den Erwerbstätigen, Syssitien und Gymnastik und Kriegsübungen. Als gemeinsam mit der Oligarchie werden von Sokrates folgende Eigenschaften betrachtet: Geldgier, heimliche Anhäufung von Schätzen, Umzäunung der Häuser und Entstehung der Privatsphäre, während als eigene Merkmale gezählt werden: Furcht vor der Herrschaft der Weisen, Neigung zum Muthaften und Einfacheren, Hochachtung der Listen und der künstlichen Verrichtungen für den Krieg, ständiges Kriegführen, Erziehung durch Zwang, Vorrang der Gymnastik und Vernachlässigung der Musik und Herrschaft des Thymoeides.

Durch die allmähliche Entfaltung der Geldgier und des damit verbundenen Betitzes entstehe die Oligarchie (550 C - 551 A), so daß der Reiche bewundert und der Arme verachtet werde, bis man als Gesetz die oligarchische Verfassung einführe, nach der die Anteilnahme an der Regierung durch den Besitz bestimmt werde (551 A-B). Als Fehler der Oligarchie werden verzeichnet:

1 - Sie bestimme die Teilnahme an der Regierung durch den Besitz,

2 - wodurch sie eine Doppelpolis, die der Reichen und die

der Armen,erzeugt, und

3 - damit werde sie unfähig, Krieg zu führen;

4 - die Gerechtigkeit in der Stadt gehe zudem durch die vielseitige Beschäftigung jedes Oligarchen verloren und

5 - schließlich könne man alles verkaufen und von den anderen alles kaufen, so daß man in der Stadt verweilen dürfe, ohne ein Teil von ihr zu sein, als Bettler oder Mittelloser, was eine Armee von Dieben und Gaunern erzeuge (551 B - 552 E).

Sokrates läßt die Oligarchie an der Überspitzung ihres eigenen Prinzips zugrunde gehen und die Demokratie entstehen (555 B-C): Die von Besitzgier erzeugte Armee von Enteigneten komplottiere gegen die Oligarchie (555 C-E), was durch die oligarchische Lebensweise ermuntert werde, die die Unterschiede zwischen Regierten und Regierenden verschwinden lasse (556 C-E). Schließlich geraten nach Sokrates beide Teile der Stadt in Kampf, und die Demokratie entsteht, wenn der arme Teil der Polis siegt (557 A).

Als Hauptmerkmal der demokratischen Stadt wird die Freiheit angeführt (557 B), die eine vielfältige und bunte Ordnung in die Stadt bringt (557 C; vgl. 558 C) und alle möglichen Gemüter entstehen läßt (557 C). Die Freiheit lasse die Demokratie, stellt Sokrates fest, an allen Regierungsformen teilnehmen und gebe ihr den Anschein, die schönste von allen zu sein (557 C); sie sei aber auch ohne Herrschaft (557 E - 558 A, 558 C),und vor allem habe das Gesetz keine Macht und werde rücksichtlos übertreten (557 E - 558 C). Durch ein Übermaß an dem ihr eigenen Prinzip der Freiheit, die Übertreibung der Gleichheit (562 C-E) und völlige Verachtung der Nomoi (563 D-E) erzeuge, geht die Demokratie zugrunde (562 A-E) und schlägt in ihr Gegenteil um (563 E - 564 A): Aus der Armee von Drohnen entstehe ein Tyrann, der die ganze Stadt versklave.

Deutung

Die von Sokrates skizzierte Entartungslinie erkennt fünf deutliche Stufen: Aristokratie, Timokratie, Oligarchie, Demokratie und Tyrannis (vgl. W. PIERSON 1858, S. 216f.), die eine zunehmende Auflösung der Einheit und des Gemeinsamen sowie eine wachsende Bedeutung der Vielheit und des Eigenen erweisen (über diese Kriterien für die Differenzierung der Staaten vgl. o. S. 205 - 208): Schon bei der Timokratie erscheint das Privateigentum, das sich mit der Oligarchie zum höchsten Prinzip erhebt. In der Demokratie tritt eine weitere Verteilung des Besitzes ein, bis hin zur Tyrannis, wo die Hedonai des Tyranns die höchste Norm sind und die ganze Gemeinschaft den Interessen eines einzelnen Folge leisten muß (über die Rolle des Eigentums in der gesamten Entwicklung vgl. L. ROBIN 1913, S. 221f.). Die Wirkung des philosophischen Wissens auf die Gesellschaftsordnung verschwindet in zunehmendem Maß mit dem Fortschreiten des Verfalls: Die Timokratie hält noch an gewissen, vom Philosophenregiment stammenden Normen fest, aber nur durch die Tradition und den Zwang; die Oligarchie führt neue, noch weiter vom Richtigen abweichende Satzungen ein, während die Demokratie sich beinahe völlig von den Traditionen und Normen der Überlieferung abwendet, was noch stärker für die Tyrannis gilt. Die Achtung des Nomos erscheint ebenfalls als ein Kriterium für die Bestimmung einer Staatsform: Die Aristokratie respektiert die geltenden Gesetze vor allem durch innere Überzeugung, die das Resultat der Kombination zwischen einer guten Natur und einer außerordentlichen Paideia ist. In der Timokratie schlägt sich die gelegentliche Abweichung von der Norm, die als Folge der schlechteren Natur der Wächter vorkommt, in einer neuen Ordnung (νόμος) nieder, die sich jetzt nur durch Zwang durchzusetzen vermag. Der von der Oligarchie ausgeübte, noch stärkere Zwang ruft den inneren Zwist hervor und führt zum offenen Bürgerkrieg. Die danach entstandene Demokratie zeigt keine Achtung mehr vor dem Gesetz, das von der Tyrannis noch tiefer verachtet wird. Jede Verfassungsform bedeutet einen neuen Nomos, eine neue gesetzliche Ordnung.

Die Schwierigkeiten bei der Interpretation des 8. Buches liegen aber nicht in der Bestimmung der allgemeinen Kriterien für die Arete einer Staatsform, sondern ergeben sich bei der Präzisierung der Stelle, die jede Verfassung im Kontinuum besetzen soll. Ein Vergleich mit der im 'Politikos' nachgezeichneten Rangordnung zeigt eine partielle Übereinstimmung und wichtige Abweichungen. Der beste Staat des 'Politikos' entspricht dem Philosophenregiment der 'Politeia'. Der Unterschied besteht darin, daß hier die beste Staatsform als Aristokratie bezeichnet wird, während im 'Politikos' die Aristokratie eine der Abbildungen, der 'falschen' Staatsformen, ist; die Timokratie hat im Verfassungskontinuum keine genaue Entsprechung: Bestimmte Merkmale lassen sie in der Nähe der 'Nomoi' stehen, die wohl eine verbesserte Fassung eines timokratischen Regiments sein dürften. Die gesetzliche Monarchie sowie die gesetzliche Aristokratie und wohl auch die gesetzliche Demokratie des 'Politikos' fehlen in der Beschreibung des 8. Buches. Alles weist darauf hin, daß die Verfallskette nur die schlechten Versionen der Politeiai einschließt, was im Schema der Verfassungsformen als paranomische Staatsordnungen bezeichnet wurde (s. o. S. 244).

Eine fast unlösbare Schwierigkeit stellt die Position der ungesetzlichen Demokratie in dieser Schilderung dar; denn man kann verstehen, daß die Timokratie - eine schlechtere Version der Verfassungsform der 'Nomoi' - jetzt den höchsten Wert besitzt. Ferner steht die Tyrannis in beiden Schemata am Ende der Verfassungsformen. Die relative Beziehung aber zwischen Oligarchie und ungesetzlicher Demokratie wird im 8. Buch der 'Politeia' anscheinend anders als im 'Politikos' eingeschätzt; denn in diesem erhält die schlechte Form der Demokratie eindeutig einen höheren Wert als die Oligarchie. Drei verschiedene Erklärungen sind hierfür angeboten worden:

1 - Die genetische Interpretation sieht in den Unterschieden den Ausdruck einer Meinungsänderung hinsichtlich des Wertes der verschiedenen Verfassungsformen (z.B. B. JOWETT - L. CAMPBELL 1894, II, S. 30; G.H. SABINE 1937, S. 74ff.).

2 - Für eine andere Deutungsrichtung ergibt sich die Verschiedenheit aus den in jedem Dialog dargelegten Gesichtspunkten (z.B. K. HILDENBRAND 1860, I, S. 146ff.; E. BARKER 1906, S. 182; G. POLLACI 1930, S. 102ff.; K.R. POPPER 1945, S. 44f.; G.J.D AALDERS 1943, S. 119). Ob eine so grundsätzliche Frage wie der Wert einer Staatsform dadurch erklärt werden kann, soll dahingestellt bleiben.

3 - Drittens möchten einige Interpreten die Systematik an dieser Stelle des 8. Buches nicht so weit treiben. So sieht A.E. TAYLOR (1939) keine kontinuierliche Entar-

tung und O. GIGON (1972, S. 76) bemerkt, daß Platon hier nicht den leisesten Versuch mache, "den stufenweisen Zerfall des vollkommenen Staates systematisch als einen kontinuierlichen Prozeß des Verlustes der Gerechtigkeit darzustellen." An sich sei die Entsprechung der Regierungen und der verschiedenen Seelenteile mit der Oligarchie vollständig. Nach GIGON fallen Demokratie und Tyrannis aus diesem Schema heraus.

Eine nähere Betrachtung der hier in Frage kommenden Stelle erweist, daß Platon unmißverständlich eine Wert- und Rangordnung der verschiedenen Verfassungsformen anstrebt (vgl. bes. 544 C-D). Andererseits macht die ausgewählte Darstellungsform die Reihenfolge Aristokratie - Timokratie - Oligarchie - Demokratie - Tyrannis notwendig: Es soll phänomenologisch die Entartung der führenden Schicht dargestellt werden, die durch Mißbrauch ihrer Macht die eigene Zerstörung hervorruft. An einigen Stellen ist auch zu beobachten, daß diese Entwicklung nicht als notwendig betrachtet wird (557 A; s. o. S. 301 f.) und daß die positiven Töne für die Demokratie nicht fehlen (557 C). Hinsichtlich des Nomos kann aber nicht übersehen werden, daß die Volksherrschaft ein höheres Maß an Entartung und Verachtung darstellt.

Zusammenfassend: Das 8. Buch der 'Politeia' zeigt auch in der Gesetzgebung eine Verfallstendenz und eine zunehmende Abweichung vom Vorbild, dem Philosophenregiment.

Darstellungen mit einer Kombination von Aufstiegs- und Abstiegstendenzen

Die von der Forschung als Kombination einer Fortschritts- mit einer Verfallstradition angesehenen Darstellungen tragen ein gemeinsames Kennzeichnen: Platon bezieht sie ausdrücklich auf die geschichtliche Dimension. Es handelt sich um den Mythos des Kronos-Zeitalters, die Beschreibungen von Ur-Athen und Atlantis und das 3. Buch der 'Nomoi'.

Das Kronos-Zeitalter

Es gibt keinen Grund, eine wörtliche und somit 'geschichtliche' Interpretation des Mythos über das Kronos-Zeitalter zurückzuweisen (vgl. H. HERTER 1958 und K. GAISER 1963, S. 391 Anm. 173, 393 Anm. 177). Die Hauptmerkmale der Ordnung unter Kronos sowie ihre Stellung in der politischen Lehre Platons wurden schon oben ausführlich untersucht (s. o. S. 215 - 238); hier gilt es nur kurz die Folgen dieser Interpretation auf die geschichtliche Ebene zu beziehen.

Platon siedelt die Existenz der bestmöglichen Gesellschaftsordnung jenseits der gegenwärtigen Zeitperiode an. Unter der Führung der Götter brauchten die Menschen damals weder Gesetze noch politische Kunst überhaupt, da sie nicht selbständig waren. Erst in der gegenwärtigen Periode, wo sie selbstherrschend werden (Politc. 274 A; Leg. 4, 713 C-D), ist die politische Kunst erforderlich, die die göttliche Lenkung ersetzt (vgl. o. S. 220). Die bessere

Physis der Kronos-Menschen machte eine solche Komplexität von Verordnungen und Kontrollen wie heutzutage unnötig: Ihre Überlegenheit ließ demnach eine viel einfachere und einheitlichere Gesellschaftsordnung zu, denn sie hatten keine Bedürfnisse und ihre Begierden waren in Schranken gehalten, so daß sie mit dem von Gott Gegebenen zufrieden waren.

Nach der oben dargelegten Interpretation nimmt der durch menschliche Kunst organisierte Zustand der Gesellschaft eine Mittelstellung ein zwischen der göttlichen Regierung und der ungeordneten Verlassenheit, nachdem sich der Gott von der Welt abwendete (s. o. S. 219 f.). Über die Entwicklung der politischen Kunst wird im 'Politikos' keine Aussage gemacht; nur die Entstehung der poietisch-herstellenden Technai wird erwähnt (274 C-E), die nicht in ihrer Entwicklung, sondern als Gabe der Götter dargestellt werden. Man bekommt den Eindruck, daß Platon hier mit einer an sich schon vollkommenen Kunst (wenigstens in ihren wesentlichen Zügen) gerechnet hat. Im 'Philebos' wird auch das dialektische Wissen als eine von den früheren Menschen besser als von den neuen beherrschte Gabe der Götter dargestellt (16 C - 17 A). Platon selbst hat sich als Verkünder dieser alten Weisheit verstanden (16 E), was zu dem Gesamtbild der platonischen Philosophie paßt: Es handelt sich für ihn um eine Wiedererinnerung, nicht um eine Entdeckung, die als Folge der menschlichen Entwicklung gemacht wird. Aus dieser Sicht wäre mit einer wesentlichen Entfaltung der gesetzgeberischen Kunst als solcher nicht zu rechnen; prinzipiell kann man aber eine Zunahme der Gesetzenanzahl voraussetzen: Die progressive Verschlechterung der menschlichen und der kosmischen Natur dürfte wohl dazu zwingen, die Kunst im Laufe der Zeit immer mehr als Ersatz für die Mängel der Physis heranzuziehen.

Ur-Athen und Atlantis

Am Anfang des 'Timaios' und im 'Kritias' erzählt Platon von einer Gesellschaftsordnung in Ur-Athen, die der in der 'Politeia' beschriebenen Verfassung näher kommt. K. GAISER (1961a; 1963) und H. HERTER (1969) haben festgestellt, daß dieses Bild an die Geschichtsauffassung des 'Politikos' reibungslos anknüpft.[72)]

Platon stellt Ur-Athen ausdrücklich in die Zeus-Periode (Criti. 121 B; vgl. P. FRIEDLÄNDER 1964^3-1975^3, I, S. 214; H. HERTER 1969, S. 302f.). In Ur-Athen regieren nicht die Götter, sondern verwirklicht sich die Herrschaft der Philosophen (H. HERTER 1969, S. 229f.). Es gibt zudem eine Reihe von Hinweisen, die zeigen, daß Platon Ur-Athen vom Zustand unter Kronos bewußt unterschied. Der Kataklysmus, der zur Zerstörung von Ur-Athen und Atlantis führt, hat kein weltweites Ausmaß, wie die Katastrophe, die den Übergang von der Kronos- zur Zeus-Zeit kennzeichnet. Ein Beweis dafür ist die geschichtliche Kontinuität Ägyptens (Tim. 22 C-E; vgl. H. HERTER 1969, S. 285). Der Berichterstatter aus Ägypten spricht nur von einer Abweichung der Himmelskörper von ihrem Kurs (τῶν περὶ γῆν κατ' οὐρανὸν ἰόντων παράλλαξις, 22 D 1) und von Überschwemmungen , von denen Ägypten verschont bleibt. Im 'Politikos' hingegen laufen die Himmelskörper in der entgegengesetzten Richtung, wenn

---

72) Für C. GILL (1976, S. 6f.) hat Platon die Geschichte von Atlantis und Ur-Athen nicht ernst gemeint, sondern nur eine sittliche Fabel geschrieben (S. 9).

der Gott von der Lenkung der Welt abläßt (269 A).[73]

Auch die Funktion der Schutzgötter ist verschieden. Hephaistos und Athene sowie die anderen Götter treten bei der geschichtlichen Konkretisierung des besten Staates in diesem Zeitalter als Kultur- und Technaistifter auf und geben den Menschen die politische Techne (ἐπὶ νοῦν ἔθεσαν τὴν τῆς πολιτείας τάξιν, Criti. 109 D 2) und besonders Nomoi (Criti. 109 E 1; vgl. Tim. 24 B, D). Außerdem kommt eine Entartung von beiden Staaten vor, wie der Fall von Atlantis zeigt und die Bestrafung von Athen andeutet.[74]

Krieg und Zwist sind im 'Timaios' und im 'Kritias' eine Voraussetzung des gesellschaftlichen Gefüges, gegen die Maßnahmen getroffen werden müssen, was unter Kronos nicht der Fall war und eine Zunahme der Zersplitterung und der Vielheit bedeutet. Schließlich war der Zustand der Welt zur Zeit von Ur-Athen und Atlantis zwar besser als heutzutage, aber nicht so gut wie unter Kronos (vgl. u. S. 332 - 326). Die Kommunikation und die Freundschaft zwischen Menschen und Tieren ist nicht mehr vorhanden und der

---

73) R. WEIL (1959, S. 14ff., 23) identifiziert beide Arten von Kataklysmen (ähnlich F. NESTKE 1980, S. 201, gegen dessen Interpretation sich B. BRENTJES 1981 richtet). H. HERTER (1969, S. 285 Anm. 26, 302ff.) hat den Sachverhalt klargestellt.

74) Diese Tatsache wurde von P. FRIEDLÄNDER (1964^{3}-1975^{3}, I, S. 216) und E. GEGENSCHATZ (1943, S. 47) sowie von K. GAISER (1963, S. 268) hervorgehoben. Über die Art und Weise der Auflösung wird im Text nichts gesagt, aber es handelt sich um ein allgemein gültiges Gesetz, wie es im 'Politikos' (269 D-E) formuliert wird (vgl. auch K. GAISER 1963, S. 408 Anm. 248). H. HERTER (1969, S. 284) scheint keine Änderung oder Entartung bei Ur-Athen anzunehmen. D.A. DOMBROWSKY (1981) zieht bei seiner Interpretation des Mythos nicht in Betracht, daß die von ihm vorausgesetzte kosmische Irrationalität eine Entsprechung im Staatsgefüge haben sollte und dadurch die Entartung von Ur-Athen notwendig wird.

Mensch bedarf der Techne, um die Unzulänglichkeit des Weltzustandes auszugleichen.

Nach dem Weltumlauf gab es demnach für Platon eine Zeit, wo der Mensch noch einen unmittelbaren Kontakt zu den Göttern hatte, die ihn zwar nicht mehr betreuten aber ihm die notwendige Erkenntnis gaben, damit er weiterleben konnte. Die Gesetzgebung war eine Gabe der Götter und basierte auf direktem göttlichem Wissen: Der Nomos enthielt damals alles menschliche Wissen, wie der ägyptische Priester ausdrücklich sagt (Tim. 24 B-C), was auf die höhere Natur der damaligen Gesetze hinweist, durch die die Ur-Athener alle Menschen an Arete übertroffen haben.

Im 'Kritias' wird in großen Zügen die Entwicklung nach dem Kataklysmus beschrieben (109 D - 110 A). Von den Ur-Athenern haben sich nach Kritias nur die Namen gerettet, nicht die Werke, weil nur das unkultivierte Geschlecht der Bergbewohner überlebte, die nur die Namen und wenig von den Taten der Ur-Athener kannten, so daß außer einigen dunklen Überlieferungen keine Erinnerung ihrer Aretai und ihrer Nomoi weiterlebte. Längere Zeit hätten sich die Überlebenden um das Notwendige kümmern müssen; erst nach der Überwindung des Mangels sei die Erforschung der Vergangenheit entstanden.

In der Beschreibung des Kritias werden für diese Periode nach der Zerstörung von Ur-Athen zwei Momente unterschieden. Zuerst die Ratlosigkeit und die Mittellosigkeit, die nach dem Kataklysmus entsteht; erst dann kommt man allmählich zu einem geordneteren Zustand, in dem zwei Momente differenziert werden: zuerst die Befriedigung der notwendigen Bedürfnisse, dann die Erscheinung der musischen Künste. Der Parallelismus zwischen dieser Geschichte und dem das ganze Weltgeschehen umfassenden Mythos von Kronos ist deutlich. Das Neue ist, daß die göttliche Hilfe in der 'Kritias'-Erzählung nicht erwähnt wird. Stattdessen erscheint eine fortschreitende Entwicklung im Laufe der Generationen. Die einzige Aussage über die Entwicklung der Gesetzgebung besagt, daß keine Kenntnis der früheren Nomoi bestand (Criti. 109 E).

Das 3. Buch der 'Nomoi'

Nach der bisher dargelegten Interpretation hat Platon mit zwei Arten von Katastrophen gerechnet. Die große durch den Kurswechsel der Welt verursachte Zerstörung, die dem Verlassen des Steuers durch den Demiurg entspricht, unterscheidet die Kronos-Zeit von der Zeus-Herrschaft. Im Zeus-Zeitalter wird mit kleineren Kataklysmen gerechnet, die eine Akzentuierung des Weltzerfalls bedeuten und mit dem Entstehen und Vergehen von Staaten verbunden sind. Das 3. Buch der 'Nomoi' knüpft an einen dieser Kataklysmen an und gibt einen ausführlichen Bericht über das, was die oben angeführte Stelle des 'Kritias' skizzierte.

Paraphrase

Nach einer der verschiedenen Zerstörungen der Menschheit durch Überschwemmung (677 A) überlebt nach dem Athener eine kleine Anzahl von Berghirten, die eine sehr begrenzte Erziehung besitzen (677 B; vgl. 678 C-D). Das mit den Städten an der Küste und in der Ebene verlorengegangenes Wissen (Techne, Politik oder irgendeine Weisheit) müsse allmählich wiederentdeckt werden (677 D-E). Zu der damaligen Zeit gab es nach der Darstellung des Greises wegen der Zerstörung einen Überfluß an Land, und die Überlebenden hätten das zurückgebliebene Vieh geweidet, ein Zustand, aus dem die Städte, Verfassungen und Nomoi sowie die heute herrschende Arete und Kakia (678 A) entstanden. Die Unerfahrenheit im Guten und im Schlechten des Stadtlebens, stellt der athenische Berichterstatter fest, mache die überlebende Menschheit unvolkommen hinsichtlich der Arete und der Kakia. Aber während das technische Wissen damals nur in geringem Ausmaß vorhanden sei, gebe es auch weder Krieg und Zwist (678 E - 679 B) noch Armut und Reichtum, was ein menschliches Zusammenleben ohne die herkömmlichen Übel (Hybris, Ungerechtigkeit, Eifersucht, Neid) ermögliche. Wegen ihrer Einfachheit seien die damaligen Menschen gut gewesen; die Abwesenheit von Weisheit (σοφία) mache sie gläubig. Der Athener faßt die Eigenschaften der damaligen Menschen zusammen: unerfahrener in der Techne und unwissender als die Früheren und die Späteren, aber auch einfacher, tapferer, besonnener und gerechter. Ohne Gesetzgeber und ohne geschriebene Verordnungen[75] lebten sie nach Gewohnheiten und ungeschriebenen Gesetzen[76] (680 A)

---

75) Γράμματα bezeichnet hier, wie der Gegensatz zu ἔθη und πάτριοι νόμοι zeigt, nicht Schrift, wie es im allgemeinen interpretiert wird, sondern geschriebene Gesetze. R. ROHR (1932, S. 14) machte darauf aufmerksam, daß damals eine Politeia bestand.

76) An dieser Stelle muß die Deutung A.C. BAYONAS' (1965-1966, S. 129) scheitern, die bei Platon eine Stufe der Entwicklung der Gesellschaft voraussetzt, wo das Leben ohne Gesetze verbracht wird. Was später entsteht, sind nicht die Gesetze an sich, sondern die gesetzgeberische Kunst (Leg. 3, 679 E - 680 A, 681 C-D); nur unter Kronos war ein Leben ohne Gesetze möglich.

in einer patriarchalischen Herrschaft, die noch heute unter Griechen und Barbaren weiterlebe: Unter der Regierung des Ältesten und nach Familien organisiert, wohnten sie in einer Siedlung. Der Athener bezeichnet diese Regierungsform als die gerechteste Form von Königsherrschaft (680 D-E).

In der Darstellung des Atheners erscheint die nächste Entwicklung als eine einfache Zusammensetzung verschiedener Familien, in der alle Unterschiede in den Sitten weiter bestehen (681 A-B; vgl. o. S. 168 f.). Danach werde eine Gruppe von Leuten, die ersten Gesetzgeber, gewählt, damit sie die nach ihrer Meinung besten Nomoi ausläsen und den Führern der Gemeinschaften vorlegten, wodurch aus den verschiedenen Sitten der einzelnen Geschlechtsverbände eine Art Aristokratie entstehe (681 C-D).

Alle Staatsformen und alle Städte kommen nach der Aussage des Atheners in der dritten Stufe der Entwicklung vor: zuerst die Stadt am Abhang der Berge , dann diejenige in der Ebene. Darauf entstehen Krieg und Zwist (681 D - 682 E). Als vierte Stufe werden die lakedaimonische und die kretische Verfassung in Betracht gezogen, womit die noch heute bestehenden Verfassungen erscheinen (682 E - 683 A).

Deutung

Das sowohl die positiven als auch negativen Züge hervorhebende Geschichtsbild des 3. Buches der 'Nomoi' basiert auf einer doppeldeutigen Bewertung des menschlichen Wissens: Einerseits ermöglicht es die vollkommene Arete, andererseits ist es Ursprung der Schlechtigkeit und auf gesellschaftlicher Ebene der Zerspaltung und der Auflösung.[77] Die politische und gesetzgeberische Kunst erscheint erst zu einem späteren Zeitpunkt, nachdem die Familien in größere Gruppen zusammengekommen sind, wobei zu bemerken ist, daß die Gesetze auf dieser Stufe nicht nach philosophischen Prinzipien erlassen werden, sondern die Gesetzgeber eher empirisch verfahren: Sie wählen von den in den verschiedenen Gruppen bestehenden Nomoi diejenigen, die nach ihrer Meinung die besten sind, wobei nicht erklärt wird, ob die Wahl richtig getroffen wurde oder nicht. Wenn man aber die politische Lehre Platons vor Augen hat, darf man annehmen, daß die durch die Wahl entstehende Mischung der Nomoi die frühere einseitige und deshalb wahrscheinlich negative Entwicklung der einzelnen Siedlungen zum Ausgleich führt und damit eine des Gesellschaftszustands zustande bringt.

Die Entwicklung der Gesellschaft und der einzelnen Poleis braucht nicht unbedingt negativ zu verlaufen: Der Fall Spartas zeigt, daß eine positive Entfaltung möglich ist (691 D - 692 C), während die athenische Politeia hingegen eine kontinuierliche Entartung erweist (698 B - 701 C). In Persien wiederum läßt sich eine 'zyklische' Entwicklung beobachten: Unter Kyros herrschte eine gemäßigte Monarchie (694 A-B); Kambyses setzte diese Politeia außer Kraft (694 C) und Dareios etablierte sie wieder (694 C, 695 C-D), während die Verfassung unter Xerxes ähnlich wie unter Kambyses depravierte (695 E).

Innerhalb des allgemeinen Rahmens der fortschreitenden Zunahme des Übels und der Zerstörung scheint demnach das Bild Platons über die Entwicklung der Gesellschaft und ihrer

---

77) E. SALIN (1921, S. 89) hat in seiner Interpretation nur die positive Seite der Tugendentfaltung in diesem Bericht verfolgt und die Zunahme des Übels außer Acht gelassen.

Nomoi ziemlich flexibel zu sein: Es kennt keine Entartung der Regierungsformen in der Art des Kontinuums, auch nicht eine ähnlich der Reihenfolge der Verfassungen des 8. Buches der 'Politeia'. Eine gewisse Anzahl von allgemeinen Gesetzen kann aber festgestellt werden: Es gibt eine zunehmende Entfaltung der Gesellschaft und der Gesetzgebung. Aus der einfachen Monarchie der ersten Siedlungen entsteht die erste Form der Aristokratie,und dann entwickeln sich alle Politeiai. Die Entstehung neuer Formen der politischen Organisation bedeutet aber nicht die Zerstörung oder, besser gesagt, das Verschwinden der früheren Formen. Es wird lediglich ein progressives Fortschreiten der Vielfalt des Gemeinschaftslebens festgestellt, das auf die immer stärker werdende Wirkung der Zweiheit oder des Gewordenen auf geschichtlicher Ebene zurückgeführt werden dürfte. Derselbe Prozeß erfordert eine Zunahme der Nomoi und damit die Entfaltung der politischen Kunst: Aus einem einfachen Kern von ungeschriebenen Sitten entstehen die komplexeren Formen und die organisierte Gesetzgebung überhaupt. Die Geschichte erscheint ebenfalls als ein Prozeß des Werdens von Vielheit zur Einheit und von der Einheit wiederum zur Vielheit: Aus den verschiedenen Familien entsteht die Einheit der Stadt, aus der wiederum andere Städte sich entwickeln, die verschiedenen Gegende besiedeln. Eine Parallelstruktur ist bei den Nomoi zu beobachten: Aus der Vielzahl der Nomoi der verschiedenen Stämme entsteht die einheitliche Gesetzgebung der Stadt, woraus sich wiederum die Verschiedenheit der Gesetzgebung in den verschiedenen Städten ergibt.

Zusammenfassung und Ergebnisse

Nach der Interpretation K. GAISERS war Platons Geschichtsphilosophie Gegenstand der mündlichen Lehre (1961a, S.7; vgl. 1963, S. 205), eine Annahme, die mit dem hier aus den Dialogen rekonstruierten Bild der Gesellschafts- und Nomosentwicklung kongruent ist, aus dem die Wirkung von Einheit und Vielheit ersichtlich wird. Die unter Kronos ohne Gesetzgebung und ohne Politeia bestehende Gesellschaftsform charakterisiert sich durch die Einheit (vgl. o. S. 254 ff.). Die Zeus-Periode kennt zwei Phasen: In einer haben die Menschen unmittelbaren Kontakt zu der Gottheit und bekommen von ihr das Wissen und die Techne. Die politische Kunst und die mit ihr verbundene Gesetzgebung sind Gaben der Götter, und die Menschen haben jetzt die Aufgabe, sich selbst zu regieren und den von Gott stammenden Normen zu folgen. Dies ist die bestmögliche Staatsform unter menschlicher Regierung.

Dann beginnt bei den nicht mehr von den Göttern unmittelbar und ständig betreuten Menschen ein Prozeß der Auflösung, der mit der Bestrafung durch Zeus endet. Im an die Überschwemmung unmittelbar anschließenden Zeitalter kann eine weitere Verminderung der Wirkung der Götter als Helfer der Menschheit festgestellt werden: Die verschiedenen Künste müssen jetzt mühsam wiederentdeckt werden, und die politische und gesetzgeberische Techne entwickelt sich auch im Laufe der Zeit. Auf gesellschaftlicher Ebene kann man nun eine Entfaltung der Gesetzgebung und der Staatsformen feststellen: Aus einer einfachen Ordnung, die nur aus den ungeschriebenen Nomoi besteht, entwickelt sich allmählich eine kompliziertere Gemeinschaft, die auch geschriebene Gesetze kennt. Im Laufe der Geschichte ist demnach eine Zunahme der Gesetze und ihrer Vielheit zu konstatieren, was auch erweist, daß die Art und Weise der Gesetzgebung von ihrem geschichtlichen Moment bedingt ist: Der Gesetzgeber kann nicht jederzeit die beste Verfassung verwirklichen, sondern muß die geschichtlichen Bedingungen in Betracht ziehen und die entsprechenden bestmöglichen Gesetze erlassen (vgl. Leg. 5, 739 E). Zur gegenwärtigen Zeit paßt vor allem eine gemischte Verfassung, die die Macht der Regierenden in Schranken hält und zugleich fähig ist, die Ordnung in der Gesellschaft zu erhalten (vgl. o. S. 250 - 254).

Eine genaue Entsprechung zwischen dem geschichtlichen Moment und dem Kontinuum der Verfassungsformen kann nicht gezogen werden: Während die Herrschaft der Götter und das absolute Philosophenregiment einem ziemlich genauen Zeitpunkt zugeordnet werden, gehören die anderen Gesellschaftsordnungen schon zu einer Zeit, wo die mannigfaltigsten Erscheinungen in der Geschichte vorkommen, die positive und negative Entwicklungen aufweisen kann.

Schließlich kann auf geschichtlicher Ebene festgestellt werden, daß jede neue Politeia eine immer fernere und mittelbarere Nachahmung der Regierung Gottes ist: Die Nomoi des besten Staates sind eine von den Göttern stammende Nachahmung; die patriarchalische Gesellschaft am Anfang dieser Zeit ahmt in dunkler Weise die Ordnung der Philosophen nach. Eine weitere Nachahmung ist im ersten Gesetzeskorpus zu beobachten, das die traditionellen Normen aufnimmt und zusammenfaßt. Die anderen Formen werden diesen Urzustand weiter nachbilden. Die ungeschriebenen Gesetze stellen Überreste dieser Tradition dar, die den Kern der Gesellschaft ausmachen.

2. Der Unterschied in der räumlichen Dimension

Der Einfluß der Umwelt auf die Natur der Menschen und ihre Nomoi wurde vor Platon zum Thema der ionischen Medizin und hat eine bedeutende Rolle in der Entwicklung der Antithese Nomos-Physis gespielt. Die hippokratische Schrift 'Über Luft, Wasser und Örtlichkeit' z.B. behandelt die Beziehung zwischen dem Klima und der jeweiligen Natur des Menschen (vgl. F. HEINIMANN 1945, S. 170-209; A. DIHLE 1962, S. 207f.; O. REVERDIN 1962, S. 106f. über die Beziehung dieser Schrift zu der damaligen Literatur). Bekanntlich gab es in Athen eine aristokratische Strömung, die die demokratische Verfassung der Stadt als eine unmittelbare Folge des geographischen Einflusses betrachtete. Die Demokratie war in der Sicht dieser Aristokraten das Resultat der Lage am Hafen und der daraus resultierenden Seemacht (vgl. (Xenophon) Atheniensium Respublica 1,2-3,12; s. D. LOENEN 1923, S. 65-69; A. MOMIGLIANO 1944; K.-R. POPPER 1945, S. 186f.; G.R. MORROW 1960, S. 97-100). Wie schon bemerkt wurde, gab es bei Platon Berührungspunkte mit dieser Strömung (vgl. C. MACDONALD 1959). Nachdem im vorigen Abschnitt Platons Lehre über die Entwicklung der Nomoi in der Geschichte untersucht worden ist, dürfte wohl von Interesse sein zu beobachten, ob er die geographische Umwelt in irgendeiner Weise für seine Gesetzeslehre mitberücksichtigt hat.[78)]

---

78) Für die Bedeutung der Landschaft in Platons Politik s. E. BARKER (1918, S. 364-367); L. ROBIN (1913, S. 184f.); K.I. VOURVERIS (1939, S. 15f.). Der Einfluß der Umwelt auf die Gesetzgebung bei Platon wurde bisher nicht ausführlich genug untersucht.

Die Gesetzgebung bestimmende Umweltfaktoren

An zwei Stellen skizziert Platon die vom Gesetzgeber zu beachtenden Grundbedingungen des Klimas: Eine Passage (Leg. 5, 747 D-E) stellt nur allgemeine Erwägungen über das Thema an, während die andere (Leg. 4, 704 A - 707 D) die Frage im Zusammenhang mit den räumlichen Bedingungen der in Kreta zu gründenden Kolonie betrachtet.

Das 5. Buch der 'Nomoi' (747 D-E)

Der Athener stellt an dieser Stelle einige Überlegungen über die Bedeutung der Landschaft für die Gesetzgebung an: Einige Gegenden unterschieden sich von anderen in der Erzeugung von besseren oder schlechteren Menschen, was die Gesetzgebung berücksichtigen müsse. Nach dem Athener machen Wind, Sonnenglut, Wasser und die Landerzeugnisse die Gegend jeweils günstiger oder ungünstiger; vor allem aber ist der göttliche Einfluß auf das Land wichtig, und wie sich die göttlichen Wesen zu den Einwohnern verhalten.

Die Landschaft erscheint als ein wichtiger Faktor in der Gestaltung der Gesetzgebung, gegen den man nicht Gesetze erlassen darf (747 D 4-5) und eine tiefe Erkenntnis durch den Gesetzgeber erfordert (747 E 5-8). Eine Gesetzgebung, die sich nach der Natur der Sache richtet und das Gute unter den jeweiligen Bedingungen verwirklichen will, soll die Natur des Ortes und des von ihm erzeugten Menschen in Betracht ziehen, woraus die Unterschiedlichkeit der Nomoi in den verschiedenen Gegenden gefolgert werden muß.

Das 4. Buch der 'Nomoi' (704 A - 707 D)

Mit einer ausführlichen Betrachtung der geographischen Verhältnisse, die die Bedeutung des Themas aus Platonischer Sicht bezeugt, beginnt die eigentliche Darstellung des Staatsentwurfes der 'Nomoi'. Auf die Fragen des Atheners, die Auskunft über Entfernung der Kolonie vom Meer, Beschaffenheit der Küste und der Landschaft, Fruchtbarkeit des Landes und Anwesenheit von Nachbarn verlangt, antwortet Kleinias, das Land habe gute Häfen, sei genügend fruchtbar, so daß man nichts einzuführen brauche, ohne Nachbarn und gebirgig, was nach Meinung des Gesprächspartners die Aussichten der Stadt für die Erlangung der Arete nicht völlig ausweglos macht (704 D). Wenn sie direkt am Meer gelegen wäre, stellt der Athener fest, mit guten Häfen und nicht alles selbst erzeugt hätte, sondern ihre Einwohner auf die Einfuhr angewiesen gewesen wären, hätten sie einen großen Retter und göttlichen Gesetzgeber gebraucht, um einer vielfältigen und schlechten Gesinnung zu entgehen. Nach Meinung des Greises ist die Nachbarschaft des Meeres für eine Stadt schädlich, weil sie die Stadt mit Großhandel und Geldgeschäften füllt und in den Seelen unbeständige und unverläßliche Gesinnungen erzeugt, was die Stadt mißtrauisch (ἄπιστος, 705 A 6) und unfreundlich (ἄφιλος,705 A 7) gegen sich selbst und gegen die anderen Menschen macht. Als einen Trost betrachtet der Athener, daß das Land alles selbst, aber nicht in zu großem Maß erzeugt; denn wenn das Land, sagt er, noch zusätzlich vieles erzeugt, was nur bei einem Flachland der Fall sein könne, nehme das Übel zu, weil durch den entstandenen Überschuß sich das Land mit Geld füllen würde, was ein noch größeres Übel für die Erzeugung edler und gerechter Gemüter sei. Als ein weiteres schlechtes Merkmal sei anzusehen, wenn das Land noch dazu geeignetes Holz für den Schiffbau besitze, weil die Schiffahrt sogar die guten Gemüter verderbe.

Die Nachbarschaft zum Meer und mangelhafte Fruchtbarkeit des Bodens sowie ein Übermaß an landwirtschaftlicher Produktion lassen nach diesem Abschnitt den Einfluß von außen durch Handel ünd Geld leicht wachsen,was unfeste Nomoi erzeugt, denn immer neue Sitten werden durch die fremde Einwirkung entstehen. Die politische und gesellschaftliche Ordnung gerät demnach ins Schwanken,und es wächst die Vielheit und Feindschaft der Teile der Polis untereinander, Umstände, die einen außerordentlichen Politiker und Gesetzgeber erfordern, der mit seiner Kunst die Ungünstigkeit der Natur überwindet.

Ein Vergleich mit der oben behandelten Stelle des 5. Buches ergänzt das Bild über die Eigenschaften einer Landschaft, die günstig für ein Gesetzeswerk sind. Allen voran muß die Gegend unter einem wohlwollenden Einfluß der Gottheit stehen; ferner darf sie nicht zu nah am Meer liegen und gute Häfen besitzen. Die Landwirtschaft muß imstande sein, die zum Leben notwendigen Erzeugnisse im angemessenen Maß zu produzieren; die Wälder müssen nach Möglichkeit kein für den Schiffbau geeignetes Holz besitzen. Die restlichen im 5. Buch erwähnten Faktoren (Wind, Wasser und Sonnenglut) lassen sich durch andere Stellen ergänzen. Athen wird in der pseudoplatonischen 'Epinomis' (987 D) gelobt, weil es klimatisch eine mittlere Natur zwischen Sommer und Winter besitzt. Aus den Beschreibungen von Ur-Athen und Atlantis kann man ferner folgern , daß Platon einer gut bewässerten Landschaft große Bedeutung beimaß, während an einer anderen Stelle der 'Nomoi' die Wichtigkeit des Wassers für die

Agrikultur zusammen mit dem Boden, der Sonne und der Luft hervorgehoben wird (8, 845 D). Das Wasser kann aber auch, wenn es nicht im richtigen Maß oder auf richtige Weise fließt, dem Land schaden (Leg. 6, 761 A-D). Über die Wirkung des Windes auf die Landschaft läßt sich aus den Dialogen nichts ermitteln: Nur eine Stelle der 'Politeia' erwähnt eine Brise, die Gesundheit mit sich bringen kann (3, 401 C-D).

Zusammenfassend: Es gibt Merkmale der Landschaft, die ein mittleres Maß erfordern, während andere bloß negativ aufzufassen sind, wie die Nähe des Meeres und die gute Beschaffenheit der Küste, d.h. vor allem, was die Abhängigkeit von und die Verbindung zu anderen Gemeinden fördert. Ferner gibt es Faktoren wie der Einfluß der Gottheiten, die nur eine positive Auswirkung auf die Menschen haben. Die Kunst des Gesetzgebers besteht darin, die günstigen landschaftlichen Bedingungen auszunutzen und die ungünstigen Merkmale der Landschaft und des Klimas durch seine Kunst auszugleichen.

Auswirkung der klimatischen und landschaftlichen Faktoren in den geschichtlichen Staaten

Die Kronos-Zeit

Die außerordentliche Natur der Landschaft und des Klimas trugen unter Kronos dazu bei, daß damals die Menschen keiner Gesetze bedurften (vgl. Politc. 271 D - 272 B und Leg. 4, 713 C-E; s. o. S. 215 - 238). Der Boden lieferte reichlich, was die damaligen Menschen brauchten, so daß die

Agrikultur nicht nötig war und das Klima zeichnete sich auch wegen seiner Vortrefflichkeit aus (Politc. 272 A). Saftiges und üppiges Gras sowie der Pflanzenreichtum bezeugen die guten Wasserverhältnisse. Die außerordentlichen äußeren Bedingungen ermöglichten die Hauptvoraussetzung für die beste Ordnung, indem sie das Privateigentum unnötig machten. Die Milde der Jahreszeiten machte auch Behausung und Kleidung überflüssig, und als Lager konnten die Menschen die weichen Gräser benutzen, die in großer Fülle wuchsen (272 A-B). Schließlich rechneten die Menschen damals mit dem guten Willen der Götter, die sie unmittelbar regierten.

Ur-Athen und Atlantis

Die geographischen Bedingungen waren in Ur-Athen ebenfalls außerordentlich gut, wenn auch nicht so gut wie unter Kronos, wie man aus der Existenz von Agrikultur entnehmen kann.[79] Athene wählte nach dem Bericht des ägyptischen Priesters die Gegend wegen ihrer Eigenschaften für die Gründung der Stadt aus (Tim. 24 C-D): Sie wußte, daß die ausgeglichene Mischung der Jahreszeiten die einsichtsvollsten Menschen erzeugen würde. Das Land sei imstande gewesen, heißt es, Menschen hervorzubringen, die wie die Göttin kriegs- und wissensliebend gewesen seien (φιλοπόλεμός τε καὶ φιλόσοφος , 24 C 7-8).

Im 'Kritias' wird das Bild von Ur-Athen durch eine

---

79) O. BRONEER (1949) hat darauf hingewiesen, daß die Schilderung von Ur-Athen eine ziemlich genau verfolgbare Idealisierung der z.Z. Platons bestehenden Stadt darstellt.

ausführliche Beschreibung von dessen Geographie ergänzt. Das Land wird dort auch als der Arete und der Phronesis verwandt und angemessen charakterisiert (109 C-D). Es habe in der Arete jedes andere Land übertroffen und ein großes Heer ernährt, das frei von Landarbeiten gewesen sei, erzählt Kritias. Seine Erzeugnisse waren außerordentlich gut in Quantität und Qualität (110 E - 111 A), und seine Täler waren voll von fetter Erde, während es auf den Bergen einen großen Wald gab (111 C). Ferner sagt Kritias, daß das Land unermeßlich viel Weide für das Vieh getragen habe und das Regenwasser damals nicht verloren gegangen sei, sondern in der Erde gelagert geblieben,wodurch eine große Anzahl von Quellen und Flüssen entstanden sei (111 D). Nach dieser Erzählung waren auch die Jahreszeiten ausgeglichen (111 E).

Bei dieser Beschreibung wird besonders betont, daß das Land alle Voraussetzungen besitzt, damit gute Menschen und eine richtige politische Ordnung entstehen: Die Einwohner vereinen in sich die früher analysierten Grundphyseis, die die Grundlage jeder richtigen politischen Ordnung sein müssen, nämlich die muthafte und die philosophische Veranlagung (s. o. 174 - 178). Die Sorgfalt der Göttin bei der Wahl der Gegend hebt die Bedeutung der Landschaft für die Politik hervor: Das Räumliche bestimmt die politische Ordnung nicht nur durch die Natur der an dem Ort entstandenen Menschen, sondern auch durch die äußeren und materiellen Bedingungen, die die politische Ordnung ermöglichen. Die Vortrefflichkeit des Bodens und des Klimas läßt die Existenz eines Kriegerstandes zu, der von der landwirtschaftlichen Aufgaben befreit ist und ohne Privateigentum leben kann, was im zeitgenössischen Athen nicht möglich ist.

Im Vergleich zu der Kronos-Zeit haben sich die Bedingungen verschlechtert: Die Menschen müssen jetzt durch ihre Arbeit das Notwendige zum Leben erzeugen, was die Existenz eines Standes erfordert, der sich mit der Landwirtschaft beschäftigt. Das Klima ist gut, aber aus der Existenz von Bauten und Kleidern kann man entnehmen, das seine Beschaffenheit anders ist als unter Kronos. Der Verschlechterung der klimatischen Bedingungen entspricht eine Degradierung in der politischen Ordnung.

Ein Vergleich mit den oben herausgearbeiteten Kriterien für die Beurteilung der Landschaft (vgl. o. S. 319 - 322) erweist aber zugleich die außerordentlichen Verhältnisse in Ur-Athen: Die Jahreszeiten waren angemessen gemischt (Criti. 111 E), so daß weder ein Zuviel noch ein Zuwenig an Sonnenglut bestand. Das Wasser war auch im richtigen Maß vorhanden (vgl. Criti. 111 C-D, 112 C-D). Das Land rechnet auch mit dem Schutz der Götter (Tim. 23 D - 24 D, Criti. 109 B-D), und die Qualität und Quantität der vom Boden gelieferten Nahrung wird oft gepriesen (Criti. 110 E - 111 D). Es handelt sich um eine gebirgige Landschaft, auf deren Bergen gutes Holz bestand , aber nichts erlaubt den Schluß, daß Ur-Athen eine Seemacht gewesen wäre. Es wird auch kein Hafen genannt.

Atlantis war nach der Beschreibung des 'Kritias' eine vortreffliches Flachland besitzende Insel, die in der Mitte einen niedrigen Hügel hatte, den Poseidon vom Rest der Insel durch Ringe von Meer und Land trennte (113 C-D). Die Qualität des Landes ist nach der Erzählung außerordentlich: Es versorgte die Atlanter mit Metallen, Holz, wilden und zahmen Tieren, Wasser- und Landtieren und verschiedenen Früchten. Wasser sei reichlich vorhanden gewesen, heißt es weiter, das durch eine wunderbare Kanalisation von den die Ebene umgebenden Bergen in die Felder gelangt sei. Die Kanäle seien außerdem dazu benutzt worden, das Holz und die Erzeugnisse der Jahreszeiten von den Bergen an die Küste zu bringen (118 C-D). Zweimal im Jahr fand nach Kritias die Ernte statt: Im Winter bewässerten die Atlanter die Äcker mit Regenwasser und im Sommer mit den Quellen (118 E).

Auch wenn die Beschreibung der Insel bestimmte Merkmale aufzeigt, die die Überlegenheit Ur-Athens deutlich machen (vgl. u. S. 339 - 342) und einen negativen Charakter aufweisen (vgl. H. HERTER 1943/1944, S. 263ff.), ist hier die außerordentliche Natur der Landschaft hervorgehoben. Die Schilderung betont aber die Komplexität der Gesellschaft und die enormen Leistungen der menschlichen Kunst, die in den Bauten der Kanäle zum höchsten Ausdruck kommen. Die gewaltige Modifizierung der Landschaft durch die Techne hat zugleich ein Prinzip der Zerstörung eingeführt: Der Bau von Kanälen bestimmte die Entstehung des Handels durch die Schiffe und die unnötige Abhängigkeit der Gesellschaft von überflüssigen Konsumgütern, was allerdings seine Wirkung bei der späteren Entartung von Atlantis hat. Die geographischen Verhältnisse bestimmen auch die Regierungsform, weil die weit ausgedehnte Ebene ein Königtum notwendig machte , während im von der Landschaft bedingten polisartigen Athen, das eine kleine Anzahl von Bürgern hat, eine Aristokratie möglich ist. Im Gegensatz zu Athen, das keine bedeutenden Beziehungen zum Ausland unterhält, besitzt Atlantis ein weites Reich, von dem Platon ein lebendiges Gemälde der Relevanz der Handelsbeziehung und der Ausdehnung liefert.

* * * * * *

Die außergewöhnliche Natur Athens wird auch im 'Menexenos' gelobt (237 C - 238 B), wo der Unterschied zwischen dem Urzustand und heute (vgl. Criti. 109 B - 112 E) nur vorausgesetzt wird (vgl. Menex. 237 D 3: ἐν ἐκείνῳ τῷ χρόνῳ). Das von den Göttern geliebte Land der Athener sei damals von wilden Tieren befreit, heißt es, und habe von allen Lebewesen den Menschen ausgewählt und erzeugt, der an Einsicht alle anderen übertreffe und als einziger die Gerechtigkeit praktiziere und die Götter verehre. Nach der Rede des Sokrates war Athen damals das einzige und das erste Land, das Weizen, Gerste und Öl für die Menschen in großer Fülle hervorbrachte.

Die Darstellung stimmt im großen und ganzen mit der des 'Kritias' überein, wobei hervorzuheben ist, daß die Beschaffenheit des Landes die Natur des Menschen bestimmt, aus der sich die richtige politische Ordnung ergibt (vgl. 238 B - 239 A und I. von LOEWENCLAU 1961, S. 51ff.; s. o. S. 168 f).

Das 3. Buch der 'Nomoi'

Im 3. Buch der 'Nomoi' (680 A - 682 C; vgl. o. S. 311 - 315) ist es ebenso möglich, eine Änderung der Nomoi nicht nur mit dem Fortschreiten der Zeit festzustellen, sondern auch anhand der Siedlung der Menschen in verschiedenen Gegenden: Die Bergbewohner haben einfachere und primitivere Bräuche als die Menschen in der Ebene oder am Meer (Leg. 3, 677 B - 680 E; vgl. Criti. 109 D - 110 A). Mit der Entfaltung der Geschichte und mit der Katabasis in die Ebene nimmt das Wissen der Menschen zu, und ihre Sitten entwickeln sich entsprechend. Der Übergang zu einer komplizierteren gesellschaftlichen Ordnung vollzieht sich bei der Siedlung in der Ebene (682 B), wo zum ersten Mal der Krieg (682 C), die Schiffahrt (682 C) und der innere Zwist (682 D-E) entstehen. Wie im Falle von Ur-Athen und Atlantis weist die Stadt in der Ebene eine größere Komplexität auf, so daß die Feststellung möglich ist, daß mit dem Übergang vom Berg zur Ebene nicht nur die Komplexität des politischen Gefüges wächst, sondern zugleich die Entartung der Nomoi und der sittlichen Haltung der Menschen zunimmt.

Ein Vergleich mit der früher analysierten Passage des 4. Buches (vgl. o. S. 272 - 275) läßt eine Gradation in der Einheit der Stadt, der Zahl ihrer Nomoi und den verschiedenen Landschaften feststellen. Auf den Bergen findet sich die kleinste Anzahl von ungeschriebenen Gesetzen, die einfachste und gerechteste Form der Polis ohne Wirkung eines Philosophen, während die Gesellschaft mit dem Übergang zu den Bergabhängen komplexer wird, was in der Ebene noch extremer zu beobachten ist und zur Entartung führt. Andererseits entwickeln sich Fortschritt und Zivilisation mit dem Staatsleben (Leg. 3, 678 A-B) und erhalten ihren Gipfel in den Städten in der Ebene und besonders in den Hafenstädten, wobei man wohl annehmen müßte, daß erst bei dem höchsten politischen Zerfall die vollkommene Arete entstehen kann.

Die Verschiedenheit der Landschaft bestimmt im 3. Buch auch die Unterschiedlichkeit der Politeiai: Während auf dem Berg die patriarchalische Regierungsform herrscht, entsteht an den Bergabhängen die erste gesetzliche Ordnung, und aus der Dynasteia entwickeln sich die Aristokratie und das Königtum (681 C-D). Schließlich kann man bei der Stadt in der Ebene schon alle möglichen Verfassungsformen beobachten (681 D).

* * * * * *

An einer Stelle des 1. Buches der 'Nomoi' (625 C-E) findet sich ein konkretes Beispiel für den Einfluß der Landschaft auf die Gestaltung partikulärer Nomoi: Die Landschaft von Kreta, behauptet dort Kleinias, verhindere den Gebrauch von Pferden, weshalb die Menschen selber laufen müßten, ein Sachverhalt, den der Gesetzgeber in Betracht gezogen und durch den Nomos die entsprechende Bewaffnung sowie angemessene gymnastische Übungen angeordnet habe.

Der Staatsentwurf der 'Nomoi' wird in seiner Gesetzgebung von der Landschaft ebenso bestimmt: Platon versucht mit allen Mitteln, Handel und Geldgeschäfte zu regeln, und die Stadt bekommt, was sie braucht, aus dem Land und nicht wie die Mehrheit der Griechen aus dem Meer, wodurch ihr Leben und ihre Gesetzgebung einfacher werden, so daß nicht nur die Tätigkeit des Gesetzgebers erleichtert wird, sondern die Verhältnisse für freie Menschen geeigneter werden (8, 842 C-E).

Ergebnisse

Platon steht in einer Reihe mit der ionischen Medizin und der sophistischen Aufklärung in der Unterstreichung der Bedeutung der räumlichen Dimension für die Gestaltung der sozialen Ordnung (vgl. L. ROBIN 1913, S. 185). Die landschaftlichen Verhältnisse sind für ihn aber entscheidend von der Geschichtsperiode abhängig: Unter Kronos besitzt die Erde überall hervorragende klimatische und landschaftliche Bedingungen, und entsprechend ist die menschliche Population organisiert. Die Sage von Ur-Athen und Atlantis läßt schon differenzierte Gegenden deutlich erkennen, die die Natur der Menschen und deren Nomoi prägen. Heutzutage ist es möglich, eine Gradation zwischen dem Leben auf dem Berg und an der Küste festzustellen: die Komplexität der Gesellschaft und die Entartung der Nomoi nimmt mit der Nähe des Meeres zu.

Platon hat die Beobachtungen seiner Vorläufer in einen systematischen Zusammenhang gebracht, der eine Entfaltung von der Einheit bis zur Vielheit voraussetzt. Außerdem entsprechen Geographie und Geschichte einander genau, und der Mensch wird auf diese Weise ins Werden und Vergehen des ganzen Kosmos eingegliedert. Der Nomos muß diese Gegebenheit in Betracht ziehen, und die Aufgabe des Gesetzgebers besteht gerade darin, die notwendige Verschiedenheit der Nomoi anzuerkennen und je nach den Bedingungen das Gute in der menschlichen Ordnung nach Möglichkeit zu verwirklichen.

3. Griechen-Barbaren

Man darf wohl behaupten, daß Offenheit und Neugier gegenüber fremden Völkern und Kulturen ein Charakteristikum der alten Griechen war,eine besonders das Epos auszeichnende Haltung, das nur die Sprachunterschiede unter den Völkern kennt und die Nicht-Griechen weder verachtet noch geringschätzt (vgl E. SAGLIO 1877; A. EICHHORN 1904, S. 11-14; K. SCHÄFER 1936, S. 261ff.; H. SCHWABL 1962). Erst die Bedrohung der Freiheit durch die Perser bringt eine grundlegende Veränderung, durch die der Unterschied zwischen Griechen und Nicht-Griechen zu dem Gegensatz Griechen-Barbaren wird (vgl. W. RUGE 1896; H. WERNER 1918, S. 394; G.J.D. AALDERS 1943, S. 135f.; H. DILLER 1962).[80] Die Griechen erlangten durch die Perserkriege das Bewußtsein ihrer

---

80) Ein Umriß der Beziehung zwischen Griechen und Barbaren bieten A. EICHHORN (1904); U. WILCKEN (1906); K.I. VOURVERIS (1939, S. 6-12); J. JÜTHNER (1950).

Einheitlichkeit und Eigenart gegenüber anderen Völkern, was zu einer Geringschätzung des Barbarendaseins führte; dafür bietet die griechische Literatur eine Reihe von Beispielen: Sogar bei einem nicht des Aristokratismus verdächtigen Dichter wie Euripides kann die Überlegenheit der Griechen über die Barbaren als eine übliche Meinung vorgetragen werden (Iphigenia Aulidensis 1400-1401).[81] Im vorliegenden Abschnitt wird die Beziehung der sonst wichtigen Unterscheidung Griechen-Barbaren zu der Nomoslehre des Platon untersucht.

Die sich mit der Unterscheidung zwischen Griechen und Barbaren im platonischen Werk befassenden Untersuchungen sind nicht sehr zahlreich, und keine hat sich mit den Folgen der Differenzierung für die politische Lehre Platons, insbesondere für seine Nomosvorstellung befaßt. Das Thema hat aber in der Auseinandersetzung um den Totalitarismus bei Platon, die vor allem in der angelsächsicher Forschungsliteratur stattgefunden hat, eine große Rolle gespielt.[82]

Die Bestimmung der Völker und ihrer Verfassung nach den Seelenteilen

Für die Präzisierung der Rolle des Gegensatzes Griechen-Barbaren in der platonischen Nomoslehre ist ein möglicher Ausgangspunkt die Analyse der von Platon in systematischen Zusammenhängen getroffenen Unterscheidung der

---

81) Für weitere Beispiele vgl. H. DILLER (1962, bes. S. 40) und O. REVERDIN (1962, S. 85ff.); für Demosthenes auch A. HUG (1880, S. 60).

82) In der Forschungsgeschichte können drei Strömungen unterschieden werden: Eine sieht bei Platon nur Feindseligkeit gegenüber den Barbaren (F. SUSEMIHL 1855-

Völker. An einer Stelle des 4. Buches der 'Politeia' werden die unter den Völkern herrschenden Verfassungsformen auf die Dreiteilung der Seele bezogen (435 E - 436 B). Als Sokrates die Polis als ein größeres Paradeigma für die Seele vorschlägt, behauptet er, die einzelnen hätten dieselben Anlagen wie die Stadt, denn sie verursachten die Eigenschaften des Ganzen (435 E): Die Herrschaft des Muthaften in einer Stadt spiegele denselben Zustand der einzelnen wider wie bei den Thrakiern, Skythen und den nördlichen Völkern überhaupt, während das Lernbegierige z.B. bei den Athenern herrsche und bei den Phoinikern und Ägyptern das Geldgierige dominiere (435 E - 436 A). Darauf unterscheidet Sokrates die drei Teile der Seele: das Lernbegierige, das Muthafte und die Begierde (436 A-B). Je nachdem, ob ein Teil oder ein anderer den Vorrang hat, ergeben sich drei verschiedene Menschentypen (vgl. Resp. 9, 580 C - 581 C).

Die Teilung des Sokrates läßt die Unterscheidung zwischen Griechen und Barbaren im Hintergrund (vgl. A. EICHHORN 1904, S. 52f.). Sie hat nichtsdestoweniger entscheidende Bedeutung für die Qualifizierung der verschiedenen Po-

---

1860, II, S. 287; K. HILDENBRAND 1860, I, S. 148; C. NOHLE 1880, S. 128f.) gar Unterschätzung (A. EICHHORN 1904, S. 52-55; E. BARKER 1918, S. 307ff.; K.R. POPPER 1945, S. 152, 224 Anm. 29, 236 Anm. 13). Eine andere beansprucht für Platon einen gewissen Egalitarismus in dieser Frage (R.B. LEVINSON 1953, S. 219, 228, 232; J. WILD 1953, S. 25-30), während eine dritte Richtung beide Aspekte im Kauf nimmt: Es gebe für Platon zwar eine prinzipielle Gleichheit zwischen Griechen und Barbaren, praktisch sei er aber von der Überlegenheit der Griechen tief überzeugt (J. JÜTHNER 1923, S. 22-25; K.I. VOURVERIS 1938 a; 1938 b; 1939; H.B. ACTON 1938; G.J.D AALDERS 1943, S. 135-142; J. KERSCHEINSTEINER 1945, S. 59-65; O. REVERDIN 1962, S. 103-107). Es kann nicht übersehen werden, daß Platon an die Überlegenheit der Griechen und der griechischen Kultur fest geglaubt hat.

liteiai und ihrer Nomoi. Kreter und Lakedaimonier gehören ausdrücklich zu den Völkern, die das Muthafte als bestimmendes Element haben (Resp. 8, 544 C - 545 B). Dieselbe Charakterisierung der Spartaner tritt auch in den 'Nomoi' auf, wo sie den Persern, Skythen, Karchedoniern, Kelten, Iberern und Thrakiern gleichgestellt sind (1, 637 D-E). Die Herrschaft des Lernbegierigen bei den Athenern wird im '1. Alkibiades' (120 E - 123 D) unterstrichen, wo sie den Spartanern und Persern entgegengestellt werden.[83] Dabei zeigt sich, daß die Spartaner und noch mehr die Perser die Athener bei der Anhäufung von Schätzen übertreffen, während die letzteren sich nur in der Weisheit auszeichnen (123 D).[84] Die Charakterisierung der Ägypter und Phoiniker nach dem dritten und untersten Seelenteil findet sich auch in den 'Nomoi' (5, 747 C-D). Im Grunde gehören alle konkreten oligarchischen Regierungen zu dieser letzten Art von Verfassung (Resp. 8, 551 A-C; vgl. O. GIGON 1972, S. 76). Platon kennt auch die Existenz von ähnlichen Regierungsformen bei Griechen und Barbaren (Resp. 8, 544 D). Sein Interesse gilt aber nicht einem strengen Schematismus: Völker, die zu einer Gruppe gehören, können unterschiedliche, ja gegensätzliche Nomoi haben (z.B. verschiedene Sitten hinsichtlich des Weins, Leg. 1, 637 D-E; Leg. 2, 673 E - 674 A; der Päderastie, Symp. 182 A-C; Leg. 1, 636 B-C; der nackten Leibesübungen, Resp. 5, 452 C-D).

---

83) K.I. VOURVERIS (1939, S. 14ff.) dehnt diese nur für Athen geltenden Merkmale aufgrund seiner panhellenistischen Interpretation auf alle Griechen aus (ähnlich auf S. 20 bei der Deutung von Menex. 245 D).

84) R. Mc. KEON (1940/1941, S. 82f.) reiht Platon in die Strömung der griechischen Denker ein, die den Ursprung der Philosophie in Griechenland lokalisierten.

Platons Haltung gegenüber den Barbaren

Im 'Politikos' kritisiert Platon ausdrücklich die Dihairesis des menschlichen Geschlechts in Griechen und Barbaren als unangebracht und der Realität nicht entsprechend (262 C-D). Die Geschlechter der Barbaren seien unendlich viel (ἄπειροι), nicht gemischt untereinander (ἄμεικτοι) und nicht einheitlich (ἀσύμφωνοι), heißt es dort. Die Stelle des 'Politikos' wurde von den Vertretern der These, Platon habe an die Einheit der Menschheit geglaubt, als eine Zurückweisung der üblichen Unterscheidung zwischen Griechen und Barbaren interpretiert. Es ist aber festzustellen, daß hier der Unterschied zwischen Hellenen und Nicht-Hellenen nicht grundsätzlich geleugnet, sondern lediglich behauptet wird, daß der Differenz unter den Nicht-Griechen nicht genügend Rechnung getragen wird.

Man kann in der Tat bei Platon eine differenziertere Haltung gegenüber den Barbaren konstatieren (vgl. K.I. VOURVERIS 1939, S. 28-36). Er verwendet die Wendung 'Griechen und Barbaren' als Ausdruck für die ganze Menschheit (vgl. A. EICHHORN 1904, S. 50; G.J.D. AALDERS 1943, S. 137; J. KERSCHENSTEINER 1945, S. 63ff.). Sowohl Griechen wie Barbaren haben ausgezeichnete Menschen, die zahlreiche Großtaten vollbracht und viel Arete erzeugt haben (Symp. 209 D-E; vgl. Phaedo 78 A). Die Kritik an bestimmten Mängeln richtet sich oft sowohl gegen Griechen wie gegen Barbaren (vgl. Leg. 8, 840 E; Leg. 9, 870 A). Sie haben dieselben Götter (Leg. 10, 886 A; Crat. 397 C-D; vgl. K.I. VOURVERIS 1939, S. 31), und der Glaube an sie ist bei beiden ein wichtiger Teil ihres Lebens (Leg. 10, 887 C-E).

Platon zeigte ebenso Bewunderung für die Einrichtungen und Sitten anderer Völker (Tim. 23 D - 24 E; Leg. 2, 656 D -

657 C; Leg. 7, 795 A, 804 E - 805 A, 806 A-C; 819 A-D; vgl. G.J.D. AALDERS 1943, S. 138), wobei er die Überlegenheit der Nomoi dieser Völker anerkannte und die Notwendigkeit der Nachahmung durch die Griechen unterstrich.

Auch in der Religion ist eine offene Haltung festzustellen (vgl. Leg, 5, 738 B-C; Leg. 7, 800 C-E), und wie das Beispiel von Persien zeigt (Leg. 3, 694 A - 698 A), kann die politische Ordnung eines barbarischen Staates richtig sein. Darüber hinaus war der Ursprung der Gesellschaftsordnung bei Griechen und Barbaren derselbe (Leg. 3, 678 A-B; vgl. G.J.D. AALDERS 1943, S. 139).

An einer Stelle der 'Politeia' tritt aber der Gegensatz zwischen Griechen und Barbaren in voller Schärfe hervor (5, 469 B - 471 C). Die Hellenen sollten keine Hellenen in die Knechtschaft zwingen und sich vor der Versklavung durch Barbaren hüten. Die Unterjochung von Hellenen wird ausdrücklich verurteilt, während die Unterwerfung der Barbaren vom Gesprächspartner des Sokrates als angemessen eingeschätzt wird. Der Kampf zwischen Griechen wird als Bürgerkrieg (στάσις) betrachtet, denn er ist ein Kampf zwischen Verwandtem und Ähnlichem, während der Kampf zwischen Griechen und Barbaren Krieg genannt wird, weil er zwischen Fremden und Ausländischen geschieht. Sokrates folgert:

> Wenn die Griechen gegen die Barbaren und die Barbaren gegen die Griechen kämpfen, werden wir sagen, daß sie Krieg führen und auch Feinde (πολέμιοι) der Natur nach sind und daß man diese Feindschaft (ἔχθρα) Krieg nennen soll. Wenn die Griechen gegen die Griechen etwas Derartiges tun, wollen wir behaupten, daß Griechenland zu diesem Zeitpunkt krank ist und im Bürgerkrieg liegt, ob-

wohl sie Freunde der Natur nach sind, und daß man diese Feindschaft Bürgerkrieg nennen soll" (470 C-D).

An dieser Passage ist nun doch der Unterschied zwischen Griechen und Barbaren stark betont und läßt sich nicht verwischen.[85] Es stellt sich die Frage, ob sie mit den früheren Stellen zu vereinbaren ist, wobei die Wesensmerkmale von Griechen und Barbaren genauer zu bestimmen sind, um dann den Niederschlag des Gegensatzpaares auf die gesetzgeberische Tätigkeit zu beobachten.

Athen und Persien

Die aufgeworfene Frage würde sich wesentlich vereinfachen, wenn sich nachweisen ließe, daß Platon eine griechische Stadt als den Inbegriff des Hellenentums betrachtet hätte und entsprechend ein anderes Volk als den des Barbarentums, wofür einige Anzeichen sprechen. Dann könnten die Grundeigenschaften sowohl der Griechen als auch der Barbaren, die für eine gesetzgeberische Tätigkeit bestimmend sind, definiert werden.

Schon P. FRIEDLÄNDER (1964^3-1975^3,I, S. 214 ff.; vgl. E. Wolf 1950-1970, IV 2, S. 190f.) bemerkte, daß Platon im 'Kritias' ein solches 'ideisiertes" Bild von Athen und

---

85) Allerdings ist der Gegensatz zwischen Griechen und Barbaren an der Stelle der 'Politeia' nicht so stark, wie es K. HILDENBRAND (1860, I) auffaßt: "Die Barbaren... werden als geborene Feinde bezeichnet und rücksichtlos den Hellenen preisgegeben" (S. 127).

Persien malt,und wies die Beziehung zum 3. Buch der 'Nomoi' nach. Das Ur-Athen des 'Kritias' ist aber zugleich der Inbegriff des Griechentums, was deutlich an dem Vorrang zu erkennen ist, den Athen vor den anderen Hellenen hatte: Die Ur-Athener waren die Führer der anderen Griechen (Criti. 112 D-E) und verwalteten ihre und Griechenlands Sache mit Gerechtigkeit (112 E). Platon stellte die Verhältnisse damals als einen Bund von selbständigen Poleis dar (112 D-E);[86] denn die Polis war für ihn die natürliche Ordnung des politischen Lebens der Griechen (vgl. u. S. 339 - 345).

Die Atlanter treten nur mittelbar als Ideisierung Persiens auf. Im Text werden sie als Inbegriff des Barbarentums behandelt (vgl. J.O. THOMPSON 1948, S. 90f.). Sie werden ausdrücklich als Barbaren bezeichnet (113 A), und ihre Bauten und Lebensweise sind nach der Erzählung auch barbarisch (vgl. 116 C-D). Sie hätten ein großes Reich beherrscht, heißt es dort, und die Monarchie als Verfassungsform gehabt. Platon hat demnach versucht, durch die Ideisierung Persiens das Wesen des Barbarentums aufzuweisen.

Im 'Menexenos' wird Athen ausdrücklich als der Inbegriff des Hellenentums gelobt (245 C-E): Es sei edel, frei, stark, gesund und der Natur nach barbarenfeindlich, denn die Athener seien reine Hellenen und mit Barbaren unvermischt, im Unterschied zu den anderen Griechen. Wie die oben analysierte Stelle des '1. Alkibiades' zeigte, ist das Charakteristische der Athener die Neigung zur Wahrheit und zum Noe-

---

86) Ein Bund selbständiger Poleis unter athenischer Führung scheint die politische Lösung, die Platon für Griechenland vertrat, um an dem Panhellenismus festzuhalten und die Polisordnung zu retten (vgl. A. VERDROSS-DROSSBERG 1946, S. 111).

tischen (vgl. o. S. 333).

Die paradigmatische Stellung Athens und Persiens tritt auch in den Ausführungen des 3. Buches der 'Nomoi' deutlich hervor. Athen ist dort als Beispiel für eine zur Freiheit neigende politische Ordnung (698 A - 701 B), die persische Verfassung für eine zur Despotie tendierende Regierungsform gewählt (694 A - 698 A).

Diese Beispiele zeigen, daß für Platon bei den Griechen eine Neigung zur Demokratie und Freiheit bestand, während sich die Barbaren durch die Tendenz zur Monarchie und Sklaverei auszeichneten. Außerdem ist für ihn bei den Griechen die Polis als Gemeinschaftsform bestimmend, und die Barbaren zeichnen sich durch die Bildung eines Reiches als Organisationsform aus, was vor allem in den typischen Fällen (Athen und Persien) zutage tritt. Es besteht aber sowohl bei den Griechen als auch unter Barbaren eine Reihe von Mischfällen, unter anderen der Fall Spartas, dessen Mischverfassung wahrscheinlich diesen Zustand widerspiegelt: eine Mischung zwischen Demokratie und Monarchie (Leg. 3, 691 D - 692 C). Die Spartaner sind nach der Darstellung des 'Menexenos' (245 D-E) eine Mischung zwischen Barbaren und Griechen, und das Muthafte ist zudem das bestimmende Element ihrer Verfassung (s. o. S. 331 ff.).

Jedes Volk hat bestimmte Merkmale und eine eigene Natur, die es zu einer bestimmten Politeia neigen läßt, worauf der Gesetzgeber und die Nomoi achten müssen, so daß die Bürger zum Ausgleich geführt werden und nicht ins Extrem fallen. Die politischen Einrichtungen jedes Volkes werden entsprechend von seiner Natur geprägt, gegen die auf die Dauer nichts völlig Entgegengesetzes durchgesetzt werden kann.

4. Sonderstellung Athens

Platons Haltung zu Athen und besonders gegenüber seiner Demokratie ist fast in jedem Dialog bezeugt[87] und durch das Zeugnis des 7. Briefes auf sein eigenes Leben bezogen. Der vorangehende Abschnitt hat u. a. zu zeigen versucht, daß Platon Athen eine besondere Stellung innerhalb Griechenlands und gegenüber den anderen Völkern einräumte. Im folgenden soll diese Frage näher untersucht werden, besonders in Hinblick auf die Konsequenzen, die Platons Einstellung zu Athen für seine politische Lehre und Nomosphilosophie hatte: Läßt sich die Sonderstellung Athens ins Gesamtbild der platonischen Politik einordnen? Darüber hinaus gilt es, die konkreten Wesenszüge der Athen-Vorstellung hinsichtlich des vorgeschlagenen Themas zu bestimmen.[88]

Ur-Athen

Nach dem ägyptischen Berichterstatter des 'Timaios' war Athen die beste Stadt, die am meisten die herrschenden Nomoi achtete (εὐνομωτάτη, 23 C 6). In ihr entstanden die besten Taten und die schönste Verfassung von allen, von denen die Ägypter Kunde hatten. Ein Vergleich mit der Beschreibung von Ur-Athen und Atlantis im 'Kritias' (s.o. S. 308 - 311 und S. 323 - 327) bestätigt diese Behaup-

---

87) J.L. de GEER (1810, S. 34-66) bietet eine interessante Sammlung der Belege, die Platons Verurteilung des damaligen demokratischen Athen bezeugen.

88) In der Forschungsgeschichte können folgende Zweige unterschieden werden:

tung (vgl. R. von PÖHLMANN, 1893-1901, II, S. 40ff.).

Athen besitzt gebirgige Landschaft, während Atlantis vornehmlich eine Ebene einnimmt. Im Gegensatz zu Atlantis existieren in Athen keine wilden Tiere, findet kein Handel und dementsprechend keine Einfuhr und Ausfuhr statt. Die Atlanter haben Unnötiges eingeführt; der Glanz ihrer Lebensweise steht im krassen Gegensatz zu dem Lebenstil der Athe-

---

1 - Eine Richtung unterstreicht die positive Haltung Platons gegenüber Athen. S.F. DELBRÜCK (1828); B. HAVESTADT (1845, S. 32-40); E. SALIN (1921, S. 65f.); J. STENZEL (1928, S 116-119); U. GALLI (1937; vgl. o. S. 4 - 7); G.J.D. AALDERS (1943, S 142); K.I. VOURVERIS (1950, S. 17, 29-36); R.B. LEVINSON (1953, S. 269-369); J. WILD (1953, S. 40-43); G.R. MORROW (1960, S. 77, 86-92); C.H. KAHN (1963, S: 224, 230).

2 - Einige Interpreten finden im platonischen Werk eine athenfeindliche Haltung. Vgl. B.C. NIEBUHR (1826, S. 470-482); E. MEYER (1884-1902, V. S. 357); R.H.S. CROSSMANN (1937, S. 71-75); W. FITE (1934, S. 128-152); A. TOYNBEE (1934-1939, III, S. 90-93; IV, S. 263f.); A.D. WINSPEAR (1940, S. 76, 240-268); K.R. POPPER (1945, S. 45-49, bes. 86, 189-200). W. PATER (1845, S. 198-234) betrachtet Platon als Sympathisanten Spartas und G. POLLACI (1930, S. 44, 54) unterstreicht über Gebühr den Einfluß Spartas auf den Staatsentwurf der 'Politeia'.

3 - Platons zwiespältige Einstellung zu Athen, die die beiden früheren Interpretationsrichtungen ermöglicht, wird von anderen Gelehrten auf zwei verschiedene Weisen erklärt:

1. Man nimmt eine Entwicklung in Platons Haltung zu Athen an. Vgl. K.F. HERMANN (1839, S. 35-45); W. STEIDLE (1950) E.N. TIGERSTEDT (1965, S. 251, 269-275)

2. Schließlich setzen andere Wissenschaftler gegenüber Alt-Athen eine positive und gegenüber dem zeitgenössischen Athen eine negative Einstellung voraus. S.R. HARDER (1934); W. JAEGER (1936-1947, III, S. 315f.).

ner, wo die Wächter von der Bevölkerung nur, was sie brauchen, bekommen. Atlantis war ein großes Reich, das viele Völker einschloß; Athen hingegen keine Weltmacht, sondern ein reines Volk. Im Unterschied zu Ur-Athen entwickelte sich Atlantis zu einer Seemacht. Ur-Athen hatte ungeschriebene, Atlantis geschriebene Gesetze (vgl. 109 C-D und 119 E). Auch die Zuteilung des Landes an Athene und Hephaistos soll die Überlegenheit Ur-Athens unterstreichen: Beide Gottheiten sind Symbol der Weisheit (vgl. 109 C 7-8). Wie schon K. GAISER (1963, S. 407f. Anm. 247) bemerkte, sind Land und Volk der Athener für die Philosophie prädestiniert (vgl. I. von LOEWENCLAU 1961, S. 56). Die Verfassung von Ur-Athen ist in der Tat die bestmögliche und entspricht der in der 'Politeia' beschriebenen politischen Ordnung (Tim. 19 C-D; vgl. Criti. 110 D).

Der beste Staat, der die vollkommene, mit einer perfekten Erziehung verbundene Veranlagung der Regenten und die richtige politische Techne erfordert, war demnach nur in Ur-Athen möglich. Diese Auffassung schreibt Ur-Athen eine besondere Stellung in der Urgeschichte zu, was seine Nomoi und seine politische Ordnung anbelangt, was in der Ur-Athen von Platon zugewiesene Vormachtstellung im panhellenischen Bund zum Ausdruck kommt. Platon projiziert nicht nur seine Vorstellung der besten Ordnung für Athen in die Vergangenheit, sondern auch seine Ansicht über die Verwirklichung des Panhellenismus, die Athen und nicht Sparta die Führung zuweist. Die Verfassung Ur-Athens zeichnet sich gerade deshalb ab, weil sie in der Mitte zwischen Überheblichkeit und Unfreiheit steht (Criti. 112 C). Platon kann also nicht einfach als ein Vertreter der Sparta-Ideologie gelten (vgl. W. KEBER 1957, bes. S. 63f., 148).

Die dargelegte Interpretation stimmt auch mit der platonischen Einschätzung von Sparta und Kreta überein. In Griechenland stellt Athen das Prinzip des Geistigen und Noetischen dar, während die Dorier (Kreta und Sparta) das Muthafte zum Ausdruck bringen (vgl. o. S. 331 ff. und S. 336 ff.).[89] Die dorische Veranlagung zeigt sich in ihrer Verfassung, die nur auf den Krieg zielt (Leg. 1, 626 A-B), was Platon dazu führt, die Dorier den muthaften Völkern zuzuordnen (Leg. 1, 637 D-E und Resp. 4, 435 E - 436 A).[90]

Alt-Athen

Die Verfassung Alt-Athens erhält in ihrer Zeitperiode eine Stellung, die der Position Ur-Athens in der Urgeschichte entspricht. Sie war eine gute Politeia, die als Aristokratie mit Zustimmung des Volkes bezeichnet wird (Menex. 238 C-D).[91] Das Bild des 'Menexenos' stimmt mit der Beschreibung des 3. Buches der 'Nomoi' überein. Nach dem Athener herrschte zur Zeit der Perserkriege in Athen gemäßigte Freiheit (698 A-B), die sich durch Achtung der Gesetze auszeichnete (698 B-C, 699 C, 700 A). Die Arete gewährleistet Alt-Athen eine Vormachtstellung unter den anderen Griechen (für eine ähnliche Position Ur-Athens vgl. o. S. 341). Beide

---

89) Dieses Moment der Kritik an Sparta wird von W. KEBER (1957) nicht hinreichend gewürdigt. Über Platons Haltung gegenüber der dorischen Tradition vgl. R.F. STALLEY (1983, S. 4 f.)

90) Die platonische Auffasung in dieser Hinsicht spricht gegen die Interpretation von G. ROHR (1932, S. 78ff.), der in den dorischen Verfassungen die besten Regierungsformen für Platon sieht.

91) Nach P. VINOGRADOFF (1917, II, S. 40) vertritt Platon an dieser Stelle die Vorstellung der kulturellen Einheit Athens im Laufe seiner Geschichte: "It may be regarded as the germ of the idea of an organic evolution of the State, but as yet the idea is expressed in a very incomplete manner."

Dialoge unterstreichen die Freundschaft und Einheit der damaligen Verfassung als eine Art demokratischer Aristokratie (Menex. 238 C-D; Leg. 3, 698 A-C; vgl. I. von LOEWENCLAU 1961 S. 98 f.). Sowohl Ur-Athen als Alt-Athen verkörpern das Prinzip der Freiheit; Atlantis und Persien hingegen verwirklichen das Element der Herrschaft und der Sklaverei.

Ähnliches wie im Fall von Atlantis und Persien scheint für Sparta zu gelten: Die Eingriffe, die es im Laufe der Geschichte zu einer Mischform führten, zielen darauf, das Prinzip der Regierungsmacht einzuschränken (vgl. Leg. 3, 691 D - 692 B und o. S. 252 ff.). Wie der 'Menexenos' zeigt (bes. 245 C-E) und früher gesehen wurde (vgl. o. S. 336 ff.), verkörpert Athen das Griechische überhaupt. Gerade der 'Menexenos' mit seinem enkomiastischen Charakter betont die außerordentliche Natur der Athener, die deren Sonderstellung in der Geschichte begründet (vgl. I. von LOEWENCLAU 1961, S. 49f.).

Das zeitgenössische Athen

Der 'Menexenos' erwähnt nur den Bürgerkrieg, der zur Zerstörung der guten Verfassung Alt-Athens führte (243 D-244 B), und sieht dessen Ursache in einer unglücklichen Fügung (244 B 1). Im 3. Buch der 'Nomoi' findet sich eine nähere Erklärung der Entartung Alt-Athens (699 D - 701 C), die mit der Abweichung von den musikalischen Nomoi begann und bis zum völligen Verfall der Verfassung ging. Wichtig bei der Darstellung ist, daß die Zerstörung der Politeia als eine fortschreitende Betonung des Freiheitsprinzips dargestellt wird, d.h. der Athen bestimmenden Tendenz. Im 8. Buch der 'Politeia' hat die Forschung in der Schilderung der Demokratie ein Bild Athens und der athenischen Bürger erkannt. Auch hier findet Platon das Prinzip der Freiheit auf unzulässige Weise hervorgehoben.

In allen drei Stufen ist immer dasselbe Prinzip der Freiheit und der Weisheit zu erkennen, das das Wesen Athens ausmacht . Die Kontinuität zwischen den drei Entwicklungsstufen Athens geben aber der heutigen Stadt noch einen gesunden und tugendhaften Kern (ähnlich F. SUSEMIHL, 1855-1860, I, S. 28f.). Einige Interpreten vertreten die These, daß die 'Nomoi' zum Nutzen Athens geschrieben seien (so U. GALLI 1937, S. 126). G.R. MORROW (1960) wies darauf hin, daß der reale Einfluß auf die Gesetzgebung der 'Nomoi' vor allem aus Athen stammt (vgl. R.F. STALLEY 1983, S. 7).[92] Die entartete Demokratie hat ihren Ursprung in der wahren Aristokratie der früheren Zeiten. Platon sah auch, daß die Seemacht und die aus ihr entstandene Aufklärung die politische Ordnung seiner Stadt zerstörte.[93] Aber auch wenn er die zeitgenössischen Verhältnisse mit Entschiedenheit verurteilte, hielt er eine völlige Verwirklichung seines Staatsideals nur in Athen für möglich (vgl. P. MÄRKEL 1881, S. 35).

Platon zielte wahrscheinlich auf die Reform der athenischen Verfassung und auf die Wiedereinführung der Patrios

---

92) Für R. DARESTE (1893, S. 5) sind die 'Nomoi' ein Versuch, die athenische mit der spartanischen Gesetzgebung zu verbinden; ähnlich G. POLLACI (1930, S. 153).

93) Die zerstörerische Wirkung der Seemacht und der Aufklärung in der platonischen Interpretation wurde schon von J.L. de GEER (1810, S. 41-45) hervorgehoben.

Politeia (R.F. STALLEY 1983, S. 7):[94] Nur durch eine Mischverfassung, die ein Übermaß an Freiheit verhinderte, war für ihn ein gesundes Athen möglich, das als Vormacht im Bund der Hellenen die Freiheit und die Staatsform der Polis gewährleistet hätte.[95]

---

94) Über den Streit um die Patrios Politeia im damaligen Athen vgl. P. MORAUX (1964, S. 133ff.). F. FLÜKKIGER (1954, S. 125, 131ff.) hob die Bedeutung der Patrios Politeia für Platon hervor. Nach K. von FRITZ (1954, S. 77f.) waren die gemäßigten Kräfte die Anhänger der Patrios Politeia. Der Ruf nach der Patrios Politeia erhob sich nach H. OPPEL (1937, S. 52f.) immer, wenn die Demokratie in Gefahr war.

95) Wie J. KAERST (1898, S. 36) bemerkt: "Die Idee einer nationalen Monarchie ist der hellenischen Philosophie nicht aufgegangen, ebensowenig wie die Idee eines nationalen Staates überhaupt."

Zweites Kapitel:

Die Bedeutung des Nomos für die Paideia

Im Laufe der Untersuchung hat sich mehrmals der erzieherische Charakter des Nomos in den Vordergrund gestellt, und es wurde deutlich, daß dem Nomos von Platon primär eine ausbildende, zur Tugend führende Funktion zugeschrieben wurde. Dieses wichtige Thema kann an dieser Stelle nicht ausgeschöpft werden: Das vorliegende Kapitel wird sich nur punktuell mit einem Aspekt des Problemkreises beschäftigen, nämlich der Aufgabe des Nomos in der Paideiakonzeption Platons. Von ihr hängt die Interpretation der Stellung des Nomos in den verschiedenen Staatsentwürfen Platons und in seiner politischen Lehre im allgemeinen entscheidend ab; man kann demnach aus der Natur der Beziehung zwischen Nomos und Paideia ein weiteres Argument für die vorhergehende Interpretation gewinnen.[1)]

---

1) Die Bedeutung der Paideia für die platonische Philosophie und besonders für seine politische Lehre ist von der Forschung seit langem erkannt worden. Schon J.J: ROUSSEAU (1762, I, S. 16) bewunderte die 'Politeia' als das größte Werk über Erziehung.In der moderneren Forschung vgl. E. BARKER (1906); E. SALIN (1921); W. JAEGER (1928; 1936-1947, grundlegend); J. STENZEL (1928, grundlegend; über STENZELS Arbeit s. K. GAISER (1961b); R.C. LODGE (1947, wichtig); J. de ROMILLY (1971, S. 227-250); A.B. HENTSCHKE (1971, wichtig); R. BARROW (1971); A. ERBSE (1976, bes. S. 181); J. ORTEGA ESTEBAN (1978); K. GAISER (1979, S. 31-41); R.W. HALL (1981).

I. Stellung des Nomos in der Paideia

Im 'Kriton' heben die athenischen Nomoi ihre Bedeutung für die Erziehung der Jugend hervor und stellen sich als die Ursache der Ausbildung des Sokrates dar, die in Musik und Gymnastik, den beiden Hauptfächern der Paideia, von ihnen geregelt ist (Crito 50 D-E; vgl. M. KAHL 1949, S. 107). Die Vorstellung des 'Kriton' steht der Ansicht des Sophisten Protagoras nahe, so wie er sie im gleichnamigen Dialog zum Ausdruck bringt (326 C-E).

Im 'Menexenos' wird die Staatsverfassung als die Erziehung des Menschen definiert (238 B-C): Die Taten der alten Athener, so heißt es dort, bewiesen, daß sie von der Politeia richtig erzogen und gut seien. Die politische Ordnung erhält so eine ausbildende Funktion, die sich auf den ganzen Menschen und das ganze Leben erstreckt.

Im Staatsentwurf der 'Politeia' wird die Erziehung der jungen Wächter durch Gesetze reguliert. In den 'Nomoi' spielt das Gesetz, als Ordnungsfaktor im Menschen und in der Gesellschaft eine besondere Rolle bei der Erziehung. Platon sieht ausdrücklich sein gesetzgeberisches Werk eher als Erziehung denn als Gesetzgebung im üblichen Sinn (9, 857 E), und selbst die vom Nomos auferlegte Strafe erscheint in Platons Augen als Erziehungsmittel (vgl. 9, 862 D - 863 A; 880 D-E und J. de ROMILLY 1971, S. 227-239).

1. Banausische und bürgerliche Paideia

Im 1 Buch der 'Nomoi' unterscheidet Platon zwischen zwei Arten von Paideia und stellt den Nomos in Beziehung zu einer von ihnen (643 B - 645 C). Eine Art der Paideia - banausisch, unfrei, und die kaum den Namen Paideia verdiene (644 A)[2] - lasse den Menschen durch Spiel und Ernst üben, was er als Erwachsener sein werde (643 B-D). Neben dieser Art der Ausbildung unterscheidet Platon eine eigentliche und wahre Paideia, die das Kind zur Arete führt und zum vollkommenen Bürger werden läßt (643 E). Als wesentlicher Zug des guten Menschen erscheint ferner die Selbstherrschaft (644 B), die gegenüber den beiden unvernünftigen Beratern des Menschen, Hedone und Lype, sich bewähren soll. Die Meinungen über das, was geschehen wird, bezeichnet der Athener als Erwartung: Furcht sei die Erwartung von Lype und Kühnheit die Hoffnung auf Hedone. Über beiden, setzt er fort, stehe die Überlegung, was von ihnen besser oder schlechter sei, die, wenn sie zur gemeinsamen Meinung der Stadt geworden sei, den Namen Nomos trage. Der Erziehungsexkurs gipfelt im Marionettengleichnis: Der als eine Marionette von gegensätzlichen Schnüren, Hedone und Lype, gezogene Mensch müsse der goldenen Leitung des gemeinsamen Nomos der Stadt Folge leisten, der den Logismos der gesamten Polis über Hedone und Lype darstelle (644 D - 645 C).

Die Paideia soll demnach den vollkommenen Bürger durch die Einprägung der im Nomos enthaltenen und auf menschlichem oder göttlichem Wissen (645 B) beruhenden Norm

---

2) Nach R.C. LODGE (1947, S. 15-38) hat Platon eine positivere Einstellung zu dieser Art Erziehung als damals üblich war.

ausbilden.[3] Mit Hilfe der Paideia kann die Ordnung der Stadt verwirklicht werden: Dies bedeutet die Herrschaft des Noetischen im einzelnen (vgl. 645 A 5 - B 1). Der Exkurs über die Erziehung beginnt mit einer auf die Kindheit begrenzten Bestimmung der Paideia, gipfelt jedoch im Marionettengleichnis mit seinem umfassenden Ziel der Ausbildung, die sich auf das ganze Leben erstreckt (vgl. den Übergang in 644 A-B) und die erste Definition weit überschreitet. Die noetische Herrschaft spiegelt sich in der Anpassung des einzelnen an die Ordnung der Stadt wider, und die menschliche Physis erfüllt sich in der waltenden Polisnorm.

Im 2. Buch der 'Nomoi' findet sich noch eine Definition der Paideia:

> " Ich sage also, daß für die Kinder die erste kindliche Empfindung Hedone und Lype sind und daß diese es sind, durch die Arete und Kakia zum ersten Mal in der Seele auftreten. Hinsichtlich der Einsicht und der wahren festen Meinungen ist es ein großes Glück für jemanden, sie zu besitzen, auch wenn sie bei ihm erst gegen das hohe Alter vorkommen sollten. Vollkommen ist jedenfalls ein Mensch, der sie und die mit ihnen verbundenen Güter besitzt. Paideia nenne ich ja die erstmals bei den Kindern entstandene Arete: Wenn Hedone und Freundschaft und Lype und Haß auf richtige Weise

---

3) An dieser Stelle gibt es keine Gleichsetzung von Vernunft, Bildung und Gesetz, wie A. WEIHER (1934, S. 150f.) vertritt, denn die Vernunft ist der Grund und die Ursache des Gesetzes, während die Paideia sich nicht im Gesetz erschöpft.

in der Seele derer entsteht, die noch nicht imstande sind, den Logos zu begreifen,[4] und wenn die Gefühle nach dem Begreifen des Logos mit ihm darin übereinstimmen, daß[5] sie durch die gebührenden Gewohnheiten richtig erzogen worden sind, ist diese Übereinstimmung die gesamte Arete; wenn du mit dem Logos den Teil absonderst, der in der richtigen Erziehung hinsichtlich der Hedone und der Lype besteht, so daß man von Anfang an bis zum Ende haßt, was man hassen, und liebt, was man lieben soll, und ihn Paideia nennst, dürftest du ihn wohl meiner Ansicht nach richtig bezeichnen" (653 A-C).

Die hier vorgetragene Definition der Erziehung stimmt mit der begrenzten Bedeutung der Paideia in der Stelle des 1. Buches überein (vgl. o. S. 349 f. und G. MÜLLER 1935, S. 9ff.). Die Ausbildung der Kinder soll die Grundlage schaffen, die später in der Haltung des Erwachsenen ihre rationale Erklärung findet. Es handelt sich um eine sittliche Bildung, die dennoch die Entwicklung des Noetischen ermöglicht, indem sie das Kind für dessen Herrschaft vorbereitet. Paideia hat hier nicht den weiteren Sinn von Pflege des Noetischen und seiner Herrschaft, der im Marionettengleich-

---

4) Nach der Auffassung G. MÜLLERS (1935, S. 8), der λόγον wie Eusebius (Praeparatio Evangelica 11, 18, 4, 592 a 9) und E. des PLACES (1951, z. St.) statt λόγῳ wie die Codices und BURNET liest.

5) Nach O. APELT (1916-1923, VII, S. 232 Anm. 3), E.B. ENGLAND (1921, I, z. St.), G. MÜLLER (1935, S. 8) und K. SCHÖPSDAU (1977, S. 432 Anm. 3 zu S. 79) gegen die Lösung G. STALLBAUMS (1859-1860), z.St.), der ein τῷ hinter λόγῳ hinzufügt. Die εἰθίσθαι-Klausel erklärt den Einklang der früheren Handlung mit dem rationalen Logos.

nis vorkam; sie verwirklicht die Ordnung des Nomos in der Seele des Kindes, aber ohne rationale Begründung, nur durch Gewöhnung. Diese Vorstellung der Paideia hat Gemeinsamkeiten mit der banausischen Paideia: Auch bei dieser handelt es sich um eine Gewöhnung des Kindes, die es auf die Erlangung der seinen Beruf betreffenden Arete vorbereitet. Die vollkommene Arete besteht nach dieser Stelle erst dann, wenn die Selbstherrschaft durch rationale Überzeugung entsteht. Eine andere Passage des 2. Buches erklärt diese Bedeutung der Paideia:

> "Die Rede scheint mir zum dritten oder zum vierten Mal im Kreis herum zum selben Punkt zu gelangen, nämlich daß die Paideia das Hinziehen und Hinleiten der Kinder zu dem Logos ist, der vom Nomos als richtig erklärt wurde und auch den Tüchtigsten und Ältesten wegen ihrer Erfahrung wirklich richtig zu sein scheint, damit die Seele des Kindes sich nicht daran gewöhnt, in der dem Nomos und den vom Nomos Überzeugten entgegengesetzten Weise sich zu freuen oder zu leiden, sondern damit sie ihnen folgt, indem sie über dieselben Dinge Freude oder Schmerz empfindet wie ein Greis..." (659 C-E).

Die angeführten Stellen zeigen, daß der Nomos und die von ihm dargestellte Norm als das Fundament und das Ziel der bürgerlichen Paideia erscheinen.

* * * * * *

Nach Platon ist die politische Ordnung die beste und schönste Tragödie,[6] die die gute Stadt verwirklicht; denn sie ist eine Nachahmung des besten und schönsten Lebens (Leg. 7, 817 B).[7] Das Drama kann nur vom wahren Nomos (νόμος ἀληθής) vollbracht werden, er ist eine Hoffnung, der Zweck des politischen Lebens, und bleibt als Ziel der menschlichen Existenz ein Vorbild, nach dem die Bürger ihr Verhalten richten müssen. Durch die Nachahmung des Nomos wird der Mensch zum Abbild der vom Nomos reflektierten kosmischen Ordnung, was sowohl durch mechanische Nachahmung in der ersten Jahren als auch durch intellektuelles Begreifen als Erwachsener geschieht. Das Gesetz wird so zum Grund und Ziel der gesellschaftlichen Ordnung: Es ist ihre Ursache und ihr Zweck. Deshalb heißt es im 12. Buch der 'Nomoi', daß die richtig erlassenen Gesetze die mächtigsten aller Lernstoffe seien, damit der Lernende besser werde (957 C). Das politische Leben wird durch den Nomos gestaltet: So wird er zu einem ausbildenden Faktor und selbst zum Teil der Paideia. Der Mensch wird durch den Nomos zum Menschen (Leg. 9,

---

6) P. FRIEDLÄNDER (1964[3]-1975[3], III, S. 68f.) sieht im Dialog das Drama des Idealstaates (vgl. I, S. 129).

7) Protagoras vertritt die Ansicht, daß die Kinder von der Polis zum Lernen des Nomos und zum Leben nach dessen Vorbild gezwungen werden. Der Mensch müsse seine Handlungen im öffentlichen Bereich hinsichtlich des Regierens und Regiert-Werdens nach den Entdeckungen des alten und guten Gesetzgebers richten (Prot. 326 C-E). Diese Vorstellung steht der Auffassung Platons sehr nahe.

874 E - 875 A).[8]

Diese Auffassung der Beziehung zwischen Nomos und Paideia ist auch der 'Politeia' nicht fremd. Wie schon R.C. LODGE (1947, S. 64) bemerkte, entsprechen die Vollbürger der 'Nomoi' den Wächtern der 'Politeia', Gerade im Zusammenhang mit ihrer Erziehung vernimmt man ähnliche Töne über das Verhältnis des Nomos zur Paideia. So heißen die Nomoi, die die von den Dichtern zu verkündende Gottesvorstellung bestimmen, Typoi (2, 383 C), d.h. sie gestalten das Verhalten der Bürger (vgl. A.C. BAYONAS 1965-1966, S. 106). Die Wächter sind Diener der Dogmata der Philosophenherrscher (3, 414 B; vgl. 413 C, 412 E); ihre Tapferkeit wird im 4. Buch als die Bewahrung der vom Gesetz vermittels der Erziehung erzeugten Meinung über das Furchtbare beschrieben (429 B; vgl. 429 E - 430 B).[9] Hier wie in den 'Nomoi' hat das Gesetz die Aufgabe, den Bürgern die vom Nomos dargestellte Norm einzuprägen. Ähnlicherweise wird am Ende des programmatischen Teils des 'Politikos' als Ziel des Politikers und Gesetzgebers die Einprägung der richtigen Meinung über das Gute, Gerechte und Schöne in die Seele derjenigen angegeben, die an der Paideia teilhaben (309 C-D), ein Ziel, das durch

---

8) J. STENZEL (1928, S. 114) faßt den erzieherischen Charakter des Staates folgendermaßen zusammen: "Der Staat ist Seele, indem er jeglichem Tun den objektiven Sinn gibt, der die Seele des einzelnen 'rettet', sie 'bewahrt', d.h. wie in der 'Politeia' immer und immer eingeschärft wird, den einzelnen einer naturgegebenen, wesenhaften Ordnung einfügt. Diese Ordnung ist der Gehalt seines Denkens und Tuns, sie macht sein Tun zu einem seelischen, sie macht ihn selbst zu einer Person, zum Ich." Man darf hinzufügen, daß der Nomos die Ordnung des Staates ist. Die erzieherische Funktion des Nomos unterstreicht J. STENZEL (1928) auf S. 115f.

9) Eine ähnliche Forderung über die Erziehung der Archonten findet sich in Leg. 6, 751 C-D.

die Nomoi zustande kommt (310 A).

2. Die Philosophische Paideia

Eine Stufe der Erziehung ragt über den Nomos hinaus: Die philosophische Paideia erhebt den Menschen zu den letzten Prinzipien und setzt ihn in die Lage, selbst Nomoi zu gestalten (vgl. zu dieser letzten Stufe der Erziehung o. S. 92 ff.). In einem Wortspiel in der 'Politeia' wird dieser Teil der Paideia mit einem musikalischen Nomos verglichen (7, 531 D-E, 532 A). Die Philosophie untersucht die Grundlagen der Ordnung der Welt und ermöglicht ihre Verwirklichung in der Gesellschaft. Die Sophia ist das Fundament des Nomos und das letzte und oberste Ziel der Paideia.

Eine ähnliche Auffassung wird am Ende der 'Nomoi' vertreten (12, 967 D - 968 E). Philosophie (ἡ μοῦσα)[10] und Theologie werden zum Fundament der Ausbildung des nächtlichen Rates gemacht (967 E- 968 A). Die Einrichtung des nächtlichen Rates wird von der Voraussetzung abhängig gemacht, daß seine Mitglieder über das philosophische Wissen verfügen, und dies kann nur das Resultat einer Belehrung mit langem Zusammensein (διδαχῇ μετὰ συνουσίας πολλῆς , 968 A 6) sein, eine Wendung, die an die Stelle des 7. Briefes (341 C 6-7) stark erinnert (vgl. G. MÜLLER 1952, S. 32)[11].
Diese Ausbildung hängt nach dem Athener von drei Bedingun-

---

10) Die eigentliche Bedeutung dieses Wortes ist von H. CHERNISS (1953, S. 377 Anm. 1) durch Parallelstellen in Platons Werk erklärt worden.

11) Im Gespräch zwischen dem Athener und Kleinias findet ein Übergang statt von der Frage nach der Einrichtung des nächtlichen Rates und der Gesetze, die sei-

gen ab: die geeigneten Physeis (968 C 9 - D 3), die richtigen Lernstoffe (D 3-4) und die passenden Zeiten, in denen

---

ne Befugnisse regeln sollen, zu der Paideia, die als Voraussetzung für diese Institution und ihre Befugnisse zu verstehen ist. Im Vordergrund steht ab 968 A 4 die Einsetzung des nächtlichen Rats (bes. 968 A 5 - B 2), wo die Paideia als Voraussetzung schon erwähnt wird (vgl. γενόμενον B 1; das von G. MÜLLER 1968, S.195, und K. SCHÖPSDAU 1977, II, S. 564 Anm. zu S. 507, ohne Angabe der Gründe von H. CHERNISS 1953, S. 373 Anm. 1 geforderte γενομένους hätte hier eine eindeutige und nicht zu ignorierende Vorwegnahme, in der das Hauptgewicht der Phrase zum Ausdruck kommt, wie E.B. ENGLAND 1921, z. St., treffend bemerkte). KLEINIAS' Antwort bezieht sich eindeutig auf einen Teil des Vorschlags, nämlich die Einsetzung des nächtlichen Rates (968 B 3-4). Die Erwiderung des Atheners rollt noch einmal die Frage der Paideia auf (vgl. ἁμιλλᾶσθαι, s. Leg. 5,731 A vom Bürger, der um die Arete wetteifere;ἅμιλλα ἀρετῆς 731 B 1; vgl. Resp. 6, 490 A 8-9 τὸ ὂν πεφυκὸς ἁμιλλᾶσθαι ὅ γε ὄντως φιλομαθής ; und συλλήπτωρ, s. Symp. 218 D, Sokrates ist nach Meinung des Alkibiades der beste συλλήπτωρ, um besser zu werden). Nach einem neuen Mißverständnis des Kleinias (τρόπος: "statutory constitution" richtig E.B. ENGLAND 1921, II, z. St., der auch die doppelte Gesprächsebene hervorhebt) weist der Athener darauf hin, daß noch keine Gesetze über die Ratsbefugnisse (περὶ τῶν τοιούτων C 3-4, gegen G.R: MORROW 1960, S. 513 Anm. 22 und K. SCHÖPSDAU 1977, z. St.) erlassen werden können, sondern erst nach Einrichtung des Rates, die, wie oben gezeigt, eine richtige Paideia (ὧν in C 5 bezieht sich auf die notwendigen Kentnisse; vgl. G.R. MORROW 1960, S. 513 Anm.22 und G. MÜLLER 1967, S. 194 Anm. 2) zur Voraussetzung hat, kann die Funktion des Rates durch seine Mitglieder gesetzlich geregelt werden (richtig H. CHERNISS 1953, S. 373 Anm. 1). Was diese Kenntnisse (τὰ τοιαῦτα, verschieden von τοιούτων,in C 4 gegen G.R. MORROW 1960, S. 513 Anm. 22) ermögliche, sei eine langwierige, persönliche Belehrung, wenn sie richtig sein soll. Die überraschte Frage des Kleinias (C 8) zeigt, daß er jetzt auf das eigentliche Anliegen des Atheners aufmerksam geworden ist. Das Weitere stellt die Frage dahin und weist darauf hin, daß eine gesetzliche Regelung des Stoffes unmöglich ist.

das Mathema vermittelt werden kann (D 4 - E 2). Da das letztere nicht gesetzlich geregelt werden kann, sondern von Fall zu Fall unterschiedlich ist, bezeichnet der Athener die betreffenden Kenntnisse als ἀπρόρρητα (E 2-5) und nicht als ἀπόρρητα, wobei der Schluß nahe liegt, daß sich diese Erziehung einer verallgemeinernden Gesetzgebung entzieht, denn der Lernstoff kann nur der richtigen Natur zur entsprechenden Zeit verkündet werden.

Platon sieht demnach drei verschiedene menschliche Haltungen: Die Unwissenheit, die auf der richtigen Meinung des Nomos fundierte Lebensweise und das Leben des Philosophen, der über dem Nomos steht, aber mit ihm übereinstimmt. Im 'Phaidon' wird eine volkstümliche und politische Tugend erwähnt, die aus der Dikaiosyne und der Sophrosyne und ohne wissenschaftliches Wissen zu erwerben ist (82 A-B; vgl. Leg. 12, 968 A). Sie wird vom Nomos gefördert und gehört zu seinem Bereich (vgl. F. EGERMANN 1959, S. 133f., 137f.). Auf sie führt die Paideia im kindlichen Alter hin, der Nomos vervollkommnet sie (vgl. R. von PÖHLMANN 1893-1901, I, S. 314ff.; V.R. GOROSPE 1965/1966, S. 167). Nach ihr richten sich alle Gesellschaftsmitglieder, sowohl im Staat der 'Politeia' wie in der Polis der 'Nomoi' (R. von PÖHLMANN 1893-1901, I, S. 315)

II. Ergebnisse

Die Beziehung zwischen den verschiedenen Paideiaformen und dem Nomos lassen sich folgendermassen darstellen:

P A I D E I A	Z I E L
philosophische	Sophia
bürgerliche	Nomos/volkstümliche Tugend
banausische	entsprechende Techne

Die bürgerliche Paideia, deren Inhalt der Nomos ist, nimmt eine mittlere Stellung zwischen der philosophischen und der banausischen ein. Auch der Erkenntniswert des Nomos als Dogma der Stadt liegt in der Mitte zwischen der vollkommenen Weisheit der Philosophen und dem Geschick des Handwerkers. Die von ihm produzierte volkstümliche Arete hat sicher auch einen mittleren Wert zwischen der Arete des Philosophen und der auf seinen Gegenstand bezogenen Tugend des Demiurgs. So erklärt sich die Definition des Nomos als τῆς πόλεως δόγμα: Er ist Doxa, Meinung, die auf der Wissenschaft des Philosophen oder auf der Erfahrung beruhen kann. Er kann aber auch falsch oder richtig sein. Er liegt zwischen Erkenntnis und Unwissen (vgl. Resp. 5, 478 B - 479 D; Symp. 202 A; vgl. E. BURLE 1908, S. 310).

NACHWORT

Die Beziehung zwischen Politik und Ontologie, wie sie sich im Nomosbegriff widerspiegelt - das Hauptanliegen dieser Arbeit und eine von der Forschung bisher nicht genügend geklärte Frage -, weist auch bei einer sich auf das geschriebene Werk beschränkenden Betrachtung auf Grundaspekte der Prinzipienphilosophie. Die in den letzten dreißig Jahren von der Platon-Wissenschaft erarbeiteten Ergebnisse haben sich als fruchtbar für die Interpretation der politischen Lehre der Gründer der Akademie erwiesen. Das von der Nomoslehre als dem Kern von Platons Politik der Fachliteratur aufgeworfene Problem, nämlich die Vereinbarung der Unterschiedlichkeiten der positiven Gesetze mit dem Gültigkeitsanspruch des Nomos, läßt sich mit dem Instrument der Elementenphilosophie besser verstehen: Es lag im Zentrum der platonischen Überlegungen und wurde mit der Dialektik von Einheit und Vielheit und mit der Analogie als dem Strukturgesetz des Seins betrachtet und gelöst. Platon arbeitete die Ergebnisse der damaligen Wissenschaft auf, nahm verschiedene Ansichten der sophistischen Kritik auf und brachte die neuen Ansätze zu einer Synthese mit den Werten der Tradition.

Dabei ist die Art und Weise, wie Platon Tradition und Neuerung kombinierte, bemerkenswert. Platons Nomosvorstellung wurzelt in der griechischen Polisordnung: Er schöpft aus der Urbedeutung des Wortes und versteht Nomos als eine rationale, verbindliche Norm, deren Ziel das Hervorbringen der Arete der Seelenaffekte ist und deren Ordnung in einer rationalen Verteilung und Zuschreibung besteht. Schon im Sprachgebrauch ist seine Absicht bemerkbar, dem Wort auf der Grundlage der Tradition eine neue Dimension zu verleihen:

Mit Nomos greift er auf eine Polisvorstellung zurück, die tief im religiösen Leben der Gemeinschaft ihre Grundlage hatte.[1] Die vom Nomos hervorgebrachte Verteilung soll in der Gesellschaft und im einzelnen die richtige Hierarchie verwirklichen und läßt die Sozietät auf diese Weise zum Abbild der Ideenwelt werden.

Die vom Nomos geordnete Gesellschaft und der dem Gesetz folgende Mensch nehmen durch die Verwirklichung der Norm am Sein teil, wodurch der Nomos die Seinsweise der Gemeinschaft bestimmt. Die zuteilende Funktion des Nomos kommt wiederum darin zum Ausdruck, daß er eine hierarchische Wertskala in Kraft treten lassen muß und jeder Bereich des Menschlichen Lebens eine genaue Stellung in dieser Hierarchie erhält. Diese Wertordnung erkennt das Noetische als das Führende an und stellt das Gemeinsame und Einheitliche über das Individuelle und Verschiedene. Die Stadt wird so zum Abbild der Einheit, und der Nomos erhält seine letzte Begründung im Einen und Guten, während die von ihm realisierte Ordnung sich aus dem Verhältnis zwischen Einheit und Vielheit ergibt: Im geordneten Ganzen wird den verschiedenen Teilen eine genau determinierte Stellung zugeschrieben, wodurch die Einheit der Vielheit zustande kommt. Das Eine wird somit auf gesellschaftlicher Ebene mit dem Guten identifiziert und bildet Fundament und Ziel jeglicher gesellschaftlicher Organisation. Einheit in der Verschiedenheit im Kosmos, im Staat und im einzelnen Menschen präzisieren den Abbildcharakter der Welt des Werdens.

Die oben umrissene Auffassung des Nomos steht im

---

1) G.J. BAUDY (1983, S. 157-162) machte in letzter Zeit auf die religiöse Bedeutung des Nomos als Verteilungsordnung aufmerksam. Über Platons Sprachgebrauch vgl. G. RÖTTGER (1937) und K. von FRITZ (1938, S. 38-64).

Zusammenhang mit der Vorstellung von der Politik als einer Wissenschaft und Techne: Wer einen richtigen Nomos erlassen will, muß die Seinsordnung und die letzten Archai kennen; denn für die Politik kommt es darauf an, die Bedingungen der Beziehungen dieser beiden Prinzipien auf menschlicher und gesellschaftlicher Ebene zu analysieren, wobei die politische Techne deutlich als ein Zweig der philosophischen Erkenntnis erscheint.

Die Autorisierung des Nomos bezieht sich auf diesen Problemkreis, weil nur der Nus imstande ist, die Einheitlichkeit der Ideenwelt nachzuahmen und die letzten Prinzipien abzubilden (Epist. 7, 342 C-D). Der Nus des Gottes oder des Philosophen nimmt an dieser Ordnung teil und kann sie in die Gesellschaft vermitteln, so daß der Nomos als Erzeugnis des philosophischen und göttlichen Nus ein mittelbares Abbild der ideellen Ordnung darstellt. Die gesetzgeberische Kunst hat in der platonischen Philosophie erzieherischen und menschenbildenden Charakter und ist die erste und wichtigste Kunst innerhalb der Politik, die als Wissenschaft ein umfassendes Wissen über das Sein und die ontologische Ordnung des Kosmos voraussetzt und auf diese Weise zur praktischen Anwendung der Philosophie wird.

Der überwindende Charakter der platonischen Verbindung zwischen Tradition und Neuerung erweist sich vor allem in der Bestimmung des Nomos als Grenze, die den unbestimmten Hedonai und Lypai ein Maß zuweist. Indem der Nomos alle Aspekte des menschlichen und gesellschaftlichen Lebens zur richtigen Mitte der auseinanderfallenden Gegensätze führt und dadurch die Arete ermöglicht, wird das seinsverleihende Wesen des Nomos näher determiniert. Diese im Laufe der Untersuchung bis zu ihrer Konkretisierung in der Gesetzgebung verfolgte Auffassung des Nomos zeigt noch deutlicher die Beziehung dieses Begriffes zu der ungeschriebenen Unterweisung und verdeutlicht das Verhältnis zwischen Politik und

Seinslehre.

Platons Verwendung des mathematischen Modells für die Lösung der politischen und gesetzgeberischen Fragen und die Zurückführung der gesellschaftlichen Ordnung auf das generellere Strukturgesetz alles Seienden, die Analogie, weisen ein weiteres Gebiet auf, in dem sich die Ontologie mit der Politik verknüpft. Das Ziel von Platons 'Ontopolitik', eine nach richtigen mathematischen Proportionen organisierte Gesellschaft, wird zur Nachahmung des Seinsgefüges und erweist sich als ein besonderer Fall im gesamten Seinsaufbau. Die verteilende Funktion des Nomos erscheint in diesem Zusammenhang noch einmal als der Kerngedanke der platonischen Politik: Durch eine Verteilung der Aufgaben, die der richtigen geometrischen Gleichheit entspricht, verwirklicht der Nomos die Analogie der Stadt mit dem Seinsgefüge. Die von der Satzung hervorgebrachte geometrische Gleichheit ist das Band, das die menschliche Ordnung mit dem Kosmos und den Seinsprinzipien verbindet: Ihre Realisierung bringt eine hierarchische Strukturierung zustande, die Widerspiegelung der Seinstaxis ist und vom konkreten Verhältnis der beiden die Wirklichkeit bestimmenden Prinzipien, Einheit und Vielheit, abhängt.

Aber während diese Aspekte auf die Beziehung des Nomos zu dem einheitstiftenden Prinzip hinweisen und somit auf das Verhältnis Platons zur Tradition aufmerksam machen, zeigt sich in der Thematisierung des Gegensatzes Nomos-Physis der Einfluß der Sophistik auf Platon und zugleich die Originalität dieses griechischen Denkers. Die Unterschiedlichkeit der menschlichen Natur erfordert die Verschiedenheit des Rechtes; denn die Veränderlichkeit und Unstetigkeit des zu gestaltenden Stoffes macht die Anteilnahme an den Ideen als Kriterium des positiven Rechtes und die dadurch bedingte Verschiedenheit der konkreten juristischen Normen nötig. Platon erscheint somit als ein Denker, der sich auf die Lösung der von der Polis gestellten Probleme konzentriert: Seine politische Lehre will, auch wenn sie viele Ansätze der später in hellenistischer Zeit auftretenden Naturrechtslehre aufweist, auf dem Boden der sophistischen Kritik eine Erklärung für die Verschiedenheit der positiven Gesetze bieten und die Polisordnung weiterhin begründen, indem sie die Unterschiede als Ausdruck der ontologischen Gegebenheit versteht. Die Differenz der konkreten Satzungen wird als eine aus der Vielheit der Naturbedingungen und Veranlagungen sich ergebende Einheit und als notwendiges Resultat der Seinsordnung aufgefaßt. Hierbei macht Platon von den Ergebnissen seiner Archaiphilosophie Gebrauch: Der Nomos soll die gegensätzlichen Physeis zum Ausgleich führen; für diese Aufgabe muß der Gesetzgeber verschiedene Normen je nach der jeweiligen Natur des Volkes erlassen.

Die Leistung der platonischen Lehre besteht demnach nicht nur in der Erforschung der allgemeinen Normen und ihrer Beziehung zum positiven Recht, sondern auch in der Ausarbeitung der Bedingungen für die Verschiedenheit des Rechtes: So wie es verschiedene Konkretisierungen einer Idee gibt, müssen auch unterschiedliche Abbilder der einzig richtigen Ordnung existieren. Der Nomothet soll bei der Gesetzgebung verschiedene Faktoren in Betracht ziehen: Das geschichtliche Moment, die geographischen Bedingungen und auch die ethnischen Voraussetzungen spielen eine gewisse Rolle. Der wissenschaftliche Charakter der Legislation konkretisiert sich also nicht nur in der Erforschung der Ideen- und Prinzipienordnung, sondern auch in der Erkenntnis der konkreten Gegebenheiten, in die diese Seinsordnung vermittelt werden muß. Einheit und Vielheit erscheinen wiederum als bestimmende Elemente von Platons Politik: Die Analyse der Beziehung dieser beiden letzten

Prinzipien aller Dinge zueinander erweist sich auch auf politischer Ebene als der Kern der Lehre.

Der letzte Teil dieser Untersuchung befaßt sich mit den verschiedenen Aspekten dieser Problematik und zeigt, daß Platon die Beziehung zwischen Einheit und Vielheit auf die Untersuchung der Staatsformen und ihrer Nomoi anwandte: Seine Theorie über den Wert der verschiedenen Verfassungsformen behandelt ein traditionelles Motiv der damaligen Forschung auf der Grundlage der Archaiphilosophie. Das Verhältnis zwischen Einheit und Vielheit bestimmt den relativen Wert der Staatsverfassungen und ihrer Nomoi im Kontinuum der Politeiai. Die Unterscheidung zwischen geschriebenen und ungeschriebenen Gesetzen und zwischen richtigen und unrichtigen Nomoi ist eine weitere Anwendung seiner Philosophie; ebenso die Differenzierung nach dem geschichtlichen Moment, nach den geographischen Bedingungen oder zwischen Griechen und Barbaren. Inwieweit Platons Philosophie von der konkreten Polisproblematik und zugleich von der Dialektik Einheit-Vielheit determiniert war, klärt sich durch die Betrachtung der von ihm der Stadt Athen unter den Gesellschaftsordnungen zugewiesenen Rolle: Als Modell für die politische Organisation in Hellas hat Platon einen Bund unabhängiger Staaten unter Führung seiner Vaterstadt entworfen.

Diese dialektische Erfassung der Beziehung zwischen Einheit und Vielheit auf menschlicher Ebene ist es, was die Originalität der platonischen Lehre eigentlich ausmacht und sie von den späteren Naturrechtstheorien unterscheidet. Das Bild der Politik zeigt sich auf diese Weise kongruent mit den ontologischen Grundsätzen. Das historische Geschehen wird auf dieser Grundlage interpretiert, und die Beziehung der verschiedenen Regierungsformen zueinander treten in neues Licht.

Zuletzt wird die gestalterische, pädagogische Funktion des Nomos untersucht. Als Vorbild für die Erziehung der Bürger ist er selbst ein edukativer Faktor,der als Abbild des philosophischen Wissens zu betrachten ist. Der Nomos ist also von großem Belang für die Herstellung der Einheit in der Seele des Menschen. Erzieher, Politiker und Demiurg sind letzlich drei analoge Gestalten, da sie durch ihre Anweisungen und ihre Kunst Ordnung in einer ungeordneten Masse schaffen, die Vielheit bestimmen und zur geordneten Nachahmung der Einheit bringen. Der Nomos bildet den Bürger und erhält somit eine mittlere Stellung zwischen der philosophischen Paideia und der banausischen Ausbildung.

* * * * * *

Die oben umrissenen Ergebnisse der vorliegenden Untersuchung erklären aber nicht nur die Beziehung der politischen Philosophie Platons zu seinen Vorgängern und lassen die erstere mit der allgemeinen platonischen Seinslehre kongruieren, sondern könnten auch dazu beitragen, die Stellung des Gründers der Akademie in der Entwicklung der politischen Philosophie bei den Griechen besser zu verstehen. Im besonderen sind hier neue Ansätze für das Verständnis des Verhältnisses zwischen Platons Politik und der Lehre des Aristoteles zu erwähnen, vor allem der Gegensatz zwischen dem 'Theoretiker' Platon und dem 'Praktiker' Aristoteles.[2] Eine genauere Behandlung würde zeigen, das es sich um eine einseitige Betrachtung des Dialogwerks

---

2) C. LORD (1978) hat am Beispiel der im 7. Buch der 'Politik' behandelten Lehre über die Beziehung zwischen Politike Techne und Philosophie darauf aufmerksam gemacht, wie in diesem Fall die übliche Unterscheidung zwischen beiden Denkern den Tatsachen nicht entspricht.

handelt, die die ontologische Perspektive, wie sie hier vorgetragen worden ist, ausschließt. Die Nachwirkung der platonischen Nomoslehre kann hier nicht im einzelnen verfolgt werden, ich möchte aber auf einige partielle Aspekte hinweisen, die zeigen, daß die Gesetzestheorie des Aristoteles aus Grundgedanken der platonischen Politik schöpft.

Aristoteles teilt mit Platon nicht nur die Auffassung, daß der Nomos Ordnung ist (Politica 3, 16, 1287 a 18) und daß dem Gesetz große Bedeutung bei der Erziehung der Bürger beizumessen ist - Aspekte, die beide Denker mit der Tradition gemeinsam haben: Auch bisher als typisch aristotelisch bestrachtete Ansichten seiner Gesetzeslehre weisen platonische Herkunft auf.

Die auf Sokrates zurückgehende Gleichsetzung des Gesetzlichen mit dem Gerechten, die erst durch Platons Philosophie ihre ontologische Begründung erfährt, erscheint auch als der Kern der aristotelischen Politik: Die Nomoi haben das Ziel, Glückseligkeit zu bewirken und zu bewahren, wobei sie die Arete jeder Handlung hinsichtlich der Hedone und der Lypai sowie die vollkommene Arete, die Dikaiosyne, bestimmen (Ethica Nicomachea 1,1,1094 a 28 - 1094 b 11; Ethica Nicomachea 5, 1, 1129 b 11 - 1130 a 13). Die vom Nomos in diesem Zusammenhang ermöglichte Ordnung setzt eine hierarchische Rangordnung voraus, die die Eudaimonie aus dem Vorrang des Seelischen vor dem Körperlichen und den äußeren Gütern ableitet (Politica 7, 1, 1323 a 14 - 1323 b 21) und in der Seele selbst die Herrschaft des vernünftigen Teils postuliert (Politica 7, 14, 1333 a 16 - 1333 b 5, bes. 1333 a 33-39). Diese Auffassung des Nomos läßt sich schwer auf eine 'praktische' Haltung des Aristoteles zurückführen; sie findet in einer in der Akademie auf der Grundlage der Prinzipienphilosophie formulierten Politik ihren wahrscheinlichen Ursprung.

Der Nomos wird von Aristoteles ferner dem Gott und

dem Nus gleichgesetzt, als Nus ohne Begierde (ἄνευ ὀρέξεως νοῦς) definiert (Politica 3, 1287 a 28-32) und auf die politische Kunst bezogen, als deren Produkt er erscheint (Ethica Nicomachea 10, 9, 1181 a 23; vgl. Politica 7, 14, 1333 a 11-16; Ethica Eudemia 1,5,1216 b 16-19). Die vom Nomos definierte Arete ist bei Aristoteles wie bei Platon eine Mitte zwischen Extremen (Ethica Nicomachea 2,6,1106 b 23 - 1107 b 27); der Nomos selbst tritt als Mitte auf (Politica 3, 16, 1287 b 4-5) und bestimmt eine unbestimmte, sich ständig verändernde und als Materie die allgemeine Bestimmung des Nomos aufnehmende Natur (Ethica Nicomachea 5, 10, 1137 b 14-24). Schließlich sind andere sonst nicht erklärbare Aspekte der aristotelischen Nomoslehre wie z. B. der Vorrang der ungeschriebenen Gesetze (Politica 3, 16, 1287 b 4-8) aus ihrem platonischen Ursprung verständlich.

Eine solche Darstellung der Philosophie des Stagiriten würde wahrscheinlich den künstlichen Gegensatz zwischen dem 'Theoretiker' und dem 'Praktiker' überwinden und ein neues Bild der aristotelischen Politik zeichnen. Vor allem die Frage des Naturrechts, in der man bisher den Hauptunterschied zu Platon feststellte,[3)] würde in ein neues Licht rücken: Die Antwort des Aristoteles. auf die sophistische Entgegenstellung zwischen Nomos und Physis, nämlich daß jede richtige von der Natur der Sache erforderte Ordnung verschiedene Gesetze verlange (Ethica Nicomachea 5, 7, 1134 b 18 - 1135 a 5)[4)] und die daraus abgeleitete Notwendig-

---

3) Diese Auffassung wird von M. VILLEY (1975^4, S. 43, 50f., 55) auf paradigmatische Weise zum Ausdruck gebracht.

4) In letzter Zeit haben M. VILLEY (1975^4, S. 52f.) und P. AUBENQUE (1980, S. 153f.) auf die aristotelische Intepretation der Verbindung zwischen Gesetz und Natur sowie auf die Beziehung des Naturgesetzes zu dem positiven Recht hingewiesen und den Unterschied zu den späteren Naturgesetzestheorien hervorgehoben.

keit, die konkreten Bedingungen der Physeis zu untersuchen, würden tiefreichende Spuren platonischen Einflusses, zumal der poliszentrierten platonischen Politik, zeigen.

Sicherlich ließe sich die Nachwirkung der platonischen Philosophie nicht nur bei Aristoteles und in der Umgebung der Akademie näher präzisieren, sondern auch in späteren Strömungen wäre der radikale Einfluß Platons auf die Nomoslehre feststellbar. Als Beispiel möge die auf dem Boden der sokratisch-platonischen Gleichsetzung des Gerechten mit dem Gesetzlichen erwachsende stoische Gesetzestheorie (Kleanthes, Fragment 558, H. von ARNIM 1903 - 1924,I, S. 27; Chrysipp, Fragment 613, 614, H. von ARNIM 1903-1924, III, S. 158) dienen, die mit ihrer Fundierung des Nomos in der Arete und im Kosmos in die Nähe der politischen Lehre des Gründers der Akademie rückt, indem sie das Gesetz als Bestimmung der menschlichen Tugend versteht (Chrysipp, Fragment 314, H. von ARNIM 1903-1924, III, S. 77).[5)]

Der Wert des Nomos als Ordnung und als Erziehungs- und Führungsfaktor des menschlichen Lebens wird von den Stoikern noch höher als von Platon eingeschätzt und ins Zentrum ihres System gestellt, indem sie die partikulären Nomoi auf das kosmische Gesetz beziehen und das menschliche Leben als dessen Erfüllung betrachten (Chrysipp, Fragment 316, 320, H. von ARNIM 1903-1924, III, S. 78f.). In dieser Interpretation des Nomos spielt das Zuschreibende und Zuteilende eine entscheidende Rolle (vgl. Chrysipp, Fragment 315, H. von ARNIM 1903-1924, III, S. 78).

---

5) M. ISNARDI PARENTE (1980) hat auf die Beziehung der stoischen Nomoslehre zum platonischen Gesetzesbegriff unter verschiedenen Aspekten aufmerksam gemacht (vgl. bes. S. 77-81). Die kosmische Fundierung der Ethik bei der Stoa führt M. FORSCHNER (1981, S. 17f.) auf Platon zurück.

Gesetzgebung und Erziehung werden als Technai verstanden, die nur vom Weisen richtig ausgeübt werden können (Chrysipp, Fragmente 611, 613, 616-622, 655, H. von ARNIM 1903-1924, III, S. 157 ff.), der als Abbild Gottes die Gesetze der menschlichen Stadt erlassen sollte. Die Beziehung dieser Auffassung zu der platonischen Vorstellung vom König-Philosophen ist schon seit der Antike hervorgehoben worden und braucht deshalb hier im einzelnen nicht wieder dargestellt zu werden.

Die Stoiker aber identifizieren das Gesetz mit der Ratio (Chrysipp, Fragmente 315-317, 319, H. von ARNIM 1903-1924, III, S. 78 f.), und das richtige Gesetz gibt die Normen der Natur wieder, die mit der menschlichen Physis, der Vernunft zusammenfallen (Chrysipp, Fragment 317, H. von ARNIM 1903-1924, III, S. 78). Die Abhängigkeit des Gesetzes vom Nus, die die platonische Lehre charakterisiert, wird so rückgängig gemacht; denn die Weisheit des Philosophen ist hier nicht mehr als Vermittlung einer höheren Ordnung in eine sich ständig ändernde Wirklichkeit verstanden, sondern nur als Widerspiegelung einer kosmischen, materiellen,in sich selbst schon vollkommenen Ordnung betrachtet.[6)]

Gleichheit und Differenz der stoischen Lehre gegenüber der platonischen Politik werden vom Ontologischen her verständlicher: Während Platon zwei Prinzipien als die Elemente der Wirklichkeit sah, suchten die Stoiker in der materiellen Physis den Grund alles Seins. Bei Platon ist die Gesellschaft eine vom Nomos und von der Techne gestaltete Ordnung; für die Stoiker hingegen stellt die Realität

---

6) M. ISNARDI PARENTE (1980, S. 77-81) unterstreicht die unterschiedliche Bewertung der Beziehung zwischen Nomos und Weisen bei den Stoikern und bei Platon.

so, wie sie ist, die Normen und die Struktur des Seins dar. Dabei müssen die menschliche Vernunft und deren Produkt, der Nomos, nicht in Hinblick auf die höheren Normen die menschliche Ordnung gestalten, und die Techne tritt nicht mehr als Ersatz für die Unvollkommenheit der menschlichen Physis ein, sondern sie alle fallen lediglich mit der Ordnung zusammen, die sie widerspiegeln: Der Weise nimmt an dem Weltgesetz teil, das alles ordnet, und muß sich vor allem der Übereinstimmung seines Handelns mit dem Koinos Nomos bewußt werden.[7] Da die Einheit der Welt jetzt im wahrnehmbaren Kosmos selbst und nicht in einem transzendenten Prinzip begründet ist, wird der Wert der Politik stark relativiert.

In der Frage des Determinismus und des Naturgesetzes scheint sich die Stoa von Platon am meisten zu unterscheiden; und dennoch gibt es auch hier Berührungspunkte: Die stoische Vorstellung der Heimarmene als einer Reihe von allen Ursachen (series causarum, Chrysipp Fragment 933, H. von ARNIM 1903-1924, II, S. 268) findet einen Vorläufer in den Nomoi des Schicksals bei Platon.

Für die Stoiker bestimmt das Schicksal aber alle Ereignisse in der Welt (Chrysipp, Fragment 979, H. von ARNIM 1903-1924, II, S. 285 f.; s. auch Fragmente 913, 928-933, H. von ARNIM 1903-1924, II, S. 265-268) und bezieht sich nicht nur auf das menschliche Leben. Immerhin zeigen beide Vorstellungen die kosmische Fundierung der Ethik in einer rationalen Naturordnung, wobei die Stoiker die Heimarmene

---

7) Inwiewiet im stoischen System die menschliche Freiheit, in der die Möglichkeit einer Ethik gründet, gewährleistet bleibt, war in letzter Zeit Gegenstand verschiedener Untersuchungen; vgl. A.A. LONG (1971), R. SORABJI (1980) und M. FORSCHNER (1981, S. 98-113), der den letzten Stand der Diskussion referiert.

mit dem göttlichen Nus und mit Gott zu identifizieren scheinen (Chrysipp, Fragmente 929, 931, H. von ARNIM 1903-1924, II, S. 267), während Platon sie als vom Demiurg erlassene Gesetzgebung und daher von ihm abhängig verstand.[8)]

Die stoische Nomoslehre, die die Beziehung der positiven Satzungen zu diesem die Einheit des als Polis begriffenen Kosmos gewährleistenden Weltgesetz unterstrich, stand hier in einem Gegensatz zu der platonischen Theorie, der vielleicht in der gegen Platon polemisierenden 'Politeia' des Zenon und ihrem Ideal eines sich den üblichen Städten und ihren unterschiedlichen Nomoi entgegenstellenden Weltstaates (Fragment 262, H. von ARNIM 1903-1924, I, S. 60f.) Niederschlag fand.[9)] Die stoische Lehre ist nicht nur unter anderen geschichtlichen Umständen entstanden,[10)] in denen die Poliswelt einer neueren politischen Organisation wich; der Unterschied zu der platonischen Politik erklärt sich auch aus den verschiedenen ontologischen Ansätzen. Da die Stoiker kein von der rationalen Ordnung der Welt abweichendes Prinzip annahmen, konnten sie den von der Sophistik thematisierten Gegensatz zwischen Nomos und Physis nur durch

---

8) K. REICH (1958) sieht den Ursprung des modernen Naturgesetzbegriffes im Peripathos, möglicherweise bei Straton, dem Nachfolger des Theophrast. Nach seiner Interpretation hat sich der Begriff in der Antike nicht auf die Mechanik bezogen, auf die die Vorstellung erst von den Philosophen des 16. und 17. Jahrhunderts übertragen wurde.

9) Es ist bemerkenswert, daß Plutarch (de Alexandri Magni fortuna aut virtute 329 A-B) in diesem Text die Auffassung des Zenon dem von Aristoteles Alexander erteilten Rat, Barbaren und Griechen unterschiedlich zu behandeln, entgegenstellt.

10) G. WATSON (1971) führt die später klassisch gewordene Vorstellung des Naturrechts auf Cicero zurück und leitet den Ursprung der stoischen Lehre aus den Bedürfnissen des damaligen römischen Reichs her.

die Behauptung von allgemein geltenden Normen überwinden. Dabei zeigt sich, daß sie Platons Lehre als Anregung aufnahmen und in ihrem Sinn weiterdachten.

A N H A N G

I. Textstellenregister

II. Sachregister

L I T E R A T U R V E R Z E I C H N I S

AALDERS, G.J.D. : Het Derde Boek van Plato's Leges. I: Prolegomena. Amsterdam 1943.

- - - - : Totalitaire Tendenzen in het Oud Hellas. Amsterdam 1953.

- - - - : Die Theorie der gemischten Verfassung im Altertum. Amsterdam 1968.

ACTON, H.B. : The Alleged Fascism of Plato. Philosophy, 13 (1938), S. 302-312. Jetzt in: Plato, Popper and Politics. Some Contributions to a Modern Controversy. Views and Controversies about Classical Antiquity. Edited by R. BAMBROUGH. Cambridge, New York 1967, S. 38-48.

ADAM, J. : The Republic of Plato. Edited with Critical Notes, Commentary and Appendices by J. ADAM. Cambridge 1905-1907.

AMATUCCI, A.G. : Besprechung von: GALLI, U. : Platone e il ΝΟΜΟΣ. Turin 1937. In: Bolletino di filologia classica, Nuova Serie 11 (1939), S. 62f.

ANDREWES, A. : Eunomia. Classical Quarterly, 32 (1938), S. 89-102.

ANNAS, J. : An Introduction to Plato's Republic. Oxford 1981.

APELT, O. : Zu Platons Gesetzen. Beigabe zum Jahresbericht über das Gymnasium Carolo-Alexandrium zu Jena von Ostern 1906 bis Ostern 1907. Jena 1907.

- - - - : Die Aufgabe des Staatsmannes. In: Platonische Aufsätze. Leipzig, Berlin 1912, S. 168-188.

- - - - : Platon. Sämtliche Dialoge in Verbindung mit K. HILDEBRANDT, C. RITTER und G. SCHNEIDER und mit Einleitungen, Literaturübersichten, Anmerkungen und Register versehen von O. APELT. Leipzig 1916-1923.

Archives de Philosophie: Besprechung von : GALLI, U. : Platone e il ΝΟΜΟΣ . Turin 1937. In: Archives de Philosophie, 15 (1939), S. 21.

von ARNIM, H. : Stoicorum veterum fragmenta collegit I. ab ARNIM.Stuttgart 1903-1923 (Nachdruck 1978-1979). Sammlung wissenschaftliche Kommentare.

- - - - : Die politischen Theorien des Altertums. Wien 1910.

AUBENQUE, P. : La loi selon Aristote. Archives de Philosophie du droit, 25 (1980), S. 147-157.

AUFRICHT, H. : Das Problem der Werthierarchie bei Platon. Zeitschrift für Öffentliches Recht, 18 (1939), S. 102-142.

BADHAM, Ch. : Platonis Philebus with Introduction and Notes by Ch. BADHAM. London, Edinburg 1855.

BAERTHLEIN, K. : Der Analogiebegriff bei den griechischen Mathematikern und bei Platon. Dissertation Würzburg 1957 (mekanographiert).

BALDRY, H. : Who Invented the Golden Age? Classical Quarterly, 46 (1952), S. 83-92.

BAMBROUGH, R. : Plato's Political Analogies. In: Philosophy, Politics and Society. Edited by P. LASLETT. Oxford 1956. S. 98-115.

BANNES, J. : Platon. Die Philosophie des heroischen Vorbildes. Berlin, Leipzig 1935.

BARION, J. : Macht und Recht. Eine Platon Studie . Krefeld 1947.

BARKER, E. : The Political Thought of Plato and Aristotle. London 1906 (Nachdruck New York 1959).

- - - - : Greek Political Theory. Plato and his Predecessors. London 1918 (Nachdruck 1964).

BARROW, R. : Plato, Utilitarianism and Education. London, Boston 1975.

BAUDY, G.J. : Hierarchie oder: Die Verteilung des Fleisches. Eine ethnologische Studie über die Tischordnung als Wurzel sozialer Organisation mit besonderer Berücksichtigung der altgriechischen Gesellschaft. In: Neue Ansätze in der Religionswissenschaft. Herausgegeben von B. GLADIGOW und H. KIPPENBERG. München 1983, S. 131-174. Forum Religionswissenschaft 4.

BAYONAS, A.C. : The Idea of Legislation in the Earlier Platonic Dialogues. Platon, 17 (1965), S. 26-113 und 18 (1966), S. 103-174.

BAYONAS, A.M. : Παρατηρήσεις ἐπι τοῦ νοήματος τῆς νομοθεσίας εἰς τὸ 'Συμπόσιον' τοῦ Πλάτωνος. In: χάρις K.I. Βουρβέρη Athen 1964. S. 251-271.

BEALE, L.W. : On appearing just and being unjust. Journal of Philosophy, 49 (1952), S. 607-614.

BEERETZ, F.L. : Die Bedeutung des Wortes ΦΥΣΙΣ in den Spätdialogen Platons. Dissertation Köln 1963.

BENN, A. : The Idea of Nature in Plato. Archiv für Geschichte der Philosophie 9 (1896), S. 24-29.

BEONIO BROCCHERI, V. : Trattato di storia delle dottrine politiche. Mailand 1934. Band 1: La dottrina dello Stato nella cultura ellenica.

BERGER, H.H. : Ousia in de dialogen van Plato, een terminologisch Onderzoek. Leiden 1961.

BERGK, Th. : Platos 'Gesetze'. In: Fünf Abhandlungen zur Geschichte der griechischen Philosophie und Astronomie. Leipzig 1883, S. 41- 116.

BERNEKER, E. : Zur griechischen Rechtsgeschichte. Herausgegeben von E. BERNEKER. Darmstadt 1968. Wege der Forschung 45.

BERRY, E.G. : The History and Development of the Concept of θεία μοῖρα and θεία τύχη down to including Plato. Chicago 1940.

BLOCH, E. : Das Prinzip Hoffnung. Frankfurt am Main 1959.

BÖCK, A. : In Platonis qui vulgo fertur 'Minoem' eiusdemque libros priores de legibus. Halen 1806.

BONITZ, H. : Aristotelis Opera ex recensione I. BEKKERI. Berlin 1831-1870. Band 5: Index Aristotelicus. Edidit H. BONITZ. BERLIN 1870 (2. Auflage 1961).

- - - - : Platonische Studien. 2. Auflage. Berlin 1875.

BORDES, J. : Politeia dans la pensée Grecque jusqu'à Aristote. Paris 1982.

BRAGUE, R. : En marge de la pharmacie de Platon de J. DERRIDA. Revue de Philosophie de Louvain, 71 (1973), S. 271-277.

BRANDWOOD, L. : A Word Index to Plato. Leeds 1976. Compendia. Computed Generated Aids to Literary and Linguistic Re-

search 8.
BREHIER, E. : Quelques traites de la philosophie de l'histoire dans l'antiquité classique. Revue d'Histoire et de Philosophie des Religions, 14 (1934), S. 38ff. Jetzt in: Etudes de philosophie antique. Paris 1955. S. 139ff.
BRENTJES, B. : Eine 'neue' Platon -Atlantis Deutung. Das Altertum, 27 (1981), S. 252f.
BRISSON, L. : Le mythe de Protagoras. Essai d'analyse structurale. Quaderni Urbinati di Cultura classica, 20 (1975), S. 7-37.
BROCKHAUS : Enzyklopädie in zwanzig Bänden. Wiesbaden 17. Auflage 1966-1981.
BRONEER, O. : Plato's Description of Early Athens. Hesperia, Supplement 7 (1949), S. 47-59.
BROWN, M.S. : The Idea of Equality in the 'Phaedo' Archiv für Geschichte der Philosophie, 54 (1972), S. 24-36.
BRUMBAUGH, R.S. : Plato's Mathematical Imagination. The Mathematical Passages in the Dialogues and their Interpretation. Bloomington Indiana 1954 (Nachdruck New York 1968).
BURLE, E. : Essai historique sur le développement de la notion de Droit Naturel dans l'Antiquité Grecque. Trévoux 1908.
BURNET, J. : Greek Philosophy. I: Thales to Plato. London 1914 (Nachdruck 1968).
BURY, J.B. : The Idea of Progress. An Inquiry into its origin and growth. New York 1932 (Nachdruck 1955).
BURY R.G. : The 'Philebus' of Plato Edited with Introduction, Notes and Appendices by R.G. BURY. London 1897 (Nachdruck New York 1973).
- - - - : On some Passages in Plato's 'Laws'. Classical Review, 35 (1921), S. 145f.
- - - - : Plato in Twelve Volumes. London 1914-1935. Band 10-11: 'Laws' with an English Translation by R.G. BURY. London 1926.
- - - - : Plato and History. Classical Quarterly, 45 (New Series 1 1951), S. 86-93.
CAIRNS, H. : Legal Philosophy from Plato to Hegel. Baltimore 1949.
VAN CAMP, J. - CANART, P. : Le sens du mot ΘΕΙΟΣ chez Platon. Louvain 1956.
CAPELLE, A. : Platos Dialog 'Politikos' Hamburg 1939.
CARBONARA NADDEI, M. : Gli scoli Greci al 'Gorgia' di Platone. Testo, traduzione e note a cura di M. CARBONARA NADDEI. Bologna 1976.
CHANTEUR, J. : La loi chez Platon. Archives de Philosophie du Droit, 25 (1980), S. 137-146.
CHASE GREENE, G. : Scholia Platonica. Edited by G. CHASE GREENE. Pennsylvania 1938.
CHERNISS, H. : Aristotle's Criticism of Plato and the Academy. Baltimore 1944.
- - - - : Besprechung von : MÜLLER, G. : Studien zu den platonischen 'Nomoi'. München 1951.Zetemata 3. In : Gnomon, 25 (1953), S. 367-379.
- - - - : The Relation of the 'Timaeus' to Plato's Later

Dialogues. American Journal of Philology, 73 (1957), S. 225-266.
CORNFORD, F.M. : Mathematics and Dialectic in the 'Republic' VI-VII. Mind, New Series 41 (1932), S. 37-52, 173-190.
- - - - : Plato's Commonwealth. Greece and Rome, 4 (1935), S. 92-108. Jetzt in : The Unwritten Philosophy and Other Essays. Cambridge 1950, S. 46-67.
- - - - : Plato's Cosmology. The'Timaeus' of Plato Translated with a Running Commentary. London 1937 (Nachdruck 1966).
CROISET, M. : La 'République' de Platon. Etude et analyse. Paris 1946.
CROMBIE, I.M. : An Examination of Plato's Doctrines. London 1962-1963.
CROSS, R.C. - WOOZLEY, A.D. : Plato's 'Republic'. A Philosophical Commentary. London 1964.
CROSSMANN, R.H.S. : Plato Today. London 1937 (Nachdruck 1971).
DAHRENDORF, R. : Pfade aus Utopia. Zu einer Neuorientierung der soziologischen Analyse. In: Pfade aus Utopia. Arbeiten zur Theorie und Methode der Soziologie. I. München 1967 a, S. 242-263.
- - - - : Lob des Thrasymachos. Zur Neuorientirung von politischer Theorie und politischer Analyse. In : Pfade aus Utopia. Arbeiten zur Theorie und Methode der Soziologie. Gesammelte Abhandlungen I. München 1967 b, S. 294-313.
DARESTE, R. : La Science du Droit en Grèce. Platon, Aristote, Théophraste. Paris 1893.
DAURELLA Y RULL, S. : Doctrinas filosófico jurídicas de Platón. Revista de Ciencias Jurídicas y Sociales, 9 (1926), S. 21-71, 208-260.
DAVIS, M. : The Place of Law in Projected Platonic Cities. Symbolae Osloenses, 36 (1960), S. 72-85.
DAVIS, P.J. : The Fourfold Classification in Plato's 'Philebus'. Apeiron, 13 (1979), S. 124-134.
DELBRÜCK, F. : Vertheidigung Platons gegen einen Angriff auf seine Bürgertugend. Bonn 1828.
DENIS, J. : Macht en Recht. In : Platonische Studien. Amsterdam 1896, S. 236-274.
DERBOLAV, J. : Herkunft und Prizipien des platonischen Staatsdenkens. Kantstudien, 55 (1964), S. 260-305. Jetzt in: Von den Bedingungen gerechter Herrschaft. Studien zu Platon und Aristoteles. Stuttgart 1980, S. 18-61.
DERRIDA, J. : La pharmacie de Platon. Telquel, 32 (1968), S. 3-48 und 33 (1968), S. 18-59. Jetzt in: La dissémination artificiale. Paris 1972, S. 69-197.
DESCHAMPS, A. : Aristote dans sa critique au communisme de Platon. Compte Rendu de l'Academie des sciences morales et politiques, Nouvelle Série 77 (1912), S. 538-557.
- - - - : L'idée communiste chez Platon. Paris 1931.
DIÈS, A. : Autour de Platon. Essais de critique et d'histoire. Paris 1927.
- - - - : Platon. Paris 1930.
DIÈS, A. : Platon: Oeuvres Complètes. Paris 1930-1964. Band 9.1: Le Politique. Texte établi et traduit par A. DIÈS. PARIS 1950.
- - - - : Plan et intention générale des 'Lois'. In: In-

troduction. Première Partie de Platon: Les 'Lois'. Texte établi et traduit par E. des PLACES et A. DIÈS. Platon: Oeuvres Complètes. Band 11.1. Paris 1951. S. V-XCIII.

DIHLE, A. : Zur hellenistischen E389ographie. In: Grecs et Barbares. Genf 1962, S. 207-239. Entretiens sur l'Antiquité Classique 8.

DILLER, H. : Die Hellenen-Barbaren Antithese im Zeitalter der Perserkriege. In: Grec et Barbares. Genf 1962, S. 37-82. Entretiens sur l'Antiquité Classique 8.

DODDS, E.R. : Plato. Gorgias. A Revised Text with Introduction and Commentary by E.R. DODDS. Oxford 1959.

DOHERTY, K.F. : God and the Good in Plato. New Scholasticism, 30 (1956), S. 441-460.

DOMBROWSKI, D.A. : Atlantis and Plato's Philosophy. Apeiron, 15 (1981), S. 117-128.

DONNINI, P. : La Dottrina platonica dello Stato. Neapel 1937.

DÖNT, E. : Platons Spätphilosophie und die Akademie. Untersuchungen zu den platonsichen Briefen, zu Platons 'ungeschriebener Lehre' und zur 'Epinomis' des Philipp von Opus. Wien 1967. Sitzungsberichte der österreichische Akademie der Wissenscahften. Philosophisch-Historische Klasse. Jahrgang 251. Abhandlung 3.

- - - - : Pindar und Platon. Zur Interpretation des 'Kriton'. Wiener Studien, 83 (1970). S. 52-65.

DÜMMLER, F. : Prolegomena zu Platons Staat und der platonischen und aristotelischen Staatslehre. Programm zur Rektoratsfeier der Universität Basel 1891. Jetzt in : Kleine Schriften. Leipzig 1901. S. 150-228.

DUNNING, W.A. : A History of Political Theories. Band 1 : Ancient and Medieval. New York 1921 (Nachdruck 1972).

EBERLEIN, E.: Die Allgemeingültigkeit der platonischen Arete. Gleichheit und Ungleichheit der Menschen als Problem der Ethik. Dissertation Erlangen 1956.

ECKSTEIN, W. : Das antike Naturrecht in sozialphilosophischer Beleuchtung. Wien, Leipzig 1926.

EFFE, B. : Das Gesetz als Problem der politischen Philosophie der Griechen: Sokrates-Platon-Aristoteles. Gymnasium,83 (1976), S. 302-324.

EGERMANN, F. : Platonische Spätphilosophie und Platonismen bei Aristoteles. Hermes, 87 (1959), S. 133-142.

EHRENBERG, V. : Die Rechtsidee im früher Griechentum. Untersuchungen zur Geschichte der werdenden Polis. Leipzig 1921.

- - - - : Anfänge des griechischen Naturrechts. Archiv für Geschichte der Philosophie, 35 (1922), S. 119-143.

- - - -: Eunomia. In: Aspects of the Ancient World. Oxford 1946, S. 70-95.

- - - - : Sophocles and Pericles. Oxford 1954.

- - - - : Der Staat der Griechen. Leipzig 1957 (Nachdruck Zürich - Stuttgart 1965).

- - - - : From Solon to Socrates. Greek History and Civilisation during the 6th and 5th Centuries B.C. LONDON 1968 (Nachdruck 1973).

EICHHORN, A. : ΒΑΡΒΑΡΟΣ quid significaverit. Leipzig 1904.

ENGEL, E.S. : Plato on rhetoric and writing. Dissertation

Yale University. New Haven 1973.
ENGLAND, E.B. : The 'Laws' of Plato. The Text Edited with Introduction and Notes by E.B. ENGLAND. London 1921.
ERBSE, H. : Plato und die Schriftlichkeit. Antike und Abendland 11 (1962), S. 7-20.
- - - - : Platons 'Politeia' und die modernen Antiplatoniker. Gymnasium, 33 (1976), S. 169-191.
DE FAYE, E. : Idéalisme et réalisme. Une application aux problèmes d'après guerre des idées politiques et sociales de Platon et Aristote. Paris 1920.
FIELD, G.C. : Plato and his Contemporaries. Study in the Fourth-Century Life and Thought. From, London 1930 (3.Auflage 1967).
FITE, W. : The Platonic Legend. New York 1934.
FLACH, J. : Observations présentées par M. Flach à la suite de la communication de M. A. DESCHAMPS sur Aristote dans sa critique du communisme de Platon. Compte rendu de l'Academie des Sciences Morales et Politiques. Nouvelle Série 77 (1912), S. 537-567
FLASHAR, H. : Formen utopischen Denkens bei den Griechen. Innsbruck 1974. Innsbrucker Beiträge zur Kulturwissenschaft 3.
FLÜCKIGER, F. : Geschichte des Naturrechtes I: Altertum und Frühmittelalter. Zürich 1954.
FORSCHNER, M. : Die stoische Ethik. Über den Zusammenhang von Natur-, Sprach-und Moralphilosophie im altstoischen System. Stuttgart 1981.
FORSTER, M.B. : Plato's Conception of Justice in the 'Republic'. The Philosophical Quarterly, 1 (1950/1951), S. 206-217.
FREIRE, A. : Aspecto da ideia de Deus em Platâo. Revista Portuguesa de Filosofia, 23 (1967), S. 135-160.
FREYER, H. : Die politische Insel. Eine Geschichte der Utopien von Platon bis zur Gegenwart. Leipzig 1936.
FRIEDLÄNDER, P. : Platon. 3. Auflage. Berlin 1964-1975.
VON FRITZ, K. : Philosophie und sprachlicher Ausdruck bei Demokrit, Plato und Aristoteles. New York, Leipzig, Paris, London 1938 (Nachdruck Darmstadt 1963).
- - - - : The Theory of the Mixed Constitution in Antiquity. New York 1954.
FRUTIGER, P. : Les Mythes de Platon. Etude Philosophique et Littéraire. Paris 1930.
FUSTEL DE COULANGES, N.D. : Der antike Staat. Deutsche Übersetzung von P. WEISS. Berlin, Leipzig 1907.
GADAMER, H.G. : Platos Staat der Erziehung. In: Das Neue Bild der Antike. Herausgegeben von H. BERVE. Band 1: Hellas. Leipzig 1942, S. 317-333.
GAISER, K. : Platon und die Geschichte. Suttgart 1961 a.
- - - - : Das Platonbild Stenzels und seine wissenschaftliche Bedeutung. In : STENZEL, J. : Platon. Der Erzieher. Hamburg. Nachdruck 1961 b. S. V-XXV.
GAISER, K. : Platons ungeschriebene Lehre. Studien zur Systematischen und geschichtlichen Begründung der Wissenschaften in der platonischen Schule. Stuttgart 1963 (2. Auflage 1968).

- - - - : Das Staatsmodell des Thukydides. Zur Rede des Perikles für die Gefallenen. Heidelberg 1975.
- - - - : Autorität und Liberalität in der Erziehungstheorien der Antike. Humanistische Bildung, 2 (1979), S. 1-96.
- - - - : Platon 1984. Zur Kritik an Platons Staatsutopie. Die alten Sprachen im Unterricht. Mittelungsblatt der altphilologischen Fachgruppe im Bayerischen Philologenverband, 31 (1984), S. 11-17.
GALLI, U. : Platone e il ΝΟΜΟΣ. Turin 1937.
GATZ, B. : Weltalter, goldene Zeit und sinnverwandte Vorstellungen. Hildesheim 1967. Spudasmata 16.
DE GEER, J.L. : Diatribe in politikes platonicae principia. Utrecht 1810.
GEGENSCHATZ, E. : Platons Atlantis. Zürich 1943.
GENTILE, M. : La politica di Platone. Padua 1940.
GERNET, L. : Les 'Lois' et le droit positif. In: Introduction. In: Platon: Les 'Lois'. Texte établi et traduit par E. des PLACES et A. DIÈS. Platon: Oeuvres Complètes. Band 11.1. Paris 1951. S. XCIV-CCVI.
GIGON, O. : Grundprobleme der antiken Philosophie. Bern 1959.
- - - - : Platon und die politische Wirklichkeit. Gymnasium, 69 (1962), S. 205-219.
- - - - : Timokratie und Oligarchie in Platons 'Politeia'. In : Festschrift für J. MERENTITIS. Athen 1972, S. 75-95.
GIGON, O. : Gegenwärtigkeit und Utopie. Eine Interpretation von Platons 'Staat'. Band 1 : Buch 1-4. Zürich, München 1976.
GIL, L. : Divagaciones en torno al mito de Theuth y de Thamus. Estudios Clásicos, 9 (1965), S. 343-360.
GILL, C. : The Origin of the Atlantis Myth. Trivium, 11 (1976), S. 1-11.
GOLDSCHMIDT, V. : La théorie platonicienne de la dénonciation. Revue de Metaphysique et de Morale, 58 (1953), S. 352-375. Jetzt in: Questions platoniciennes. Paris 1970, S. 173-201.
GOMME, A.W. - ANDREWES, A. - DOVER, K.S. : A Historical Commentary on Thucydides. Oxford 1945-1981.
GOMPERZ, Th. : Griechische Denker. Eine Geschichte der antiken Philosophie. Berlin, Leipzig 1895-1909.
GÖRGEMANN, H. : Beiträge zur Interpretation von Platons 'Nomoi' München 1960. Zetemata 25.
GOROSPE, V.R. : Plato's Natural-Law Theory in the 'Republic'. Modern Schoolman, 43 (1965/1966), S. 143-178.
GOULD, J. : The development of Plato's Ethics. Cambridge 1955.
GRAESER, A. : Probleme der platonischen Seelenteilungslehre. Überlegungen zur Frage der Kontinuität im Denken Platons. München 1969. Zetemata 47.
- - - - : Bemerkungen zu Platons Versuch über den Rechtsstaat. Antike und Abendland, 17 (1971), S. 91-95.
GREENE, W.C. : Platonism and its Critics. Harvard Studies in Classical Philology, 61 (1953), S. 39-71.
GRENET; P. : Les origines de l'analogie philosophique dans les dialogues de Platon. Paris 1948.
GROTE, G. : History of Greece. 2. Auflage. London 1849.
- - - - : Plato and the Other Companions of Socrates. London 1865.

GUTHRIE, W.K.C.: A History of Greek Philosophy. London, New York, Cambridge 1962-1981.
HALL, J. : Plato's Legal Philosophy. Indiana Law Journal, 31 (1956), S. 171-206.
HALL, R.W. : Plato. London 1981. Political Thinkers 9.
HAMMOND, M.: City-State and World-State in Greek Political Theory until Augustus. Cambridge Massachussets 1951.
HAPP, H. : Hyle. Studien zum aristotelischen Materie-Begriff. Berlin 1971.
HARDER, R. : Platon und Athen. Neue Jahrbücher für Wissenschaft und Jugendbildung, 10 (1934), S. 492-500. Jetzt in: Kleine Schriften. München 1960, S. 212-222.
HARRISON, A.R.W.: Law Making at Athens at the End of the Fifth Century. Journal of Hellenic Studies, 75 (1955), S. 26-35.
HARVEY, F.D. : Two Kinds of Equality. Classica et Mediaevalia, 16 (1965), S. 101-146.
HAVELOCK, E.A. : The Liberal Temper in Greek Politics. London 1957.
HAVESTADT, B. : De ethicae et politicae disciplinae in Platonis dialogis cohaerentia. Dissertation München 1845.
HEINIMANN, F. : Nomos und Physis. Herkunft und Bedeutung einer Antithese im griechischen Denken des 5. Jahrhunderts. Basel 1945 (Nachdruck Darmstadt 1972).
HENTSCHKE, A.B. : Politik und Philosophie bei Platon und Aristoteles. Die Stellung der 'Nomoi' im platonischen Gesamtwerk und die politische Theorie des Aristoteles. Frankfurt am Main 1971. Frankfurter wissenschaftliche Beiträge 13.
HERMANN, K.F. : Geschichte und System der platonischen Philosophie. Heidelberg 1839.
HERMANN, K,F. : Die historischen Elemente des platonischen Staatsideals. In: Gesammelte Abhandlungen und Beiträge zur classischen Literatur und Alterthumskunde. Göttingen 1849. S. 132-159.
HERTER, H. : Platons Staatsideal. Gymnasium, 51 (1940), S. 112-125.
- - - - : Platons Staatsideal. Bonn 1942. Kriegsvorträge der Rheinischen Friedrich-Wilhelms Universität, Bonn am Rhein, Heft 92. Aus der Vortragsreihe Führungsformen der Völker.
HERTER, H. : Altes und Neues zu Platons 'Kritias'. Rheinisches Museum, 92 (1943/1944), S. 236-265.
- - - - : Gott und Welt bei Platon. Eine Studie zum Mythos des 'Politikos'. Bonner Jahrbücher, 158 (1958), S. 106-117. Jetzt in: Kleine Schriften. München 1975, S. 316-329. Studia et Testimonia Antiqua 15.
- - - - : Platons Staatsideal in Zweierlei Gestalt. In: Der Mensch und die Künste. Festschrift für H. LÜTZELER. Düsseldorf 1962, S. 177-195. Jetzt in: Kleine Schriften. München 1975, S. 259-278. Studia et Testimonia Antiqua 15.
- - - - : Allverwandtschaft bei Platon. In : Religion und Religionen. Festschrift für G. MENSCHING. Bonn 1967, S. 64-72. Jetzt in: Kleine Schriften. München 1975, S. 249-258. Studie et Testimonia Antiqua. 15.
- - - - : Urathen der Idealstaat. In: Politeia und Respublica. Beiträge zum Verständnis von Politik, Recht und Staat in der Antike. Dem Andenken R. STARKS gewidmet. Wiesbaden 1969,

S. 108-134. Palingenesia 4. Jetzt in: Kleine Schriften. München 1975, S. 279-304. Studia et Testimonia Antiqua. 15.
HILDEBRANDT, K. : Platon, der Kampf des Geistes um die Macht. Berlin 1933.
HILDENBRAND, K. : Geschichte und System der Rechts- und Staatsphilosophie. Leipzig 1860.
VON HIPPEL, E. : Der Sinn des Staates und die Lehre von den Staatsformen. Langelsalza 1927. Schriften aus dem Euckenkreis 31
VON HIPPEL, E. : Rechtsgesetz und Naturgesetz. 2. Auflage Tübingen 1949. Die Gestalt. Abhandlungen zu einer allgemeinen Morphologie 9.
HIRZEL, R. : 'ΑΓΡΑΦΟΣ ΝΟΜΟΣ . Leipzig 1900. Abhandlungen der Philologischen-Historischen Classe der Königlichen Sächsischen Gesellschaft der Wissenschaften 20.
- - - - : Themis, Dike und Verwandtes. Ein Beitrag zur Geschichte der Rechtsidee bei den Griechen. Leipzig 1907.
HOLWERDA, D. : Commentatio de vocis quae est vi atque usu praesertim in Graecitate Aristotele anteriore. Groningen 1955.
HOURANI, G.F. : Thrasymachus' Definition of Justice in Plato's 'Republic'. Phronesis, 7 (1962), S. 110-120.
HUG, H. : Demosthenes als politischer Denker. Rektoratsrede der Züricher Universität am 29.4.1880. Jetzt in: Studien aus dem klassischen Altertum. Tübingen 1881. S. 50-103.
IGAL, J. : El concepto de 'physis' en la 'República' de Platón. Pensamiento, 23 (1967), S. 407-436.
ILTING, K. : Bedürfnis und Norm. Platons Begründung der Ethik. In: Vernünftiges Denken. Studien zur praktischen Philosophie und Wissenschaftstheorie. Herausgegeben von J. MITTELSTRASS und M. RIEDEL. Berlin 1978, S. 420-446.
ISNARDI, M. : Una nota al 'Minosse' pseudoplatonico. La Parola del Passato, 9 (1954), S. 45-53.
- - - - : Nomos e Basileia nell' Academia Antica. La Parola del Passato, 12 (1957), S. 401-438.
ISNARDI PARENTE, M. : Il Platone politico e la 7 epistola. Rivista storica italiana, 81 (1969). Jetzt in: Filosofia e politica nelle lettere di Platone. Neapel 1970, S. 169-204.
- - - - : ZELLER, E. - MONDOLFO, R. : La filosofia dei greci nel suo sviluppo storico. 2. Teil, Bücher 3/1 une 3/2. Herausgegeben von M. ISNARDI PARENTE. Florenz 1974.
- - - - : La politica della Stoa antica. Sandalion, 3 (1980), S. 67-98.
JAEGER, W. : Solons Eunomie. Berlin 1926. Sitzungsberichte der Preussischen Akademie der Wissenschaften. Jetzt in: Scripta Minora. Rom 1960. Band 1, S. 315-337.
- - - - : Die platonische Philosophie als Paideia. Die Antike, 4 (1928), S. 61-176. Jetzt in: Das Platonbild. Zehn Beiträge zum Platonsverständnis. Herausgegeben von K. GAISER. Hildesheim 1969, S. 109-124.
- - - - : Paideia. Die Formung des griechischen Menschen. Berlin 1936-1947.
JAEGER, W. : Praise of Law. The Origin of Legal Philosophy and the Greeks. In: Interpretations of Modern Legal Philosophies. Essays in Honour of R. POUND. New York 1947. S.

352-375. Jetzt in : Scripta Minora. Rom 1960. Band 2, S. 319-351.
JÄGER, G. : Nus in Platons Dialogen. Göttingen 1967. Hypomnemata 17.
JONES, F.B. : Plato's Contributions to Legal Philosophy. Dissertation Pennsylvania State University. University Park 1974 (mekanographiert).
JORDAN. R. : The Revolt against Philosophy: The Spell of Popper. In: The Return to Reason. Edited by J. WILD. Chicago 1953, S. 259-292.
JOWETT, B. - CAMPBELL, C. : Plato's Republic. The Greek Text Edited with Notes and Essays by B. JOWETT and L. CAMPBELL. Oxford 1894.
JÜTHNER, J. : Hellenen und Barbaren. Aus der Geschichte des Nationalbewußtseins. Leipzig 1923. Das Erbe der Alten Neue Folge 8.
- - - - : Artikel 'Barbar' in: Reallexikon für Antike und Christentum. Stuttgart 1950-1983. Band 1, Sp. 1173-1176.
KAERST, J. : Studien zur Entwicklung und theoretischen Begründung der Monarchie im Altertum. München, Leipzig 1898.
KAHL, H.J. : Inhalt und Wesen des platonischen Gesetzesbegriffes nach seinen geistgeschichtlichen Voraussetzungen. Dissertation Köln 1949 (mekanographiert).
KAHN, C.H. : Plato's funeral Oration.The Motive of the Menexenus. Classical Philology, 58 (1963), S. 220-234.
KAIBEL, G. : Epigrammata Graeca ex lapidibus conlecta. Edidit. G. KAIBEL. Berlin 1878.
KEAGAN, D. : The Great Dialogue. New York 1965.
KEBER, W. : Platos Stellung zur Sparta Ideologie. Dissertation Münster 1957 (mekanographiert).
KELSEN, H. : Platonic Love. The American Imago, 3 (1942/1946), S. 3-110.
KELSEN, H. : Platon und die Naturrechtslehre. Österreichische Zeitschrift für Öffentliches Recht, Neue Folge 8 (1957/1958), S. 1-43.
KERFERD, G.B. : Plato's Treatment of Callicles in the 'Gorgias' Proceedings of the Cambridge Philological Society, 200 (1974), S. 48-52.
KERSCHENSTEINER, J. : Platon und der Orient.Stuttgart 1945.
KLEE; R. : La théorie et la pratique dans la cité platonicienne. Revue d'Histoire de la Philosophie, 4 (1930), S. 309-353 und 5 (1931), S. 1-41.
KLEINWÄCHTER, F. : Die Staatsrromane. Ein Beitrag zur Lehre vom Kommunismus und Sozialismus. Wien 1891.
KNOCH, W. : Die Strafbestimmungen in Platons 'Nomoi'. Wiesbaden 1960. Klassisch-philologische Studien 23.
KRÄMER, H.J. : Arete bei Platon und Aristoteles. Zum Wesen und zur Geschichte der platonischen Ontologie. Sitzungsberichte der Heidelberger Akademie der Wissenschaften. Philosophisch-Historische Klasse. Jahrgang 1959 Abhandlung 6.
- - - - : Retraktationen zum Problem des esoterischen Platons. Museum Helveticum, 21 (1964 a), S. 137-164.
- - - - : Die platonische Akademie und das Problem einer systematischen Interpretation der Philosophie Platons. Kantstudien 55 (1964 b), S. 69-101.

- - - - : Über den Zusammenhang von Prinzipienlehre und Dialektik bei Platon. Philologus, 110 (1966), S. 35-70.
- - - - : Das Problem der Philosophenherrschaft bei Platon. Philosophisches Jahrbuch, 74 (1966/1967), S. 254-270.
- - - - : Die Grundsätzlichen Fragen der indirekten Platonüberlieferung. In: Idee und Zahl. Studien zur platonischen Philosophie. Herausgegeben von H.G. GADAMER und W. SCHADEWALDT. Heidelberg 1968a, S. 106-150. Sitzungsberichte der Heidelberger Akademie der Wissenschaften Jahrgang 1968. Abhandlung 2.
- - - - : Besprechung von: DÖNT, E. : Platons Spätphilosophie und die Akademie. Untersuchungen zu den platonischen Briefen, zu Platons 'ungeschriebener Lehre' und zur 'Epinomis' des Philipp von Opus. Wien 1967. Sitzungsberichte der österreichischen Akademie der Wissenschaften. Philosophisch-Historische Klasse. Jahrgang 251. Abhandlung 3. In: Anzeiger für die Altertumswissenschaften, 21 (1968b), Sp. 221-225.
KRÄMER, H.J.: Platone e i fondamenti della metafisica. Saggio sulla teoria dei principi e sulle dottrine non scritte di Platone con una raccolta dei documenti fondamentali in edizione bilingue e bibliografia. Mailand 1982. Pubblicazioni del Centro di ricerche di Metafisica. Sezione di Metafisica e Storia della Metafisica 1.
KRETSCHNER, P.: Besprechung von: HIRZEL, R. : Themis, Dike und Verwandtes. Ein Beitrag zur Geschichte der Rechtsidee bei den Griechen. Leipzig 1907. In: Glotta, 1 (1909), S. 381.
KUCHARSKI, P. : Les chemins du savoir dans les derniers dialogues de Platon. Paris 1949.
KUHN, H. : Das Gute und die Ordnung. Über die Grundlegung der Metaphysik in Platons 'Gorgias' Zeitschrift für Philosophische Forschung, 14 (1960), 489-504.
KUYPERS, H. : Het cultuurbegrip der Grieken en het cultuur ideal van Plato. Allgemeene Nederlandse Tijdschrift voor Wessenschap en Psychologie, 36 (1943), S. 91-106. Jetzt in: Verspreide Geschriften. Teil I : Mens en Geschiedenis. Assen 1968, S. 112-132.
KYTZLER, B. : Utopisches Denken und Handeln in der klassischen Antike. In: Der utopische Roman. Herausgegeben von R. VILLGRADTER und F. KREY. Darmstadt 1973. S. 45-68.
LAMBRECHT, J. : De Zin von de Geschiedenis bij Platon. Bijdrage Mitgedruckt door de Philosophische Faculteiten der Noorden Zund- Nederlandse Jezuiten, 13 (1952), S. 233-261.
LAMI, A. : Il mito del 'Protagora' ed il primato della politica. Critica Storica, 12 (1975), S. 1-45.
LAROCHE, E. : Histoire de la racine NEM- en Grec Ancien. Paris 1949.
LASSON, A.: System der Rechtsphilosophie. Berlin, Leipzig 1882.
LATTE, K. : Heiliges Recht. Untersuchungen zur Geschichte der Sakralen Rechtsformen in Griechenland. Tübingen 1920.
LEITZ, A. : Gerechtigkeit und Gesetz bei Platon und Xenophon.Altsprachlicher Unterricht, Reihe 12 (1969), S.

104-121.
LESKY, A. : Geschichte der griechischen Literatur. Bern, München 1957 (2. Auflage 1963).
- - - : Der Kampf um die Rechtsidee im griechischen Denken. Athen 1968. Griechische Humanistische Gesellschaft. Zentrum für Klassich-humanistische Studien. Reihe 2: Studien und Untersuchungen 18.
LEVI, A. : Storia della Sofistica. Neapel 1966.
LEVINSON, R.B. : In Defense of Plato. Cambridge Massachussets 1953.
VAN LITSENBURG, P.J.G.M. : God en het Goddelijke in de Dialogen van Platon. Nijmegen 1955.
LODGE, R.C. : Plato's Theory of Education. London 1947 (2. Auflage 1950).
LOENEN, D. : Het Conservatif Aristocratisch Karakter van Plato's Staatsphilosophie. Leiden 1923.
VON LOEWENCLAU, I. : Der platonische 'Menexenos'. Stuttgart 1961. Tübinger Beiträge zur Altertumswissenschaft 41.
LONG. A.A. : Freedom and Determinism in the Stoic Theory of Human Action. In: Problems in Stoicism. Edited by A.A. LONG. London 1971, S. 173-199.
LORD, C. : Politics and Philosophy in Aristotle. Hermes, 106 (1978), S. 336-357.
LUCCIONI, J. : La pensée politique de Platon. Paris 1958. Publications de la Faculté des Lettres d'Alger 30.
LUTHER, W. : Die Schwäche des geschriebenen Logos. Ein Beispiel humanistischer Interpretation, versucht am sogenannten Schriftmythos in Platons 'Phaidros' (274 B 6 ff.). Gymnasium, 68 (1961), S. 527-548.
MACDONALD, C. : Plato 'Laws' 704 A - 707 C und Thucydides II 35-46. Classical Review, 9 (1959), S. 108f.
MAGUIRE, J.P. : Plato's Theory of Natural Law. Yale Classical Studies, 10 (1947), S. 151-178.
MANASSE, E.M. : Platons 'Sophistes' und 'Politikos'. Das Problem der Wahrheit. Berlin 1937.
- - - - : Bücher über Platon. Philosophische Rundschau, 1957, 1961 und 1976 (Sonderhefte).
MANNSPERGER, D. : Physis bei Platon. Berlin 1969.
MARC-WOGAN, K. : Der Staat und der Begriff des Guten in Platons 'Politeia'. Theoria, 7 (1941), S. 20-45.
MÄRKEL, P. : Platos Ideal-Staat. Dargestellt und mit besonderer Rücksicht auf die moderne Zeit beurteilt. Berlin 1881.
DE MARTINO, E. : Il dramma tra individuo e Stato nella politica platonica. Logos, 17 (1934), S. 290-305.
MASSIMI, A. : Introduzione all'ellenismo II: La fine della polis e la nuova società. Giornale Italiano di Filologia, 13 (1960), S. 114-133.
MAURER, R. : Platons 'Staat' und die Demokratie. Berlin 1970.
MAZZANTINI, O. : Besprechung von: GALLI, U. : Platone e il ΝΟΜΟΣ. Turin 1937. In : Rivista die Filologia e d'Istruzione Classica, 66 (1938), S. 182-188.
MC. ILWAIN, C.H. : The growth of Political Thought in the West. From the Greeks to the End of the Middle Ages. New York 1932.

MC KEON, R. : Plato and Aristotle as Historians. A Study of Method in the History of Ideas. Ethics, 51 (1940/1941), S. 66-101.
MEIER, Chr. : Entstehung des Begriffs 'Demokratie'. Frankfurt am Main 1970.
MENZEL, A. : Griechische Soziologie. Wien 1936. Sitzungsberichte der Akademie der Wissenschaften in Wien. Philosophisch- Historische Klasse 216.
- - - - : Die Sozialphilosophischen Lehren des Protagoras. In: Hellenika. Gesammelte Kleine Schriften. Baden bei Wien 1938, S. 83-107.
MERLAN, Ph. : Form and Content in Plato's Philosophy. Journal of the History of Ideas, 8 (1947), S. 406-430. Jetzt in: Kleine Philosophische Schriften. Hildesheim 1976, S. 26-50.
MEYER, E. : Geschichte des Altertums. Stuttgart 1884-1902 (Nachdruck Damstadt 1965-1975).
- - - - : Alexander der Große und die absolute Monarchie. Jetzt in: Kleine Schriften I. 2. Auflage. Halle (Saale) 1924, S. 265-314.
MICHELAKIS, M. : Platons Lehre von den Anwendung des Gesetzes und der Begriff der Billigkeit bei Aristoteles. München 1953.
MILLER, C. L. : The Prometheus Story in Plato's 'Protagoras' Interpretation, 7 (1978), 2, S. 22-32.
MOMIGLIANO, A.. : Sea power in Greek Thought. The Classical Review, 58 (1944), S. 1-7.
MONDOLFO, R. : Le sujet humain dans la philosophie antique. Actes du 10me Congrès International de Philosophie. Amsterdam 1949, S. 1065-1069.
MORAUX, P. : Quelques apories de la 'Politique' et leur arrièreplan historique. In : La 'Politique' d'Aristote. Vandoeuvres-Genf 1964, S. 127-158. Entretiens sur l'Antiquité Classique 11.
MOREAU, J. : Platon et la crise de la civilisation contemporaine. In: Actes du 10me Congrès International de Philosophie. Amsterdam 1949. S. 1084-1087.
MORRISON, J.S. : Pythagoras of Samos. Classical Quarterly, 49 (1956), S. 135-156.
- - - - : The Origins of Plato's Philosopher-Stateman. Classical Quarterly, 52 (1958), S. 198-218.
MORROW, G.R.: Plato and the Rule of Law. The Philosophical Review 5 (1941), S. 105-126. Jetzt in: Plato. A Collection of Critical Essays. Band 2: Ethics. Politics, and Philosophy of Art and Religion.Edited by G. VLASTOS. London 1971, S. 144-165.
MORROW, G.R. : Plato and the Law of Nature. In: Essays in Political Theory Presented to G.H. SABINE. Ithaca 1948, S. 17-44.
- - - - : Plato's Cretan City. An Historical Interpretation of the 'Laws'. Princeton 1960.
MOSER, S. : Platons Begriff des Gesetzes. Österreichische Zeitschrift für öffentliches Recht, Neue Folge 5 (1952), S. 135-158.
MUGNIER, R. : Le sens du mot ΘΕΙΟΣ chez Platon. Paris 1930.
MULHERN, J.J. : Socrates on Knowledge and Information ('Phae-

drus' 274 B 6 - 277 A 5). Classica et Mediaevalia, 30 (1974), S. 175-186.
MÜLLER, C.W. : Protagoras über die Götter. Hermes, 95 (1967), S. 140-159.
- - - - : Die Kurzdialoge der Appendix Platonica. Philologische Beiträge zur nachplatonischen Sokratik. München 1975. Studia et Testimonia Antiqua 17.
MÜLLER, G. : Der Aufbau der Bücher II und VII von Platons 'Gesetzen'. Dissertation Königsberg 1935.
MÜLLER, G. : Studien zu den platonischen 'Nomoi'. München 1951. Zetemata 3.
- - - - : Nachwort zur zweiten Auflage von: Studien zu den platonischen Nomoi. München 1968. Zetemata 3, S. 191-210.
MÜLLER-SCHMID, P.P. : Die philosophischen Grundlagen der Theorie der 'offenen Gesellschaft'. Zu K.R. POPPERS Philosophie des kritischen Rationalimus. Heidelberg-Löwen 1970. Sammlung Politeia 25.
MUMFORD, L. : Rückschritt nach Utopia und die Herausforderung der Dialektik. Aus: The city in History. 1961 (Deutsche Übersetzung: Die Stadt. Geschichte und Ausblick. Köln, Berlin 1963, S. 202-215) Jetzt in: Der utopische Roman. Herausgegeben von R. VILLGRADTER und F. KREY. Darmstadt 1973 S. 30-44.
MURPHY, N.R. : The Interpretation of Plato's 'Republic'. Oxford 1951.
NATORP, P. : Platos Ideenlehre Eine Einführung in den Idealismus. Hamburg 1902 (2. Auflage 1922).
NESTKE, F. : Platon und Atlantis Das Altertum, 26 (1980), S. 197-203.
NESTLE, W. : Griechische Naturrechtstheorien. Das Humanistische Gymnasium, 37 (1926), S. 146-164.
- - - - : Griechische Naturrechtstheorien nach Sokrates. In: Griechische Weltanschauung in ihrer Bedeutung für die Gegenwart.Vorträge und Abhandlungen. Stuttgart 1946, S. 124-137.
NETTLESHIP, R. L. : Lectures on the 'Republic' of Plato. London 1958. Ursprünglich: Philosophical Lectures and Remains. Band 2. London 1897.
NIEBUHR, B.C. : Über Xenophons 'Hellenika'. Rheinisches Museum, 1 (1826), S. 169 ff. Jetzt in: Kleine Schriften. Bonn 1828, S. 464-482 (mit einer Nachschrift 1828).
NIETZSCHE, F. : Vom Nutzen und Nachteil der Historie für das Leben. In : Unzeitgemäße Betrachtungen. Stück 1. 1873-1876. Jetzt in : NIETZSCHE, F. : Werke. Ausgewählt und eingeleitet von A. MESSER. Leipzig 1930.
NOHLE, C. : Die Staatslehre Platons in ihrer geschichtlichen Entwicklung. Jena 1880.
NUSSER, J. : Ueber das Verhältnis der platonischen 'Politeia' zum 'Politikos'. Philologus, 53 (1894), S. 13-37.
OPOCHER, E. : Legge e verità: rifflesioni su di un passo platonico. Rivista Internazionale di Filosofia del Diritto, 50 (1973), S. 754-764.
OPPEL, H. : ΚΑΝΩΝ . Zur Bedeutungsgeschichte des Wortes und seiner lateinischen Entsprechung (Regula, Norma). Philologus, Supplement 30, 4 (1937).

OPPENHEIMER, K. : Zwei attische Epitaphien. Dissertation Berlin 1933.
ORTEGA ESTEBAN, J. : Platón, Paideia y Sistema. Helmántica, 29 (1978), S. 145-179.
OSTWALD, M. : Nomos and the Beginnings of the Athenian Democracy. Oxford 1969.
- - - - : Was there a Concept ἌΓΡΑΦΟΣ ΝΟΜΟΣ in Classical Greece? In: Exegesis and Argument. Phronesis, Supplement 1 (1973), S. 70-104.
- - - - : Plato on Law and Nature. In: Interpretations of Plato. Mnemosyne, Supplement 50 (1977), S. 41-63.
PASCAL, B. : Les pensées. 1670. Herausgegeben von F. STROWSKI. Paris. 1931.
PASSERIN D'ENTREVES, A. : Natural Law. An Introduction to Legal Philosophy. London 1951.
PATER, W. : Plato and Platonism. A Series of Lectures. London 1845 (2. Auflage 1895).
PAVLU, J. : Die pseudoplatonischen Zwillingsdialoge 'Minos' und 'Hipparch'. In : 41. Jahresbericht des königlichen Staatsgymnaiums im 3. Bezirk in Wien für das Schuljahr 1909/1910. Wien 1910. S. 1-39.
PERLS, H. : Platon. Seine Auffassung von Kosmos. Bern, München 1966.
- - - - : Lexikon der platonischen Begriffe. Bern, München 1973.
PIÉRART, M. : Platon et la cité grecque. Théorie et réalité dans la constitution des 'Lois'. Bruxelles 1974.
PIERSON, W. : Vergleichende Charakteristik der platonischen und der aristotelischen Ansicht vom Staate. Rheinisches Museum, 12 (1858), S. 1-48, 209-247.
DES PLACES, E. : Besprechung von: GALLI, U. : Platone e il ΝΟΜΟΣ. Turin 1937. In: Revue des Etudes Grecs, 54 (1941), S. 282.
- - - - : Platon: Oeuvres Complètes. Paris 1930-1964. Band 11.1: Les Lois. Livres 1-2. Texte établi et traduit par E. DES PLACES. Paris 1951.
POHLENZ, M. : Staatsgedanke und Staatslehre der Griechen. Leipzig 1923.
VON PÖHLMANN, R. : Geschichte der antiken Kommunismus und Sozialismus. München 1893-1901.
- - - - : Geschichte der sozialen Frage und des Sozialismus in der antiken Welt. München 1925 (3. Auflage von: Geschichte des antiken Kommunismus und Sozialismus. München 1893-1901).
POLLACI, G. : La dottrina dello Stato in Platone. Salerno 1930. Cultura. Collana di Studi Critici 12.
POPPER, K.R. : The Open Society and its Enemies. London 1945 (5. Auflage 1966). Band 1: The Spell of Plato.
PORCHEDDU, R. : La concezione platonica della sanzione penale in rapporto alla evoluzione storica della 'Polis' e allo stato 'giusto'. Sandalion, 3 (1980), S. 19-52.
PUGLIESE CARRATELLI, G. : La città platonica. La Parola del Passato, 1 (1946), S. 6-21.
QUASS, F. : Nomos und Psephisma. München 1955. Zetemata 55.
RAEDER, H. : Platons philosophische Entwicklung. Leipzig

1905.
RANDALL, J.H. : Plato's Treatement of the Theme of the Good Life and his Criticism of the Spartan Ideal. Journal of the History of Ideas, 28 (1967), S. 307-324.
VON RAUMER, F. : Geschichtliche Entwicklung der Begriffe von Recht, Staat und Politik. Leipzig 1861.
RAVEN, J.E. : Pythagoreans and Eleatics. An Account of the Interaction between the Two Opposed Schools During the Fifth and Early Fourth Centuries. Amsterdam 1948 (Nachdruck 1966).
REICH, K. : Der historische Ursprung des Naturgesetzesbegriff.In : Festschrift E. KAPP. Hamburg 1958, S. 121-134.
REINHARD, L. : Die Anakoluthe bei Platon. Berlin 1920. Philologische Untersuchungen 25.
REINHARDT, K. : Platons Mythen. Bonn 1927.
REVERDIN, O. : Crise spirituelle et évasion. In: Grecs et Barbares. Genf 1962, S. 83-120. Entretiens sur l'Antiquité classique 8.
RIGOBELLO, A. : Il 'Gorgia' platonico in 'seconda lettura'. Proteus, 2 (1971), S. 145-159.
RITTER, C. : Platons' Gesetze. Kommentar zum griechischen Text. Leipzig 1896.
ROBIN, L. : Platon et la science sociale. Revue de Métaphysique et de Morale, 20 (1913), S. 211-255. Jetzt in: La pensée Hellénique des origines à Epicure. Paris 1967. S. 177-230.
- - - - : Etudes sur la signification et la place de la physique dans la philosophie de Platon. Revue Philosophique de la France et de l'Etranger, 43 (1918), S. 117-220, 370-415.
- - - - : Platon. Paris 1938.
ROBIN, L. : Platon et la philosophie des valeurs. Etudes de Métaphysique et de Morale, 1 (1944), S. 1-21.
ROBINSON, R. : Plato's Earlier Dialectic. Ithaca 1941 (2. Auflage Oxford 1953).
RODIER, G. : Note sur la politique d'Antisthène. L'Année Philosophique, 22 (1911), S. 1-7. Jetzt in: Etudes de Philosophie Grecque. Paris 1957, S. 30-36.
ROHR, G. : Platons Stellung zur Geschichte. Berlin 1932.
ROIG, A.A.: La escritura, el escritor y el libro en Platón. Revista de Estudios Clásicos, 7 (1960), S. 109-161.
DE ROMILLY, J. : La loi dans la pensée Grecque des origines à Aristote. Paris 1971.
ROSEN, St. : Plato's Myth of the Reversed Cosmos. The Review of Metaphysics, 33 (1979), S. 59-85.
ROSS, D. : Plato's Theory of Ideas. Oxford 1951 (Nachdruck 1966).
RÖTTGER, G. : Studien zur platonischen Substantivbildung. Würzburg 1937. Kieler Arbeiten zur klassischen Philologie 3.
ROUSSEAU, J.J. : Emile 1762 (Nachdruck Paris ohne Jahresangabe)
RUCKER, P. : Mathematik und Philosophie. Philosophisches Jahrbuch, 53 (1940), S. 17-29, 234-245.
RUGE, W. : Barbarei. In : Pauly-Wissowa-Kroll. Realencyclo-

pädie der classischen Altertumswissenschaften. Band 2. Stuttgart 1896, Sp. 2858.
RUSSEL, B. : Philosophy and Politics. In: Unpopular Essays. New York 1950, S. 9-34.
RUST, E.C. : History and Time. In: The Teacher's Yoke. Studies in Memory of H. TRANTHAM, S. 167-188.
RYFFEL, H. : . Der Wandel der Staatsverfassungen. Bern 1949. Noctes Romanae 2.
SABINE, G.H. : A History of Political Theory. New York 1937 (3. Auflage 1961).
SAGLIO, E. : Barbari. In: Dictionnaire des Antiquités Grecques et Romaines. Paris 1877-1919. Band 1, S. 670.
SALIN, E. : Platon und die griechische Utopie. München, Leipzig 1921.
SALGUERO, C.A. : Plato and the Law. Commentaries on the 'Protagoras' Athene, 24 (1966), 4, S. 3-7.
SANDVOSS, E. : Soteria. Philosophische Grundlagen der platonischen Gesetzgebung. Göttingen 1971.
SAUNDERS, T.J. : The Property Classes and the Value of the ΚΛΗΡΟΣ in Plato's 'Laws'. Eranos, 59 (1961), S. 29-39.
- - - - : The Structure of the Soul and State in Plato's 'Laws'. Eranos, 60 (1962), S. 37-55.
SAUPPE. H. : Platons ausgewählte Dialoge. Erklärt von H. SAUPPE. Berlin 1897. Band 3: 'Gorgias'.
SAUTER, J. : Die philosophischen Grundlagen des antiken Naturrechts. Zeitschrift für öffentliches Recht, 10 (1930/1931), S. 28-81.
SCHADEWALDT, W. : Die Anfänge der Geschichtsschreibung bei den Griechen. Die Antike, 10 (1934), S. 144-168. Jetzt in: Hellas und Hesperien. Gesammelte Schriften zur Antike und zur neueren Literatur. Zürich, Stuttgart 1960, S. 395-416.
SCHÄFER, K. : Das Wort 'Barbar' im Wandel der Zeiten. Monatsschrift für höheren Schulen, 35 (1936), S. 261-268.
VON SCHELIHA, R. : Dion. Die platonische Staatsgründung in Sizilien. Leipzig 1934. Das Erbe der Alten. Reihe 2. Band 25.
SCHILLING, K. : Platon. Einführung in seine Philosophie. Wurzach, Würt 1948.
SCHLEIERMACHER, F. : Platons Werke von F. SCHLEIERMACHER ins Deutsche übersetzt. Berlin 1804-1810 (3. Auflage 1855-1862).
SCHNEIDER, K. : Die schweigenden Götter. Eine Studie zur Gottesvorstellung des religiösen Platonismus. Hildesheim 1966. Spudasmata 9.
SCHOLL, N. : Der platonische 'Menexenos'. Rom 1959. Temi e Testi 5.
SCHÖPSDAU, Kl.: Platon. Werke in 8 Bänden griechisch und deutsch. Herausgegeben von G.EIGLER. Darmstadt 1970-1983. Band 8: 'Nomoi'. Bearbeitet von Kl. SCHÖPSDAU. Griechischer Text von E. DES PLACES - A. DIÈS - J. SOUILHÉ. Darmstadt 1977.
SCHRÖDER, M. : Zum Aufbau des platonischen 'Politikos'. Dissertation Berlin 1935.
SCHWABL, H. : Das Bild der fremden Welt bei den frühen Griechen. In : Grecs et Barbares. Genf 1962, S. 3-36. Entre-

tiens sur l'antiquité classique 8.
SINCLAIR, T.A. : Plato's Idea of History. Proceedings of the Classical Association 52. London 1955, S. 22f.
SKEMP, J.B. : Plato's Statesman. A Translation of the 'Politicus' of Plato with introductory Essays and Footnotes by J.B. SKEMP. London 1952 (Nachdruck 1961).
- - - - : Plato's Account of Divinity. Durham University Journal, 29 (1967/1968), S. 26-33.
SNELL, B. : Die Entdeckung des Geistes. Studien zur Entstehung des europäischen Denkens bei den Griechen. 4. Auflage. Göttingen 1975.
SOLMSEN, F. : Plato's Theology. Ithaca New York 1942. Cornell Studies in Classical Philology 27.
SORABJI, R. : Causation, Laws and Necessity. In: Doubt and Dogmatism. Studies in Hellenistic Epistemology. Edited by M. SCHOFIELD -N. BURNYEAT - J. BARNES. Oxford 1980, S. 250-282.
SOROF, G. : Nomos und Physis in Xenophon 'Anabasis'. Hermes, 34 (1899), S. 568-589.
SOUILHÉ, J. : Notice. In: Minos ou sur la Loi. Platon: Oeuvres complètes. Band 13.2: Dialogues Suspects. Second Alcibiade, Hipparque, Minos, Les Rivaux, Théagès, Clitophon. Texte établi et traduit par J. SOUILHÉ. Paris 1930, S. 77-86.
SOULEZ, P.: L'involutionisme de Platon. Cahiers Internationaux de Sociologie, 49 (1970), S. 151-162.
SPENCER, E.M. : Plato and the Anatomy of Constitutions. Social Theory and Practice, 5 (1978), S. 95-130.
SPREY, K. : Plato en de Geschiedenis. In: Der Zin der Geschiedenis. Lustrumbundel van het Genootschap van Christelijke Historici 1942. Wageningen 1944, S. 39-57.
- - - - : Plato nu. De ideale Staat. Hermeneus, 41 (1970), S. 275-288.
STAHL, F.J. : Die Philosophie des Rechtes. 2. Auflage. Heidelberg 1847. Band 1 : Geschichte der Rechtsphilosophie.
STALLBAUM, G. : Platonis opera omnia. Recensuit et commentariis instruxit G. STALLBAUM. Band 10: Leges et Epinomis. Gotha, Erfurt 1859-1860.
STALLEY, R. : An Introduction to Plato's Laws. Oxford 1983.
STEFANINI, L. : Platone. 2. Auflage. Padua 1949.
STEIDLE, W. : Der Dialog 'Laches' und Platons Verhältnis zu Athen in den Frühdialogen. Museum Helveticum 7, (1950), S. 129-146.
VON STEIN, H. : Sieben Bücher zur Geschichte des Platonismus. Untersuchungen über das System und sein Verhältnis zur späteren Theologie und Philosophie. Göttingen 1862-1875.
STENZEL, J. : Studien zur Entwicklung der platonischen Dialektik von Sokrates zu Aristoteles. Leipzig 1917 (2. Auflage 1931).
- - - - : Zahl und Gestalt bei Platon und Aristoteles. Leipzig, Berlin 1924 (2. Auflage 1933).
- - - - : Wissenschaft und Staatsgesinnung bei Platon. Rede zur Reichsgründungsfeier der Christian-Albrechts-Universität. Kiel 1927. Jetzt in : Das Platonbild. Zehn Beiträge zum Platonverständnis. Herausgegeben von K. GAISER. Hildes-

heim 1969, S. 96-108.
- - - - : Platon der Erzieher. Hamburg 1928 (Nachdruck 1961). Die großen Erzieher 12.
- - - - : Metaphysik des Altertums. Berlin 1931.
STERNBERG, K. : Moderne Gedanken über Staat und Erziehung bei Platon. Berlin 1924.
STIER, H.E. : ΝΟΜΟΣ ΒΑΣΙΛΕΥΣ. Philologus, 83 (1928), S. 225-258.
STRIKER, G. : Peras und Apeiron. Das Problem der Formen in Platons 'Philebos'. Göttingen 1970. Hypomnemata 50.
SUSEMIHL, F. : Genetische Entwicklung der platonischen Philosophie. 1855-1860 (Nachdruck Osnabrück 1967).
SZABÓ, A. : Die Grundlagen in der frühgriechischen Mathematik. Studi Italiani di Filologia Clasica, 30 (1958), S. 1-51.
SZLEZÁK, Th.A. : Dialogform und Esoterik. Zur Deutung des platonischen 'Phaidros'. Museum Helveticum, 35 (1978), S. 18-32.
- - - - : What One Should Know when Reading 'Helping the Writings'. A Reply to G.J. de VRIES. Museum Helveticum, 36 (1979), S. 164f.
TAYLOR, A.E. : A Commentary on Plato's Timaeus. Oxford 1928 (Nachdruck 1962).
- - - - : The Decline and Fall of the State in 'Republic' 8. Mind, New Series 48 (1939), S. 22-38.
TENNEMANN, W.G. : System der platonischen Philosophie. Leipzig 1792-1795.
THOMAS, C.G. : Literacy and the Codification of Law. Studia et Documenta Hitoriae et Iuris, 43 (1977), S. 455-458.
THOMAS, Y.P. : Politique et droit chez Platon, la nature du juste. Archives de Philosophie du droit, 16 (1971), S. 87-117.
THOMPSON, J.O. : History of Ancient Geography. Cambridge 1948.
THOMPSON, W.H. : The 'Gorgias' of Plato with English Notes, Introduction and Appendix by W.H. THOMPSON. London 1871.
TIGERSTEDT, E.N. : The Legend of Sparta in Classical Antiquity. Lund 1965.
TOYNBEE, A. : A Study of History. London 1934-1939 (5. Auflage. London, New York, Toronto 1951).
TURPIN, J.Cl. : L'expression ΑΙΔΩΣ ΚΑΙ ΝΕΜΕΣΙΣ et les actes du langage. Revue des Études Grecques, 93 (1980), S. 352-367.
UNGER, E. : Contemporary Anti-Platonism. Cambridge Journal, 2 (1949), 11, S. 643-659.
UXKULL-GYLLENBAND, W. : Griechische Kultur-Entstehungslehren. Berlin 1924.
VANHOUTTE, M. : La philosophie politique de Platon dans les 'Lois' Louvain 1954.
VERDENIUS, W. : Plato, Rep. 433 A-E . Mnemosyne, 4. Reihe, 8 (1955), S. 193ff.
VERDROSS-DROSSBERG, A. : Grundlinien der antiken Rechts- und Staatsphilosophie. Wien 1946.
- - - - : Abendländische Rechtsphilosophie. Grundlagen und Hauptprobleme in geschichtlicher Schau. Wien 1958.
- - - - : Statisches und dynamisches Naturrecht. Freiburg 1971.

VIDAL NAQUET, P. : Plato's Myth of the Statesman, the Ambiguities of Golden Age and History. Journal of Hellenic Studies, 98 (1978), S. 132-141.

VILLEY, M. : La formation de la pensée juridique moderne. 4. Auflage. Paris 1975.

VINOGRADOFF, P. : Outlines of Historical Jurisprudence. New York 1917 (Nachdruck 1971).

VLACHOS, C. : Le principe de légalité et l'idée d' 'homme royal' dans la pensée de Platon. Archives de Philosophie du Droit, 9 (1964), S. 193-213.

VLASTOS, G. : Besprechung von: KRÄMER, H.J. : Arete bei Platon und Aristoteles. Zum Wesen und zur Geschichte der platonischen Ontologie. Heidelberg 1959. Sitzungsberichte der Heidelberger Akademie der Wissenschaften Philosophisch-Historische Klasse. Jahrgang 1959, Abhandlung 6. In: Gnomon, 35 (1963), S. 641-655.

- - - - : . In: Isonomia. Studien zur Gleichheitsvorstellungen im griechischen Denken. Herausgegeben von J. MAU und E.G. SCHMIDT. Berlin 1964, S. 1-35.

- - - - : The Theory of Social Justice in the Polis in Plato's 'Republic'. In: Interpretations of Plato. Edited by H.F. NORTH. Mnemosyne, Supplement 50 (1977), S. 1-40.

VOEGELIN, E. : Order and History. Band 3 : Plato and Aristotle. Louisiana 1957.

DE VOGEL, C.J. : Het Problem van het kwade in de antieke wijsbegeerte. Studia Catholica, 27 (1952), S. 20-38.

- - - - : Het Godsbegrip bij Plato. Acta Classica. Proceedings of the Classical Association of South Africa, 7 (1964), S. 32-43 und 8 (1965), S. 38-52.

VOURVERIS, K.I. : Αἱ ἱστορικαι γνώσεις τοῦ Πλάτωνος A. Βαρβαρικά. Athen 1938a (2. Auflage 1966).

VOURVERIS; K.I. : Platon und die Barbaren. Athen 1938 b.

- - - - : Ἡ ἐθνικὴ συνείδησις τοῦ Πλάτωνος . B. Πλάτων καὶ Ἀθῆναι. Athen 1950 (2. Auflage 1966).

- - - - : Πλάτων καὶ ἱστορία . Platon, 6 (1954), S. 179-213.

- - - - : Die Geschichte als ancilla philosophiae bei Platon. Ἐπιστημονικὴ Ἐπετηρὶς τῆς Φιλοσοφικῆς Σχολῆς τοῦ Πανεπιστημίου Ἀθηνῶν , 16 (1965/1966), S. 141-147.

VRETSKA, K. : Platons Demokratenkapitel. Untersuchung seiner Form. Gymnasium, 62 (1955), S. 407-428.

DE VRIES, G.J. : Plato en de Geschiedenis. Tijdschrift voor Philosophie, 8 (1946), S. 483-490.

- - - - : Antisthenes Redivivus: POPPER's Attack on Plato. Amsterdam 1952.

- - - - De omvang van het litteraire corpus bij de Grieken en in moderne theorie. Mededelingen der Koninklijke Nederlandse Akademie van Wetenschappen. Afdeiling Letterkunde, 36 (1973), S. 3-14.

- - - - : Helping the Writings. Museum Helveticum, 36 (1979), S. 60ff.

- - - - : Once More Helping the Writings. Museum Helveticum, 37 (1980), S. 60f.

WADE-GERY, H.T. : The Spartan Rhetra in Plutarch. Classical Quarterly, 37 (1943), S. 62-72 und 38 (1944), S. 1-9, 115-126.

WATSON, G. : The Natural Law and Stoicism. In : Problems in Stoicism. Edited by A.A. LONG. London 1971. S. 216-237.
WATSON-SCHIPPER; W. : More on AppearingJust and Being Unjust. The Journal of Philosophy, 49 (1952), S. 732ff.
WEBER-SCHÄFER, F. : Platons 'Politeia'. In: Das politische Denken der Griechen. Herausgegeben von P. WEBER-SCHÄFER. München 1969, S. 65-91.
- - - - : Einführung in die antike politische Theorie. Darmstadt 1976.
WEIHER, R. : Die metaphysischen Grundlagen der platonischen 'Nomoi'. Blätter für das Bayerische Gymnasial- Schulwesen, 70 (1934), S. 145-156.
WEIL, R. : L'archéologie de Platon. Paris 1959. Etudes et Commentaires 32.
WELSKOPF, E.C. : Zur Entstehung der Utopie bei Platon. Wissenschaftliche Zeitschrift der Humboldt Universität Berlin, 12 (1963), S. 229-235.
WENDLAND, P. : Entwicklung und Motive der platonischen Staatslehre. Preußische Jahrbücher, 36 (1909), S. 193-220.
WERNER, H. : Barbarus. Neue Jahrbücher für das klassische Altertum, Geschichte und deutsche Literatur, 41 (1918), S. 389-408.
WEST, M.L. : Hesiod: Works and Days. Edited with Prolegomena and Commentary by M.L. WEST. Oxford 1978.
WHITE, F.C. : Plato on Geometry. Apeiron, 9 (1975), 2, S. 5-14.
WICHMANN, O. : Platon. Ideelle Gesamtdarstellung und Studienwerk. Darmstadt 1966.
WIELAND, W. : Platon und die Formen des Wissens. Göttingen 1982.
VON WILAMOWITZ-MOELLENDORFF, U. : Platon. Berlin 1918 (2. Auflage 1920).
WILCKEN, U. : Hellenen und Barbaren. Neue Jahrbücher für das klassische Altertum, Geschichte und deutsche Literatur, 17 (1906), S. 457-471.
WILD, J. : Plato's Theory of Man. An Introduction to the Realistic Philosophy of Culture. Harvard 1946 (Nachdruck New York 1964).
- - - - : Plato's Modern Enemies and the Theory of Natural Law. Chicago 1953.
- - - - : POPPER's Interpretation of Plato. In: The Philosophy of K. POPPER. Edited by P.A. SCHILPP. La Salle Illinois 1974. Band 2, S. 859-875. The Library of Living Philosophers 14.
WILLI, W. : Versuch einer Grundlegung der platonischen Mythopoie. Zürich 1925.
WILPERT, P. : Eine Elementenlehre im platonischen 'Philebos' In : Studies presented to D. MOORE ROBINSON. St. Louis 1953. Band 2, S. 573-582.
WINSPEAR, A.D. : The Genesis of Plato's Thought. New York 1940 (2. Auflage 1956).
WOLF, E. : Griechisches Rechtsdenken. Frankfurt am Main 1950-1970.
WOLFF, H.J. : Griechische Rechtsgeschichte als Anliegen der Altertumswissenschaft. In: Proceedings of the 1st. Humanis-

tic Symposium at Delphi. Athen 1970 a. Band 1, S. 152-162. Jetzt in: Opuscula Dispersa. Amsterdam 1974, S. 15-24.
- - - - : 'Normenkontrolle' und Gesetzesbegriff in der attischen Demokratie. Heidelberg 1970b. Sitzungsberichte der Heidelberger Akademie der Wissenschaften Philosophisch-Historische Klasse. Jahrgang 1970, Abhandlung 2.
WOLZ, H.G. : The Protagoras Myth and the Philosopher-Kings. The Review of Metaphysics, 17 (1963/1964), S. 214-234.
ZEISE, H. : Der Staatsmann. Ein Beitrag zur Interpretation des platonischen 'Politikos'. Philologus, Supplement 31,3 (1938).
ZELLER, E. : Platonische Studien. Tübingen 1839.
- - - - : Die Philosophie der Griechen in ihrer geschichtlichen Entwicklung. Tübingen, Leipzig 1844-1846 (5. Auflage Leipzig 1922).
chen Entwicklung. Tübingen, Leipzig 1844-1846 (5. Auflage Leipzig 1922).